外汇资产管理师教程

主　编　侯惠民

副主编　林壬子　陈建平　杨麟　等

中国金融出版社

责任编辑：吕　楠
责任校对：孙　蕊
责任印制：程　颖

图书在版编目（CIP）数据

外汇资产管理师教程（Waihui Zichan Guanlishi Jiaocheng）/侯惠民主编．—北京：中国金融出版社，2018.4

ISBN 978－7－5049－8980－2

Ⅰ．①外…　Ⅱ．①侯…　Ⅲ．①外汇管理—教材　Ⅳ．①F820.3

中国版本图书馆 CIP 数据核字（2017）第 085374 号

出版
发行　中国金融出版社
社址　北京市丰台区益泽路 2 号
市场开发部　（010）63266347，63805472，63439533（传真）
网 上 书 店　http://www.chinafph.com
　　　　　　（010）63286832，63365686（传真）
读者服务部　（010）66070833，62568380
邮编　100071
经销　新华书店
印刷　保利达印务有限公司
尺寸　185 毫米×260 毫米
印张　22.25
字数　418 千
版次　2018 年 4 月第 1 版
印次　2018 年 4 月第 1 次印刷
定价　68.00 元
ISBN 978－7－5049－8980－2
如出现印装错误本社负责调换　联系电话（010）63263947

编　委　会

序

随着我国经济体量的不断增大，股票、期货、贵金属、外汇以及基金等投资品种的日益增多和交易量越来越大，投资者的投资意识和思想观念也在随之转变。但是，由于缺乏系统的理论基础和必要的投资技能，在投资的道路上，很多投资者走了弯路，甚至造成了不小的经济损失。面对当前的市场现状，我们组织有关行业的著名专家学者共同编撰了“交易师教程”丛书，根本目的就是给广大投资者提供一套理论与实践相结合的系统的交易师教材，提高投资者的理论水平和实际操作技能，为行业培养一支高素质、高水平的专业队伍，并为普惠金融贡献一份力量。

“交易师教程”丛书是由原中国黄金协会专职副会长、现任中国生产力促进中心协会普惠金融服务工作委员会会长侯惠民教授（博导）组织编写创立的。侯惠民教授是黄金投资分析师国家职业的创始人，黄金投资分析师资格评审专家委员会首任主任。他以敏锐的眼光和丰富的职业培训经验，针对我国金融市场发展对人才的需求，组织中国人民银行、中国证监会、国家外汇管理局、上海期货交易所、上海黄金交易所、中国职工教育和职工培训协会、中国期货研究院、中国石油大学等机构和单位的专家、学者，在借鉴原有教材的基础上，增加了新品种、新方法等有关研究内容，几易其稿，历时两年多，完成了本丛书的编写。

本丛书已经编辑完成共8册，分为《贵金属交易师教程》《原油交易师教程》《外汇资产管理师教程》三大类，涵盖了整个交易过程的基本原理和基本方法。从基本面到技术面，从交易规则到法律法规等多方面阐述了交易师应知应会的专业知识。同时根据市场对人才的需求，每类教程分为初级、中级和高级三个层级，每个层级各有相应内容，并配有《交易师投资基础知识》。《珠宝玉石交易师教程》目前正在编辑当中，还有待完善，后续将陆续出版。

本丛书体现了“以职业活动为导向，以职业技能为核心”的指导思想，突出了贵金属、原油、外汇、珠宝玉石行业职业培训的特色。结构上优化章节编排，文字上简明扼要，知识面由浅入深，案例新颖明晰，内容中外结合。希望丛书的面市，能对我国贵金属、原油、外汇、珠宝玉石交易从业人员和管理人员以及广大投资者的理论知识、实操技能、职业操守和管理水平的提升发挥重要的促进作用，对我国普惠金融市场规范、健康、平稳发展发挥重要的引导作用。

本丛书在编写过程中，浙商期货有限公司与北京惠民技术培训有限公司积极配合，对人民币原油期货价格形成机制进行了阐述。同时，在贵金属与外汇方面，Cyprus Jin Daocheng Limited. [Licence Number：316/16（亚太区）] 和艾汇（imsforex. com）提供了大量翔实的数据和资料，并对教材的出版给予资助，在此表示感谢!

由于时间紧任务重，“交易师教程”丛书肯定会有不尽如人意的地方，编委会真诚希望读者不吝指正，随时提出宝贵意见，以期使丛书不断修正和完善，让本丛书在职业培训教材中始终保持先进水平。

丛书编委会
二〇一七年九月

目　录

第一章　外汇基础知识 …… 1
第一节　外汇的基本概念 …… 1
一、外汇的定义 …… 1
二、外汇分类 …… 1
第二节　汇率及汇率制度 …… 3
一、汇率 …… 3
二、汇率制度的含义 …… 7
三、汇率制度的演进 …… 8
第三节　人民币汇率形成机制 …… 15
一、人民币汇率制度的历史沿革 …… 16
二、人民币汇率形成机制的内容 …… 18
三、人民币汇率形成机制的缺陷 …… 18
四、完善人民币汇率形成机制的具体措施 …… 23
五、实行人民币弹性汇率机制必须考虑的因素 …… 26

第二章　外汇交易知识 …… 27
第一节　外汇市场 …… 27
一、外汇市场的定义 …… 27
二、外汇市场产生的原因 …… 27
三、外汇市场的特点 …… 28
四、外汇市场的参与者 …… 30
第二节　外汇交易种类 …… 30
一、现钞交易 …… 30
二、即期外汇交易 …… 30
三、远期外汇交易 …… 35
四、外汇期货交易 …… 38
五、掉期外汇交易 …… 51
六、外汇期权交易 …… 54

七、外汇保证金交易…………………………………………………………………… 62
八、差价合约…………………………………………………………………………… 63
第三节　世界主要外汇交易市场………………………………………………………… 66
一、伦敦外汇市场……………………………………………………………………… 66
二、纽约外汇市场……………………………………………………………………… 67
三、东京外汇市场……………………………………………………………………… 68
四、巴黎外汇市场……………………………………………………………………… 69
五、苏黎世外汇市场…………………………………………………………………… 70
六、新加坡外汇市场…………………………………………………………………… 70
七、法兰克福外汇市场………………………………………………………………… 71
八、香港外汇市场……………………………………………………………………… 71
九、悉尼外汇市场……………………………………………………………………… 72
第四节　外汇市场交易的主要币种……………………………………………………… 72
一、美元………………………………………………………………………………… 72
二、英镑………………………………………………………………………………… 73
三、欧元………………………………………………………………………………… 73
四、瑞士法郎…………………………………………………………………………… 74
五、日元………………………………………………………………………………… 75
六、加拿大元…………………………………………………………………………… 76
七、澳大利亚元………………………………………………………………………… 77
八、新加坡元…………………………………………………………………………… 78
九、港元………………………………………………………………………………… 79

第三章　外汇投资分析………………………………………………………………… 81
第一节　基本分析………………………………………………………………………… 81
一、汇率基本面分析理论方法………………………………………………………… 81
二、影响外汇市场的主要因素………………………………………………………… 89
第二节　技术分析 ……………………………………………………………………… 107
一、技术分析概述 …………………………………………………………………… 107
二、技术分析理论 …………………………………………………………………… 110
三、常用技术指标详述 ……………………………………………………………… 183

第四章　外汇交易案例 ……………………………………………………………… 219
第一节　外汇市场套期保值 …………………………………………………………… 219

一、利用外汇期货套期保值 …… 219
二、利用远期外汇协议套期保值 …… 226
三、利用外汇期权进行套期保值 …… 229
四、企业实践中规避外汇风险的工具选择 …… 232
第二节　外汇套利及套汇交易 …… 238
一、主要概念 …… 238
二、套利 …… 243
三、套汇交易 …… 257

第五章　外汇风险及管理 …… 265
第一节　风险基础知识 …… 265
一、风险类型与性质 …… 265
二、风险衡量 …… 267
第二节　外汇风险及管理 …… 271
一、外汇风险类型 …… 272
二、汇率风险管理原则 …… 273
三、汇率风险管理策略 …… 274
四、汇率风险管理步骤 …… 274
五、汇率风险管理方法 …… 275

第六章　外汇相关法律法规 …… 283
第一节　我国外汇管理法规和惯例 …… 283
一、《中华人民共和国外汇管理条例》简介 …… 283
二、《个人外汇管理办法》简介 …… 285
三、《跨国公司外汇资金集中运营管理规定》简介 …… 287
第二节　我国适用于外汇交易的相关法律法规 …… 288
一、《中华人民共和国合同法》简介 …… 288
二、《中华人民共和国证券法》简介 …… 288
三、《期货交易管理条例》简介 …… 289

第七章　外汇资产管理师职业道德 …… 290
第一节　职业道德概述 …… 290
一、职业道德的内涵 …… 290
二、外汇资产管理师职业道德的特点 …… 291

三、职业道德的基本规范 …… 293
四、职业道德的基本要求 …… 294
五、执业纪律规范 …… 296
六、外汇资产管理师职业道德的基本功能与作用 …… 297
第二节　外汇资产管理师的服务特点和职责 …… 300
一、外汇资产管理师职业培训项目介绍 …… 300
二、外汇资产管理师的服务特点 …… 301
三、外汇资产管理师的职责 …… 302

第八章　外汇风险经典案例 …… 303
第一节　巴林银行倒闭事件 …… 303
第二节　索罗斯狙击英镑 …… 308
第三节　1998年香港金融保卫战 …… 311
一、兵临城下，将至壕边 …… 311
二、声东击西，兴风作浪 …… 312
三、妖言惑众，浑水摸鱼 …… 312
四、出其不意，首战告捷 …… 313
五、攻城略地，乘胜追击 …… 314
六、生死决战“8·28” …… 314
第四节　中信泰富外汇期权合约巨亏事件 …… 315
一、合约定价陷阱 …… 316
二、合约四大毒丸 …… 317
三、中信泰富之殇 …… 318
第五节　“广场协议”导致日元升值 …… 319
一、“广场协议”的内容 …… 319
二、签订背景 …… 319
三、签订实施 …… 320
四、重要启示 …… 321
五、间接影响 …… 322
六、直接影响 …… 322
第六节　汇率波动风险防范意识淡漠导致巨额损失 …… 324

附录　我国四大国有控股商业银行外汇业务简介 …… 326

参考文献 …… 343

第一章　外汇基础知识

第一节　外汇的基本概念

一、外汇的定义

1. 广义的外汇

广义的外汇是指一国拥有的一切以外币表示的资产。即货币在各国间的流动以及把一个国家的货币兑换成另一个国家的货币，借以清偿国际间债权、债务关系的一种专门性的经营活动。实际上就是货币行政当局（中央银行、货币管理机构、外汇平准基金及财政部）以银行存款、财政部库券、长短期政府债券等形式所保有的在国际收支逆差时可以使用的债权。

2. 狭义的外汇

狭义的外汇是指以外币表示的，为各国普遍接受的，可用于国际间债权债务结算的各种支付手段和资产。外汇通常具备以下三个特点：

可支付性（必须是以外国货币表示的资产）、可获得性（必须是在国外能够得到偿付的债权）和可兑换性（必须是可以自由兑换为其他支付手段的外币资产）。

二、外汇分类

（一）普遍分类

1. 按受限程度，分为自由兑换外汇、有限自由兑换外汇和记账外汇

自由兑换外汇，是指在国际结算中用得最多、在国际金融市场上可以自由买卖、在国际金融中可以用于清偿债权债务，并可以自由兑换其他国家货币的外汇。例如美元、港元、加拿大元等。

有限自由兑换外汇，是指未经货币发行国批准，不能自由兑换成其他货币或对第三国进行支付的外汇。国际货币基金组织规定凡对国际性经常往来的付款和资金

转移有一定限制的货币均属于有限自由兑换货币。世界上有一大半的国家货币属于有限自由兑换货币，包括人民币。

记账外汇，又称清算外汇或双边外汇，是指记账在双方指定银行账户上的外汇，不能兑换成其他货币，也不能对第三国进行支付。

2. 按来源用途，分为贸易外汇、非贸易外汇和金融外汇

贸易外汇，也称实物贸易外汇，是指来源于或用于进出口贸易的外汇，即由于国际间的商品流通所形成的一种国际支付手段。

非贸易外汇是指贸易外汇以外的一切外汇，即一切非来源于或用于进出口贸易的外汇，如劳务外汇、侨汇和捐赠外汇等。

金融外汇与贸易外汇、非贸易外汇不同，是属于一种金融资产外汇，例如银行同业间买卖的外汇，既非来源于有形贸易或无形贸易，也非用于有形贸易，而是为了各种货币头寸的管理和调整。

3. 按市场走势，分为硬外汇和软外汇，或叫强势货币和弱势货币

（二）我国分类

1. 按照管制

（1）现汇，是可以立即作为国际结算的支付手段；《中华人民共和国外汇管理条例》中所称的四种外汇均属现汇。

（2）购汇，是国家批准的可以使用的外汇指标。如果想把指标换成现汇，必须按照国家外汇管理局公布的汇率牌价，用人民币在指标限额内向外汇指定银行买进现汇，专业说法叫购汇，必须按规定用途使用购汇功能。

2. 按照性质

（1）贸易外汇，是指来源于出口和支付进口的货款以及与进出口贸易有关的从属费用，如运输、保险、样品、宣传、推销等所用的外汇。

（2）非贸易外汇，是指进出口贸易以外收支的外汇，如侨汇、旅游、港口、民航、保险、银行、对外承包工程等外汇收入和支出。

3. 其他分类

（1）留成外汇。为鼓励企业创汇的积极性，企业收入的外汇在卖给国家后，根据国家规定将一定比例的外汇（指额度）返回创汇单位及其主管部门或所在地使用。

（2）调剂外汇，是指通过外汇调剂中心相互调剂使用的外汇。

（3）自由外汇，是指经国家批准保留的靠企业本身积累的外汇。

（4）营运外汇，是指经过外汇管理局批准的可以用收入抵支出的外汇。

（5）一次使用的外汇额度和周转外汇额度。一次使用外汇额度指在规定期限内没有使用完，到期必须上缴的外汇额度，而周转外汇额度是使用一次后还可继续使用外汇额度。

（6）居民外汇和非居民外汇。境内的机关、部队、团体、企事业单位以及住在境内的中国人、外国侨民和无国籍人所收入的外汇属于居民外汇。非居民外汇持有者包括驻华外交代表机构、领事机构、商务机构等。

第二节　汇率及汇率制度

一、汇率

1. 汇率概念

汇率（又称外汇利率、外汇汇率或外汇行市）是指两种货币之间的兑换比率，也可视为一个国家的货币对另一种货币的相对价值。汇率又是各个国家为了达到其政治目的的金融手段。汇率会因为利率、通货膨胀、国家的政治和每个国家的经济等原因而变动。而汇率是由外汇市场决定的，不同类型的买家和卖家在外汇市场上进行广泛而连续的货币交易（外汇交易除周末外每天 24 小时进行，即从 GMT 时间周日8：15至 GMT 时间周五 22：00）。

需要特别注意的是在我国现汇和现钞的区别，两者都是我国居民持有的不同形式的外汇资产。现汇是一种外汇结算凭证，银行可以通过电子结算直接入账，它包括从国外银行汇到国内的外汇存款，以及外汇汇票、本票、旅行支票等。而现钞指的是国内居民手持的外汇钞票。由于银行买进外汇现钞相对于买进现汇有利息损失，故在银行的外汇报价中，现钞买入价一般低于现汇买入价。而对于现钞卖出与现汇卖出来说，银行没有利息损失，因此，现钞卖出价与现汇卖出价是一致的（详见表 1 –1）。

表 1 –1　　2016 年 8 月 6 日中国银行外汇牌价

货币名称	现汇买入价	现钞买入价	现汇卖出价	现钞卖出价	中行折算价	发布日期	发布时间
阿联酋迪拉姆		174.79		187.47	180.77	2016/8/6	10：30：00
澳大利亚元	505.26	489.66	508.8	508.8	507.16	2016/8/6	10：30：00
巴西里亚尔		201.86		220.78	208.11	2016/8/6	10：30：00
加拿大元	503.22	487.68	507.26	507.26	509.82	2016/8/6	10：30：00

续表

货币名称	现汇买入价	现钞买入价	现汇卖出价	现钞卖出价	中行折算价	发布日期	发布时间
瑞士法郎	98.79	95.74	99.59	99.59	99.37	2016/8/6	10：30：00
欧元	753.17	712.48	740.33	740.33	739.21	2016/8/6	10：30：00
英镑	865.4	838.66	874.1	874.1	871.47	2016/8/6	10：30：00
港元	85.62	84.93	85.94	85.94	85.62	2016/8/6	10：30：00
印度尼西亚卢比		0.0489		0.0525	0.0506	2016/8/6	10：30：00
印度卢比		9.3561		10.5505	9.9343	2016/8/6	10：30：00
日元	6.502	6.3011	6.5674	6.5674	6.56	2016/8/6	10：30：00
韩圆	0.5941	0.5732	0.5989	0.6207	0.5972	2016/8/6	10：30：00
澳门元	83.16	80.37	83.48	86.15	83.1	2016/8/6	10：30：00
林吉特	165.33		166.49		164.98	2016/8/6	10：30：00
挪威克朗	77.88	75.47	78.5	78.5	78.67	2016/8/6	10：30：00
新西兰元	472.78	458.17	477.54	479.67	476.59	2016/8/6	10：30：00
菲律宾比索	14.12	13.69	14.24	14.67	14.13	2016/8/6	10：30：00
卢布	10.12	9.5	10.2	10.2	10.06	2016/8/6	10：30：00
沙特里亚尔		172.47		181.44	177.05	2016/8/6	10：30：00
瑞典克朗	77.31	74.92	77.93	77.93	77.94	2016/8/6	10：30：00
新加坡元	492.33	477.14	495.79	495.79	495.01	2016/8/6	10：30：00
泰国铢	18.99	18.41	19.15	19.73	19.04	2016/8/6	10：30：00
新台币		20.29		21.75	20.98	2016/8/6	10：30：00
美元	663.99	658.66	666.65	666.65	664.06	2016/8/6	10：30：00
南非兰特	48.31	44.6	48.63	52.34	48.42	2016/8/6	10：30：00

资料来源：中国银行网站。

2. 汇率的标价方式

汇率的标价方式分为两种：直接标价法和间接标价法。

（1）直接标价法

直接标价法，又叫应付标价法，是以一定单位（1、100、1000、10000）的外国货币为标准来计算应付出多少单位本国货币。这就相当于计算购买一定单位外币应付多少本币，所以叫应付标价法。包括中国在内的世界上绝大多数国家目前都采用直接标价法。在国际外汇市场上，日元、瑞士法郎、加元等均为直接标价法，如日元汇率为 119.05 即表示 1 美元兑 119.05 日元。

在直接标价法下，若一定单位的外币折合的本币数额多于前期，则说明外币币值上升或本币币值下跌，叫做外汇率上升；反之，叫做外汇汇率下跌。这也就是说，在直接标价法下，外币的价值与汇率的涨跌成正比。

（2）间接标价法

间接标价法又称应收标价法。它是以一定单位（如 1 个单位）的本国货币为标准，来计算应收若干单位的外国货币。在国际外汇市场上，欧元、英镑、澳元等均为间接标价法。如欧元汇率为 0.9705 即表示 1 欧元兑 0.9705 美元。

在间接标价法中，本国货币的数额保持不变，外国货币的数额随着本国货币币值的变化而变动。如果一定数额的本币能兑换的外币数额比前期少，这表明外币币值上升，本币币值下降，即外汇汇率下降；反之，如果一定数额的本币能兑换的外币数额比前期多，则说明外币币值下降、本币币值上升，即外汇汇率上升。这也即是说，在间接标价法下，外币的价值和汇率的升跌成反比。

外汇市场上的报价一般为双向报价，即由报价方同时报出自己的买入价和卖出价，由客户自行决定买卖方向。买入价和卖出价的价差越小，对于投资者来说意味着成本越小。银行间交易的报价点差正常为 2～3 点，银行（或交易商）向客户的报价点差依各家情况差别较大，目前国外保证金交易的报价点差基本在 3～5 点，香港在 6～8 点，国内银行实盘交易在 10～40 点不等。

3. 汇率的种类

（1）按国际货币制度的演变划分，有固定汇率和浮动汇率

①固定汇率。是指由政府制定和公布，并只能在一定幅度内波动的汇率。

②浮动汇率。是指由市场供求关系决定的汇率。其涨落基本自由，一国货币市场原则上没有维持汇率水平的义务，但必要时可进行干预。

（2）按制定汇率的方法划分，有基本汇率和套算汇率

①基本汇率。各国在制定汇率时必须选择某一国货币作为主要对比对象，这种货币称为关键货币。根据本国货币与关键货币实际价值的对比，制定出对它的汇率，这个汇率就是基本汇率。一般美元是国际支付中使用较多的货币，各国都把美元当做制定汇率的货币，常把对美元的汇率作为基本汇率。

②套算汇率。这是指各国按照对美元的基本汇率套算出的直接反映其他货币之间价值比率的汇率。

（3）按银行买卖外汇的角度划分，有买入汇率、卖出汇率、中间汇率和现钞汇率

①买入汇率。买入汇率也称买入价，即银行向同业或客户买入外汇时所使用的

汇率。采用直接标价法时，外币折合本币数较少的那个汇率是买入价，采用间接标价法时则相反。

②卖出汇率。卖出汇率也称卖出价，即银行向同业或客户卖出外汇时所使用的汇率。采用直接标价法时，外币折合本币数较多的那个汇率是卖出价，采用间接标价法时则相反。

买入卖出之间有个差价，这个差价是银行买卖外汇的收益，一般为1‰～5‰。银行同业之间买卖外汇时使用的买入汇率和卖出汇率也称同业买卖汇率，实际上就是外汇市场买卖价。

③中间汇率。中间汇率是买入价与卖出价的平均数。西方报刊报道汇率消息时常用中间汇率，套算汇率也用有关货币的中间汇率套算得出。

④现钞汇率。一般国家都规定，不允许外国货币在本国流通，只有将外币兑换成本国货币，才能够购买本国的商品和劳务，因此产生了买卖外汇现钞的兑换率，即现钞汇率。按理说现钞汇率应与外汇汇率相同，但因需要把外币现钞运到各发行国去，运送外币现钞要花费一定的运费和保险费，因此，银行在收兑外币现钞时的汇率通常要低于外汇买入汇率；而银行卖出外币现钞时使用的汇率则高于其外汇卖出汇率。

（4）按银行外汇付汇方式划分，有电汇汇率、信汇汇率和票汇汇率

①电汇汇率。电汇汇率是经营外汇业务的本国银行在卖出外汇后，即以电报委托其国外分支机构或代理行付款给收款人所使用的一种汇率。由于电汇付款快，银行无法占用客户资金头寸，同时，国际间的电报费用较高，所以电汇汇率较一般汇率高。但是电汇调拨资金速度快，有利于加速国际资金周转，因此电汇在外汇交易中占有绝大的比重。

②信汇汇率。信汇汇率是银行开具付款委托书，用信函方式通过邮局寄给付款地银行转付收款人所使用的一种汇率。由于付款委托书的邮递需要一定的时间，银行在这段时间内可以占用客户的资金，因此，信汇汇率比电汇汇率低。

③票汇汇率。票汇汇率是指银行在卖出外汇时，开立一张由其国外分支机构或代理行付款的汇票交给汇款人，由其自带或寄往国外取款所使用的汇率。由于票汇从卖出外汇到支付外汇有一段间隔时间，银行可以在这段时间内占用客户的头寸，所以票汇汇率一般比电汇汇率低。票汇有短期票汇和长期票汇之分，其汇率也不同。由于银行能更长时间运用客户资金，所以长期票汇汇率较短期票汇汇率低。

（5）按外汇交易交割期限划分，有即期汇率和远期汇率

①即期汇率。即期汇率也叫现汇汇率，是指买卖外汇双方成交当天或两天以内

进行交割的汇率。

②远期汇率。远期汇率是在未来一定时期进行交割，而事先由买卖双方签订合同、达成协议的汇率。到了交割日期，由协议双方按预订的汇率、金额进行钱汇两清。远期外汇买卖是一种预约性交易，是由于外汇购买者对外汇资金需要的时间不同，以及为了规避外汇汇率变动风险而引起的。远期外汇的汇率与即期汇率相比是有差额的。这种差额叫远期差价，有升水、贴水、平价三种情况，升水是表示远期汇率比即期汇率贵，贴水则表示远期汇率比即期汇率便宜，平价表示两者相等。

（6）按对外汇管理的宽严区分，有官方汇率和市场汇率

①官方汇率。官方汇率是指国家机构（财政部、中央银行或外汇管理当局）公布的汇率。官方汇率又可分为单一汇率和多重汇率。多重汇率是一国政府对本国货币规定的一种以上的对外汇率，是外汇管制的一种特殊形式。其目的在于鼓励出口限制进口，限制资本的流入或流出，以改善国际收支状况。

②市场汇率。市场汇率是指在自由外汇市场上买卖外汇的实际汇率。在外汇管理较松的国家，官方宣布的汇率往往只起中心汇率作用，实际外汇交易则按市场汇率进行。

（7）按银行营业时间划分，有开盘汇率和收盘汇率

①开盘汇率。开盘汇率又称开盘价，是外汇银行在一个营业日刚开始营业时进行外汇买卖使用的汇率。

②收盘汇率。收盘汇率又称收盘价，是外汇银行在一个营业日的外汇交易终了时使用的汇率。

二、汇率制度的含义

汇率制度（Exchange Rate Regime or Exchange Rate System），又称汇率安排（Exchange Rate Arrangement），是一国货币管理当局关于汇率的确定、维持、调整以及汇率管理的原则、机构等内容所作的一系列安排和规则。一般而言，汇率制度的内容包括以下方面：

（1）汇率决定的基础，也就是确定汇率的原则和依据，例如，是以法定代表的价值为依据，还是以货币本身的价值为依据等。

（2）汇率调节的方式，是指维持与调整汇率的办法。比如是采用公开法定升值或贬值的办法，还是采取任其浮动或官方有限度干预的办法。

（3）汇率波动的幅度，如一些国家外汇管理中有关汇率及其波动范围的规定。

（4）汇率协调和管理的机构，是指起到制定、维持与管理作用的外汇管理机

构，如外汇管理局、外汇平准基金委员会等。

全球汇率制度经历了由固定汇率制度向浮动汇率制度变迁的过程，不同时期和不同国家汇率制度的具体内容及其外延有不少差异，因此对于汇率制度的理解也应与时俱进。

三、汇率制度的演进

（一）固定汇率制度及其演进

1. 固定汇率制度的基本特点

在固定汇率制度（Fixed Exchange Rate System）下，两国货币的含金量之比（平价）决定两国货币的兑换率。平价一经确定基本保持不变，在市场的自发调节或货币管理部门干预下，市场汇率围绕平价在很小的范围内上下波动。19 世纪下半叶至 1914 年的国际金本位制下的汇率制度和 1944—1973 年布雷顿森林体系下的汇率制度，都属于固定汇率制度，但前者通过市场自发调节来保持汇率相对稳定，而后者则通过货币当局的干预来促成汇率趋于稳定。

（1）国际金本位制下固定汇率制度的特点

英国政府在 1816 年颁布了铸币条例，发行金币，规定 1 盎司黄金为 3 镑 17 先令 10.5 便士，银币则处于辅币地位。1819 年又颁布条例，要求英格兰银行的银行券在 1821 年能兑换金条，在 1823 年能兑换金币，并取消对金币熔化及金条输出的限制。从此英国实行了真正的金币本位制。到 19 世纪后期，金币本位制已经在资本主义各国普遍采用，已具有国际性。由于当时英国在世界经济体系中的突出地位，这一制度实际上是一个以英镑为中心，以黄金为基础的国际金本位制度。这种国际金本位制度持续了 30 年左右，到第一次世界大战爆发时宣告解体。在金本位制度的全盛时期，黄金是各国最主要的国际储备资产，英镑则是国际最主要的清算手段，黄金与英镑同时成为各国公认的国际储备。英镑之所以与黄金具有同等重要的地位，是由于当时英国强大的经济力量，伦敦成为国际金融中心，英国也是国际经济与金融活动的中心，于是形成一种以黄金和英镑为中心的国际金本位制，也有人称之为英镑汇兑本位制（Sterling Exchange Standard System）。这是一种真正的固定汇率制。金本位制下的固定汇率制度盛行于 1880—1914 年。它有以下几个特点：

①在国际金本位制下，黄金充当本位货币，金币的含金量是汇率决定的基础，两国货币的重量和成色之比（铸币平价）决定两国货币的兑换率。

②汇率非常稳定（波动幅度极小），市场汇率围绕铸币平价在黄金输送点的范

围内上下波动。

③在金币可以自由铸造、自由兑换、自由输出入的条件下，汇率水平通过黄金的流出流入自发调节。

（2）布雷顿森林体系下固定汇率制度的特点

布雷顿森林体系下固定汇率制度的特点是通过各国货币管理部门稳定汇率的手段上表现出来的。

①动用国际储备平抑外汇价格。当外币价格下浮可能跌破波幅下限时，在外汇市场购进外汇；当外币价格上浮可能超出波幅的上限时，在市场抛售外汇。

②利用贴现政策控制外汇价格上涨。当外币价格上浮时，通过提高贴现率吸引外资流入，增加市场外汇供给来抑制外汇价格上涨。

③实施外汇管制或举借外债。当有限的国际储备难以平抑外币汇率过度上浮时，可采取直接管制措施限制外汇支出或举借外债，以减少外汇需求或增加外汇供给。

④货币法定贬值或升值。如果通过上述措施均不能平抑外币汇率上浮，货币管理部门可以宣布本币贬值，即降低本币的金平价，以抑制对外汇的需求（如1971年12月，在国内通货膨胀和国际收支逆差的压力下，美国被迫对外宣布美元贬值7.89%，1美元含金量降为0.818513克纯金）。货币法定贬值后，可以重新调整与其他货币的金平价，继续在官定浮动范围内波动。

2. 两种固定汇率制的比较

（1）两种固定汇率制的相似之处

在汇率决定的基础和汇率波动幅度方面，两种固定汇率制很相似，中心汇率都是按两国货币的金平价确定，市场汇率围绕平价上下浮动（前者的浮动幅度最早是±1%，后来又改为±2.25%；后者的浮动范围则在黄金输入点与黄金输出点之间）。

（2）两种固定汇率制的形成基础和汇率调节机制的差异

①汇率制度形成基础的差异。金本位制度下的固定汇率制，是在主要资本主义国家普遍实行金本位制的基础上自发形成的，金币本身具有价值。而布雷顿森林体系下的固定汇率制，则是在信用货币基础上，由国际货币基金组织（IMF）人为建立起来的，且纸币本身没有价值。

②汇率调节机制的差异。在金本位制度下，汇率的稳定是通过黄金的自由输出和输入自动调节的；而在布雷顿森林体系下，汇率的稳定主要是通过各国货币管理部门对外汇市场的干预来实现的。

③汇率稳定程度的差异。金本位制度下汇率的波动受制于黄金输送点，通过金

币的自由铸造、自由兑换、自由输出输入保持汇率稳定，波动幅度一般在5‰～7‰，是典型的固定汇率制。而在布雷顿森林体系下，汇率波动幅度在±1%范围内（1971年12月调整为±2.25%），同时国际货币基金组织还允许会员国变更货币的含金量，实行货币的法定贬值或升值。严格地说，布雷顿森林体系下的固定汇率制只能称为“可调整的盯住汇率制”（Adjustable Pegging System）。

3. 固定汇率制的影响

（1）固定汇率制的积极作用

①有利于国际贸易和国际投资活动的开展。如果汇率保持稳定，从事国际经贸活动的微观经济主体几乎不用考虑汇率波动风险，便于核算成本和利润。

②有利于国际合作和各国政策的协调。固定汇率制本身就是靠各国在既定的合作框架下维系的，如果各国不协调配合，固定汇率制就会瓦解。

（2）固定汇率制的负面影响

①汇率不能发挥对国际收支的自动调节作用。因汇率波动幅度被限制在一定范围内，在国际收支出现逆差时，不能在本币的自发贬值下刺激出口和限制进口，改善国际收支状况。

②不利于国内经济平衡发展。各国货币管理部门为维持汇率的稳定，都会尽力保持国际收支平衡。当一国的国际收支逆差导致外币汇率上浮时，往往通过抛售外汇回笼本币、限制进口和国内开支等紧缩性政策措施来调节，如此可能带来国内生产下滑、失业增加等不利于国内经济协调发展的负面影响。

③容易在国与国之间传递通货膨胀。在固定汇率制下，如一国出现通货膨胀，其出口商品的本币价格上涨，折算成外币表示的价格也相应上浮，从而影响贸易伙伴国的物价上涨。

④不易防范国际游资冲击。在布雷顿森林体系的固定汇率制度下，汇率不能随着国际收支和市场供求的变化而自发调节。当一国出现巨额国际收支逆差或顺差，本币被明显高估或低估时，国际游资都可能大规模地单方面转移，对该国的金融体系造成巨大冲击。

（二）浮动汇率制度及其演进

1976年1月，IMF国际货币制度临时委员会达成《牙买加协定》，同年4月1日，IMF理事会通过《IMF协定第二次修正案》（《第一次修正案》的主要内容是在1968年授权IMF发行SDRs），认可了1971年以来国际金融的重大变化，废除以美元为中心的国际货币体系，确立了浮动汇率的合法地位，国际货币关系从此迈入一个新时代（一般称为“牙买加体系”）。

1. 浮动汇率制的基本内容

浮动汇率制（Floating Exchange Rate System）是指一国不规定本国货币与外国货币的比价，不限制汇率波动的上下限，汇率随外汇市场供求状况而变动的一种汇率制度。

（1）汇率决定的基础。与固定汇率制相比，浮动汇率制的内涵发生了根本性变化。布雷顿森林体系崩溃后，纸币与黄金完全脱钩，各国不再规定纸币的含金量，汇率由各国货币的内在价值决定。而货币的内在价值由货币发行国的经济发展水平、货币购买力、国际收支等因素共同确定。

（2）汇率自由波动。在牙买加体系的浮动汇率制下，允许会员国中央银行不再承担维持既定汇率波动幅度的义务，在一般情况下可听任汇率随外汇供求情况自由波动。

（3）各国货币管理部门调整汇率的方法。在牙买加体系的浮动汇率制下，一国为使汇率变动符合本国的经济政策目标，常常或多或少、或明或暗地对外汇市场进行干预。货币管理部门可以通过在外汇市场直接买进或卖出外汇来影响市场汇率，也可以通过货币政策或财政政策影响短期资本的国际流动，从而间接影响外汇市场汇率。另外，还可以采取对外汇收支直接管制的方式影响外汇供求和汇率。

（4）多国协调机制。在牙买加体系的浮动汇率制下，IMF不再具有管理、协调和监督会员国维持汇率稳定的功能。因此，在主要国家货币汇率出现剧烈波动时，只能靠这些国家达成某种协议来联合干预汇市。

2. 浮动汇率制的特征

（1）汇率频繁、剧烈波动。在浮动汇率制下，外汇市场对国际政治、经济形势的变化非常敏感，汇率波动不仅十分频繁，且波动幅度也比较大（有时一天的波幅高达5%）。

（2）一般采取有管理的浮动。按政府是否干预，浮动汇率可分为自由浮动（Free Floating）和管理浮动（Managed Floating）。自由浮动又称清洁浮动（Clean Floating），是指一国政府对汇率不进行任何干预，汇率完全由市场供求决定。管理浮动又称肮脏浮动（Dirty Floating），是指一国政府对外汇市场进行干预，以期汇率朝着有利于本国的方向浮动。目前，各国货币管理部门一般都采取措施对汇率的浮动进行一定程度的干预，完全的自由浮动很少见。

（3）汇率制度安排呈现多样化格局。牙买加体系将汇率制度的选择权交给了各个会员国，现实中各国往往根据自身需要选择汇率制度，从而形成全球多样化的汇率制度安排。

3. 浮动汇率制下各国汇率制度的表现形式

IMF 根据各国汇率的内在形成机制、外汇储备变动、货币政策特点等，将会员国的汇率制度安排归纳为八种形式（见表 1－2）。

表 1－2　　国际汇率制度八种形式占比　　单位:%

	2008 年	2009 年	2010 年	2011 年
1. 硬钉住	12.2	12.2	13.2	13.2
①无单独法定货币	5.3	5.3	6.3	6.8
②货币局	6.9	6.9	6.9	6.3
2. 软钉住	39.9	34.6	39.7	43.2
①传统的固定钉住安排	22.3	22.3	23.3	22.6
②水平钉住	12.8	6.9	12.7	12.1
③爬行钉住	2.7	2.7	1.6	1.6
④爬行的带状	2.1	2.7	2.1	6.9
3. 浮动汇率	39.9	42.1	36	34.7
①没有事先宣布路径的管理浮动	20.2	24.5	20.1	18.9
②独立浮动（单独浮动）	19.7	17.6	15.9	15.8
其他	8	11.2	11.1	8.9

资料来源：AREAER 数据库。

根据汇率的波动幅度，可以将表 1－2 中汇率制度的八种形式归类。IMF 前副总裁 Stanley Fischer（2001）将第一、第二两种形式归类于“硬钉住”，将第七、第八两种形式归类于“浮动汇率”，其余四种形式则归类于“软钉住”（见表 1－3）。

表 1－3　　全球主要经济体的汇率制度（除中国外）　　单位：百万美元

序号	国家	2009 年 GDP	汇率制度
1	美国	14256.300	独立浮动
2	日本	5067.526	独立浮动
3	德国	3346.702	欧元区
4	法国	2649.390	欧元区
5	英国	2174.530	独立浮动
6	意大利	2112.780	欧元区
7	巴西	1571.979	独立浮动
8	西班牙	1460.250	欧元区

续表

序号	国家	2009 年 GDP	汇率制度
9	加拿大	1336.067	独立浮动
10	印度	1310.171	管理浮动
11	俄罗斯	1230.726	管理浮动
12	澳大利亚	924.843	独立浮动
13	墨西哥	874.902	独立浮动
14	韩国	832.512	独立浮动
15	荷兰	792.128	欧元区
16	土耳其	617.099	固定
17	印度尼西亚	540.277	管理浮动
18	瑞典	500.260	独立浮动
19	比利时	468.552	欧元区
20	波兰	430.076	独立浮动

资料来源：世界银行网站。

（1）“硬钉住”类型的汇率制度安排

①无单独法定货币的汇率安排。无单独法定货币的汇率安排包括两种类型：一是某个国家采用另一国货币替代本币作为唯一法定货币；二是隶属于某一货币联盟，共同使用同一法定货币（如欧元区国家汇率制度）。

货币替代（Currency Substitution）是指外币在价值尺度、支付手段、交易媒介和价值储藏方面全部或部分取代本币的现象。属于此类汇率安排的典型代表国家有巴拿马、厄瓜多尔等。

欧元自 1999 年正式启动，至 2009 年 7 月，共有 6 个国家加入欧元区（在欧盟 27 国中，英国、丹麦、瑞典等未加入）。

②货币局制度（Currency Board）。货币局制度是以法律形式规定货币管理部门发行的货币必须要有外汇储备或硬通货的全额支持，货币管理部门承诺按照固定汇率承兑指定外币，并通过对货币发行权的限制来保证履行承兑义务。这意味着国内货币发行必须按照法定汇率以 100% 的外汇储备作为保证，当外汇汇率高于法定汇率时，发钞银行卖出外汇买进本币；当外汇汇率低于法定汇率时，货币发行银行买进外汇卖出本币，以保持法定汇率稳定（属于此类汇率安排的典型代表有波黑、保加利亚以及中国香港）。

（2）“软钉住”类型的汇率制度安排

①传统的固定钉住安排，是一国将本国货币以固定汇率（官方或者实际）钉住

某一种主要外币或者一篮子外币（篮子货币主要由与本国经济交往较为频繁国家的货币和对外支付使用较多的货币组成），汇率围绕中心汇率上下不超过1%的范围内波动，或将汇率最高值和最低值维持在中心汇率2%的范围内至少三个月（代表国家有中国、巴基斯坦、埃及、乌克兰、越南等）。

一些国家由于政治、历史、经济等方面的原因，其对外贸易和金融交易主要集中于某一个发达国家或主要使用某一种外币，为避免汇率波动造成的不利影响，采用钉住该国货币的汇率制度。一些将本国货币汇率钉住一篮子货币，可以将汇率变动对国内经济的冲击减少到最低限度，保持汇率的稳定。本币与被钉住货币保持固定比价关系，与被钉住货币一起对其他货币共同浮动。

②水平钉住是本币对外币仍然规定固定平价，但波动幅度相对于传统的固定钉住安排要大一些，一般为平价上下至少1%的范围或其最高值和最低值可超过2%的范围（采取水平钉住的国家，货币政策的独立性取决于水平波动带的宽度，代表国家包括丹麦、斯洛伐克等）。

③爬行钉住汇率制度。爬行钉住是将本国货币钉住外国货币，汇率按照固定的、预先宣布的比率作较小的定期调整，或依据所选取的定量指标的变化作定期调整。爬行的幅度可根据以往通胀变动对汇率变动的要求来设置，也可根据预期未来可能发生的通胀情况来设置。

④爬行的带状汇率制度是汇率围绕着中心汇率在一定幅度内上下浮动，同时中心汇率按照固定的、预先宣布的比率作定期调整，或根据所选取的定量指标的变化作定期调整。爬行的带状汇率制度与爬行钉住汇率制度基本相同，只不过前者波幅较大（代表国家有尼加拉瓜、伊朗、哥斯达黎加等）。

（3）浮动汇率类型的汇率制度安排

①没有事先宣布路径的管理浮动。这种汇率制度安排是指货币管理部门直接或间接干预外汇市场来影响汇率变动，但没有明确的干预目标，也不事先宣布干预方式，管理汇率所依据的指标很宽泛，调整可能是被动的（代表国家包括新加坡、泰国、蒙古国、印度等）。

②独立浮动（Independent Floating），又称单独浮动（Single Floating），是指本国货币不与任何外国货币发生固定联系，其汇率根据外汇市场的供求变化而单独调整，汇率由市场决定，任何官方干预旨在缓和汇率变动以及防止过度波动，而不企图将汇率稳定在某一汇率水平（代表国家包括美国、英国、日本、加拿大、挪威、墨西哥等）。

4. 实行浮动汇率制的正负效应

（1）浮动汇率的正面效应

①可以保持本国货币政策的独立性。在浮动汇率制下，如果发生国际收支临时性或周期性失衡，可以通过汇率进行调节，一定时期内的汇率波动不会立即影响国内货币流通，货币政策不必为换取外部平衡而牺牲国内经济平衡。

②发挥汇率对国际收支的调节作用。在浮动汇率制下，汇率根据市场供求上下浮动，如出现国际收支逆差，本币汇率下浮可刺激商品出口和抑制进口，从而改善国际收支，反之则反是。

③减少对国际储备的需要。在浮动汇率制下，货币管理部门没有义务维持货币的固定比价，当本币汇率下浮时，不必动用外汇储备去购进被抛售的本币，相应地可以减少一国的外汇储备量。

（2）浮动汇率的负面效应

①不利于国际贸易和国际投资的发展。在浮动汇率制下，汇率频繁地无规则波动，增加了进出口企业的结算成本和风险，使人们不愿签订期限较长的贸易契约和进行长期投资，不利于世界经济的和谐与健康发展。

②助长国际金融市场上的投机活动。在浮动汇率制下，汇率频繁而剧烈地波动，为高抛低买的外汇投机者提供了条件，这种为牟取暴利而频繁倒腾的投机活动，可能加剧国际金融市场的动荡。

③不利于各国政策协调和国际经济合作。在浮动汇率制下，本币汇率下浮可以改善贸易收支，因此一些国家以货币贬值为手段，以牺牲他国经济利益为代价来扩大本国出口。如果其他国家也以此道反击，则可能引起各国货币竞相贬值的恶性循环，助长各自为政的贸易保护主义，加深国与国之间的贸易摩擦。

第三节　人民币汇率形成机制

人民币汇率形成机制（The RMB rate forms mechanism ; RMB exchange rate formation mechanism），简称人民币汇率机制，实际上就是汇率制度的选择问题。完善汇率机制是我国自主的选择，必须充分考虑我国社会、经济的承受能力，避免汇率大幅波动。在我国加入世界贸易组织（WTO）后新的开放形势下，完善人民币汇率形成机制的必要性更为显著。

一、人民币汇率制度的历史沿革

1. 1978 年前：人民币汇率的形成

1950 年 7 月 8 日，国家取消了在天津、上海、广州三地分别挂牌公布人民币汇率的做法，在全国实行统一的人民币汇率。此后，随着经济的恢复和发展，国内物价日趋稳定，人民币不断贬值的状况得到遏制。与此同时，主要资本主义国家的通货膨胀率则出现不断上涨的趋势。根据此种情况，国家对人民币汇率进行了相应的调整（上调）。这一时期的人民币汇率以购买力平价为依据，以“物价对比法”为基础，并配合国家相关政策来确定。

1973 年布雷顿森林体系崩溃后，西方各国普遍实行浮动汇率制，各国之间的汇率变动频繁，人民币汇率的定值方法也相应改革，采用盯住“一篮子货币”浮动的形式，所选定的一篮子货币都是中国对外经济贸易中经常大量使用的货币（如美元、英镑等），每种货币按照其重要程度确定不同的权重。采用一篮子货币计价原则，虽然保持了人民币汇率的相对稳定，但它脱离了直接的物质基础和货币购买力平价，反映的只是人民币与一篮子货币的相对变动情况，使我国国内市场价格与国际市场价格相分离，导致人民币汇率高估。

2. 1978—1993 年：双重汇率时期

1978 年，中国开始实行对外贸易经营权下放的外贸体制改革，出现了一批独立核算、自负盈亏的经营进出口贸易的企业。为了鼓励出口和抑制进口，必须降低人民币汇率。然而，非贸易汇率却处于与贸易汇率完全相反的状况。针对贸易和非贸易汇率存在的上述矛盾，国务院于 1979 年 8 月颁布了《关于大力发展对外贸易增加外汇收入若干问题的规定》，决定从 1981 年 1 月 1 日起实施双重汇率制，即公布的牌价用于非贸易项目结算，而进出口贸易的结算采用贸易外汇内部结算价。当时公开牌价为 1 美元兑 1. 54 元人民币，贸易外汇内部结算价为 2. 80 元人民币。双重汇率制的实施，在一定程度上产生了鼓励出口和抑制某些进口的效应。

20 世纪 80 年代上半期，由于国内物价水平的逐渐上升，人民币的价值不断下降，而同期美元日益坚挺，人民币高估的现象更趋严重，阻碍了中国对外经济贸易的正常发展。有鉴于此，我国于 1985 年 1 月 1 日起正式取消贸易外汇内部结算价，变公开的双重汇率为单一汇率，进出口贸易和非贸易活动的外汇收支采用相同的汇率。与此同时，基于国内通货膨胀不断加剧和促进出口的需要，继续下调人民币的汇率，由 1985 年 1 月 1 日的 1 美元兑 2. 8 元人民币，逐步调整至 1990 年 11 月 17 日的 1 美元兑 5. 22 元人民币。

为配合承包制改革和取消财政补贴的政策，我国于1988年3月起在各地先后设立外汇调剂中心，形成了官方汇率和调剂市场汇率并存的汇率制度。从1991年4月9日起，对官方汇率的调整由以前大幅度、一次性调整的方式，转为逐步缓慢调整的方式。同时，放开外汇调剂市场汇率，让其随市场供求状况浮动。

3. 1994年以来：单一的、有管理的浮动汇率制度

（1）1994—2005年：盯住汇率制度

为了适应中国改革开放不断深化的要求，以及符合IMF和关贸总协定对成员国汇率安排的规定，1994年1月1日，我国政府对外汇体制进行了重大改革。该项改革的主要内容包括：①实行以市场供求为基础的、单一的、有管理的浮动汇率制，取消以前官方汇率与调剂汇率并存的制度。企业和个人按规定向银行买卖外汇，银行进入银行间外汇市场进行交易形成市场汇率。中央银行设定一定的汇率浮动范围，并通过调控市场保持人民币汇率稳定。②实行银行结售汇制，人民币在经常账户下实现有条件的可兑换。③建立银行间外汇市场。为了保证结售汇制度的正常运行，使银行间的外汇盈缺能够及时调整，1994年建立了以上海为中心的银行间外汇交易市场，各外汇指定银行作为会员单位进入该市场解决外汇盈缺。④人民币汇率确定方法采用供求定价法。这种方法是指在考虑以往汇率水平、各种其他汇率决定方式的基础上，主要由外汇市场的供求关系决定汇率水平。

虽然上述新的外汇体制较以往有了较大的进步，汇率形成机制更加合理，但此种体制仍然存在一定的局限性，主要表现在：汇率形成机制仍然不健全，人民币兑换外汇在很多方面仍受到限制，结售汇制度削弱了供求力量在汇率形成过程中的作用。2002年后，人民币逐渐向资本项目下的有条件自由兑换过渡，但人民币汇率仍然以盯住美元为基本汇率政策。

（2）2005年至今：完善人民币汇率的市场化形成机制

随着中国经济实力持续增强和外贸总额不断增大，人民币汇率问题成为国际瞩目的问题，很多重要的贸易伙伴要求中国采取更为灵活的人民币汇率形成机制。近年来，我国经常项目和资本项目双顺差持续扩大，加剧了国际收支的不平衡。为了调整经济结构、缓解对外贸易不平衡、扩大内需、提升企业国际竞争力、提高对外开放水平、缓和与某些国家的贸易摩擦，推进人民币汇率形成机制的改革成为深化金融改革的重头戏。

2005年7月21日，经国务院批准，我国开始实行以市场供求为基础、参考一篮子货币进行调节、有管理的浮动汇率制度。此次汇率改革，人民币兑美元一次性升值2%，人民币汇率不再盯住单一美元，而是按照我国对外经济发展的实际情况，

选择若干种主要货币，赋予相应的权重，组成一个货币篮子。货币篮子的确定以对外贸易权重为主，主要包括美元、欧元、日元、韩元、新加坡元、英镑等 11 种货币。

对于人民币汇价的管理，中国人民银行于每个工作日闭市后公布当日银行间外汇市场美元等交易货币兑人民币汇率的收盘价，作为下一个工作日该货币兑人民币交易的中间价格。银行间外汇市场人民币兑美元的买卖价，在中国人民银行公布的市场交易中间价上下 0.3% 的幅度内浮动，欧元、日元、港元等非美元货币兑人民币交易价浮动幅度为上下 3%。外汇指定银行在规定的浮动范围内确定挂牌汇率。银行对客户美元挂牌汇价实行价差幅度管理，美元现汇卖出价与买入价之差不得超过交易中间价的 1%，现钞卖出价与买入价之差不得超过交易中间价的 4%。银行可在规定价差幅度内自行调整当日美元挂牌价格，可自行制定非美元兑人民币价格，可与客户议定所有挂牌货币的现汇和现钞买卖价格。上述人民币汇率改革方案，我们称其为“7·21”汇改新政。

2015 年 8 月 11 日，为增强人民币兑美元汇率中间价的市场化程度和基准性，中国人民银行决定完善人民币兑美元汇率中间价报价。自 2015 年 8 月 11 日起，做市商在每日银行间外汇市场开盘前，参考上日银行间外汇市场收盘汇率，综合考虑外汇供求情况以及国际主要货币汇率变化向中国外汇交易中心提供中间价报价。

二、人民币汇率形成机制的内容

人民币汇率形成机制的核心内容至少包括五个方面，即完善汇率的决定基础、矫正汇率形成机制的扭曲、健全和完善外汇市场、增加汇率的灵活性和改进汇率调节机制。完善汇率机制的实质是提高汇率形成的市场化程度，而不是简单调整汇率水平。

人民币汇率形成机制实际上就是人民币汇率制度的选择问题。从 1994 年 1 月 1 日起，我国开始实行以市场供求为基础的、单一的、有管理的浮动汇率制度。由此开始，人民币汇率逐渐走向市场化。人民币汇率形成机制的核心是以外汇市场供求为基础，允许市场汇率在一定范围内围绕基准汇率上下浮动。

三、人民币汇率形成机制的缺陷

尽管现行人民币汇率形成机制基本上符合中国国情，对促进经济发展发挥了重要的作用，但是实事求是地看还存在以下几点缺陷。

1. 形成机制扭曲

建立银行结售汇制和全国统一的银行间外汇市场，是20世纪90年代以来我国外汇体制改革的重要方面。银行结售汇制和全国统一的银行间外汇市场构成了现行人民币汇率形成机制的基础。从理论上来看，我国实行以市场供求为基础的、有管理的浮动汇率制度，人民币汇率反映的是市场供求关系。但从现行人民币汇率形成机制看，由于存在着两个突出的特点，即银行结售汇的强制性与银行间外汇市场的封闭性，导致人民币汇率的形成机制扭曲，从而使人民币汇率基本上体现的是政府意志，难以形成真正意义上的市场汇率。

（1）银行结售汇制的强制性。结售汇这种制度安排具有较大程度的强制性，企业出口所得外汇必须无条件卖给外汇银行。企业不能持有外汇账户（以后虽允许大型外贸企业持有部分外汇，但受到严格的限制），不能根据自己未来的需求和对未来汇率走势的预期自主选择适当的出售时机和数量。至于企业的外汇需求，在经常项目下的贸易用汇通过外汇指定银行的售汇来满足，而经常项目下的非贸易用汇则受到较为严格的外汇审批控制。在这一制度下，企业无法随意持有外汇，由此“强卖”而形成的汇率不可能是真正意义上的市场价格。

（2）银行间外汇市场的封闭性和严格管制。银行间外汇市场即银行之间的外汇交易市场，建立该市场的初衷是为了改进人民币汇率形成机制，然而从实践来看这一目标并未达到，这是因为该市场存在着严重的缺陷：

第一，封闭性而非开放性市场。银行间外汇市场实行会员制，作为市场主体会员资格的获得，须经中央银行或外汇管理局的审批，必须符合严格的市场准入规则，从而使该市场失去开放性而成为封闭的市场。

第二，严格管制的市场。由于中央银行对外汇指定银行持有外汇的额度有严格的规定，这就使得外汇指定银行不能随意持有外汇，也难以根据本行外币资产的合理组合来实现在风险可控情况下的收益最大化和规避外汇风险。更为重要的是，在银行间外汇市场的交易中，由于中央银行实际上处于垄断地位，即中央银行具有对外汇指定银行的额度控制权以及中央银行拥有巨额的外汇储备和货币供给权，从而使中央银行对该市场人民币汇率的形成具有绝对的控制权。中央银行在市场上的绝对垄断地位，使政府的意志自然而然地渗透在汇率之中。

第三，被动干预的市场。在银行间外汇市场上，中央银行处于被动干预的地位，当外汇指定银行之间的交易不能完全匹配时，由中央银行弥补不足头寸，以保证整个市场的“出清”。这种被动干预保证了市场的有效运转，但也对人民币汇率的形成产生了较大的负面影响。由于采用迫不得已的被动干预，极大地限制了中央银行采取灵活的干预模式，其结果是有管理的浮动汇率制仅有管理而缺乏浮动，人民币汇率趋向僵化。毫无疑问，这对人民币体现外汇资源价格的真实性和代表性产生了极为不利的影响，严重制约了市场配置外汇资源效率的进一步发挥。

第四，单调的市场。我国银行间外汇市场上交易的币种仅限于美元等少数几种货币，成交量也主要以美元为主，而且几乎不存在远期、期货交易，除了少数几家银行有资格办理人民币远期交易外，几乎没有其他衍生工具。银行间外汇市场上交易品种和交易方式的状况对外汇交易量有重要的影响。不言而喻，真正意义上的银行间外汇市场必须具有一定数量的交易主体，形成多层次的市场结构，从而具有相当的交易规模。否则，就不可能形成活跃的外汇市场，也就不可能生成合理的市场汇率。

2. 缺乏灵活性或弹性

在客观因素以及一部分主观因素的作用之下，我国于1994年初开始实行的以市场供求为基础的、有管理的浮动汇率制度已经逐步演变成为固定汇率安排。亚洲金融危机以来，我国人民币汇率制度承载了包括政治因素在内的沉重负担，我国坚持人民币不贬值，对稳定亚洲经济金融发挥了重要的作用；人民币汇率的稳定已经成为中国政治、经济稳定的极其重要的标志。正因为如此，人民币汇率已经陷入僵化，即缺乏灵活性或弹性，丧失了调节功能。

缺乏灵活性或弹性的人民币汇率制度造成了一系列的问题，从而成为危及我国金融安全的严重隐患，最突出的表现为弱化了企业的风险意识。汇率长期窄幅波动，不仅制约了市场引导外汇资源配置的基础性作用发挥，并导致市场忽视汇率风险。在基本固定的汇率安排下，市场和企业的汇率风险意识淡薄，在经营与投融资活动中很少考虑和顾及汇率风险，从而出现和累积了一定的风险，如大量不良债务的产生，而这些风险的累积则是发生金融危机的重要条件。

由于人民币汇率缺乏灵活性或弹性，人民币名义汇率与实际有效汇率之间产生较大的差距。在单一盯住美元的汇率安排下，汇率浮动区间处在狭小的范围之内，这种状况使汇率难以对其他货币间汇率变化及时进行调整，特别是对美元和其他主要储备货币间的汇率变化及其影响作出反应，其结果往往是表面上名义汇率保持稳定，而实际有效汇率已经与之发生偏离。

在我国的贸易结构中，与美元区的贸易额占贸易总额的50%左右，而与非美元区即日本、欧元区和东南亚的贸易额占贸易总额的50%左右。我国的现行汇率政策只是重视保持与美元区汇率的稳定，而对非美元区贸易伙伴的汇率稳定则没有予以足够的重视。美元不断贬值的趋势，相应地导致这些货币的升值。正是这些因素导致人民币实际有效汇率趋降。

1994年人民币汇率并轨时，我国规定的银行间外汇市场人民币对美元汇率每天的波幅为中心汇率上下0.3%，而实际上人民币汇率每天波幅不过几个基本点。人民币汇率窄幅波动这种格局，较大程度是由于中央银行作为银行间市场的重要参与者，几乎每天都参与市场交易，平补市场买卖差额，影响汇率生成。这就形成中央银行与市场博弈的格局，造成汇率变动的政策敏感性。如果汇率出现大幅波动，可能向市场传递的是政府纵容或操纵汇率贬值或升值的政策信号，从而使得汇率波动从政策上变得比较敏感，这反过来制约了汇率政策操作的弹性。

3. 调整缺乏准确依据

1996年我国实现人民币经常项目下的可兑换，并对资本项目进行严格管制，从而使银行间外汇市场上的外汇供求决定于贸易项目。而货币的购买力则是与贸易相关的最直接、最重要的因素，这就在很大程度上决定了需要选择购买力平价理论作为决定人民币汇率水平的理论模型。但是，在人民币汇率制度已经逐步演变成为固定汇率安排的情况下，用购买力平价来计算人民币与美元的均衡汇率存在重大缺陷，如购买力平价理论的前提条件（例如信息充分、交易成本为零、关税为零）几乎完全不能满足，而且由于购买力平价理论的一般物价水平既包含了贸易品又包含了非贸易品，其计算结果必然存在较大的偏差。显而易见，从理论上来看，现行人民币汇率的调整缺乏充足的依据。

从实践上来看，现行人民币汇率的调整也缺乏准确的依据。当汇率由外汇市场的供求关系来决定时，这一市场十分狭窄，而且仅限于由经常项目中的贸易项目派生出的外汇供求。但是，中央银行与外汇指定银行之间存在信息不对称导致中央银行无法获取准确定价所需要的完全信息；同时，由供求偏好变化而造成的汇率变动的不确定性导致中央银行管制定价的时间滞后，甚至发生判断错误。在信息不对称和存在不确定性的情况下，管制定价的中央银行无论采用何种方法，都难以计算出一个“出清”供给与需求均衡的汇率水平。当中央银行管制定价无法确定均衡的汇率水平时，汇率水平的调整不得不主要依赖于经验以及有关黑市汇率水平、出口换汇成本等参考指标，使调整的准确性大为降低。

4. 较高的维持成本

维持现行人民币汇率制度的成本较高，需要付出的代价主要包括以下几个方面：

（1）增加货币政策灵活操作的难度。在资本自由流动的条件下，固定汇率制将没有自主的货币政策，货币政策只能被用于维持汇率的稳定；而在资本管制条件下，资本难以自由流动进行套利活动，利率平价理论将不再发挥作用，固定汇率制下的货币政策因此而重新获得自主性。但是，我国的实践表明，由于受资本控制有效性和货币管理当局冲销手段的限制以及贸易平衡存在着不确定性，即使在资本管制条件下，货币政策的自主性依然受到较大的影响，有时甚至会发生货币政策的作用方向与宏观经济政策目标背道而驰的现象。

（2）增加财政负担。在美元相对于主要货币保持强势的情况下，如果维持人民币兑美元汇率的绝对稳定，势必增加我国出口增长的难度，而扩大出口又是保持经济增长的重要途径。为了刺激出口，我国采取了提高出口退税比率、对出口商品贴息等措施，其结果：一方面保持了出口的增长，对拉动经济增长发挥了重要的作用；另一方面也增加了国家财政支出，并诱发了出口骗税等道德风险。

（3）增加外汇管理成本和难度。为维持现行人民币汇率制度，在政策操作上我国不得不在一定程度上借助外汇管制的力量来实现既定目标。在1998年以前，为缓解人民币汇率升值的压力，中央银行加强了银行结汇管理，明确规定中资企业借用的国际商业贷款不得结汇成人民币使用；在1998年以后，为应对亚洲金融危机对人民币汇率产生的贬值压力，中央银行又加大了对银行售付汇管理的真实性审核力度。毫无疑问，严格的管制势必增加管理成本。在现行人民币汇率制度下，由于人民币汇率基本固定、汇率无风险，当国内外利率存在利差时，必然导致无风险套利机会的出现。尽管在我国资本项目外汇管制之下，这种套利活动有一定的成本，但只要收益大于成本，套利仍会通过非法逃套等形式进行。这种状况增加了资本项目外汇管理的难度。

（4）外汇储备增加的成本与风险。在现行人民币汇率制度框架下，强制性结售汇的实施、经常项目可兑换以及中央银行对外汇指定银行外汇头寸额度控制，使得银行、企业与居民都不能随意持有外汇，而中央银行则以国家外汇储备的形式持有相当数量的外汇。这种状况导致我国外汇储备持续超速增加。持有规模巨大的外汇储备，尽管可以看做是我国人民币汇率制度稳定以及经济发展势头良好的重要标志，或者说为市场提供了一个稳定与信心的重要标志，但是持有如此巨大规模的外汇储备，对经济发展产生了一系列负面影响，最突出的表现为：

第一，支付巨大的成本。既然外汇储备是用于清偿国际收支逆差、进行外汇交易和国际债务清算、干预外汇市场的外汇资产，而且这种重要资源又必须具有较高流动性的前提条件，因此外汇储备属于暂时闲置或只能获得很低收益的资产。由此可以这样认为：外汇储备的规模越大则意味着资源利用的效率就越低，同时需要付出的成本就越高。我国外汇储备主要用于购买美国政府的短期债券和在境外金融机构的同业存款，其资产收益率大大低于对外借款所支付的利息和利用外商直接投资所付出的成本。我国在持有大量低收益外汇资产的同时，又以高成本从国际金融市场大量借入外资，造成巨额的资源浪费，付出了相当大的代价。

第二，承担汇率风险。我国外汇储备高度集中于中央银行，汇率变动所产生的汇率风险就不可能向其他微观经济主体分散，必然由中央银行独自来承担，在当前国际货币体系和国际金融市场存在较大的不确定性的情况下，中央银行持有巨额外汇储备特别是美元储备资产将面临巨大的汇率风险。

（5）增加社会交易成本。主要表现为：第一，在强制性的结售汇制度下，必然增加企业的额外负担，使交易成本提高，而成本的提高又在一定程度上削弱了企业的竞争力。第二，对交易真实性的审核不仅带来了巨大的社会管理费用的支出，而且随之产生的效率下降也意味着社会成本的增加。第三，在结售汇制度下，对外汇的超额需求是外汇市场的重要特征，因外汇超额需求而出现的大量的行政审批则又是产生寻租、腐败等问题的重要根源。这样不仅降低了外汇资源的使用效率，造成效率损失，而且又要为此支付监管的成本。所有这些，无疑会加大社会交易成本，造成社会福利的净损失。

四、完善人民币汇率形成机制的具体措施

我国加入 WTO 之后，由于对外贸易扩大、外资流入增加、外资银行大量进入及其业务增加，外汇市场日趋活跃，致使人民币汇率市场化的压力逐渐增大。伴随上述重要变化，资本的流动性在我国逐渐提高，稳定汇率的难度越来越大，外汇管制的成本也将越来越高。这些变化必然要求人民币汇率加快市场化改革，完善人民币汇率形成机制。

在我国加入 WTO 后新的开放形势下，完善人民币汇率形成机制的必要性彰明较著：有利于应对金融开放对现行汇率制度的冲击，有利于提高货币政策的有效性，有利于消除汇率制度内在不稳定性。因此，需要重视以下几个方面：

1. 完善改革方向

完善人民币汇率形成机制的改革方向是重归真正的以市场供求为基础的、有管理的浮动汇率制度，其基本内涵体现在市场供求、有管理与浮动汇率三个方面。因此，这一改革需要把握的基本原则为：首先，真正反映市场的供求关系。在防范风险的前提下，适当放松外汇管制，扩大外汇管制区间，使经济主体的自愿选择尽可能落在外汇管制区间内，反映市场供求变化，体现广泛的市场参与者的真实交易意愿，为汇率进一步市场化奠定基础。其次，管理的方式和手段多样化，既包括中央银行对外汇市场的直接干预，也应包括根据当时的宏观经济环境，通过调节本外币

的供应量、调整利率水平等手段进行的综合调节；为保持我国贸易条件的稳定，中央银行的市场基准汇率可在市场供求基础上参考一篮子货币来确定。最后，适当扩大汇率的浮动区间，促进人民币汇率从现行僵化的状态中解脱出来，增加人民币汇率的弹性。

2. 完善核心内容

第一，完善人民币汇率的决定基础。

对汇率决定的各种学说进行综合，可得出一个基本结论：从短期来看，货币性的资产市场机制和预期是汇率决定的重要基础；从中期来看，国际收支的经常项目是汇率决定的基础；从长期来看，汇率是由货币方面和实体经济方面的因素共同来决定的。在现阶段我国人民币利率非市场化、资本项目外汇实行较为严格管制的情况下，人民币汇率的决定基础主要是经常项目外汇收支。由于经常项目的外汇收入与支出构成了我国外汇收支的主体，从而表明我国的外汇收支与交易仍主要是与贸易等真实经济活动相联系的，因此在现阶段，人民币汇率以经常项目外汇收支为决定基础，无论在理论上还是在实践上都是合理的。随着我国资本项目管制的逐步放开和人民币逐步走向市场化，外汇市场的供求也会更多地体现经常项目外汇收支以外的外汇供求，人民币汇率的决定基础将会由经常项目外汇收支逐步过渡到经常项目为主兼顾其他因素特别是资本流动。

第二，矫正汇率形成机制的扭曲。

银行结售汇的强制性与银行间外汇市场的封闭性是导致人民币汇率形成机制扭曲的重要原因，使人民币汇率难以成为真正意义上的市场汇率。因此，应将目前国内企业的强制结售汇制逐渐过渡到意愿结售汇制，使整个外汇供求有效地出清价格，同时使价格也能灵活地引导和调节供求。实行经常项目可兑换后，基本实现经常项目的意愿售汇，资本项目的意愿售汇还需要根据资本项目开放的进程逐步改进。

3. 健全和完善外汇市场

一是增加市场交易主体，推广大额代理交易。增加外汇市场的交易主体，让更多的金融机构和企业直接参与外汇的买卖，并逐步推广银行代理企业在银行间外汇市场买卖外汇的大额代理交易。这样有助于避免大机构集中性的交易对市场价格水平的操纵，防止汇率的大起大落；同时也有利于有效降低大企业的交易成本，便于监管机构对交易的监控。

二是增加外汇市场交易品种。外汇交易量与外汇市场上的交易品种和交易方式密不可分，增加外汇市场交易品种是健全和完善外汇市场的重要手段，具体来说就是增加交易品种，特别是外币与外币之间的交易，如美元兑日元、欧元等货币的交易，以满足外汇指定银行以及客户的不同需要。加快推行远期外汇交易。远期外汇交易是一种较为合适的规避汇率风险的方式，而且开展远期外汇交易对于增强外汇市场供求的灵活性、改善人民币汇率形成机制都具有重要的意义。

三是健全外汇交易方式。目前我国外汇市场主要是以计算机自动撮合方式成交的银行间外汇交易市场，和国际上通行的商业银行做市商交易制度有较大的区别。这种交易方式在强制结售汇制度下效率比较高，但是如果过渡到意愿结售汇制度后，进入原有的结售汇交易系统的交易可能萎缩。在这种情况下，需要加快发展商业银行做市商制度，并使汇率真正反映市场参与者的预期。

四是增加人民币汇率的灵活性。这主要包括扩大人民币汇率的波动区间，减少中央银行在市场上的干预频率，运用其他经济方式和手段调整汇率水平。适当放宽人民币汇率的波动幅度，使市场交易主体能够比较自由地根据汇率信号作出反应，使汇率能够比较真实地反映外汇市场供求关系的变化，从而进一步完善人民币汇率形成机制与调节机制。除每天波动幅度外，还应规定每年波动的幅度。这将向市场传递中央银行减少干预的重要信号，为中央银行减少市场干预频度创造条件。在市场供求基础上，人民币汇率调控目标可从盯住美元转为盯住一篮子货币。篮子中包括美元、日元和欧元三种货币，可根据贸易情况选择适当权重。采取盯住一篮子货币的方式，有助于淡化市场对美元兑人民币汇率的关注程度，稳定我国对美元区、欧元区和日元区的贸易条件。当市场供求关系与篮子货币计算出的目标汇率有差异，甚至方向不一致时，必须以市场供求关系为基础进行调整。

五是改进人民币汇率调节机制。为了使人民币汇率保持合理水平和稳定，改进人民币汇率调节机制的方法是：对汇率的短期和中期波动的调节，主要通过外汇市场来进行，即依靠中央银行在外汇市场上的操作，影响外汇市场供求关系的变化，来实现调节的目标。而对于汇率的长期水平及其走向，则主要依靠中央银行通过改变基准汇率（或直接改变，或通过在外汇市场上的操作来间接改变）来实现调节的目标。

中央银行对外汇市场的调控需要进一步完善和加强，调控手段将进一步规范。中央银行主要利用法律手段和经济手段，也应辅之以行政手段对外汇市场进行管理，以维护外汇市场秩序。公开市场操作的作用要进一步发挥，中央银行的干预方式除了直接干预方式以外，诸如通过调整利率来影响汇率、信号宣示效应等间接干预方式将逐渐采用。为保持汇率的相对稳定和合理水平，中央银行应建立外汇平准基金；同时应建立人民币汇率监测系统，形成市场基准汇率制度，以提高干预的有效性；还应加快推进外汇市场同货币市场和国债市场的有机结合，灵活运用各种调控手段。

对外汇市场的风险进行控制，避免或降低风险，这也是中央银行调控外汇市场的一个重要方面。进行远期外汇交易，是控制人民币汇率风险的有效途径，因此，需要大力发展银行间的远期外汇市场。

4. 坚定不移地保持人民币汇率的基本稳定

保持人民币汇率在合理、均衡水平上的基本稳定，有利于我国经济社会持续健康发展，也有利于世界经济金融的稳定。在金融全球化迅速发展的情况下，汇率变动对一国经济的重要影响日益显著，而经济持续、快速、健康发展是维护国家金融安全的根本所在。因此，从这个意义上来说，保持人民币汇率稳定的意义不仅在于促进我国经济发展，而且更为重要的是，这也是维护国家金融安全的必然选择：汇率稳定政策有利于经济发展、有利于防范金融风险、有利于保障金融体系平稳运行、有利于外汇管理体制改革。完善汇率机制的核心是提高汇率形成的市场化程度，增加汇率弹性，而不是简单调整汇率水平。需要强调的是，完善汇率机制是我国自主的选择，必然要充分考虑我国社会、经济的承受能力，避免汇率大幅波动。

完善人民币汇率形成机制，保持人民币汇率在合理、均衡水平上的基本稳定已经成为人民币汇率制度改革的基本原则。从固定汇率退出，扩大汇率灵活性是开放中新兴经济体汇率制度演变的普遍现象。研究表明，在货币受到投机压力时被迫退出固定汇率体制往往会对经济造成较大的损失，而在宏观经济稳定、短期资本受到较严格管制的情况下退出则容易获得成功。

在当前美元贬值的国际金融环境下，特别是在国际“热钱”都在伺机投机人民币汇率升值的压力下，只要人民币汇率有风吹草动、人民币管理浮动的区间稍有扩大，人民币币值必然冲上区间上限，并产生更强烈的人民币进一步升值的预期，“热钱”会更多地流入。

五、实行人民币弹性汇率机制必须考虑的因素

实行人民币弹性汇率机制措施时，还需要强调必须考虑的几个因素：

一是我国宏观经济稳定，市场体系完善，金融体系安全；

二是要有科学的方案，以保证我国积极健康持续发展；

三是要考虑对周边国家的影响，我国对周边国家负责、对世界负责。

因此，我国政府对人民币汇率升值持谨慎的态度是理所当然的。

第二章　外汇交易知识

第一节　外汇市场

一、外汇市场的定义

外汇市场是国际汇兑的简称。外汇市场也有广义和狭义之分。

广义外汇市场就是我们通常所说的所有进行外汇交易的场所。由于不同国家货币制度不同，一个国家的商人从另一个国家购进商品，支付本国货币一般是不被接受的，这个商人必须支付卖出商品的国家所能接受的货币，因此为了进行贸易结算，这个商人必须到市场上进行不同货币之间的交换，这个场所即为广义外汇市场。

狭义的外汇市场是指外汇指定银行之间进行外汇交易的场所。

二、外汇市场产生的原因

外汇市场之所以能够产生，主要有以下原因：

1. 贸易与投资。进出口商在进口商品时支付一种货币，而在出口商品时收取另一种货币。这意味着，他们结清账目时，收付不同的货币。因此，他们需要将自己收到的货币兑换成可以用于购买商品的货币。

2. 投机。任意两种货币间的汇率会随着其相对的供给与需求的变化而变化，参与交易者并不是因为国家贸易的原因必须进行货币的兑换，而是企图通过汇率的差异获取利益，他们可以在某一价位买进货币，然后在另一有利的价位卖出该货币，从中获利。

3. 对冲。由于汇率的波动，那些拥有国外资产的公司将这些资产折算成本国货币时，就可能遭受一些风险。当以外币形式存在的国外资产在一段时间内价值不变时，如果汇率发生变化，以国内货币折算这项资产的价值时，就会产生损益。公司可以通过对冲消除这种潜在的损益。这就是执行一项外汇交易，其交易的结果刚好抵消由汇率变动而产生的外币资产的损益。

三、外汇市场的特点

外汇市场之所以能吸引越来越多的人参与，与外汇市场本身的特点息息相关。外汇市场的主要特点是：

1. 外汇市场是无形的市场

众多投资者熟悉的股票市场是一个有形的市场，有集中统一的交易场所，如我国有上海证券交易所和深圳证券交易所。而外汇市场则是一个无形的市场，各国都没有一个固定的外汇交易所，银行、外汇经纪、客户等全世界参与外汇买卖的人员都是通过电话、网络外汇市场等进行交易。我们平时所说的东京、伦敦或纽约外汇市场，并不是说在东京、伦敦或纽约有一个全球知名的外汇交易场所，而是专指以上三个城市在当地工作时间内的全球外汇市场状况，是一个时间概念，并不是地域概念。

2. 外汇市场是 24 小时不断运转的市场

在外汇市场上，各国交易的对象都基本相同，七大货币占交易量的 80% 以上，交易对象的相同为全球化的统一市场提供了基础，而各国存在着时差，则为 24 小时不间断交易提供了时间基础。外汇市场就是这样日复一日地从周一早上运行到周六的凌晨 4 点，所以外汇市场是一个 24 小时不间断运作的市场，这使得外汇投资相对于其他投资市场而言具有更大的吸引力，它为投资者提供了以下两方面的便利：

（1）全球交易和投资成为可能。外汇市场没有涨跌停板制度，投资者可以随时随地按自己的意愿入市交易，不存在其他一些市场上的想入市买卖却无法入市的情况。

（2）投资者可以随时随地控制风险。在发生一些突然事件时，投资者可以在第一时间对风险加以控制，或适时斩仓止损，或果断追市获得利润，这是其他市场无法比拟的优势。

3. 庞大的交易量

国际外汇市场是世界上最大的市场，它以其成熟性、规范性吸引了全世界的银行、大型企业、基金、投资机构和个人投资者的广泛参与，并以每天约 2 万亿美元的交易量成为全球最大的投机市场。外汇市场的庞大交易量体现了以下几方面的优势：

（1）外汇汇率的客观性。外汇交易源于贸易兑换及套利活动，目前外汇市场庞大的交易量已经远远超过国际贸易额，说明贸易兑换已经不是外汇买卖的主要动因，各种各样的套利活动已经成为汇市上的最主要因素。尽管个别时候市场上过度的套利活动可能会使汇率偏离正常的范围，但继续的套利活动以及各国货币监管当局的活动，会使汇率逐步恢复到正常的轨道上。

（2）市场难以存在控制汇率波动的所谓庄家，受个别大户人为操控的机会微乎其微。国际清算银行（BIS）报告显示，2015 年每天外汇交易量约 5.3 万亿美元，最高达到惊人的 5.9 万亿美元。这意味着没有一个人或机构可以利用手中的资金操控市场，即使外汇储备最多的中国中央银行，也没有约 5 万亿美元的资金。至于索罗斯及其量子基金在 1992 年的英镑危机以及 1998 年的亚洲金融危机中兴风作浪，也是由于这些国家或地区本身存在着一些结构性的问题，再加上其联合了众多的其他资金集中对个别国家发起迅速狙击所致。因此，外汇市场上基本不存在所谓的庄家，汇率的波动对每一个投资者而言都是基本公平的，只要掌握技术、拥有信息，就可以比较准确判断汇率走势并从中获利。当然，其中还有运气成分。

（3）庞大的交易量和众多参与银行还意味着，即使当市场发生一些重大事件导致汇率发生大起大落时，投资者也可以找到交易对手，从而入市买卖。这也是外汇市场有别于其他市场的一个有利的地方。其他市场如股票市场，实行的是撮合成交形式，当出现一些因素导致股票价格大幅变动时，投资者几乎都朝同一方向买卖，导致市场上找不到交易对手，从而错过交易的最佳时机。而外汇市场交易则更加便利，无论发生怎样的重大事件，即便是“9·11”那样罕见的恐怖袭击事件，银行也会按照当时的市场汇率双边报价。

4. 外汇市场是公开、透明的市场

外汇市场是信息最为透明、最符合完全竞争市场理性规律的金融市场。在外汇市场上，发布各类经济数据、对货币政策进行宏观调控的主体是各国的政府部门和财经监管部门，这些部门的信用等级非常高。尽管汇市上也会有各种谣言，但是各种信息的公平度、准确度等远高于其他市场，同时西方国家对每个月所公布的经济数据均有固定的、公开的时间，而且基本上是对全球各大重要的信息中介同时公布，因此无论何时何地，只要拥有一定的信息终端，投资者基本上都能同时获得相同的信息、数据和资料，没有时差上的迟滞，也不会被人误导，更不用担心数据的虚假性。

5. 零和游戏

在外汇市场上，汇价的波动所表示的价值量的变化和股票价值量的变化完全不一样，汇率的变化就意味着一种货币价值的减少与另一种货币价值的增加。价值量变来变去，不会增加价值，也不会减少价值。因此，许多人形容外汇交易是“零和游戏”，更确切地说是财富的转移。

四、外汇市场的参与者

外汇市场参与者的构成具体如下：

（1）中央银行。中央银行是一国银行的管理机构，不以盈利为目的。中央银行参与外汇市场的主要目的是实现金融政策，维护其本国经济的持续稳定增长。

（2）商业银行。商业银行与中央银行不同，在经营过程中首先要考虑盈利性和安全性，因此它们参与外汇市场的目的主要是盈利和避险。商业银行可以提供外汇交易及一般外汇支付功能给一般客户，同时也可以在银行间创造一个活跃的外汇交易市场。

此外，参与者还包括非银行金融机构、经纪人公司、大型跨国企业等。

第二节　外汇交易种类

外汇交易主要可分为现钞交易、即期外汇交易、远期外汇交易、外汇期货交易、掉期外汇交易、外汇期权交易、外汇保证金交易等。

一、现钞交易

具体来说，现钞交易是旅游者以及由于其他各种目的需要外汇现钞者之间进行的买卖，包括现金、外汇旅行支票等。

二、即期外汇交易

1. 概念

即期外汇交易就其本质而言，是以一种货币交换另一种货币。即期交易包括一项双边合同，一方以此合同交付一定数量指定货币的同时，从另一方接受一定数量的另一种货币。即期交易并非“即刻”结算支付，而是根据双方约定的汇率在成交之后的两个工作日内结算。

即期外汇交易是全球广为流行的外汇交易工具，占有非常大的交易份额。即期外汇交易之所以流行，有两方面的原因：第一，由于市场的波动性大，盈利或亏损很快就能体现出来；第二，即期交易在两个工作日内结清，因此信用风险的时间短。

2. 即期外汇交易的分类

- 根据交割方式不同划分

（1）电汇交割方式，简称电汇。银行卖出电汇是应汇款人的申请，直接用电报、电传通知国外的汇入银行，委托其支付一定金额给收款人的一种汇款方式。电汇的凭证就是汇款银行或交易中心的电报或电传的汇款委托书。

（2）票汇交割方式，简称票汇。银行卖出票汇是指汇款银行应汇款人的申请，开具以国外汇入银行为付款人的汇票，交由汇款人自行寄给收款人或亲自携带前往，凭票向付款行取款的一种汇款方式。票汇交割是指通过开立汇票、本票、支票的方式进行汇付和收账，这些票据就是汇票的凭证。

（3）信汇交割方式，简称信汇。银行卖出信汇是汇款银行应汇款人申请，直接用信函通知国外的汇入银行委托其支付一定金额给收款人的一种汇款方式。信汇交割方式是指用信函方式通知外汇买卖双方开户行或委托行将交易金额收付记账。信汇的凭证就是汇款行或交易中心的信汇付款委托书。

- 按照交易货币不同划分

（1）双边交易

双边即期外汇交易是指外汇交易双方相互买卖其本国货币的交易。双边交易的重点是双方在进行外汇交易时只是纯粹地交易两国的货币。双边外汇交易是即期外汇市场上较为常见的一种交易形式。例如，美国一家银行经营的双边交易，在日本东京进行日元与美元的即期买卖，在中国北京进行人民币与美元的即期买卖。

（2）多边交易

多边即期外汇交易是指外汇交易双方以第三个国家的货币进行买卖的行为，即外汇交易双方需要通过这两个国家货币之外的外汇来进行交易。例如，如果美国一家企业希望卖出 10 亿元人民币，同时买进相应的英镑，这时如果通过多边交易可以直接完成该项交易。

- 按照汇率的适用地点不同划分

投机者利用各地汇率在不同地区之间存在的差异，通过在不同地区同时买进和卖出来获得收益的行为称为套汇。按照套汇的地区数量，可以将套汇交易分为两点套汇和多点套汇。

（1）两点套汇

两点套汇（two – point arbitrage）是指投机者利用两个地区的即期汇率差异，在低汇率市场上买进，同时在高汇率市场上卖出同种外汇，从而获得收益的行为。

【例 2. 1】　某一天，在香港外汇市场美元与英镑的汇率为 GBP1 = USD1. 1100/30，同时在伦敦外汇市场上美元与英镑的即期汇率为 GBP1 = USD1. 1160/80，那么由于两地的汇率不同，在不计交易成本的情形下，可以通过两点套利来获得收益。投资者可以在香港外汇市场上利用 111. 30 亿美元买进 100 亿英镑，然后在伦敦外汇市场卖出 100 亿英镑，获得 111.60 亿美元，从而赚取了 0.3 亿美元。

由于两种汇率之间存在差异，投机者将会不断地通过交易来获得收益，由此将会有大量的套利交易行为。随着这些交易的不断进行，最终，两个地方的汇率将会趋于一致，否则投机者仍然会继续套利。

（2）多点套汇

多点套汇是投机者在三个或三个以上的地区利用外汇市场差异而进行外汇交易获得收益的行为。这里我们来看一下三点套汇交易。

【例 2.2】 某一天，在香港、伦敦、法兰克福三个外汇市场的汇率分别是：

香港外汇市场：GBP1 = USD1.4856/65；

伦敦外汇市场：GBP1 = CHF2.4021/29；

法兰克福外汇市场：USD1 = CHF1.6410/20。

这样，投机者可以利用 100 亿英镑在香港外汇市场买入 148.56 亿美元，然后用这些美元在法兰克福外汇市场买入 243.79 亿瑞士法郎，最后在伦敦市场上卖出瑞士法郎买入 101.46 亿英镑。这样，投机者通过三角套汇可以获得 1.46 亿英镑的收益。

3. 即期外汇交易的功能

即期外汇交易有以下主要功能：

即期外汇交易可以满足客户临时性的支付需要。通过即期外汇买卖业务，客户可将手上的一种外币及时兑换成另一种货币，用以应付进出口贸易、投标等外汇结算或归还外汇贷款，即期外汇交易可以帮助客户调整手中外币的币种结构。通过改变组合可以帮助客户分担外汇风险。

即期外汇交易还是外汇投机的重要工具。这种投机行为极有可能带来巨额利润，也有可能造成巨大的亏损。

4. 即期外汇交易相关术语

即期外汇买卖是外汇市场上最常见的买卖形式。其交易量居各类外汇交易之首。为此必须清楚与其有关的若干概念。

（1）交割

交割是指买卖成交后“钱货两清”的行为。交割日为成交当天，称当日交割（value today）；交割日为成交后第一个营业日，称翌日或明日交割（value tomorrow）；交割日为成交后的第二个营业日，称即期交割或即交割（value spot）。

（2）营业日

营业日是指两个清算国银行都开门营业的日期，一国若遇节假日，交割日按节假日天数多少顺延。

（3）交易员

交易员是指外汇市场上的经办人。其职责是每天将企业、公司或私人客户买卖外汇的命令集中起来，按各种外汇将这些用书面或电话陆续发给银行的命令进行登记，然后根据头寸和价格决定买进或卖出，使银行之间很快地找到对象而成交。外汇交易员之间，往往使用神秘性的技术语言（行话），并且要在几秒钟之内当机立断，交易技术性强。例如，客户向一家银行询价，银行交易员必须考虑对方的资信、买入或卖出的币别和数量、银行本身外汇头寸情况以及市场汇率趋势等，立即决定报价。

（4）报价

在外汇市场上，一般采取“双档”报价法，即外汇银行在交易中同时报出买价（bid rate）和卖价（offer rate）。提供汇率的银行称为报价者，与此相对，向报价者索取即期汇率，并与报价者成交的其他银行、外汇经纪商、公司、个人等，称为询价者。报价银行在报价时，一般采用双向报价方式，即同时报出买价和卖价。买价是银行愿意以此价格买入标的货币的汇率，卖价是银行愿意以此价格卖出标的货币的汇率，买价与卖价之差为价差。在一般报价中，银行买价在前，卖价在后。例如，某一银行的即期报价为：即期汇率 USD/JPY：100.10/50，即 USD1 = JPY100.10（买价）~100.50（卖价）。银行的买价就是顾客的卖价，银行的卖价就是顾客的买价。

再如 US $ 1 = HK $ 7.7516 ~7.7526，前者为买入价，后者为卖出价。银行的买卖价格之差（spread），就是外汇银行买卖外汇的收益，一般为1‰~5‰。在实际操作中，外汇交易员不申报全价，只报出汇率小数点后的最后两位数。同上例，如果当时汇率为 US $ 1 = HK $ 7.7516 ~7.7526，则香港银行接到询问时就仅报出：16 ~26 或 16/26。这是因为外汇汇率变化一天之内一般不会超过最后两位数，用不着报全价，这也是银行报价的习惯。如果汇率在一天内暴涨暴跌，打破惯例，则另当别论。

（5）基本点（point），简称点，是表示汇率的基本单位。在一般情况下，一个基本点为万分之一货币单位，即汇率小数点后第四个单位数（0.0001）。极少数货币因面额较大，其基本点有些不同，如日元的价格变动主要在小数点后的两位数上，因此它的基本点为 0.01 单位货币。

5. 即期汇率计算

即期汇率计算通常分为以下两种：

（1）直接标价法与间接标价法的换算

直接标价法与间接标价法之间互为倒数关系，要注意原买卖两档价位置的掉换。

【例 2.3】 已知人民币/美元的即期汇率是 USD1 = CN￥8.6783 / 8.7217。

求：美元/人民币的买卖两档价。

解：人民币卖出价是 1 / 8.6783 =0.11523

人民币买入价是 1 / 8.7217 =0.11466

则 CN￥1 = USD 0.11466 / 0.11523

（2）交叉汇率（套算汇率）的计算

①当已知条件中两种货币对关键货币均为直接或间接标价时，可用“交叉相除法”计算这两种货币的套算汇率。

所谓交叉相除，就是在关键货币位置相同时，以基准货币作为分母，买入卖出——前小后大。

【例 2.4】 已知美元/日元的即期汇率是 USD100 = JPY14 260/14 270，美元/港元的即期汇率是 USD100 = HKD777.70 / 777.90。

求：JPY100 = HKD？/？

解：先求日元买入价：卖出港元，买入美元 USD100 = HKD777.70

卖出美元，买进日元 USD100 = JPY 14270

日元买入价 JPY100 = HKD5.4499（777.70/142.70）

同理，日元卖出价 = HKD5.4551（777.90/142.60）

②当关键货币位置不同时，可考虑同边相乘。

应用对象：关键货币位置不同，待求货币在已知条件中处于左边。

【例 2.5】 已知英镑兑美元和英镑兑日元的汇率 GBP100 = USD156.92/157.02，USD100 = JPY 14260/14270。

求：GBP100 = JPY？/？

解：GBP100 = JPY（156.92 × 142690 = 2237679/157.02 × 14270 = 2240675）

即 GBP100 = JPY（2237679/2240675）

6. 即期外汇交易的程序

即期外汇买卖是外汇交易中最基本的交易，一般每笔即期外汇买卖都需要通过询价、报价、成交、确认这四个步骤来完成。

询价方在使用交易机询价时需报清所询价格的交易类型、交易币种和交易金额，并可按惯例使用缩写。如果所询价使用美元报价法，则所报的数字为美元的金额。如果所询价的汇率使用非美元报价法，则所报出的数字为非美元币种的金额。

报价方在接到询价方询价后，一般会以最快的速度进行报价。由于交易双方对汇价的大致水平都比较清楚，因此报价时通常只需报出汇率的小数。但有时外汇市场汇率波动会异乎寻常地激烈，在很短的时间内汇率的大数也会发生变化，在这种特殊的情况下，报价时最好将汇率的大数也同时报出，以免造成误解。报价速度的快慢和买卖差价的大小是反映一个交易员报价水平和市场经验的重要标志，并直接影响到其所在银行在外汇市场上的信誉和竞争力。但更重要的是，交易员应能通过报价盈利，这就需要交易员掌握一定的报价技巧，并有较丰富的市场经验。

当报价方报出询价方所需要的汇价后，询价方应对报价迅速作出反应，或者成交，或者放弃，而不应与报价方讨价还价。按惯例，即期交易要求询价方在数秒内作出是否成交的决定，否则就会给报价方带来汇率风险，一旦成交，汇率水平、交易金额、交易币种等细节内容便都已经确定，对交易双方具有约束力，除非双方同意，否则任何一方无权擅自对交易细节进行变动修改或否认。

由于询价、报价和成交都是在快速简捷的过程中进行的，大量地使用缩写，不利于清算工作和日后查询，因此在成交之后，交易双方必须就交易的详细内容，进行一次完整的确认，确认通常包括以下内容，缺一不可：

（1）交易汇率。证实使用的交易汇率，必须将大数和小数分别列明。

（2）买卖货币的名称。必须清楚地表明交易双方买入了何种货币、卖出了何种货币。

（3）买卖金额。要特别注明成交的是哪一种货币以及金额。

（4）起息日。

在即期外汇交易中，要特别注意以下几点：

第一，询价时要表明“Spot”字样，如没有表明，则默认为即期；遵循被报价币的国际惯例；询价者的买卖行为不需要明示，否则报价者会根据询价者的意图而报价；可以说明要买卖的商品的数量，如没有，则默认交易数量为100万美元。

第二，报价时，价格一经报出，就承担买卖义务；语言简单明了，不含糊，要用肯定语气。

第三，交易时，询价方要迅速决定。如不迅速决定，报价方自动终止报价。决定方式为：同意—成交；不同意—谢绝—再次询价。

三、远期外汇交易

1. 远期外汇交易概念

远期外汇交易又叫期汇交易，是指市场交易主体在成交后，按照远期合同规定，在未来按照规定的日期交易的外汇交易。远期交易的双方必须签订远期合约，合约包括五个部分的内容：买进或卖出、交易币种、数量、远期汇率和到期日。远期合约的期限一般为1个月至12个月，常见的期限有1个月、2个月、6个月、9个月、12个月，1年以上称超远期外汇买卖。

2. 远期外汇交易类型

（1）固定交割日的远期外汇交易

固定交割日的远期外汇交易又称为标准交割日的远期外汇交易，即实现具体规定交割日的远期交易。远期日期固定的远期交易是最常见的远期外汇交易类型，交割期以天数或月份为单位。这类交易的交割日为某一确定的日期，既不能提前，也不能推迟。到交割日，按对方的要求将货币转入对方指定的银行账户内。如果一方提前交割，另一方既不用提前交割，也无须因对方提前交割而支付利息，但如果有一方违反交割，则必须向对方支付利息。

（2）选择交割日的远期外汇交易

选择交割日的远期外汇交易又称为非标准交割日的远期外汇交易或择期远期外汇交易，其主要特点是买卖双方在签订远期合约时，事先确定交易数量和汇率，但具体交割的日期不固定，只规定交割的期限范围。交易的一方可在成交日的第三天起约定期限内的任何一个营业日，要求交易的另一方按双方约定的远期汇率进行交割。完全择期交易是指客户可以自由选择日期进行交割。部分择期交易，则是事先确定交割的月份。

3. 远期外汇交易相关术语

（1）升水

当某货币在外汇市场上的远期汇价高于即期汇率时，称为升水。如，即期外汇交易市场上美元兑人民币的比价为1:6.685，三个月期的美元兑人民币价是1:6.677。此时人民币升水。

（2）贴水

当某货币在外汇市场上的远期汇价低于即期汇率时，称为贴水。如，即期外汇交易市场上美元兑人民币的比价为1:6.677，三个月期的美元兑人民币比价是1:6.685。此时人民币贴水。

（3）套算汇率

两种货币之间的价值关系，通常取决于各自兑换美元的汇率。如1英镑=1.31美元，且6.68元人民币=1美元，则8.75元人民币=1英镑，两种非美元之间的汇率，便称为套算汇率。

4. 远期外汇交易报价及汇率计算

（1）报价方式

①完整汇率报价方式。又称直接报价方式，就是直接完整地报出各种期限期汇的买入价与卖出价。银行对顾客的远期外汇报价通常采用这一形式。在日本、瑞士等国，银行同业间的远期采用这一报价方法。

②掉期汇率报价方式。在直接标价法下，出现升水时的远期汇率等于即期汇率加上升水额。出现贴水时的远期汇率等于即期汇率减去贴水额。在间接标价法，出现升水时的远期汇率等于即期汇率减去升水额，出现贴水时的远期汇率等于即期汇率加上贴水额。

（2）远期汇率计算

远期外汇交易的汇率，是以在即期汇率上加减升水和贴水的方法表示。前面我们讲到过某种货币的远期汇率大于即期汇率时，其差额就是升水；远期汇率小于即期汇率时，差额就是贴水。如上例中即期外汇交易市场上美元兑人民币的比价为1:6.685，三个月期的远期汇率美元兑人民币比价是1:6.677，此时人民币升水，反之则为贴水。甲货币（如美元）对乙货币（如日元）的远期汇率有升（贴）水，就是乙货币对甲货币的远期汇率有贴（升）水。同时，期限越长，远期汇率升水越大，反之则反是。用公式表示如下：

远期汇率 = 即期汇率 + 升（贴）水

升水和贴水的大小，主要取决于两种货币的利率平价条件，即利率的高低和期限的长短。利率较高的货币在远期市场上表现为贴水；利率较低的货币在远期市场上表现为升水。当甲、乙两种货币的相同期限利率水平无差异时，从理论上说，升水和贴水就等于零，也就是远期汇率等于即期汇率；这种情况称为平价。同时，期限越长，远期汇率升水越大，反之则反是。

【例 2.6】　美元 3 个月存款利率为 10%，欧元 3 个月存款利率为 5%，客户向银行购买 3 个月远期欧元或卖出 3 个月远期美元。银行如果按即期汇率用美元买入欧元，存放 3 个月以后交割时付给客户，那么，银行在这 3 个月中就要放弃美元的高利率而收取欧元的低利率，损失 5% 的利差。银行把这个因素打进远期欧元的价格中，就要比即期欧元贵一些。所以欧元在远期市场上买卖时呈升水，也就是远期美元有贴水。

远期点数的报价常常来自于即期交易报价，并且它代表交易中两种不同货币的利率差异。远期点数加（减）即期汇价可以计算出远期汇率，如远期点数加即期汇价，称为即期汇价升水，反之，则称为即期汇价贴水。如果基础货币的利率高于相关货币，远期点数被减去，称为基础货币在远期市场贴水，同时，相关货币升水；如果基础货币的利率低于相关货币，远期点数被加上，称为基础货币在远期市场升水，同时，相关货币贴水。有时可以看到，远期点数在同一个双向报价中，既升水，又贴水，这种情况多发生在两种货币利率差异非常小的时候如 -1.0/ +1.0。

四、外汇期货交易

1. 定义

外汇期货也称货币期货，是指交易双方在期货交易所内，通过公开叫价的方式，买卖在未来某一标准清算日期交割一定数量外汇的标准化期货合约的外汇交易。外汇期货合同是买卖双方之间的协议，双方同意在将来某日期按约定价格买进或卖出指定的货币。

2. 特点

（1）期货合约

期货合约是由交易所统一制定的。在期货合约中，标的物的数量、规格、交割时间和地点都是既定的，唯一的变量是价格，而价格是在交易所场内以公开竞价方式达成，期货合约交易使交易双方节省了成本，提高了交易的效率和市场的流动性，为期货交易带来极大的便利，如芝加哥商业交易所（CME）欧元—美元外汇期货合约（相关内容见表 2-1）。

表 2-1　　欧元—美元外汇期货合约

合约月份	6 个连续的季度月
交易单位	125 000 欧元
最小变动价位	0.0001，每合约 12.50 美元；价差套利最小变动价位减半
每日价格波动限制	不设价格波动限制
交易时间	周一至周五：上午 7：20 至下午 2：00，场内公开叫价 周一至周四：下午 5：00 至次日下午 4：00，全球电子交易系统 （周五下午 4：00 收市，周日下午 5：00 重新开市） 周日下午 5：00 至次日下午 4：00，全球电子交易系统
最后交易日	交割日前第二个营业日（通常为周一）的上午 9：16
交割日	合约交割月份的第 3 个星期三
交割地点	结算所指定的各货币发行国银行
初始保证金	2 475 美元（约为合约大小的 2%）

在芝加哥商业交易所的欧元—美元外汇期货合约中，对合约月份、标的交易单位、最小变动价位和每日价格波动限制等都有明确规定。交易者对此标准化的合约进行交易，不需要进行私下烦琐的合约细则的谈判，提高了交易效率，也使市场交易增加了流动性。

（2）场内集中竞价交易

期货交易实行场内交易，所有买卖指令必须在交易所内集中竞价成交。只有交易所会员才能进场交易，其他交易者只能委托交易所会员由其代理进行期货交易。在我国期货市场中，投资者一般通过期货公司在各大交易所交易。

值得注意的是，期货合约的价格与远期合约一样，表示着在交割现货时所需要支付（或收取）的价格。除了保证交割的保证金外，在期货合约开仓（签订合约）时并不需要为这份合约支付费用。随着市场上期货合约价格的变化，期货合约存在正的或负的市场价值，但这并不影响最终的交割价格。一般我们所说的买入或卖出期货合约，不是真正地买入这份期货合约，而是与对手方签订一份期货合约，在到期时买入或卖出现货。

【例 2.7】　假定存在一份欧元—美元期货合约，合约大小是 125 000 欧元，交割时间是 2 个月后。假设合约今天的价格是 1. 3108 美元/欧元，交易者进行买入开仓操作，约定在 2 个月后用 1. 3108 美元/欧元的价格买入 125 000 欧元。2 个月后，合约的价格为 1. 3120 美元/欧元，因为交易者拥有的合约允许其以 1. 3108 美元/欧元的价格买入价值 1. 3120 的欧元，因此：

合约价值 = （1. 3120 − 1. 3108）× 125 000 = 150（美元）

但是，交易者选择持有合约到期进行交割，那么交易者并不是以 1. 3120 美元/欧元的市场价格进行交割，而是以开仓时的价格 1. 3108 美元/欧元进行交割。

（3）外汇期货交易实行保证金制度

在期货市场上，买卖双方在开立账户进行交易时，都必须缴纳一定数量的保证金。缴纳保证金的目的是为了确保买卖双方能履行义务。清算所为保证其会员有能力应付交易需要，要求会员开立保证金账户，储存一定数量的货币，同时会员也向他的客户收取一定数量的保证金。保证金分为初始保证金和维持保证金。初始保证金是订立合同时必须缴存的，一般为合同价值的 3% ~ 10%，根据交易币种汇率的易变程度来确定。维持保证金指开立合同后，如果发生亏损，致使保证金的数额下降，直到客户必须补进保证金时的最低保证金限额。一旦保证金账户余额降到维持水平线以下，客户必须再缴纳保证金，并将保证金恢复到初始水平。交易者在买卖期货合约时只需按照所买卖合约的价值缴纳一定比例保证金作为履约保证，即可拥有此合约。这种合约价值等于数倍保证金的交易也被称为“杠杆交易”，从而使期货交易具有“以小博大”的高收益和高风险的特点。保证金比率越低，杠杆的效应就越大，高收益和高风险的特征就越明显。

（4）双向交易

期货交易采用双向交易的方式。交易者可以买入建仓，即通过买入期货合约开始交易；也可以卖出建仓，即通过卖出合约开始交易。前者被称为“做多”；后者被称为“做空”。

双向交易带给市场参与者双向的交易机会。当市场价格上升时，可以通过低买高卖获利；当市场价格下降时，可以通过高卖低买获利。

（5）对冲平仓

交易者在进行买入建仓或卖出建仓后，大部分交易都不是通过交割来结束交易，而是通过反向对冲操作了结。如在买入建仓后，可以通过卖出同等数量的同一期货合约来解除履约责任；在卖出建仓后，可以通过买入同等数量的同一期货合约来解除履约责任。

（6）当日无负债结算制度

期货交易实行当日无负债结算制度来控制交易双方的违约风险。当日无负债结算制度也被称为“逐日盯市制度”（Marking - to - Market）。结算部门在每日交易结束后，按照当天的结算价对交易者结算所有持仓合约的盈亏、交易保证金及手续费、税金等费用。对应收/应付的款项实行净额一次划转，并相应增加或减少保证金。如果交易者的保证金低于维持保证金的标准，需要追加保证金，做到“当日无负债”；否则，将会被强行平仓。当日无负债制度可以有效防止交易双方的违约风险，保证期货市场的正常运转。

【例 2.8】 当日无负债结算制度案例

假设交易者王某在 2013 年 1 月 1 日卖空了 1 张 CME 集团推出的 6 月到期的欧元/美元外汇期货合约，价位为 \$ 1.3354/£ （即 1.3354 美元 = 1 欧元）。合约大小为 125 000 欧元，初始保证金为 3 480 美元，维持保证金为 2 600 美元。

在第二个交易日，结算价从 1.3354 上升到 1.3432，王某损失额 = （1.3432 - 1.3354） × 125 000 = 975（美元）。

因为本来王某可以在 6 月以 125 000 欧元换取 166 925 美元（1.3354 × 125 000），但是在 1 月 2 日同等数量的欧元却能换取 167 900 美元（1.3432 × 125 000），因此王某损失了 975 美元。这次损失使其保证金余额降为 2 505 美元，低于维持保证金标准（2 600 美元），因此王某需要追加保证金 975 美元，使初始保证金余额达到 3 480 美元。往后的交易日情况类似，即当保证金余额低于维持保证金时，王某需要追加保证金至初始保证金额，否则并不需要操作。

1 月 16 日，王某以 1. 3265 的价格平仓，他在此时期内的交易盈亏如表 2 – 2 所示。

表 2 – 2　　每日保证金变动　　单位：美元

日期	结算价	当日盈亏	累计盈亏	无追加保证金的保证金余额	追加保证金	保证金余额
2013. 1. 1	1. 3354					3 480
2013. 1. 2	1. 3432	–975	–975	2 505	975	3 480
2013. 1. 3	1. 3513	–1 012. 5	–1 987. 5	2 467. 5	1 012. 5	3 480
2013. 1. 4	1. 3385	1 600	–387. 5	5 080		5 080
2013. 1. 7	1. 3555	–2 125	–2 512. 5	2 955		2 955
2013. 1. 8	1. 3655	–1 250	–3 762. 5	1 705	1 775	3 480
2013. 1. 9	1. 3600	687. 5	–3 075	4 167. 5		4 167. 5
2013. 1. 10	1. 3584	200	–2 875	4 367. 5		4 367. 5
2013. 1. 11	1. 3516	850	–2 025	5 217. 5		5 217. 5
2013. 1. 14	1. 3402	1 425	–600	6 642. 5		6 642. 5
2013. 1. 15	1. 3341	762. 5	162. 5	7 405		7 405
2013. 1. 16	1. 3265	950	1 112. 5	8 355		8 355

总资金变动

初始保证金	累计追加保证金	累计投入资金	期末保证金余额	累计盈亏
3 480	3 762. 5	7 242. 5	8 355	1 112. 5

3. 外汇期货交易与远期外汇交易的区别与联系

（1）区别

从理念上讲，外汇期货合同跟直接远期外汇合同相类似，即双方约定在确定的日期按确定的价格买进或卖出一定金额的指定货币，并卖出或买进另一种货币。然而两种产品在结构和组织上有重大差别。期货合同在有组织的交易所通过公开竞价方式集合交易，交易所接受商品期货交易监管部门的监管。相反，远期合同是柜台市场交易，市场分散，监管方式多为自律形式，只受普通商业合同法和税法约束。

期货合同是标准的，交易的货币、合同的金额和到期日都是同一标准，且必须遵守交易所指定日价格波动限制规则以及涨跌停盘制度。投资者必须缴纳最初保证金，使保证金至少达到最初保证金水平。相比之下，在远期合同到期之前，双方无须现金支付（但银行可能要求有效保证金）。因此，期货合同可视作远期合同组合，取决于现金结算的时间间隔，每张合同期限为一天或更长。期货合同通过清算公司清算，清算公司收取保证金，担保每张合同的履行。远期合同是双方直接成交，清算所不介入。具体交易区别有以下几点：

①交易者不同

外汇期货交易，只要按规定缴纳保证金，任何投资者均可通过外汇期货经纪商从事交易，对委托人的限制不如远期外汇交易，因为在远期外汇交易中，参与者大多为专业化的证券交易商或与银行有良好业务关系的大厂商，没有从银行取得信用额度的个人投资者和中小企业极难有机会参与远期外汇交易。

②交易保证金

外汇期货交易双方均须缴纳保证金，并通过期货交易所逐日清算，逐日计算盈亏，而补缴或退回多余的保证金。而远期外汇交易是否缴纳保证金，视银行与客户的关系而定，通常不需要缴纳保证金，远期外汇交易盈亏要到合约到期日才结清。

③交易方式不同

外汇期货交易是以在期货交易所公开喊价的方式进行的。交易双方互不接触，而各自以清算所为结算中间人，承担信用风险。期货合约对交易货币品种、交割期、交易单位及价位变动均有限制。货币局限在少数几个主要币种。而远期外汇交易是在场外交易的，交易以电话或传真方式，由买卖双方互为对手进行的，而且无币种限制，对于交易金额和到期日，均由买卖双方自由决定。在经济不景气时，对方违约风险增大，在交易时间、地点、价位及行情揭示方面均无特别的限制。

④整体交易

在外汇期货交易中，通常以本国货币作为报价买卖外汇，如在美国市场仅以美元报价，因此，除美元外的其他币种如澳元与日元之间的避险，只能以美元为报价买卖日元或澳元从而构成两项交易。而在远期外汇交易中，不同币种之间可以直接交易。

⑤现货与差额结算

外汇期货交易由于以清算所为交易中介，金额、期限均有规定，故不实施现货交割。对于未结算的金额，逐日计算，并通过保证金的增减进行结算。期货合约上虽标明了交割日，但在此交割日前可以转让，实行套期保值，减少和分散汇率风险。当然，实际存在的差额部分应进行现货交割，而且这部分所占比例很小。而在远期外汇交易时，要在交割日进行结算或履约。

⑥是否收取佣金

外汇期货交易不论是买方还是卖方均须缴纳佣金。佣金的数额由客户与经纪人自行商定，在合约对冲时付清。与合约的金额相比较而言，佣金的数额是很少的。交易双方缴纳的佣金构成了客户的直接成本。银行间远期外汇交易一般不收取佣金，只有通过外汇经纪人进行交易时才要付佣金。

⑦交易的目的不同

外汇期货交易的参与者有两类：一类是套期保值者，希望减少或避免汇率变动的风险；另一类是投机者，希望从合约价格即汇率的变动中获利。对于这两类参与者而言，交易的目的都不是实际交割外汇，而是通过正反方向交易将合约外汇风险对冲掉。据统计，外汇期货合约的实际交割份数，不到成交合约总数的2%。相比而言，银行间远期外汇交易的目的则是实际交割外汇，最后进行实际交割的合约数达90%以上。

⑧管理方式的不同

远期外汇交易是由交易双方自我管理的，在外汇市场上做成的每一笔交易受一般的合同法和税法的制约；而外汇期货交易则通常由政府金融机构统一管理。

（2）联系

从前面的分析可以看出，远期外汇交易与外汇期货交易存在着多方面的显著而又重要的区别，它们是极不相同的两种交易方法。然而，在我们看到这些区别的同时，我们也应该清楚地认识到，这两种交易方式毕竟有着相同的交易对象，相似的交易方式（都是先成交，后交割，交割和成交之间存在着明显的时间上的“滞后”），它们之间不可避免地存在着密切的联系。这种联系主要表现在以下三个方面：

第一，由于远期外汇交易和外汇期货交易的交易对象是完全相同的，即都是外汇，因此在分析两种交易的时候，不能把它们看做是毫不相干的两种交易活动，最多只能将这两种交易看做是进行外汇交易时的两种不同途径而已。客户买卖外汇可以通过两条途径，一条是通过地方银行到银行间外汇市场去买卖，另一条是通过外汇期货交易所的会员公司到外汇期货市场上去购买，而银行间外汇市场和外汇期货市场是相通的，它们都是整个外汇市场的有机组成部分，由它们共同组成完整的外汇市场。

第二，由于两种交易均以外汇作为交易对象，因此，远期外汇市场与外汇期货市场之间必然在价格（即汇率）上存在着相互影响、相互制约的关系。事实上，外汇的远期汇率与外汇的期货汇率应保持在一个既相互联系，又比较合理的水平。因为如果不这样的话，套利者必将在两个市场间进行以获取风险利润为目的的交易，直至将那种价格关系拉回到其正常水平为止。

第三，外汇期货交易与银行间远期外汇交易的交易原理是一样的。两种交易的买卖双方都是以防止或转移汇率风险，达到套期保值或投机套利为目的，而约定在一个未来的时间里，按照一定的价格和交易条件，交收一定金额的外汇资产。

正是由于远期外汇交易与外汇期货交易都是套期保值的工具，它们之间还存在一定程度的相互替代性。

4. 外汇期货合约具体要素

（1）合约品种（外汇种类）

合约品种是指具有期货商品属性，并经过批准作为进入期货交易所进行期货买卖的品种，也叫上市商品。在外汇期货市场上，上市的合约品种有澳大利亚元、加拿大元、日元、英镑、美元、美元指数、欧洲美元、欧元、新西兰元等。

（2）交易单位

交易单位是指每一张合约所含的外汇数量。不同的货币币种，其期货合约的交易单位也有所不同，这主要是由各种不同货币之间的兑换比率决定的。此外，即使是同一种货币的外汇期货合约，各交易所的合约规格也不尽相同，如中美洲商品交易所的英镑期货合约的交易单位是 12 500 英镑，而 IMM 的规定却是 62 500 英镑。但为了谋求交易所之间的合作，以实现交易时间、交易区域上的衔接，达到互惠互利，一些交易所对主要币种期货合约的设置基本一致。

（3）最小变动价位（最低波动价格）

最小变动价位是指国际货币期货合约在买卖时，由于供求关系使合约价格产生变化的最低限度。最小变动价位是以点数算，其中每一“点”所代表的价格分别等于各种期货交易单位量与最小变动价位量的乘积。

（4）每日价格最大波动限制

期货价格是在竞争中形成的，但波动幅度是有一定限度的。每日价格最大波动限制，即每个商品当日的价格波动幅度，不能高于也不能低于上一交易日结算价的限度，也叫停板额，目的在于保持市场既有波动，而又基本稳定。如果突破了停板额，就要暂时停止交易，缓和市场情绪。每日价格最大波动限制在不同的交易所，对于不同的上市币种有不同的规定。

（5）合约月份

外汇期货合约月份与其他商品的期货合约月份相似，是指交付、接收货币以履行合约的月份。简而言之，所谓合约月份即为合约规定的外币合约的到期月。据《亚洲华尔街日报》的行市表刊登的情况，合约月份分别是 3 月、6 月、9 月、12 月等。交易所对各种不同外汇的合约月份的规定有所不同，如芝加哥商业交易所国际货币市场对欧洲美元的合约月份的规定为 3 月、6 月、9 月、12 月和现货月份。由于绝大部分合约在到期前已经对冲，故到期实际交付的合约只占合约的很小一部分（据估计只占合约金额的 3% ~5%）。

（6）交易时间

交易时间是指每个交易者在每一个营业日进入期货市场交易的具体时间。期货交易所对期货交易时间有非常严格的规定，一般来说，每周除星期六和星期日闭市外，其他时间期货交易所大多每天都营业，即每周营业 5 天，而每天的营业时间（或交易时间）一般又分成两部分：一部分是上午开市，而在午前停业，也称为早市；另一部分是午后开市，称为晚市（当然有的交易所每日只开市一次，而不把交易时间分为早晚市）。有的交易所为了吸引境外客户，增加晚场交易，如芝加哥期货交易所于 1987 年 4 月开设了有史以来的第一个晚场交易，与中国香港、悉尼、东京、新加坡的午市交易相衔接，扩大了交易时间。

（7）最后交易日

最后交易日是指期货合约停止买卖的最后截止时间。外汇期货合约虽可转手买卖，但并不意味着无止境地流动。相反，它有时间限制，即到了合约月份的一定日期就要停止合约的买卖，准备交收外汇，以履行合约。因此，必须规定合约买卖的最后日期，逾期停止合约买卖。如芝加哥商业交易所的欧洲美元期货的最后交易日为从合约月份第三个星期三往回数的第二个伦敦银行工作日。有的为最后一个营业日。

（8）交割日期

交割日期是指进行外汇期货交割的日期。根据芝加哥期货交易所规定，交割日期为交割过程内的第三天。合约买方结算公司必须在交割日将交割通知书，连同一张足额保付支票送抵合约卖方结算公司的办公室。

（9）交割地点

交割地点是指到期外汇期货合约的外汇具体交割地点，世界各国期货交易所大多采用定点交割的方式。

（10）保证金

对于所缴纳的初始保证金的金额，世界各地的不同交易所有不同的规定，通常按交易金额的一定百分比计收，一般在 5% ~10% 之间，也有不少国家或地区在 5% 以下，并且这种规定经常会伴随着汇率变动而作一定的调整。因此，在同一个交易所里，同一种货币的外汇期货合约在不同的时期具有不同的保证金要求是不足为奇的。

上述十项要素是每个外汇期货合约所必不可少的，它们之间有机的组合构成了一个完整的标准的外汇期货合约，从而使得外汇期货市场能够顺畅运行，达到交易流动性大、效率高的效果（见表2-3）。

表2-3　　外汇期货合约样式

	英镑	日元
交易单位	25 000 英镑	12 500 000 日元
报价方法	美分/英镑	美分/日元
最小变动单位	5 点（0.0005）	1 点（0.000001）
最小变动值	12.5 美元	12.5 美元
购买数量限制	6 000 份	6 000 份
初始保证金	2 800 美元	2 100 美元
维持保证金	2 000 美元	1 700 美元
交割月份	3 月、6 月、9 月、12 月	3 月、6 月、9 月、12 月
交易时间（美国中部标准时间）	上午 7：30 ~ 下午 1：24	上午 7：30 ~ 下午 1：30

5. 外汇期货合约的特点

外汇期货交易是金融期货的重要种类，是一个具有法律效力的合同，是订立合同的买卖双方在指定的某一天或某些天内按合同约定的汇率买进或卖出某种外汇的交易。因此，我们说外汇期货就是将未来要进行的交易用合同将汇率先固定下来，在外汇期货交易中，实际交割的一般只是外币，而不是其他形式的外汇（如以外币表示的各种有价证券或支付凭证等）。因此，有的著作或文献中也将外汇期货称为外币期货。目前在金融期货市场上交易的主要货币币种有美元、欧元、英镑、日元、加拿大元、澳大利亚元等。外汇期货合约不同于人们在社会经济活动中所广泛使用的其他契约、合同，它具有自己的显著特征：

第一，外汇期货合约是一种标准化的合约。在外汇期货合约中，进行交割的货币币种、数量、交割时间等条款都是事先确定好的，唯一可变的因素是价格——汇率。正是这种合约的标准化，使得市场的流动性大大提高了，同时也大大提高了交易效率。

第二，外汇期货合约是一种能够在交易所内连续买卖的合约。合约的标准化特征，使得这种合约非常易于连续买卖。因此，大量的期货合约都是合约到期日以前以平仓方式进行了结，而最后真正进行外币交割的只有极少数。

第三，外汇期货合约是由金融期货交易所和结算所提供履约担保的合约。在外汇期货交易中，期货交易所和结算所充当买卖双方的对方，既是买方的卖方，又是卖方的买方，同时它们还对合约的履行提供担保。因此，买卖双方不必为交易对方的信用担忧。

在有些金融期货市场上，作为外汇期货合约的标的物不仅有外币，还有本币。例如，伦敦国际金融期货交易所就有英镑期货合约的交易，新西兰的奥克兰期货交易所也有新西兰元期货合约的交易等。很显然，这些作为期货合约标的物的货币对市场所在地而言，都只是本币而不是外币。这是因为，实际上，外汇期货与其他任何一种期货品种不同，外汇期货交易的实质是两种货币之间的期货交易，而至于这两种货币中究竟哪一种是外币，哪一种是本币，或者在这两种货币中有没有本币，并没有任何实质性的区别。正是由于这个原因，有的专业人士也将外汇期货这一期货品种称为货币期货。因此，外汇期货、外币期货及货币期货实际上只是同一期货品种的不同名称而已。外汇期货交易通常具有强烈的投机色彩，因此，在合同到期日之前即可以反方向交易来取得价差收益或将损失降低至最低限度。然而，当价格趋势朝有利方向变动时，则不进行反方向交易，静待交割日的到来，反而有利，只不过这种情况很少，仅占总交易额的5%左右；当市场变动对合同的当事者不利时，则合同当事者将迫不及待地进行反方向交易，以了结合同。因为市场是开放性的，不论价格如何变化，已订立的合同依然有效，而清算公司以每天的市价为基础，计算合同当事者的损益，并增减客户保证金账户的余额。当客户遭受重大损失时，清算公司的清算会员将不管客户同意与否，主动进行反方向交易以结清头寸。至于在交割日仍未找到合适的买卖价格者，合同当事者只好依照合约办理交割。所谓反方向交易，是指订立相同货币、相同金额的新的反方向合同，卖出原来买入的期货，或买入原来卖出的期货，但并不是以原资产（即最初立下的合同头寸）作反方向交易，因此外汇期货交易即是差额清算交易。

6. 外汇期货理论价格计算

在学习外汇期货理论价格计算方法前，我们先回顾一下连续复利的概念。

（1）连续复利

在利息的计算方法中，一般分为单利、复利和连续复利三种。

单利，一般指的是一年内利息只计算一次。假如当前年利率是5%，那么在年初存入100美元，则：

1年后收到的金额 $=100\times(1+0.05)=105$（美元）

2年后收到的金额 $=105\times(1+0.05)=100\times(1+0.05)^2=110.25$（美元）

T 年后收到的金额 $=100\times(1+0.05)^T$（美元）

复利，一般指的是在一年内利息计算多次，比如半年复利一次。假如当前年利率为5%，那么半年的利率为2.5%，在年初存入100美元，则：

1年后收到的金额 $=100\times(1+0.05/2)^2=105.06$（美元）

2年后收到的金额 $=100\times(1+0.05/2)^4=110.38$（美元）

T年后收到的金额 $=100\times(1+0.05/2)^{2T}$（美元）

当计息频率为m时，T年后收到的金额 $=100\times(1+0.05/m)^{mT}$（美元）

连续复利，是指复利中计息频率趋于无穷的情况：

$$\lim_{n\to\infty}\left(1+\frac{r}{m}\right)^m=e^r$$

因此，假如当前年利率是5%，年初存入100美元，那么在 T 年后收到的金额为 $100e^{0.05T}$ 美元。

可以看到，在相同的利息率水平下，得到的利息为：连续复利>复利>单利。

（2）具体计算方法

假如一份投资资产 S 在时间0的价格是 S_0，投资者手上恰好有 S_0 的现金，这样在时间0到时间 T 内，投资者有两种投资选择机会：一是把 S_0 投入无风险资产，获得无风险利率 r 回报，在 T 时刻拥有资产为 S_0e^{rT}（假设连续复利）；二是购入投资资产，在时间 T 时刻，拥有的资产为 S_T，即资产 S 在时间 T 的远期价格是 S_T，见图2-1。

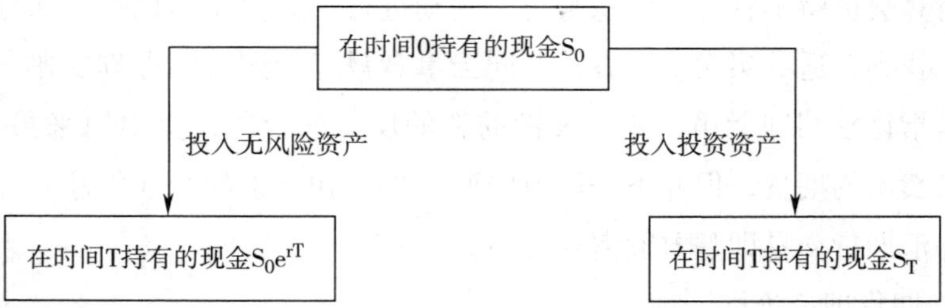

图2-1 两种不同的投资组合

对于一个风险中性的投资者，两种投资方法在时间 T 所得到资产价值应该具有相同的吸引力，即投资者对两者并没有特别的偏好。换句话而言，两种投资方法在时间 T 的资产价值应该是相等的，即

$$S_T=S_0e^{rT}$$

但是在时间0时刻，S_T 的价格是未知的，在风险中性的假设下，任意风险资产的期望值应等于无风险资产的期望值，上式更准确的表示为

$$E(S_T)=S_0e^{rT}$$

即 S_T 的期望值等于 S_0 投入无风险资产后在 T 时刻的价格。

下面我们考虑期货市场。假设不需要支付保证金的情况，一个期货市场的投机者，打算在时间 0 买入期货合约，并在时间 T 把交割后得到的现货卖出获利。假定在时刻 0，期货价格为 F_0e^{-rT}，为了保证在时间 T 拥有 F_0 的资金交割现货，其用在时间 0 的资金进行无风险投资。在时刻 T，现货的价格是 $E(S_T)$，交易者交割收到现货后马上变卖，得到的资金为 $E(S_T)$。现金流如图 2 - 2 所示。

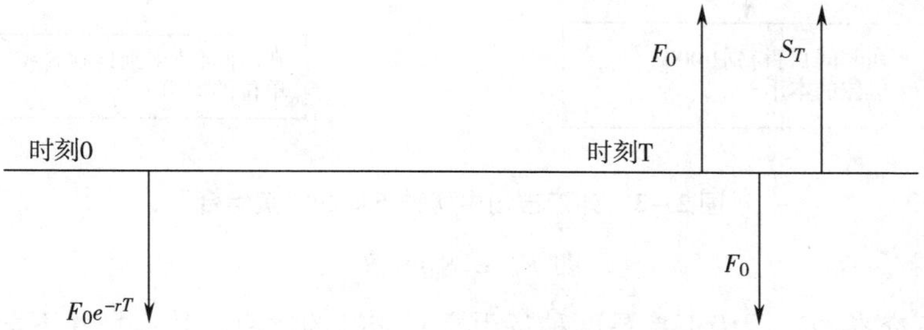

图 2 - 2　某投机者的现金流

根据无套利假设（假设市场不存在套利空间），折现后的现值应该与期货的现值相等，假设投机者对此投资的投资收益率（这里的投资指的是对期货标的物现货的投资）为 k，也就是说折现率为 k，我们有

$$-F_0e^{-rT}+E(S_T)e^{-kT}=0$$

即

$$F_0=E(S_T)e^{(r-k)T}$$

在风险中性假设（投资者持有无风险资产和有风险资产的收益率相等）中，投资者的预期投资回报率应该与无风险利率相等，也就是说上式中的 k 应设定为 r，因此我们有

$$F_0=E(S_T)^{(r-k)T}$$

现在我们考虑外汇期货市场。我们考虑一种本币，它的外汇标价是直接标价法，在时间 0 报价为：1 外币 $=S_0$ 本币。假设在时间 0 我们持有 1 000 单位的外币，我们有两种投资方法：第一种在时间 0 换成本币，投资本国无风险市场；第二种是在时间 0 以价格买入期货合约，并同时把 1 000 单位外币投资外国无风险市场，时间 T 交割期货合约换成本币。假定本国无风险利率为 r，外国无风险利率为 r_f（见图2 - 3）。

同样，根据无套利假设，两者在时间 T 得到的资金应该相等的，因此我们有

$$1\,000\ e^{r_fT}F_0=1\,000S_0e^{rT}$$

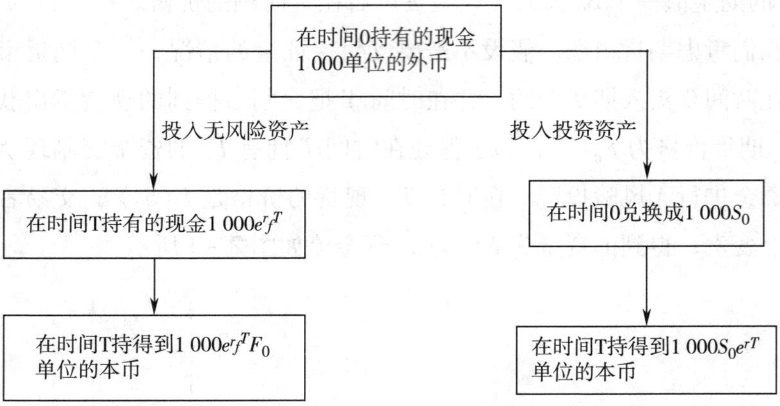

图 2-3　外汇市场中两种不同的投资组合

$$\text{即 } F_0 = S_0 e^{(r-r_f)T}$$

在外汇交易中，因为汇率是两种货币之间交换的比率，其本身并不会产生价值，因此未来汇率的期望值与即期汇率的值是相等的，为 $E(S_T)$。两国利率对外汇期货的价格影响见表 2-4。

表 2-4　　外汇期货价格与即期汇率

两国无风险利率的关系	外汇期货价格与即期汇率的关系
$r_f = r$	$F_0 = S_0$
$r_f > r$	$F_0 > S_0$
$r_f < r$	$F_0 < S_0$

【例 2.9】　假定英镑和美元 2 年期无风险利率分别是 2% 和 3%，英镑兑美元的即期利率为 1.5669，即 1 英镑 =1.5669 美元，那么 2 年后到期的英镑—美元期货合约的理论价格（F_0）为

$$F_0 = S_0 e^{(r-r_f)T} = 1.5669 e^{(0.03-0.02)\times 2} = 1.5985$$

假定澳元和美元 3 年期的无风险利率分别是 4% 和 3.5% ，澳元兑美元的即期利率为 1.0325，即 1 澳元 =1.0325 美元，那么 3 年后到期的澳元—美元期货合约的利率价格（F_0）为

$$F_0 = S_0 e^{(r-r_f)T} = 1.0325 e^{(0.085-0.04)\times 2} = 1.0171$$

例 2.9 表明，外汇期货的价格是即期价格加上持有本国货币的收益（即本国的无风险利率），减去持有本国货币的成本（不换成外币的机会成本，即外币的无风险利率）。事实上，所有的期货合约价格都适用于这个例子，即期货价格是即期价格加上持有现金的收益减去持有期货标的现货的收益（即持有现金的成本）。假定

无风险利率为 r，现货资产回报率是 q，那么对于期货合约而言，期货价格（F_0）为

$$F_0 = S_0 e^{(r-q)T}$$

从公式可以看出，随着期货到期时间的推进，期货价格会与现货价格趋于一致，这是由期货的交割制度所决定的（见图2-4）。

在期货合约接近到期日时，期货合约的价格波动率会变小。同时，因为大部分交易者都通过对冲平仓来了结仓位，因此期货合约的持仓量会变小，流动性也会降低，市场焦点转向远月份合约。

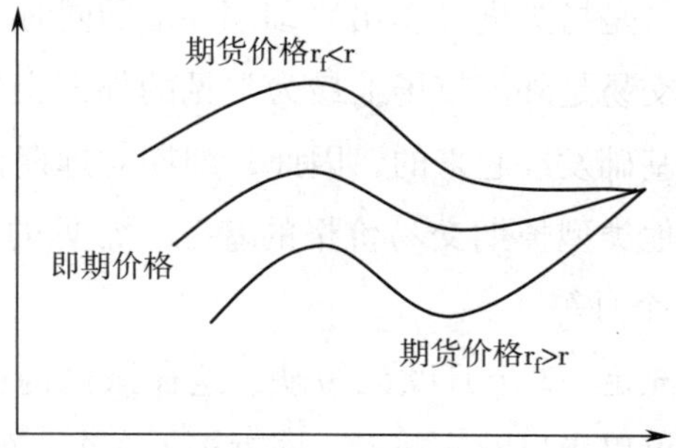

图2-4　期货价格与即期价格的收敛性

五、掉期外汇交易

（一）掉期外汇交易概述

1. 定义

掉期外汇交易（foreign exchange swap transaction）是指外汇交易者在买进或卖出一种期限、一定数额的某种货币的同时，卖出或买进另一种期限、相同数额的同种货币的外汇交易。这也就是将即期和远期的买卖货币方向对调，以达到保值的目的。

2. 特点

作为一种复合型的外汇买卖，掉期外汇交易明显地具有下述特点：

（1）一种货币在被买入的同时即被卖出，或者是一个相反的操作。

（2）买卖的货币币种、金额都一致。

（3）买与卖的交收时间不同。正因为如此，掉期外汇交易不会改变交易者的外汇持有额，改变的只是交易者所持有的外汇的期限结构，故名“掉期”。

3. 功能

（1）调整起息日。客户叙做远期外汇交易后，因故需要提前交割，或者由于资金不到位或其他原因，需要展期交割时，都可以通过叙做外汇掉期交易，对原交易

的起息日仅做调整。

（2）防范风险。若目前客户持有甲货币而需使用乙货币，经过一段时间后收回乙货币，并需将其换回甲货币，可以通过叙做掉期外汇交易来固定换汇成本，防范风险。

（二）掉期外汇交易类型

1. 根据交割日的差异来区分

（1）即期对远期掉期交易

即期对远期掉期交易是指买进（卖出）即期外汇的同时，卖出（买进）远期该货币。这种类型的掉期交易是外汇市场上最为常见的外汇交易，其他掉期交易大多是以此类型外汇交易为基础发展起来的，因此，即期对远期掉期交易的报价和计算方法具有一般性，是其他类型掉期交易价格的基础。常见的交割期限有 1 周、1 个月、2 个月、3 个月、6 个月等。

如某机构欧元现汇充足，3 个月欧元短缺，这样该机构就可以通过掉期交易来规避汇率波动，该机构可以卖出欧元现汇，同时买入 3 个月的欧元期汇。

（2）即期对即期掉期交易

即期对即期掉期交易是在买进（卖出）即期外汇的同时，卖出（买进）即期该货币。该类型掉期交易是由当天交割或者隔天交割和标准即期外汇交易组成。由于这种掉期交易交割期限很多，常被银行用来处理即期交割日之前的资金缺口以及短期头寸等。常见有隔夜交易（over night，O/N）和隔日交易（Tom - next，T/N）两种。

（3）远期对远期掉期交易

该类型远期掉期交易是在买进（卖出）远期外汇的同时，卖出（买进）远期该货币，一般来说，远期对远期掉期交易是在买入（卖出）某种较短期的远期外汇的同时，卖出（买入）较长期的远期外汇（金额相同、货币种类相同）。例如，某银行在 3 个月应支付 1 亿美元，同时将在一个月后收到一笔 1 亿美元，那么就可以采用该类型的掉期。但实际上，该类型的掉期交易在国际市场上较为少见。

一般在实际操作中，上述三种掉期交易并不局限于每次仅用一种类型，可以同时进行两种或者三种掉期交易。

2. 按照互换对手来区分

（1）纯粹的汇率互换交易

纯粹的汇率互换交易是同时与同一对象买入和卖出不同期限的等额外汇的交易。

主要特征在于该掉期交易发生在相同的两个交易对象之间，在纯粹的掉期交易中，互换交易的汇率均由交易双方协商确定并达成协议，按照协议汇率进行交割。

（2）操纵性汇率互换交易

操纵性汇率互换交易是与不同的对手买入和卖出不同期限的等额外汇的交易，即交易者在购买（卖出）远期外汇后，与其他的交易对手按照即期汇率或其他远期汇率卖出（买入）同一币种的等额即期外汇或远期外汇。

（三）掉期交易的目的

一般机构或商业银行进行掉期交易的目的主要包括：第一，轧平资金头寸；第二，进行两种货币间的资金互换；第三，处理外汇交易的交割日延展或提前；第四，投机套利操作。

1. 轧平资金头寸

轧平资金头寸实际上就是为机构或者商业银行弥补资金缺口、平衡资金流量。机构或者商业银行在运营过程中常因为各种因素而带来资金流量不平衡，称为资金缺口。

2. 进行两种货币之间的资金互换

商业银行的客户在买卖外汇时买进和卖出外汇金额往往不同，商业银行在承做外汇交易时也会出现外汇的多头和空头。而在出现多头或空头时，如果外汇市场汇率发生波动，会对商业银行造成损失的风险。为了规避该风险，商业银行可以通过汇率互换交易在出现多头时卖出超出部分，同时在较远期买入；在出现空头时买入不足部分并在较远期卖出。

3. 期限调整

商业银行在承接外汇交易时，经常会遇到客户提出提前或者延后外汇交易的交割日，从而影响商业银行的资金头寸的均衡。为了应对这一因素对资金头寸的影响，商业银行可以通过掉期交易对交割日进行期限调整，并重新确定新的汇率水平。

4. 套利操作

资金管理者或投机者通常会预期利率的未来走势，利用掉期交易来套利。通常，如果预期利率上涨，则应该贷出短期资金，借入长期资金；如果预期利率下跌，则应该借入短期资金，贷出长期资金。

如果期限不变，那么掉期汇率变动的主要影响因素是即期外汇汇率和利率差。其中，在即期外汇汇率一定的情况下，影响掉期汇率的主要因素就是利率差。交易可以根据两种货币利率差额变化预期和即期汇率走势，通过相应的掉期交易来获得利润。

六、外汇期权交易

外汇期权（foreign exchange options）也称为货币期权，是指合约购买方在向出售方支付一定期权费后，所获得的在未来约定日期或一定时间内，按照规定汇率买进或者卖出一定数量外汇资产的选择权。

外汇期权交易是指交易双方在规定的期间按商定的条件和一定的汇率，就将来是否购买或出售某种外汇的选择权进行买卖的交易。外汇期权交易是 20 世纪 80 年代初期、中期的一种金融创新，是外汇风险管理的一种新方法。

1. 外汇期权发展历史

1982 年 12 月，外汇期权交易在美国费城股票交易所首先进行，其后芝加哥商品交易所、阿姆斯特丹的欧洲期权交易所和加拿大的蒙特利尔交易所、伦敦国际金融期货交易所等都先后开办了外汇期权交易。美国费城股票交易所和芝加哥期权交易所是世界上具有代表性的外汇期权市场，经营的外汇期权种类包括英镑、瑞士法郎、西德马克、加拿大元、法国法郎等。

外汇期权不同于远期外汇合约，后者有义务在到期日执行买卖外汇合约，外汇期权合约则随合约持有人意愿选择执行或不执行合约。合约的终止日称为期满日。每个期权合约具体规定交易外币的数量、期满日、执行价格和期权价格（保险费）。按合约的可执行日期，期权交易分为美国式期权和欧洲式期权。如果期权能够在期满日之前执行，称为美国式期权；若只能在期满日执行，称为欧洲期权。外汇期权持有人在期满日或之前执行买或卖期权时的商定汇率称为执行价格（exercise price）或协定价格（strike price）。执行价格（汇率）是经选择后才预定的，这同远期汇率不同，远期贴水或升水是由买卖外汇指定银行决定的。购买外汇期权者向出售者支付一笔费用，称为期权价格（option price）或保险费（premium）。

2. 外汇期权常用术语

（1）平价期权、折价期权和溢价期权

平价期权是指执行价格与个人外汇买卖实时价格相同的期权。折价期权是指执行价格高于个人外汇买卖实时价格的看涨期权，或执行价格低于个人外汇买卖实时价格的看跌期权。溢价期权是指执行价格低于个人外汇买卖实时价格的看涨期权，或执行价格高于个人外汇买卖实时价格的看跌期权。目前国内开办的个人外汇期权均为平价期权和折价期权，暂不办理溢价期权。因此，国内只对平价期权和折价期权进行报价，仅在买入期权平盘时才对溢价期权进行报价。

（2）执行价格

执行价格是指个人外汇期权到期日，客户如选择执行外汇期权时与银行的外汇买卖交易价格。执行价格为外汇期权合同签订时银行公布的个人外汇买卖实时价格或实时价格加/减一定的点数。

（3）参考价格

参考价格是指判断客户是否执行期权的依据，是指期权到期日北京时间14：00国际外汇市场价格，统一采用路透报价系统TKFE、AUDH = 和CADH = 页码各币种报价的中间价。如果参考价格优于执行价格即客户执行期权有盈利，银行代客户执行该外汇期权，并将客户收益存入指定账户。

（4）外汇期权的平盘与执行

在期权到期日前，客户均可在银行任意一个营业日向银行柜台询价卖出持有的期权，到期日客户无须再办理资金交割。

客户在申请办理个人外汇期权时，须委托银行在外汇期权到期时有收益的情况下，由银行代为执行外汇期权，并进行轧差交割。到期的外汇期权的有效执行时间为外汇期权最后一个工作日，截止时间为北京时间14：00。客户在此时点必须在指定的活期存折账户上存入足额的期权卖出货币，否则视为自动放弃执行权利。

银行默认的客户买入期权交割方式为轧差交割①，如客户（期权买方）选择按照期权合约进行交割，须向银行书面提示。

3. 外汇期权的种类

（1）根据外汇交易和期权交易的特点，可以把外汇期权交易分为现汇期权交易和外汇期货期权交易

现汇期权交易（options on spot exchange）是指期权买方有权在期权到期日或以前以协定汇价购入一定数量的某种外汇现货，称为买进选择权（call option），或售出一定数量的某种外汇现货，称为卖出选择权（put option）。经营国际现汇期权的主要是美国的费城证券交易所、芝加哥国际货币市场和英国的伦敦国际金融期货交易所。

外汇期货期权交易（options on foreign currency futures）是指期权买方有权在到期日或之前，以协定的汇价购入或售出一定数量的某种外汇期货，即买入延买期权可使期权买方按协定价取得外汇期货的多头地位；买入延卖期权可使期权卖方按协

① 轧差交割即由银行代理进行外汇期权的交割，并按照市场价格北京时间14：00路透报价系统再做一笔反向的交易，所得盈利直接存入客户指定的账户。

定价建立外汇期货的空头地位。买方行使期货期权后的交割同于外汇期货交割，而与现汇期权不同的是，外汇期货期权的行使有效期均为美国式，即可以在到期日前任何时候行使。经营外汇期货期权的主要有芝加哥的国际货币市场和伦敦的国际金融期货交易所两家。

（2）从期权购买者的角度划分可分为看涨期权和看跌期权

看涨期权，即外汇期权合同给予其购买者以按合同规定的汇率购买外汇的权利，因此，又称为买进期权。购买者担心外汇价格上涨而给自己造成损失，购买了期权的合同后，当市场价格高于期权规定的价格时，其就可以按照合同规定的汇率买进一定的外汇；反之，如果市场价格低于期权合同规定的价格时，其有权不履行合同，从期权合同的卖方来说，当购买者要求执行合同时，其有义务按合同的规定出售外汇给买方，其没有不履行合同的权利。换句话说，看涨期权合同的买方享有权利而不承担义务，卖方则只承担义务而不享有权利。

看跌期权，即外汇期权合同给予其购买者以按合同规定的汇率出售某种外汇的权利，因此，又称为卖出期权。购买者买进看跌期权是担心外汇价格下跌而给自己带来损失，购买了看跌期权后，当市场价格低于期权合同规定的价格时，其有权按合同规定的价格出售一定的外汇；反之，当市场价格高于合同规定的价格时，其可以不履行合同。从期权合同的卖方来说，当买方要求执行合同时，其有义务按合同规定向买方购买外汇，看跌期权合同的买方享有权利而不承担义务，卖方只承担义务，不享有权利。

每种期权合约又可分为多头和空头两种情况，这样，外汇期权合约共有四种基本头寸（见图2－5）：

①看涨期权多头（买进买权）。

②看涨期权空头（卖出买权）。

③看跌期权多头（买进卖权）。

④看跌期权空头（卖出卖权）。

（3）期权按行使权力的时限可分为美式期权和欧式期权。

美式期权。这种期权合同在到期日前的任何时候或在到期日都可以执行合同，结算日则是在履行日之后的一天或两天，大多数的美式期权合同允许持有者在交易日到履约日之间随时履约，但也有一些合同规定一段比较短的时间可以履约，比如到期日前两周。

欧式期权。这种期权合同要求其持有者只能在到期日履行合同，结算日是履约后的一天或两天。

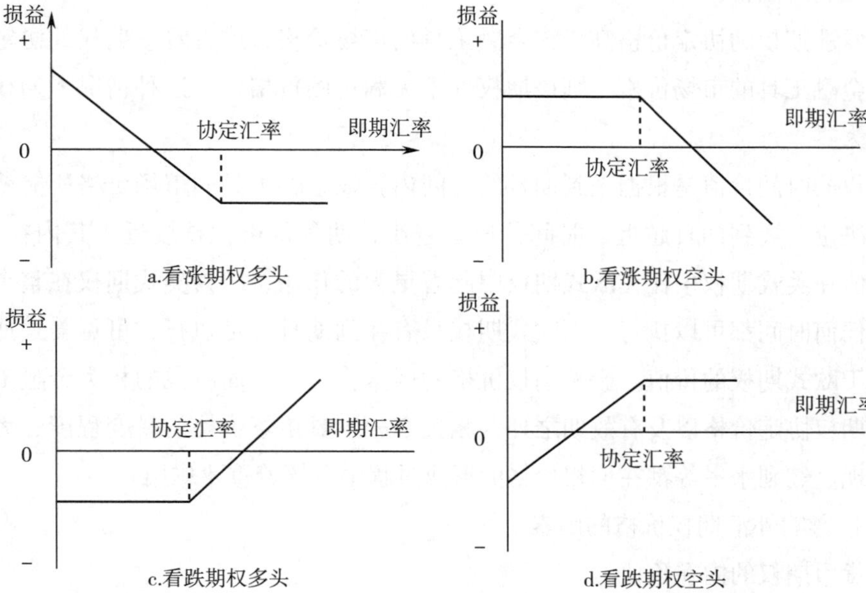

图 2-5 外汇期权种类

4. 外汇期权的价格

(1) 期权价格的构成

在买卖期权中，合同买入者支付其卖出者一定的期权费，买入者因支付期权费而获得了权利，卖出者因收取了期权费则承担了责任和风险。那么，期权费或称期权价格是如何决定的呢？期权的价格由内在价值和时间价值两部分组成，即期权的内在价值是期权本身所具有的价值，即期权的协定价格与该金融工具的即期价格或市场价格的差额，就是期权的内在价值，期权的协定价格一般由买方选择，这样期权的协定价格与该金融工具的即期价格或市场价格有三种情况：溢价期权、平价期权和折价期权，对应以下三种价格：

①有利可图价格

若看涨期权的协定价格低于该金融工具的市场价格，或者看跌期权的协定价格高于该金融工具的市场价格，则该期权处于有利价格，在这种情况下，该期权具有内在价值。

②平价

当期权的协定价格与该金融工具的市场价格相等时，该期权处于平价，该期权的内在价值为零。

③无利可图价格

若看涨期权的协定价格高于该金融工具的市场价格，或者看跌期权的协定价格低于该金融工具的市场价格，则该期权处于无利可图价格，在这种情况下期权的内在价值为零。

期权的时间价值是根据至到期日的时间内，该金融工具的市场价格所能获得的分布而决定。离到期日越近，时间价值就越小，期权价格就越接近于其内在价值，时间价值在美式期权中比在欧式期权中起着更大的作用，因为美式期权在整个有效期内的任何时间都可以执行，而欧式期权只有在到期日方可执行，可见美式期权的价值高于欧式期权的价值。影响期权价格的因素，除了上面所说的相关金融工具的市价，期权协定价格以及有效期之外，相关金融工具市场价格的易变程度、无风险利率和现金红利水平等都在期权价格的形成过程中发挥着重要作用。

（2）影响外汇期权价格的因素

①货币期权的内在价值

期权价格（即期权费）的高低取决于期权的内在价值。因此，确定期权价格的第一个原则是：期权的内在价值越大，其价格越高。

由于期权的内在价值是即期汇率大于协定价格（看涨期权）或协定价格大于即期汇率（看跌期权）的差额，因此可以说期权价格要受即期汇率和协定价格的影响，这样，币种相同、合同金额相同、到期日相同而协定价格不同的看涨期权，其协定价格越高，期权价格越低。这是因为，看涨期权的协定价格高意味着看涨期权合同的购买者在进行合同时，购买一单位外币所支付的美元多，因此，要求合同的出售者所提供的期权价格低，以弥补在购买外币时的损失；反之，币种相同、合同金额相同、到期日相同而协定价格不同的看跌期权，其协定价格越高，期权价格越高，这是因为，看跌期权的协定价格越高，意味着看跌期权合同的购买者在进行合同时，出售一单位外币损失较多的美元，因此合同的出售者就要提高期权价格，以弥补在出售外币时的损失。

正是由于内在价值总是大于零的（即期权购买者“有利可图”），因此，任何一种期权价格应该是大于零的，至少应该是等于零的，这就是说，期权的价格可能下降，甚至降到零，但绝不可能小于零，因为期权合同的出售者绝不可能为获得一个负数而出售期权。

②期权合同时期的长短

一般来说，期权合同的时期越长，期权价格越高。从美式期权合同来说，其时间越长，履行的机会越多，因为在某一个时点，即期汇率低于协定价格（看涨期权）、协定价格低于即期汇率（看跌期权）的机会越多，期权合同的出售者承担的义务也就越多。再从欧式期权来看，时间越长，期权合同出售者承担的风险越大。

具体地说，期权价格与期限的关系如下：

在到期日，美式和欧式的即期货币看涨期权的价格在执行时可以是零，也可以是当时的即期汇率与协定价格之差，在到期日，美式和欧式的即期外汇看跌期权的价格正好相反。

由于美式期权合同（无论是看涨期权还是看跌期权）在到期日之前的任何时间都可以履行，因此，在各个时点的美式期权就是当时的银行价格，即那一时刻的即期汇率和协定价格之差。也正因为美式期权合同可以在到期日之前的任一时刻执行，因此，它的价格至少应和当时的欧式期权合同的价格相等。

到期日相同的欧式即期外币期权与外币期货期权的价格相等。

③国内外利率水平

外汇期权合约中规定的卖出货币，其利率越高，期权持有者在执行期权合约前因持有该货币可获得更多的利息收入，期权价格也就越高。

外汇期权合约中规定的买入货币，其利率越高，期权持有者在执行期权合约前因放弃该货币较高的利息收入，期权价格也就越低。

5. 外汇期权的特点

外汇期权对于买方而言，其主要作用是通过购买期权增强交易的灵活性，即可以有权选择有利于自己的汇率进行外汇买卖，消除汇率变动带来的损失、谋取汇率变动带来的收益。

（1）对于有外汇收付需要的客户在汇率变动中既可以获利也可避免损失。例如，有一美国进口商，3 个月后需要支付一笔英镑货款，其不能肯定英镑汇率是上升还是下降，这时其就可购入英镑买进期权。如果 3 个月后，英镑汇率上升、美元汇率下降，其就可以按照 3 个月前签订的合约，即按约定汇价和约定数量行使买的权利；如果 3 个月后，英镑贬值、美元升值，这时其就可让期权过期作废，即行使不买的权利，按照当时即期汇率从现汇市场上购入英镑，从中取得英镑汇率下跌的好处。再比如，有一美国出口商，3 个月后要收到一笔英镑货款，其能肯定英镑汇率会大幅度变动，但不能肯定英镑汇率的变动趋势，若不在远期外汇市场卖出，其担心到交割时英镑汇率下跌而蒙受损失，使其出口利润降低甚至变为亏损。若在远期外汇市场卖出，其又担心到交割时英镑汇率上升了，而丧失掉英镑升值带来的利润。所以最好的选择是参与外汇期权交易，即买入外汇卖出期权。这样既能保障汇率下跌不受损失，又能获得汇率上升带来的利润，当然要付出支付期权费的代价。

（2）可以控制投机失误的损失。对于投机者而言，其参与外汇期权交易的目的就是给其外汇投机进行保险，控制投机失败带来的损失。如果其预测某种汇率会上升，但又不能十分肯定，其就可购入买进外汇期权，即做“多头”投机交易。如果到交割日汇率果然上升了，其就行使买的权利；如果汇率下跌，其就行使不买的权利，仅损失期权费。因此其为预测不准所付出的代价仅仅是数额很小的期权费用。如果其预测某种汇率会下降，但没有足够的把握，其就可购入卖出外汇期权，即做“空头”投机交易，同样能避免汇率预测不准确带来的巨大损失。

一般认为，外汇期权交易控制和降低了外汇交易的风险，但在实践中由于期权交易控制风险的作用，使投机者进行投机的胆量越来越大，规模也越来越大，使金融风险大大提高。

6. 外汇期权常用的交易策略

外汇期权有看涨期权（又称买权）和看跌期权（又称卖权）两种基本类型，而外汇期权的交易者又可分为多头（外汇期权的购买者）和空头（外汇期权的出售者）两种，外汇期权的这两种基本类型和两类基本交易者的不同组合，可形成外汇期权的四种基本策略：买进看涨期权、卖出看涨期权、买进看跌期权和卖出看跌期权，它们是组成多种多样的外汇期权组合策略的基本工具。

（1）买进看涨期权（Buy Call Option）

当投资者预期市场汇率将会上升时，他可买进看涨期权。到期时如果市场汇率 S_T 上涨至协定汇率 K 之上，期权买方可执行期权而获利或减少亏损额；反之，如果到期时市场汇率不是上涨而是下跌，且跌至协定汇率或协定汇率以下，期权买方可放弃期权，他的损失就是其购买期权所支付的期权费。

从理论上说，由于市场汇率上升的空间无限，故期权买方的潜在最大利润也将无限，而期权买方的损失却是有限且已知的，即为其支付的期权费。

（2）卖出看涨期权（Sell Call Option）

看涨期权买方的对手方就是看涨期权卖方，看涨期权卖方预期将来市场汇率将会下跌，于是可在买方不履约时获取期权费，看涨期权多空双方盈亏情况相反，金额相等。

在到期日，若 $0 < S_T < K$，买方放弃行使期权，卖方获得的最大收益为期权费 C。

在到期日，若 $S_T = K$，卖方不管买方执行期权与否，都将获得的最大收益为期权费 C。

在到期日，若 $K < S_T < K + C$ 买方执行期权，卖方获得小于期权费 C 的盈利额

$K + C - S_T$ 。

在到期日，若 $S_T = K + C$ ，买方执行期权后盈亏平衡，此时卖方也盈亏平衡。

在到期日，若 $S_T > K + C$ ，买方执行期权，卖方亏损额为 $K + C - S_T$ ，并且在理论上，卖方亏损额将随着市场汇率的上升而无限增加。

（3）买进看跌期权（Buy Put Option）

如果投资者预期未来市场汇率将下跌，他可买入看跌期权，以获得在将来某一特定日期或期间以协定汇率向期权出售者卖出一定数量的某种外币的权利。

如果投资者在买进看跌期权后市场汇率下跌，且跌至协定汇率之下（$S_T < K$），该投资者行使期权，包括以下几种情况：

①若到期日 $0 < S_T < K - P$（P 为看跌期权的期权费），期权买方执行期权，获得正收益为 $K - (S_T + P)$ 。并且在理论上，当 $S_T = 0$ 时，看跌期权买方获得的最大收益为 K－P。

②若到期日 $S_T = K - P$ ，期权买方执行期权而盈亏平衡。

③若到期日 $K - C < S_T < K$ ，期权买方执行期权，尽管处于净亏损状态，但亏损额 $K - (S_T + P)$ 小于期权被放弃时的损失 P。

如果市场汇率在到期日上升到协定汇率（$S_T = K$），期权买方执行期权与否结果都一样，都将损失期权费 P，这也是最大损失。

如果市场汇率在到期日上升至协定汇率之上（$S_T > K$），期权买方不执行期权，其最大损失为 P。

从上可知，看跌期权多头的最大收益为 $K - P$ ，最大损失为 P，均有限且可知。

（4）卖出看跌期权（Sell Put Option）

卖出看跌期权者预期市场汇率会上涨，于是卖出看跌期权，从而在买方放弃期权时获取期权费收益。

看跌期权买卖双方的盈亏状况是对称的，一方盈利，另一方则亏损，且盈利额与亏损额相等。

在到期日，如果 $S_T < K$ ，看跌期权买方将履约，卖方损益状况包括以下几种情况：

①当 $S_T = 0$ 时，看跌期权卖方产生最大损失为 $P - K$ 。

②当 $0 < S_T < K - P$ 时，看跌期权卖方处于亏损状态，损失额为 $S_T + P - K$ 。

③当 $S_T = K - P$ 时，卖方盈亏平衡。

④当 $K - P < S_T < K$ 时，卖方净收益为正，净收益额为 $S_T + P - K$ 。

在到期日，如果 $S_T = K$ ，不管看跌期权买方执行期权与否，卖方都将获得的最大收益为期权费 P。

由上可见，看跌期权卖方的最大收益为买方支付的期权费（也是买方的最大损失）；而看跌期权卖方的最大损失为买方的最大收益。

七、外汇保证金交易

1. 外汇保证金交易的基本概念

外汇保证金交易（又称虚盘交易）是从期货的保证金交易衍生而来的，是指交易者在专门从事外汇保证交易的公司（如银行、外汇交易商或经纪商），签订委托买卖外汇的合同，并缴付按合同金额一定比率的保证金（一般不超过 10%），可以按数十倍的融资倍数买卖外汇。

随着互联网的发展，在线外汇保证金交易已经风靡全球，成为外汇交易的流行方式，不仅银行间交易已开始采用在线方式，个人也越来越多地通过互联网参与外汇交易市场。

在线外汇交易的发展，打破了地域的局限，使得原来必须依赖本地经纪商才能参与外汇交易的个人和小型机构投资者，可以更加方便地进行外汇投资。

2000 年 12 月，美国通过了《期货现代化法案》。这一法案要求所有外汇交易商必须在美国期货协会（NFA）和美国商品期货交易委员会（CFTC）注册为期货佣金商（FCM），并接受上述机构的日常监管，在期限内不符合资格或没有被核准的外汇从业者将被勒令停止营业。这一法案的出台，使得在线外汇保证金交易走上了规范发展的轨道。

外汇保证金交易的最大魅力就是以小博大，而且是风险可控、收益风险比相对较大的投资方式。外汇保证金交易非常直观、一目了然、入门容易，是从事外汇保证金交易的投资者的普遍感觉。一般来说，操作外汇保证金交易对知识的要求相对较低，获利的主要因素是心理素质、经验积累、信息分析和一定程度的运气。

由于外汇保证金交易有以下优点，导致其发展十分迅速：投资金额的门槛非常低，大约几百美元就可以交易，有利于初学者和收入不高的人群参加；杠杆灵活，适合不同的风险偏好者；可以双向交易投资，买了就可以卖，涨跌都有获利机会；收益比高，如果满仓操作，一天 1 倍以上获利几乎每天出现；收益高，风险就高，为防范风险，所有平台都有自动控制的设计，可以预设限价和止损点，不少平台还有对冲功能；资金进出灵活，随时可以补仓，也可以调回资金；24 小时连续交易，同样是一天，投资者可以选择的时间比较宽裕；手续费相对银行实盘低很多；几乎不可能被操纵者左右；交易速度非常灵敏，在绝大多数情况下可以与国际外汇市场同步。

但是由于外汇保证金交易风险控制度不够，目前中国银监会已暂时停止商业银行等此类交易服务。今后随着风险控制的加强和完善，应该还有很大发展空间。

2. 外汇保证金交易与外汇期货交易的区别

在外汇保证金交易中，实行的是场外的做市商机制，即交易者进行交易时的对手方是做市商而不是其他交易者。市场上存在着大大小小的做市商，规模较大的如JP摩根、花旗等大银行，规模较小的如专门从事外汇保证金交易的交易商和经纪商。小做市商在交易者手中得到头寸时，会把部分头寸拿给大做市商进行交易，以规避风险。交易者在交易时并不需要支付手续费，做市商为交易者报一个买价和一个卖价，而买卖价格之间的价差就是做市商收入的来源。

由表2-5可以看出，外汇保证金交易和外汇期货交易最大的区别在于交易场所不同。对于外汇现货保证金交易而言，交易者需要寻找一个合适的做市商进行交易。然而，市场上大大小小的外汇交易商成千上万，单凭有限信息交易者很难找到一个合适的做市商。同时，监管部门难以监管数目众多的交易商，只能采取最低净资产等门槛准入制度进行控制，对于交易中产生的交易商欺诈客户、私自挪动保证金等问题难以有效监管。

表2-5　　　　外汇保证金交易和外汇期货交易对比

项目	外汇保证金交易	外汇期货交易
交易场所	场外市场交易，做市商制度	交易所市场交易，中央结算机构负责双方结算
合约细节	标准化合约，但交易商允许交易非整数手数	标准化合约
交易方式	保证金交易	保证金交易
到期日	无到期日	有多个到期日
结算时间	每日结算	每日结算
合约结束方式	现金结算	通常以对冲平仓
交易币种	任何国家的币种	少数主要币种
交易时间	工作日24小时	交易所的营业时间

八、差价合约

（一）差价合约的定义

差价合约（Contracts for Difference，CFD）是一种金融衍生工具，属于保证金交易的范畴，其泛指不涉及商品、货币、证券或其他交易标的物的实体交换，结算时仅以结算价与合约价之间的价格差额作现金结算的一种交易方式。通俗地说，一般的买卖交易只有支付了与标的物商品等值的对价后才能够实际获得该商品。但对差价合约来说，仅需要支付一定比例的保证金，且该保证金金额比商品的实际价格金额小很多，就可以获得该商品的合约，但并不实际地获得该商品。在未来商品价格变化之后，合约持有者能够以商品当时的实际价格卖出所持有的合约，以此来获得买卖价格之间的差价利润。

（二）差价合约的交易方式

差价合约的交易方式通常为保证金交易，即交易者按照约定向银行或经纪商缴纳一定数额的保证金，以便确保交易者具备基本的交易资本与合理的抗风险能力，按照约定的交易价和结算价计价方式进行交易和结算。在交易过程中，银行或经纪商按照约定根据实际的交易量在交易者的保证金账户中冻结一定比例的保证金，一般来说是1% ~5%（也就是交易杠杆比例在100倍到20倍之间），而剩下的部分则由经纪商或银行负责提供信贷支持（配资）。在持有差价合约的期间内会出现利息的损益，也就是支付或者获得隔夜利息，如果出现利息损益，首先从已经被冻结的保证金中扣除或添加到未被冻结的保证金中，当已经冻结的保证金不够支付利息时则从未冻结的保证金中扣除。

差价合约在结算时，结算价格通常是结算时的市场价格，对看涨的交易者来说结算价即为卖出价，而对看空的交易者来说结算价格即为买入价。总之，如果交易者在对持有的差价合约进行结算时，所交易商品的买入价加上信贷成本后低于卖出价的话，那么交易者就会获得由差价带来的盈利，反之则会遭受相应的亏损。

由于差价合约由银行或经济商提供信贷融资（配资），以保证金的形式进行交易，交易各方所面临的风险较高，同时为了控制合理的信贷规模，大多数国家的银行、证券交易所和期货交易所都对差价合约交易服务作出了严格的监管和规定，例如，在差价合约交易方式下的交易风险控制机制、第三方清算、融资融券最高比例、经纪商向清算银行缴纳的最低保证金制度、经纪商的货币以及商品最低持有量等方面都有严格规定。

（三）差价合约的优势

首先，差价合约相对于传统交易的最大优势之一便是具有杠杆效应，交易者通常并不需要投入大笔的资金，只需要利用金融杠杆支付与标的物商品实际价格的1% ~5%等值的保证金就可以进行标的物商品的买卖，享有由市场波动而带来的全部收益，当然也承担相应的风险。差价合约的杠杆效应使投资者的资金使用效率变得更高，使灵活组合多种投资或者投机的方式成为可能，从而进一步提升了市场的活跃度与基础流动性。

其次，由于差价合约仅以商品的价格为标的物进行买卖，并不涉及实物商品的交割，所以差价合约从理论上来说是没有期限的，此外，差价合约的交易程序相比较于期货交易中的交收和结算等程序来说更加简便，因此也更为交易者、投资者所接受和喜爱。

最后，差价合约采用多空双向交易机制，既可以在商品价格上涨的时候做多来赚取上涨空间带来利润，同样也可以在商品价格下跌的时候做空利用价格差异来把握获利机会。同时，差价合约的多空双向交易机制也可以用来规避在现货市场交易时的持仓风险，利用做多或者做空来对冲其他市场的空头或者多头风险。

（四）差价合约的历史

差价合约最早于20世纪70年代左右，以美国原油隔月差价合约掉期交易的形式出现。到了20世纪80年代，差价合约仍只是作为一种有效规避风险的避险工具，主要集中在各大银行与大机构之间进行交易；自1999年开始，差价合约交易才正式出现在零售市场上；而自2000年英国推出股票差价合约后，差价合约开始被全球普通投资者迅速认可，并在极短的时间内成为金融市场中的主流交易方式之一。

目前在大多数国家和地区都可以进行差价合约的交易，如澳大利亚、奥地利、加拿大、塞浦路斯、法国、德国、爱尔兰、以色列、意大利、日本、荷兰、卢森堡、挪威、波兰、葡萄牙、罗马尼亚、俄罗斯、新加坡、南非、西班牙、瑞士、瑞典、土耳其、英国和新西兰。然而在其他一些国家，普通投资者是被禁止进行差价合约的交易的，其中最值得注意的当属美国，由于美国证券交易委员会对场外交易有着严格的限制，所以美国国内的普通投资者不被允许直接操作差价合约，除非通过一家注册的交易所进行交易，然而在美国境内并没有任何一家注册的交易所向普通投资者提供差价合约的交易服务。

（五）差价合约的标的

差价合约可以交易的标的物理论上可以是所有具备浮动价格的商品。目前差价合约交易的范围覆盖了全球超过20家的主要交易所，基本涵盖了2 500个以上的金融衍生交易品种，其中主要包括：外汇差价合约，如美元兑英镑、美元兑欧元等；贵金属类差价合约，如黄金、白银、钯金、铂金等；股票及股指类差价合约，如道琼斯指数、富时指数、法兰克福指数、日经指数等；农产品期货类差价合约，如玉米、燕麦、大豆、小麦等；经济作物商品期货类差价合约，如咖啡、棉花、蔗糖、可可等；金属商品期货类差价合约，如铜、铝、铅、锌等；能源商品期货类差价合约，如原油、天然气等；国债期货类差价合约；等等。

（六）外汇差价合约交易实例

假设目前交易平台对货币对 GBP（英镑）/USD（美元）的汇率报价是 1.40735（sell，卖出价）/1.40761（buy，买入价），假设投资者相信英镑兑美元的汇率会上升。

这时投资者可以以 1.40761 美元买入一个标准手的 GBP/USD 合约，即开仓头寸。过了一会儿，GBP（英镑）/USD（美元）的汇率报价变为 1.40881（sell，卖出价）/1.40906（buy，买入价），投资者之前买入的一个标准手的头寸显示盈利 120 美元。

注：按照美元本币计算，一个标准手是 100 000 美元，由于外汇交易是差价合约，所以假设投资者的账户有 10 000 美元，按照 1∶200 的杠杆，则一个标准手只占投资者交易保证金的 1/20。

这时投资者可以以 1.40855 美元的卖出价卖出一个标准手的 GBP/USD 合约，即头寸平仓获利。当然，如果投资者对交易市场把握不当，就有可能出现亏损，这时投资者可以选择设定止损、交易对冲或者原始交易锁仓等方式来管理风险。

第三节　世界主要外汇交易市场

从全球来看，外汇交易量较大的 9 个国家和地区是英国、美国、日本、法国、瑞士、新加坡、德国、中国香港、澳大利亚。其对应的主要金融中心依次为伦敦、纽约、东京、巴黎、苏黎世、新加坡、法兰克福、中国香港和悉尼。

一、伦敦外汇市场

伦敦外汇市场是无形外汇市场，完全通过电话、电报或网络完成买卖外汇，有 250 多家外汇指定银行（包括英国的商人银行、清算银行和外国银行设在伦敦的分行），90 多家外汇经纪商，其中有些经纪商还在香港和新加坡设有分支机构。

19 世纪以来，由于伦敦在国际金融和贸易方面所处的中心地位，英镑作为国际结算中的主要支付货币和伦敦票据兑换业务的发展，促成了伦敦外汇市场的形成，并成为世界上最重要的外汇市场。两次世界大战后，随着英国经济实力的日渐衰落，英镑作为国际支付货币的地位逐渐下降及对外汇管制的加强，使伦敦外汇市场的作用受到影响。

1951 年 12 月 11 日，英国政府重新开放外汇市场，英格兰银行根据国际货币基金组织的有关规定，将英镑对某些外汇基础支付外币的汇价定出最高最低价，这些外汇指定银行模拟外汇可随市场供求情况在这一幅度内自由定价成交，并依照外汇管制条例及外汇 K 线图经典图解，进行远期外汇买卖。英国政府于 1979 年 10 月全部取消外汇管制，外汇银行间的外汇交易就不一定通过外汇经纪人了。这对伦敦金融市场也产生了重大影响。

伦敦外汇市场的外汇交易分为即期交易和远期交易。汇率报价采用间接标价法，交易货币种类众多，最多达 80 多种，经常有三四十种。交易处理速度很快，工作效率高。伦敦外汇市场上外币套汇业务十分活跃，自从欧洲货币市场发展以来，伦敦外汇市场上的外汇买卖与“欧洲美元”的存放有着密切联系。欧洲投资银行积极地在伦敦市场发行大量欧洲德国马克债券，使伦敦外汇市场的国际性更加突出。

尽管英镑作为国际贸易支付手段和国际储备货币的地位已被美元取代，但由于伦敦外汇市场交易类型齐全，交易结构完备，设有十分现代化的电讯网络设备，加上伦敦横跨美洲三个时区，得天独厚，使伦敦外汇市场的交易规模长期以来居世界各大外汇市场之首。2001 年 4 月国际清算银行外汇业务范围的调查报告显示，伦敦仍是外汇交易量最大的金融中心，日平均交易量 5 040 亿英镑，占全球日平均交易量的 1/3。

二、纽约外汇市场

第二次世界大战以后，随着美国经济实力的增强和对外贸易、资本输出的迅速发展，美元取代英镑成为关键货币，加之美国实行的外汇开放政策，纽约国际金融市场的地位不断提高，交易量占国际外汇交易量的 18%，仅次于伦敦，是世界最重要的外汇市场之一。纽约外汇市场也是一个无形市场。外汇交易通过现代化通信网络与计算机进行，其货币结算都可通过纽约地区银行同业清算系统和联邦储备银行支付系统进行。

纽约外汇市场是最复杂的，同时也是最具特色的外汇市场，具体表现为：

1. 由于美国对经营外汇业务不加限制，政府不专门指定外汇专业银行，因此，几乎所有的美国银行和金融机构都可以经营外汇业务，如商业银行、储蓄银行、投资银行、人寿保险公司和外汇经纪人等，其中又以商业银行为主。目前，纽约外汇市场主要包括 180 多家美国商业银行，200 多家外国银行在纽约的分支机构、代理行以及代表处。

2. 纽约外汇市场交易活跃，但和进出口贸易相关的外汇交易量较小，因为在美国的进出口中大多数以美元计价结算，当美国从国外进口商品、劳务时，支付的是美元，美元和外币的兑换发生在出口国；当美国出口商品和劳务时，收的是美元，美元和外币的兑换由进口商进行，发生在进口国。在纽约外汇市场上，外汇交易的相当部分和金融期货市场密切相关，美国的企业除了因进行金融期货交易而同外汇市场发生关系外，其他外汇业务较少。

3. 纽约是世界美元交易的清算中心。世界各地的美元买卖，包括欧洲货币市场和亚洲美元市场的交易，最终都必须在美国，特别是在纽约商业银行的账户上收付、划拨和结算。2003 年占全球 90% 以上的美元交易最后都通过纽约的银行间清算系统进行结算。纽约外汇市场的大商业银行，通过在海外分支机构极其广泛的国际联系，承担着国际结算和资本流动的主要结算任务。

三、东京外汇市场

历史上，日本曾是实行外汇严格管制的国家，外汇交易受到多方限制，外汇市场的产生和发展都较其他发达的资本主义国家缓慢。20 世纪 50 年代后，日本逐渐放松了外汇管制，1964 年日本加入了国际货币基金组织并成为其“第八条会员国”，日元成为可兑换货币，东京外汇市场原则上不再实行外汇管制，外汇交易也逐步实行自由化，推动东京外汇市场业务量的迅速增长。但是，由于历史延续的原因和日本一向以实行保护贸易政策著称，对于外贸一直采取一些限制性条款，使得东京外汇市场与其他国际金融中心的外汇市场相比，交易限制还是比较严格的。

进入 20 世纪 80 年代，在国际金融自由化浪潮的冲击下，日本政府采取了一系列金融自由化措施，如 1980 年修改了第二次世界大战后初期制定的《外贸和外汇管理方法》，修改后的新外汇管理法放宽了对银行外汇业务的限制，使所有银行都可以在国内经营一般外汇业务。1985 年东京外汇市场更是迎来了交易货币、交易种类多样化质的飞跃，从此东京外汇市场达到了与纽约外汇市场并列的自由程度，成为国际性的外汇交易市场。

东京外汇市场作为一个新兴的主要国际外汇市场，具有一些有别于其他国际外汇市场的特点：

1. 交易规模不断扩大。1998 年东京外汇市场平均每天交易额为 1 487 亿美元，仅次于伦敦、纽约，居当年世界第三位。不过其规模扩大速度在 1992 后已大为减缓，2001 年法兰克福外汇交易量超过东京成为世界第三大外汇交易中心。进入 20

世纪 90 年代以后，日本国内投资环境恶化，投资者趋于谨慎，这样就使外汇购买和套期保值的外汇交易日趋萎缩，导致外汇市场对顾客包括企业法人、进出口商社、人寿财产保险公司、投资信托公司、信托银行等的交易比例下降，由 20 世纪 80 年代末期的 30% 降至目前的 20% 左右。

2. 货币选择权交易大幅度增加。东京外汇市场吸取了有关货币选择权交易的诀窍，致力于培养人才，其结果使银行间的交易增加。另外，外汇市场的外汇风险套期交易手段从远期合约逐步过渡到选择权上，这样使顾客的交易量增加。

3. 货币选择权市场的特色：①东京外汇交易量的变化。1984 年东京市场引进货币选择权交易，特别是 1987 年左右，货币选择权交易占通过东京外汇市场经纪人中介交易的 10% 左右；②交易货币的币种主要是美元和日元，美元和日元的交易接近 70%，如果从美元和日元的交易量来看，东京外汇市场足以凌驾于伦敦、纽约之上；③市场汇率差价交易尤为活跃。银行间的交易一部分主要是市场参加者通过直接交易及经纪人提出货币选择权的价格，以获取货币选择权，所以汇率本身的差价交易就显得极为活跃。

4. 东京外汇市场是一个无形市场，交易者通过互联网进行交易。东京外汇市场的参加者有五类：一是外汇专业银行，即东京银行；二是外汇指定银行，是指可以经营外汇业务的银行，共 340 多家，其中日本国内银行 243 家，外国银行 99 家；三是外汇经纪人 8 家；四是日本银行；五是非银行客户，主要是企业法人、进出口企业商社、人寿财产保险公司、投资信托公司、信托银行等。

5. 东京外汇市场上，银行同业间的外汇交易可以通过外汇经纪人进行，也可以直接进行。日本国内的企业、个人进行外汇交易必须通过外汇指定银行进行。汇率有两种，一是挂牌汇率，包括了利率风险、手续费等的汇率。每个营业日上午 10 点左右，各家银行以银行间市场的实际汇率为基准各自挂牌，原则上同一营业日中不更改挂牌汇率。二是市场联动汇率，以银行间市场的实际汇率为基准标价。

四、巴黎外汇市场

巴黎外汇市场由有形市场和无形市场两部分组成。其有形市场主要是指在巴黎交易所内进行的外汇交易，其交易方式和证券市场买卖一样，每天公布官方外汇牌价，外汇对法郎汇价采用直接标价法。但大量的外汇交易是在交易所外进行的。在交易所外进行的外汇交易，或者是交易双方通过电话直接进行买卖，或者是通过经纪人进行。

在巴黎外汇市场上，名义上所有的外币都可以进行买卖，但实际上，目前巴黎外汇市场标价的只有美元、英镑、里拉、荷兰盾、瑞士法郎、瑞典克朗、奥地利先令、加拿大元等17种货币，且经常进行交易的货币只有7种。原则上，所有银行都可以以中间人身份为它本身或客户进行外汇买卖。实际上，巴黎仅有较大的100家左右银行积极参加外汇市场的活动。

五、苏黎世外汇市场

苏黎世外汇市场是一个有历史传统的外汇市场，在国际外汇交易中处于重要地位。这一方面是由于瑞士法郎是自由兑换货币；另一方面是由于第二次世界大战期间瑞士是中立国，外汇市场未受战争影响，一直坚持对外开放。其交易量原先居世界第四位，但近年来被新加坡外汇市场超过。

在苏黎世外汇市场上，外汇交易是由银行自己通过电话或电传进行的，并不依靠经纪人或中间商。由于瑞士法郎一直处于硬货币地位，汇率坚挺稳定，并且瑞士作为资金庇护地，对国际资金有很大的吸引力，同时瑞士银行能为客户资金严格保密，吸引了大量资金流入瑞士，因此苏黎世外汇市场上的外汇交易大部分是由于资金流动而产生的，只有小部分是出自对外贸易的需求。

六、新加坡外汇市场

新加坡外汇市场的参加者由经营外汇业务的本国银行、经批准可经营外汇业务的外国银行和外汇经纪商组成。其中外资银行的资产、存放款业务和净收益都远远超过本国银行。

新加坡外汇市场在20世纪70年代初亚洲美元市场成立后，才成为国际外汇市场。新加坡地处欧亚非三洲交通要道，时区优越，上午可与香港、东京、悉尼进行交易，下午可与伦敦、苏黎世、法兰克福等欧洲市场进行交易，中午可同中东的巴林进行交易，晚上还可同纽约进行交易。根据交易需要，新加坡一天24小时都同世界各地区进行外汇买卖。新加坡外汇市场除了保持现代化通信网络外，还直接同纽约的CHIPS系统和欧洲的SWIFT（环球银行金融电信协会）系统连接，货币结算十分方便。

新加坡外汇市场的参加者由经营外汇业务的本国银行、经批准可经营外汇业务的外国银行和外汇经纪商组成。其中外资银行的资产、存放款业务和净收益都远远超过本国银行。

新加坡外汇市场是一个无形市场，大部分交易由外汇经纪人办理，并通过他们把新加坡和世界各金融中心联系起来。交易以美元为主，占交易总额的85%左右。

大部分交易都是即期交易，掉期交易及远期交易合计占交易总额的 1/3。汇率均以美元报价，非美元货币间的汇率通过套算求得。

七、法兰克福外汇市场

法兰克福外汇市场是德国中央银行（德意志联邦银行）所在地。由于长期以来实行自由汇兑制度，随着经济的迅速发展、欧元地位的提高，法兰克福逐渐发展成为世界主要外汇市场。

法兰克福外汇市场分为定价市场和一般市场。定价市场由官方指定的外汇经纪人负责撮合交易，它们分属法兰克福、杜塞尔多夫、汉堡、慕尼黑和柏林五个交易所，它们接收各家银行外汇交易委托，如果买卖不平衡，汇率就继续变动，一直变动到买汇和卖汇相等，或中央银行干预以达到平衡时，定价活动才结束，时间大约在12：45。马克与欧元属于不同的时期。中央银行干预外汇市场的主要业务是美元对欧元交易，其中 70% 为即期外汇，30% 为远期外汇，有时也对外币对外币之间的汇率变动进行干预。

外汇经纪人除了撮合当地银行外汇交易外，还随时与各国外汇市场联系，促进德国与世界各地的外汇交易活动。在法兰克福外汇市场上交易的货币有美元、英镑、瑞士法郎、欧元等。

八、香港外汇市场

香港外汇市场是一个无形市场，没有固定的交易场所，交易者通过各种现代化的通信设施和电脑网络进行外汇交易。香港地理位置和时区条件与新加坡相似，可以十分方便地与其他国际外汇市场进行交易。

自 1973 年香港取消外汇管制后，国际资本大量流入，经营外汇业务的金融机构不断增加，外汇市场越来越活跃，发展成为国际性的外汇市场。

香港外汇市场的参加者主要是商业银行和财务公司。该市场的外汇经纪人有三类：当地经纪人，其业务仅限于香港本地；国际经纪人，是 20 世纪 70 年代后将其业务扩展到香港的其他外汇市场的经纪人；香港本地成长起来的国际经纪人，即业务已扩展到其他外汇市场的香港经纪人。

20 世纪 70 年代以前，香港外汇市场的交易以港元和英镑的兑换为主。20 世纪 70 年代后，随着该市场的国际化及港元与英镑脱钩并与美元挂钩，美元成了市场上交易的主要外币。香港外汇市场上的交易可以划分为两大类：一类是港元和外币的兑换，其中以和美元兑换为主；另一类是美元兑换其他外币的交易。

九、悉尼外汇市场

悉尼外汇市场是大洋洲最重要的外汇交易市场，这是由于悉尼不仅是澳大利亚重要的经济文化中心，同时也是整个大洋洲最重要的金融中心。悉尼的地理位置比较特殊，这使悉尼外汇市场成为全球主要外汇市场中最早开始交易的市场。悉尼外汇市场的地方性比较明显，反映出澳大利亚的经济同日本和美国比较密切。但由于经济规模较小，悉尼外汇市场难以与东京抗衡，同新加坡外汇市场和香港外汇市场相比，也无优势可言。悉尼外汇市场上的交易品种，以澳大利亚元兑美元、新西兰元兑美元以及澳大利亚元兑新西兰元为主。

需要注意的是，澳大利亚还有另一个著名的外汇交易中心——惠灵顿外汇市场。正是这两个市场将澳大利亚的外汇交易推向了世界外汇交易量的前八位。悉尼外汇市场是每天全球最早开市的外汇交易市场之一，交易时间为6：00～14：00（北京时间）。澳大利亚外汇市场的汇率波动通常较为平静，交易品种以澳元、新西兰元和美元为主。

第四节　外汇市场交易的主要币种

在世界外汇市场上，交易的主要货币有美元、英镑、日元、瑞士法郎、加拿大元、新加坡元、澳大利亚元、港元等。其他货币也有买卖，但交易量较小。对于其中的一部分货币，我们将作一点详细的介绍。

一、美元

美元是美国的官方货币，也是目前在国际经济活动中使用得最广泛的货币。

美元现钞的主要特征可简单归纳如下：

货币名称：美元。发行机构：美国联邦储备银行

货币符号：USD，通常可写作 Us ＄。辅币进位：1 美元 = 100 美分。面额有 1 美元、2 美元、5 美元、10 美元、20 美元、50 美元、100 美元七种；辅币有 1 美分、5 美分、10 美分、25 美分、50 美分。

二、英镑

英镑主要由英格兰银行发行，但也有其他发行机构。最常用于表示英镑的符号是 £ 。国际标准化组织为英镑取的 ISO 4217 货币代码为 GBP（Great Britain Pound）。除了英国，英国海外领地的货币也以镑作为单位，与英镑的汇率固定为 1∶1。英镑通常可写作£ 。辅币进位：1 英镑 = 100 新便士（New Pence）；钞票面额：5 英镑、10 英镑、20 英镑、50 英镑。

由于英国是世界上最早实行工业化的国家，曾在国际金融业中占统治地位，因此英镑曾是国际结算业务中计价结算使用最广泛的货币。“一战”和“二战”以后，英国经济地位不断下降，但由于历史的原因，英国金融业还很发达，英镑在外汇交易结算中还占有非常高的地位。英镑上面印有具有贡献的人物及皇室头像。

三、欧元

欧元是欧盟中 19 个国家的货币。欧元的 19 个会员国是德国、法国、意大利、荷兰、比利时、卢森堡、爱尔兰、西班牙、葡萄牙、奥地利、芬兰、立陶宛、拉脱维亚、爱沙尼亚、斯洛伐克、斯洛文尼亚、希腊、马耳他、塞浦路斯。1999 年 1 月 1 日在实行欧元的欧盟国家中实行统一货币政策（Single Monetary Act），2002 年 7 月欧元成为欧元区唯一合法货币。欧元由欧洲中央银行（European Central Bank，

ECB）和各欧元区国家的中央银行组成的欧洲中央银行系统（European System of Central Banks，ESCB）负责管理。另外，欧元也是非欧盟中7个国家（地区）的货币，它们分别是黑山、摩纳哥、圣马力诺、梵蒂冈、瑞士、安道尔和科索沃。

欧元现钞的主要特征可以简单归纳为：

货币名称：欧元。发行机构：欧洲中央银行。货币符号：EUR，缩写为€。辅币进位：1欧元=100欧分。面额：纸币有5欧元、10欧元、20欧元、50欧元、100欧元、200欧元、500欧元；硬币有1欧分、2欧分、5欧分、10欧分、20欧分、50欧分和1欧元、2欧元共8个面值。

四、瑞士法郎

瑞士法郎是瑞士和列支敦士登的法定货币，由瑞士的中央银行发行。瑞士法郎是一种硬通货。瑞士的大部分邻国使用欧元，瑞士境内也有商铺、机构通行欧元。自2015年1月15日起，瑞士法郎与欧元脱钩。

货币代码：CHF。瑞士联邦本位货币的名称和单位：辅币单位是生丁，辅币进位：1瑞士法郎=100生丁。流通的纸币面额：有5瑞士法郎、10瑞士法郎、20瑞士法郎、50瑞士法郎、100瑞士法郎、1000瑞士法郎；硬币面额有5生丁、10生丁、20生丁和1/2瑞士法郎、1瑞士法郎、2瑞士法郎、5瑞士法郎。

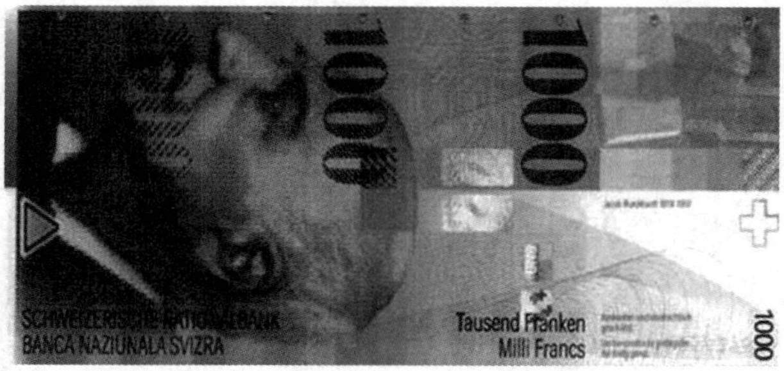

1848 年瑞士宪法赋予联邦政府发行货币的职责，在那之前，瑞士境内流通各种国内外铸币，每个州都有发行自己货币的权力并拥有自己的货币制度。

1850 年 5 月 7 日生效的《铸币法》规定，瑞士实行银本位制，货币名称定为法郎，属无限法偿货币，并确定 1 法郎 =100 生丁（centime 或者德语的 Rappen），其价值与法国法郎等同。1860 年前后，只有法国金币被允许流通。1865 年 12 月 23 日，瑞士、法国、比利时和意大利 4 国组成拉丁货币同盟，规定在各成员国内部金、银铸币可自由流通，均具有无限法偿性质，各成员国货币之间有固定的官方汇率。因此，瑞士境内又有数种货币同时流通。1925 年同盟解散，瑞士政府禁止外国铸币流通，瑞士法郎成为境内唯一的流通货币。

瑞士法郎在被确立为国家货币时，虽然联邦是法郎的唯一发行者，但是 1910 年之前，私人的银行被允许发行它们自己的钞票。1907 年瑞士国家银行建立，并从 1910 年起一直是唯一的钞票和硬币发行机构。

在瑞士的国际收支持续顺差，黄金外汇储备不断增长情况下，瑞士法郎信誉日益提高，在国际金融市场上地位逐渐加强，成为主要国际储备货币之一。瑞士法郎之所以能长期坚挺，还因为瑞士一向保持中立，国内政治和经济局势稳定，极少受到战争的影响。此外，瑞士对外国人在境内存款采取严格保密措施，使瑞士成为国际游资的“庇护所”，有利于吸引大量外国资金，加强瑞士法郎的地位。

瑞士不是国际货币基金组织的成员国，但以观察员身份参加各种会议。

由于瑞士奉行中立和不结盟政策，所以瑞士一般被认为是世界上最安全的地方，瑞士法郎在 20 世纪一直是最稳定的货币，并在相当长的时间内被视为避风港货币，因此，瑞士几乎总是零通胀，并且货币依托有 40% 的黄金储备，瑞士银行的声誉可以说是世界闻名。加之瑞士政府对金融、外汇采取的保护政策，使大量的外汇涌入瑞士，瑞士法郎也成为稳健的受欢迎的国际结算和外币交易货币。

五、日元

日元（日语：円，英文：Yen），其纸币称为日本银行券，是日本的法定货币，日元也经常在美元和欧元之后被当做储备货币。

日元是日本的货币单位名称，创设于 1871 年 5 月 1 日。1897 年日本确立金本位制，含金量定为 0.75 克，1953 年 5 月含金量宣布为 0.00246853 克，1988 年 3 月 31 日彻底废除金本位制度。

流通中的纸币有 1 000 日元、5 000 日元、10 000 日元三种，硬币有 1 日元、5 日元、10 日元、50 日元、100 日元、500 日元六种面额。

日本自 1886 年起采用金本位制，并发行可以兑换金币的日本银行券，第一次世界大战期间，日本废除了金本位制，1964 年日元成为国际流通货币，布雷顿森林体系瓦解后，日元在 1971 年实施浮动汇率，此后日元日趋坚挺，与美元的弱势形成强烈的对比，并成为较强的国际货币。

日本是第二次世界大战后经济发展最快的国家之一，目前拥有世界第二大外汇储备，日元也是战后升值最快的货币之一。虽然日本经济自从 20 世纪 90 年代以来一直处于低迷徘徊状态，它对整个世界经济的影响还是不容忽视的。

自 1993 年以来，日本陷入“流动性陷阱”之中，经济一直处于通缩状态，日本央行一直维持着低利率的政策，由于长达十数年的低息甚至零息政策，已不限于在不同币种之间进行，也不再满足于仅仅赚取息差，而是将投资范围扩大至其他领域，包括新兴市场，以及原材料商品期货，如石油、黄金及金属等高风险高收益领域。这也直接造成这十几年来日元汇价的走势主要是受到套息交易规模的左右。

六、加拿大元

早期的加拿大纸钞是由加拿大皇家银行（Royal Bank of Canada）以及地方银行同时发行。创建于 1934 年的加拿大中央银行，全称为加拿大银行（Bank of Canada）。加拿大银行负责加拿大的货币发行。加拿大元通常以 CAD 表示，缩写为 C $。加拿大元纸钞有 1 加元、2 加元、5 加元、10 加元、20 加元、50 加元、100 加元、1 000加元八种面额，另有 1 加元、2 加元和 1 加分、5 加分、10 加分、25 加分、50 加分的硬币，其中 2 加元为双金属镶嵌硬币。1 加元等于 100 加分。

加拿大银行在 1935 年以来，一共发行了六个系列的纸币，分别是 1935 版、1937 版、1954 版、加拿大风光版、鸟版以及加拿大旅程系列。1935 年加拿大发行第一批钞票，分别用英语和法语两种文字印刷，以后发行的钞票系列却都是英法两种文字共同印刷。重新设计的钞票系列于 1937 年、1954 年和 1969 年发行，最新的钞票是 1986 年发行的。

1962 年 5 月 2 日以前，加拿大一直实行浮动汇率。1962 年 5 月 2 日加拿大政府规定了加元与美元的固定汇率为 1 美元兑换 1. 081 加元。1971 年 8 月 15 日加元又开始采取浮动汇率。加拿大政府未规定其货币必须有最低限度的黄金和外汇作为保证。随着美元的贬值，1971 年 9 月 18 日加元与美元汇率按其含金量定为 1 美元兑换 0. 9957 加元。1974 年加元兑美元汇率升至 16 年来最高点，加拿大政府开始限制资本流出，同时加强了中央银行对外汇市场的干预。1981 年美元利率开始回升，但加元汇率基本上呈下降的趋势，1985 年降至 1 美元兑换 1. 42 加元。

1985 年 9 月西方五国财长会议后，美元汇率连连下跌，加元不断上升，1986 年 1 美元兑换 1. 3895 加元，1987 年兑换 1. 326 加元，1988 年兑换 1. 23 07 加元，1989 年升至 1 美元兑换 1. 184 加元。

加拿大在国际贸易中的地位突出表现在它与美国的贸易伙伴关系上。由于地理位置的原因，加拿大与美国的贸易关系一直十分密切，而且随着世界经济的进一步自由化发展，加拿大与其他国家的贸易也越来越频繁，近年来中加贸易额一直呈上升势态。

七、澳大利亚元

澳大利亚元（英语：Australian Dollar，简写 A ＄或 AUD）是澳大利亚的货币单位。澳元是流通于澳大利亚、基里巴斯、瑙鲁和图瓦卢等国家和地区的货币，由澳大利亚联邦储备银行发行，现流通的有 5 元、10 元、20 元、50 元、100 元面额的纸币，另有 5 分、10 分、20 分、50 分和 1 澳元、2 澳元硬币，其进位是 1 澳元等于 100 分（cent）。1993 年之前，还有 1 分、2 分硬币，但 1993 年之后不再流通。

澳大利亚货币单位原为镑。澳大利亚最初采用的通货与英镑一样。后来采用自己的通货澳大利亚镑，币值与英镑等同。当时一镑有 20 先令，一先令有 12 便士。每一镑等同 240 便士。

1966 年澳大利亚推行十进制之时，货币也同时改作十进制。由于当时 1 美元的价值大概等于 0. 5 英镑，所以新的十进制通货改为与美元联动。新通货的单位为澳大利亚元，币值等同于旧澳大利亚镑的半镑。每 1 元等于 100 分，1 分大概等于 1. 2 便士。

在外汇市场上，澳大利亚元目前为交易量世界第五大的流通货币，居于美元、欧元、日元、英镑之后，占总交易量的 6% 。2010 年，澳大利亚元正式取代瑞士法郎的国际地位，成为全球第五大流通货币。

在近几十年的流通中，2010 年 12 月澳大利亚元和美元的比值达到了历史最高，外汇比价为每 100 澳元可以交换 102. 56 美元。当然，澳大利亚元也有其低谷期，在 2001 年 4 月，外汇比值为每 100 澳元可以换取 47. 75 美元，2008 年升高至 1 澳大利亚元兑换 96 美分，在 2008 年年底达到了历史新高，1 澳大利亚元兑换 98. 49 美分。虽然澳大利亚元在此之后有显著回落，但在 2009 年逐渐恢复了其价值，于 2009 年又达到了 1 澳大利亚元兑换 94 美分的高点。之后又不断震荡调整下跌至 2016 年 5 月 24 日的低点 1 澳大利亚元兑换 0. 7141 美元。

八、新加坡元

新加坡元（简称：新元或新币，旧称：坡币，英文：Singapore Dollar），是新加坡的法定货币，以 S ＄标记。1 元可被细分为 10 角（也称为“毛”）或者 100 分（cent）。新加坡元可分为纸币和硬币，近期也开始发行 2 元、5 元及 10 元的塑胶钞票。

目前在新加坡流通的钞票有 10 000 元、1 000 元、100 元、50 元、10 元、5 元、2 元面额的钞票，硬币则有 1 元、50 分（5 角）、20 分（2 角）、10 分（1 角）、5 分与 1 分。1 分与 5 分硬币虽然还能使用，但新加坡政府已经停止了发行。政府对停止发行的理由是市场已经有足够的硬币可以使用。

1845 年至 1939 年，新加坡使用由海峡殖民地发行的“叻币”（Straits dollar）作为流通货币，1940 年后，新加坡跟随马来亚使用马来亚元（Malayan Dollar）。第二

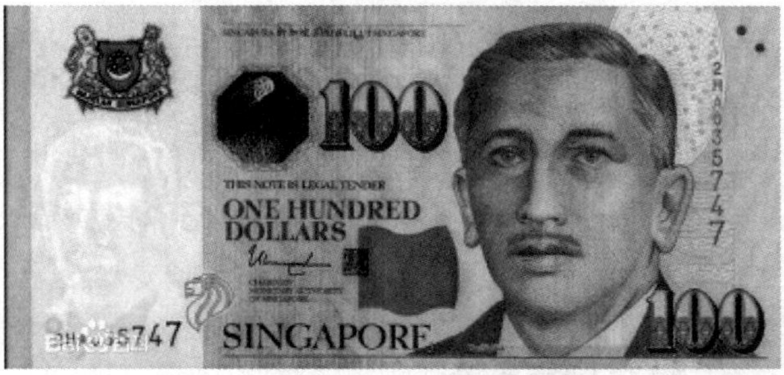

次世界大战时，新加坡使用由日本军政府发行的俗称“香蕉钞”（Banana money）的日本军用手票，战后恢复使用马来亚元直到1953年改换由“马来亚与英属婆罗洲货币委员会”（Board of Commissioners of Currency, Malaya and British Borneo）所发行的马来亚与英属婆罗洲元，汇率与马来亚元为1:1。

1965年8月9日新加坡被迫独立，12月22日成立共和国，但仍使用马来亚与英属婆罗洲元。当时的法定汇率为60马元等于7英镑。

1967年，英镑贬值，原“马来亚与英属婆罗洲货币委员会”停止发行马来亚与英属婆罗洲元，新加坡政府发行了自己的新加坡元，取代了马来亚与英属婆罗洲元，当时同时发行的货币包括新加坡元、马来西亚林吉特及文莱元，而且三国货币是等值的。当时新加坡元兑英镑为60新加坡元对7英镑，这时候新加坡元与英镑依然挂钩。

1967年6月新加坡与文莱签署了“货币等值流通协议”，文莱币和新币可以在两国等值通用。所有新加坡银行都必须接受客户存入的文莱纸币和硬币。任何收到文莱币的公众都可以把它拿到银行，并以同新币同等的价值存入银行户头。

1973—1985年，新加坡元开始以一篮子货币作为汇率变动，1985年以后，新加坡元采用浮动汇率制度。不过“新加坡金融局”有时会对货币进行控制以稳定国内经济。新加坡元的发行机构原本是“新加坡货币委员会”，后于2002年10月1日改为新加坡金融管理局。

新加坡元本身的市场交易量不大，但新加坡在世界金融业的地位不容忽视。新加坡是“亚洲美元”的市场中心，与世界各个金融中心有着密切的联系而相互影响，对亚太地区以至世界的货币金融和经济发展都有一定的影响力。

九、港元

香港是继纽约和伦敦之后的世界第三大金融中心，因此使港元成为体系健全、币值稳定的货币之一。虽然港元发行历史不算长，区域也不大，但其发展具有一定的代表性。

港元的纸币绝大部分是在香港金融管理局监管下由三家发钞银行发行的。三家发钞行包括汇丰银行、渣打银行和中国银行，另有新款紫色 10 元钞票，由香港金融管理局自行发行。硬币则由金融管理局负责发行。自 1983 年起，香港建立了港元发行与美元挂钩的联系汇率制度。发钞银行在发行任何数量的港元时，必须按 7. 80 港元兑 1 美元的兑换汇率向金管局交出美元，计入外汇基金账目，领取了负债证明书后才可印钞。这样，外汇基金所持的美元就为港元纸币的稳定提供了支持。

货币符号：HK；辅币进位：1 港元 = 100 分（Cents）；面额：纸币面额为 10 港元、20 港元、50 港元、100 港元、500 港元、1 000 港元；硬币有 1 元、2 元、5 元、10 元和 1 毫、2 毫、5 毫等。

虽然港元只在香港有法定地位，但在中国内地和澳门特别行政区的很多地方也接受港元。而且，在澳门的赌场，港元是澳门元以外唯一接受的货币。

第三章　外汇投资分析

外汇投资分析和其他类投资分析一样，包括基本面分析和技术分析。基本面分析研究的重点是影响汇率变化的各种因素和分析方法。技术分析的重点是各种技术图形和技术理论的应用。本章将就以上几点做详细的讲述。

第一节　基本分析

汇率决定理论都是在不同的历史时期，在特定的经济、金融和政治背景下对当时的汇率机制的最充分、最有效和最接近的描述。由于经济、金融和政治环境的不断变化和发展，出现了新的情况和问题，原有的模式以及相关的边界条件需要重新界定，从而出现了新的理论。尤其是随着20世纪以来突飞猛进的信息化、金融一体化浪潮覆盖地球的每一个角落，浮动汇率体系变得更加复杂，瞬息万变。

在实际市场操作中，对基本经济因素的分析，都是通过收集、整理和分析各国反映经济发展各个方面的经济数据来进行的，在当今世界，美元仍然是各国外汇储备的主要货币，因此美国的经济数据对市场的影响最大。各国投资者都关注美国的经济数据，以把握投资的时机。一些重要的美国经济数据常常在夏令时纽约时间8：30公布，因此，对亚洲地区的外汇和黄金投资者而言，常会因为等待数据公布而工作到深夜，即常说的“等数据”。美国政府公布的经济数据可以分为3类：先行指标、同步指标和滞后指标。

一、汇率基本面分析理论方法

（一）购买力平价理论

购买力平价，分为绝对购买力平价和相对购买力平价。

（1）绝对购买力平价，是指汇率取决于以不同货币衡量的可贸易商品的价格之比，即不同货币对可贸易商品的购买力之比。这一理论的基础是“一价定律”，即假定世界市场是统一的，那么在不同国家每一种商品的价格应该趋同。绝对购买力的假设条件过于严格，即使国际贸易的增长速度很快，但统一的全球市场仍远未建立。

例如“巨无霸汉堡指数”：一个巨无霸汉堡的价格在美国是2.49美元，在中国是10.5元人民币，那么美元兑人民币的汇率应为1 $ =4.22CNY（10.5/2.49）。这是一个简单化的例子。

（2）相对购买力平价。由于各国间存在交易成本，同时各国的贸易商品和不可贸易商品的权重存在差异，因此各国的物价水平以同一种货币计算时并不完全相等。相对购买力平价理论认为，决定汇率变动的主要因素是国家间通货膨胀率的差异，如果本国的通货膨胀率高于外国，则本币会贬值。然而，由于物价指数的选择不同，商品分类的主观性和差异性都会导致不同的购买力平价，甚至是对购买力平价的扭曲。这种理论在检验的过程中主观性太强，在理论上假设过于严格，因此只能作为决定中长期均衡汇率的参考。国际上，有的学者根据购买力平价认为人民币需要升值36%甚至50%以上，这难以令人信服。

绝对购买力反映了汇率的决定基础，是汇率的理论上的基础，抛开各种其他因素的影响，购买力应该是两种货币交换的基础。但是由于实际操作中产品和价格的复杂性、动态性和相对性，很难绝对地确定两种货币的汇率比价。相对购买力平价反映了汇率的变化趋势与价格水平的关系，或者说与通货膨胀水平的关系，可以动态地反映汇率的走向，但是基期汇率水平的确定是个问题。物价水平主要决定于供求关系和一国的货币供应量。供不应求时，物价上升；货币供应量增加过快，物价就会上涨。

（二）国际收支理论

国际收支理论认为，在外汇市场上，国际收支顺差表现为外汇的供给大于外汇的需求，则外币贬值，本币升值；国际收支逆差表现为外汇的供给小于外汇需求，则外币升值，本币贬值。但国际收支状况是否会影响汇率，要看国际收支的顺差（逆差）的性质。短期、临时和小规模的国际收支差额，可以轻易地被国际资金的流动、相对利率和通货膨胀率、政府在外汇市场上的干预和其他因素所抵消。长期巨额的国际收支顺差（或逆差），会导致本币对外币汇率的大幅变动。例如，前几年美元贬值，重要的原因就是美国贸易逆差不断积累，并达到了不可持续状态的结果。

国际收支理论的前身是国际借贷说。英国经济学家戈森（G. L. Goschen）在1861年出版的《外汇理论》（*Theory of Foreign Exchange*）中系统地解释了金本位制下汇率变动的主要原因，提出了国际借贷说。国际借贷说的主要观点：

（1）国际借贷是指一国的国际收支状况，经常项目和资本项目差额构成国际借贷差额。在一定时期内（如一年），国际收支顺差称为国际借贷出超，出超数额为该国对其他国家的净债权；国际收支逆差称为国际借贷入超，入超数额为该国对其他国家的净债务。国际借贷反映一国国际收支的动态差量关系。戈森认为引发国际借贷的因素主要有商品的输入和输出、股票和债券的买卖、利润和捐赠的收付、资本交易等。

（2）戈森认为，汇率直接取决于外汇供求关系，国际借贷关系是影响汇率波动的关键。一国国际借贷出超，国际市场上该国货币供不应求，该国货币升值；反之，一国国际借贷入超，国际市场上该国货币供大于求，该国货币贬值。

国际借贷说从货币的国际支付功能的角度来说明汇率的走向。外汇的一个根本用途就是支付手段，即用以购买外国的产品、服务和资产（如房地产、债券等）。在过去的封闭经济时代，没有国际借贷的问题，因为人们自给自足，无须购买外国的产品和服务，所以也就没有这么复杂的汇率问题。从这个角度而言，国际借贷所揭示的国际收支对于汇率的影响是必然的，也是显而易见的。确实，当今各国的汇率在很大程度上受制于一国的国际收支，包括经常项目和资本项目下的收支平衡，而且有时候资本项下的剧烈的短暂的失衡会对一国的金融体系造成灾难性的打击，如 1997 年的泰国等国的金融危机，中国香港 1998 年的金融保卫战等。一国的出口竞争力和吸引外资的能力往往影响其国际收支条件。出口竞争力强、吸引外资能力强，就会改善国际收支，出现出超，反之，则出现入超。

例如：外汇市场上经常提到的美国的双赤字问题，即财政赤字和贸易赤字，特别是在 2005 年的时候，整个外汇市场关注的焦点，就是美国的贸易赤字。根据国际收支的定义，经常账户的赤字，需要用资本项目下的盈余来弥补，所以，另外一个数据，即美国的资本净流入也是市场关注的焦点。

国际收支平衡表（Balance of Payments Statement）是一个国家在一定时期内（一年、半年、一季或一个月）所有对外外汇收支的系统记录，并应用会计原则，是按照会计核算的借贷平衡方式编制，经过调整最终达到账面上收付平衡的统计报表。它包括经常项目、资本项目、平衡项目三大类。经常项目是其中最重要、最基本的项目，是一个实项目，其所记录的各项交易都是以所有权的转移为特征的。资本项目反映的是以货币表示的债权、债务在国际间的变动，所记录的交易是以转换使用权而所有权不变为特征的。因此，因借贷资本而衍生的利息、股利、利润等则属于经常项目项下的劳务收支。平衡项目则是对自主性交易出现缺口或差额时进行的弥补性交易的记录，以及为最终正式账面平衡所进行会计调整的记录，其作用在于最终实现国际收支平衡表中外汇收入与外汇支出相等，达成账面上的平衡。

在国际收支中，当对外交往产生的外汇收入大于支出时，便是国际收支顺差（Favourable or Active Balance of Payments），反之，则是国际收支逆差（Unfavourable or Passive or Adverse Balance of Payments）。一般在逆差之前冠以“-”号，或以红色字书写，因而国际收支逆差也被称为国际收支赤字（Deficit），国际收支顺差则被称为国际收支黑字或盈余（Surplus）。

例如，历史上美国双赤字是美国政府和美国居民过度支出共同造成的。美国双赤字是指美国财政赤字和经常账户赤字同时存在的现象。从20世纪80年代初期到90年代中期，双赤字一直是美国最主要的经济问题之一。政府过度支出一度被认为同时制造了财政赤字和经常账户赤字，双赤字的原始含义实际上是“孪生赤字”。但是，克林顿政府的实践否定了这一认识。1998年至2000年美国实现了财政盈余，经常账户赤字并没有消失，反而呈扩大趋势。双赤字不一定同时出现，政府过度支出不是经常账户赤字的唯一决定因素。美国经常账户赤字还是美国居民过度支出和储蓄不足的结果。而美国居民的低储蓄则与美国社会保障体系、住房按揭体系等鼓励消费的制度是密不可分的。

美国的双赤字，尤其是经常账户赤字已经危及美国经济和世界经济的稳定。“9·11”事件以后，美国财政支出急剧增加，财政赤字迅速扩大，并带动了经常账户赤字进一步增加。2004年美国财政赤字已达4 255亿美元，经常账户赤字达6 659亿美元，分别占GDP的3.6%和5.7%。经常账户赤字实际上是美国居民和政府支出超过其收入的部分。这部分过度支出需要外部融资来支持。如果外部资金不再支持美国日益扩大的过度支出，则美国将遭受美元恶性贬值和消费、投资急剧萎缩的双重打击，并进而危及整个世界经济的稳定。

（三）利率平价理论

利率水平对外汇汇率有着非常重要的影响，利率可以说是影响汇率最重要的因素。我们知道，汇率是两个国家的货币之间的相对价格。和其他商品的定价机制一样，它由外汇市场上的供求关系所决定。外汇是一种金融资产，人们持有它，是因为它能带来资本的收益。人们在选择是持有本国货币，还是持有某一种外国货币时，首先也是考虑持有哪一种货币能够带来较大的收益，而各国货币的收益率首先是由其金融市场的利率来衡量的。某种货币的利率上升，则持有该种货币的利息收益增加，吸引投资者买入该种货币，因此，对该货币有利好（行情看好）支持；如果利率下降，持有该种货币的收益便会减少，该种货币的吸引力也就减弱了。因此，可以说“利率升，货币强；利率跌，货币弱”。

利率平价理论认为，汇率的远期升（贴）水率等于两国货币的利率之差，利率高的货币远期会贴水，利率低的货币远期会升水。这是因为，当两个国家的利率存在差异，市场上的投资者会通过套利行为获取收益，汇率的变动也会反映在套利行为之中。利率平价理论具有很高的实践价值，被广泛运用于炒外汇中。但在实践中，实际汇率变动与利率平价存在一定的偏离，它反映了交易成本、外汇管制以及各种风险因素。利率平价，从资金流动的角度指出了汇率与利率之间的密切关系，有助于对外汇市场汇率形成机制的认识和了解，也为中央银行对外汇市场的调节提供了有效的途径和手段。

利率平价理论揭示了两个国家的利率水平的差异与两国的即期汇率、远期汇率及预期的即期汇率的密切关系。利率平价理论最早由英国著名的经济学家约翰·凯恩斯于1923年在《货币改革论》中首次提出，被称为古典利率平价理论。后来经过英国经济学家保罗·艾因齐格于20世纪50年代从动态角度研究利率和汇率的关系，提出动态利率平价理论（或称为“交互原理”）。随后，20世纪50～70年代，由于欧洲美元市场及离岸金融市场的兴起，国际金融格局和资本流动出现了不同的特点，并对汇率决定产生了深远的影响，由此产生了现代利率平价理论，主要包括：无抛补利率平价理论、抛补利率平价理论、动态利率平价理论、现代利率平价理论等。

利率平价理论反映了利率这个重要的金融指标对于汇率的影响。各国货币之间利率的差异引起套利行为，从而出现远期升贴水和汇率浮动。同时，利率的变动也受资本流动的影响，比如在出超时，本币汇率上升，外汇大量流入，基础货币增加，货币供应量大幅上升，使得市场利率下降，市场利率下降必然使得套利资金减少流入，减少货币供应量或者减缓货币供应量的增加速度。

利率平价理论揭示了为什么市场如此关注中央银行的利率会议，特别是美联储的利率会议。市场也想从中央银行会后的声明、会后纪要来寻找中央银行政策的动向。另外欧洲中央银行的会后记者招待会，以及各中央银行官员的讲话对于市场也有一定的影响。

从经济学意义上讲，在外汇市场均衡时，持有任何两种货币所带来的收益应该相等，这就是：$R_i = R_j$（利率平价条件）。这里，R 代表收益率，i 和 j 代表不同国家的货币。如果持有两种货币所带来的收益不等，则会产生套汇：买进 A 种外汇，而卖出 B 种外汇。这种套汇，不存在任何风险。因此，一旦两种货币的收益率不等，套汇机制就会促使两种货币的收益率相等，也就是说，不同国家货币的利率内在地存在着一种均等化倾向和趋势，这是利率指标对外汇汇率走向影响的关键方面，也是我们解读和把握利率指标的关键。例如，1987 年 8 月后，随着美元下跌，人们争相购买英镑这一高息货币，致使在很短的时间内英镑汇率由 1. 65 美元升至 1. 90 美元，升幅近 20%。为了限制英镑升势，在 1988 年 5 ~6 月间，英国连续几次调低利率，由年利率 10% 降至 7. 5%，伴随每次减息，英镑都会下跌。但是由于英镑贬值过快，通货膨胀压力增加，随后英格兰银行被迫多次调高利率，英镑汇率便又开始逐渐回升。

在开放经济条件下，国际资本流动规模巨大，大大超过国际贸易额，表明金融全球化的极大发展，利率差异对汇率变动的影响比过去更为重要了。当一个国家紧缩信贷时，利率会上升，与国际市场上形成利率差异，将引起短期资金在国际间移动，资本一般总是从利率低的国家流向利率高的国家。这样，如果一国的利率水平高于其他国家，就会吸引大量的资本流入，本国资金流出减少，导致国际市场上抢购这种货币；同时，资本账户收支得到改善，本国货币汇价得到提高。反之，如果一国松动信贷，则利率下降，如果利率水平低于其他国家，会造成资本大量流出，外国资本流入减少，资本账户收支恶化，同时，外汇市场上就会抛售这种货币，引起汇率下跌。

（四）货币主义汇率理论

布雷顿森林体系解体后，汇率失去了保持稳定的客观物质基础，其波动频繁而且剧烈。人们发现，外汇市场上的汇率波动呈现出与股票等资产的价格相同的特点，例如变动极为频繁而且波幅很大、受心理预期因素的影响很大等。这启发人们把汇率看成一种资产价格。货币主义汇率理论正是随着固定汇率制的崩溃和浮动汇率制得以正式确立而产生的。它把汇率研究的注意力从经常项目转向了资本项目。具体内容包括：突出了货币因素在汇率决定过程中的作用；指出一国货币供给状况及货币政策同该国的汇率走势有着直接的联系。

20 世纪 70 年代初期，约翰逊、蒙代尔、弗兰克尔等经济学家以弗里德曼的现代货币数量论为基础，创立了货币主义汇率理论。

1. 货币主义汇率理论设立的前提假设

（1）具备高度发达的资本市场，即存在资本的充分流动及本国与外国资产之间的充分可替代。

（2）具备高效率的商品市场，商品的自由售购能保证“一价定律”在国际市场有效发挥作用。

（3）具备高效率的外汇市场，市场参与者能根据所有信息作出合理预期，其余预期能较大地影响市场的汇率。

2. 货币主义汇率理论要点

货币主义认为，汇率是由两国的物价水平决定的，即

$$e = P/P^*$$

$$e = (M_s - M_s^*) - a(y - y^*) + b(i - i^*)$$

其中，P 和 P^* 是两个不同国家的物价水平；M_s、M_s^* 是两国名义货币供应量；y 和 y^* 是实际国民收入水平；i 和 i^* 是两国实际利率。

从以上公式我们可以看出，货币主义汇率决定理论的基本观点，即汇率是由货币市场的存量均衡所决定的，具体来说，汇率取决于两个国家的物价水平、实际国民收入水平、实际利率等因素。两国上述经济变量的相对增减，是构成汇率波动的重要原因。

3. 货币主义汇率理论的应用

通过该模型可以看出，如果一国的货币供应量大幅增加，则该国货币的购买力下降，根据购买力平价，该国的汇率下跌，即该国货币贬值。

从另外一个角度来看，一国经济增长快速，但是如果不存在明显的货币供应量的增加，则该国汇率上升，该国货币升值。比如，中国经济长期稳定的增长是人民币升值的内在的原因之一。所以，衡量经济增长的数据对于汇率的影响，从某种意义上讲是通过该理论实现的。

我们在运用货币主义汇率理论时要重点关注美联储对联邦储备基金利率的态度，密切留意美联储发布的一周货币供应报告 M_1 和 M_2 供应量的变化。

（五）汇率超调模型（Over Shooting Theory）理论

该理论由美国经济学家鲁迪格·多恩布什（Rudiger Dorn Busch）于 20 世纪 70 年代提出，又称为汇率决定的黏性价格货币分析法（Sticky – Price Monetary Approach）。所谓超调，通常是指一个变量对给定扰动作出的短期反应超过了其长期稳定均衡值，并因而被一个相反的调节所跟随。汇率超调的前提条件是商品价格具有黏性。所谓黏性价格，是指短期内商品价格黏住不动，但随着时间的推移，价格水平会逐渐发生变化直至达到其新的长期均衡值。

1. 理论要点

（1）均衡汇率是由商品市场和货币市场共同决定的。

（2）当货币市场失衡后，利率能迅速调整，但由于商品市场价格具有黏性，使短期利率超调，超出长期均衡水平，由此导致汇率的超调。

多恩布什的汇率超调模型的显著特征是将凯恩斯主义的短期分析与货币主义的长期分析结合起来，采用价格黏性这一说法，更切合实际。同时，它具有鲜明的政策含义：表明了货币扩张（或紧缩）效应的长期最终结果是导致物价和汇率的同比例上升（或下降）。但在短期内，货币扩张（或紧缩）的确对利率、贸易条件和总需求有实际的影响。当政府采取扩张或紧缩性货币政策来调节宏观经济时，就需要警惕汇率是否会超调，以及超调多少这样的问题，以避免经济的不必要波动。

多恩布什的汇率超调模型是国际金融学中对开放经济进行宏观分析的最基本的模型，它首次涉及汇率的动态调整问题，开创了从动态角度分析汇率调整的先河，由此创立了汇率理论的一个重要分支——汇率动态学（Exchange Rate Dynamics）。

2. 理论应用

现在金融理论非常注重预期的作用，投资者经常把经济数据的实际值和预期值进行比较。而如果预期值和实际值之间相差很大，就会引起投资者情绪的波动，而现在计算机技术的发展，可能导致大量的止损单被触发，从而导致汇率的剧烈波动。而根据索罗斯的反身性理论，认识是认识变化的函数，行为是行为变化的函数，价格变化本身就会导致价值朝着偏离均衡的方向发展。美国每个月第一个周五公布的非农就业报告，因为是第一个重要的经济数据，而且实际值经常和预期值差别很大，所以能够引起金融市场的剧烈波动。

（六）国际资本流动分析理论

国际资本流动是分析短期汇率趋势的最重要分析方法之一，在利差导向下的国际资本流动对短期的汇率走势产生直接的影响，在很大程度上左右了短期外汇市场的走势。

自20世纪70年代以来，欧洲美元市场和离岸金融市场的蓬勃发展，使国际资本可以从受管制的国内市场转移出来，资本流动开始频繁和迅速，大量的国际游资在追逐利差的过程中产生了大量的资本流动，这直接影响了外汇市场短期汇率的走势。现存美元一般脱离了美国金融管理机构的控制，这就是为什么世界投资者都对美国的经济数据和资本市场如此关心的原因。

一般来讲，国际投资者选择资产的标准有两个：投资的货币收益；投资的资本收益。如果选择一种货币投资，那么投资者会选择未来可能会升值的货币进行投资，以此获得买卖差价上的利润；如果选择一种资产投资，投资者首先要将该资产与其他国家的收益率比较，即比较金融资产的利差，选择一个实际收益率高的资产进行投资。

影响投资者决策的是实际利率而非名义利率。实际利率是指名义利率与其通货膨胀率之差。如果一年期的金融资产的利率在日本为4%，在美国为12%，今后一年中日本和美国两国的预期通胀率分别为4%和8%，这意味着美元资产投资仍将比日元资产投资多获益4%，因此资本流向美国，美元兑日元汇率可能将上升。

以上是分析汇率的几种理论方法。随着社会和国际金融市场的不断发展，近年来汇率理论也表现出新的发展趋势：

一是突破传统的分析框架，引进新变量。这种研究分成两个方向。第一个方向是继续从传统的基本经济因素出发，寻找新的因素对传统模型进行扩充，或是修改假设条件以修正或者扩展，第二个方向则突破了传统的基本因素的框架，引进了预期、信息等全新的非基本因素的概念，甚至引进外汇市场上用于实际操作的基本分析和技术分析等手段。

二是新的汇率理论与实际更为贴近。新的汇率决定理论中更多地注重了对外汇市场参与者汇率预期的调查，更贴近现实。汇率理论研究的重要研究对象是均衡汇率的确定，很多学者通过构建各种模型来解释汇率波动。

三是大量使用计量经济学和统计学工具。现代汇率理论模型越来越多地引入联立方程、结构方程、向量自回归模型，以更好地解释多种经济变量变动对汇率的影响，解释这些变量之间的相互作用，使模型更好地刻画经济运行状况。同时，还有一些学者引入新的统计方法和计量技术对传统模型进行再分析。

四是汇率理论研究的重点逐渐从宏观分析走向微观分析，使模型分析有更好的微观基础，相关的研究包括外汇市场结构分析和外汇交易者的行为分析等。例如，20世纪90年代“噪声交易模型”论证了汇率不仅取决于宏观经济变量，还取决于外汇市场的微观经济结构。

五是把微观经济学的经济主体最优化模型引入传统经济分析中，通过跨期均衡和动态规划、变分法等技术将一般均衡模型动态化。

二、影响外汇市场的主要因素

（一）政治因素

外汇市场面临的政治风险主要是由政局不稳引起的经济政策变化，从具体形式来看，有大选、战争、政变、边界冲突等。政治事件通常都是突发事件，出乎外汇市场的预料，所以会使外汇市场现货价格出现异常剧烈的波动，其波动幅度往往超过外汇价格的长期波动幅度。

1. 大选

一国进行大选，就意味着领导者的改变，会伴随着经济政策的改变。在大选过程中，选举形势的变化即人们对进举结果的预期都会对外汇市场产生一定的影响。

比如2016年美国总统选举（United States Presidential election of 2016）于2016年11月6日星期二举行。这是美国历史上第58次四年一度的总统选举。特朗普和希拉里的角逐对外汇市场的走势会带来非常重要的影响。但回顾历史我们发现，从1972年布雷顿森林体系崩溃后西方主要货币进入浮动汇率以来，美国一共进行了11次总统大选，其中有6次美元在大选前都出现了大幅下跌。政治是影响外汇走势的一个重要因素，在大选前后投资者为了规避大选结果的不确定性，一般会抛售该国货币，从而造成货币短期之内迅速贬值。这一点值得大家在今后的外汇操作中借鉴。

对外汇市场而言，美国总统大选的结果只要出台了，相信都能引起短线美元的上扬，这毕竟是一个长期不确定性因素变成了确定性的东西。除非出现像2000年布什和戈尔竞选时大选结果迟迟不能出台的情况，这就将不确定性进一步延续，因此引起美元短线快速下跌，进一步顺应了前期形成的中线趋势。对于美元走势而言，只要美国总统大选能够按期出台，短线不确定性按期变为确定，那么短线美元都将得到一些回补头寸的支持，从而引起美元的短线上涨。

2. 政权更迭

当一个国家或地区发生政权更迭时，对经济发展的影响是巨大的，对外汇更是会产生不可估量的冲击。

【例3.1】 1998年俄罗斯政局不稳对俄罗斯经济造成了重大破坏

1998年3月23日~9月11日，俄罗斯政局动荡不安，突出表现为总统和国家杜马之间矛盾重重，摩擦不断，彼此间冲突多于合作。这对俄罗斯经济造成重大破坏，也引起了卢布汇率的大幅下跌。

1998年3月23日，俄罗斯总统叶利钦突然发布命令，解除切尔诺梅尔金的政府总理职务。他随后在发表的电视讲话中说，切氏政府未能解决一系列重要的社会经济问题，而且缺乏活力和主动性，缺乏新思想和新方法，而国家需要一个能够取得明显成绩的“经济政府”。同日，叶利钦任命年方35岁的燃料动力部部长谢尔盖·基里延科为政府代总理。就基里延科的任命，国家杜马和总统叶利钦之间发生了较大的分歧，经过三次较量，最终以杜马妥协而告终。

基里延科就任政府总理后，一方面向国际求援，另一方面制定出反危机纲领，包括增加税收、重新安排内外债务等。同时，他还提出国家要加强对经济的宏观调控，要加强对市场经济的影响，并且提出要加强对烟酒市场的整顿等。他强调要对某些经济领域的私有化进程采取慎重态度，反对出售对国家具有战略意义的石油、天然气、电力等大型企业，不再提土地私有制问题。主张实行积极的工业政策，把汽车工业、煤炭工业、军事工业作为发展和整顿的重点。同时他还提出重新安排企业债务，延长企业贷款的还本付息期限。他还提出要强化财税纪律，加大对偷税、漏税、特别是集团逃税的打击力度等。

基里延科政府虽然提出了一系列的政治主张，但形势并未按照他设计的那种模式发展。俄罗斯经济一直在低谷徘徊，不仅回升乏力，而且有日益恶化的迹象。截至1998年6月底，俄罗斯国内生产总值下降0.2%，工业总产值下降0.6%，农业歉收，煤炭工业长期亏损，石油工业由于世界石油价格大跌而损失约150亿美元。虽然1998年7月20日，国际货币基金组织批准向俄提供112亿美元贷款，同时日本也同意两年内提供贷款114亿美元，这样俄罗斯总共可获得226亿美元的贷款，但“远水解不了近渴”。1998年7月下旬，俄罗斯又发生了新一轮的金融危机，股票市场在1998年8月初的13天内暴跌55%，交易额极度萎缩；国债市场惊恐不安，国债收益率猛增；卢布兑美元的汇率突破俄中央银行规定的浮动上限，汇率下跌速度比7月初快1.5倍，卢布贬值压力大大增加。

面对新一轮的金融危机，基里延科政府“方寸大乱”。1998年8月17日仓促决定调整“外汇走廊”，由原来的6.2卢布兑换1美元调整至6~9.5卢布兑换1美元；发行期限为1~2周的短期国债，推迟偿还1998年年底前到期的短期国债，将其转换成3~5年的长期国债；限制办理大宗外汇业务，严禁外汇外流等。第二天，俄外汇市场就出现混乱，开盘35分钟即告停盘，而莫斯科各银行兑换点美元的卖出价一路攀升，至中午已达到“外汇走廊”上限，即9.5卢布兑换1美元。

基里延科乐观地认为，卢布贬值可以保持国家预算平衡，可以促进出口，增加国家财政收入，是解决俄罗斯经济问题的唯一途径。但许多经济学家认为，卢布贬值将导致银行破产，引发持久性通货膨胀，并有可能导致俄罗斯经济的彻底崩溃，随之带来严重的政治后果。8月21日，俄国家杜马（议会下院）召开非常会议，在讨论严峻的经济和金融形势后，通过对政府的不信任决议，并一致要求基里延科政府辞职。杜马同时通过要求叶利钦总统“自愿辞职”的决议。这种形势下，叶利钦总统为求自保，于8月23日晚宣布再次解散政府，让基里延科下台。

基里延科政府被解散后，叶利钦任命5个月前同一日被他撤职的切尔诺梅尔金为临时代总理，并在随后提名切氏正式出任总理。而这次国家杜马采取与叶利钦不合作的态度。总统与杜马之间就总理人选展开更加激烈的斗争。大多数议员普遍认为，俄罗斯的经济危机是切尔诺梅尔金担任总理期间埋下的祸根，不同意他出任总理。叶利钦的强硬作风也令各派政治力量反感和不满。叶利钦两度解散政府以及和杜马之间的争执不仅激化了俄政权危机，更使金融市场的形势日益恶化。卢布汇率一路下跌，8 月 25 日下跌 10%，9 月 2 日下跌 17.8%，9 月 4 日下跌 26%，是历史上最大的单日跌幅。由于卢布下跌过猛，莫斯科、圣彼得堡和新西伯利亚银行间外汇交易所被迫停市多日。同时，卢布贬值还引起物价飞涨，其中尤以进口商品的涨幅最为惊人，批发市场上进口的火腿价格上涨幅度为 40%，植物油为 50%，进口汽油涨价 30% ~40%。由于价格机制混乱，同一种商品在不同地方的差价可达 40%。

面对这种情形，多数经济学家认为，只要俄政权危机不消除，国家杜马同总统的对抗不停止，金融市场和消费品市场的形势就不会好转，金融危机就难以消除。

3. 政变

当一国发生政变或爆发战争时，该国的货币就会呈现不稳定而下跌，局势动荡是打击该国货币的重要原因。例如美国在 1991 年进行攻打伊拉克的“沙漠风暴”行动时，美元汇率就经历了一轮大幅度的波动。2001 年发生在美国的“9·11”恐怖主义袭击事件，以及美国对阿富汗所采取的军事行动，也同样打击了美国的消费和商业信心，使美元有贬值的压力。

【例 3.2】 泰铢受政变影响汇率创 2002 年来最大单日跌幅

2006 年 9 月，泰国惊传政变，陆军上将宋帝召集装甲部队入占国务院，并组成民主改革议会，宣布解散内阁、参议院与宪法法庭，并且废除宪法，新总理将等待民主改革议会讨论后决定。

在宋帝发动政变之后，在纽约的泰国总理他信立即宣布全国进入紧急状态，不过宋帝的民主改革议会随后也宣布解除他信的总理职务，并且宣布内阁解散，同时参议院与宪法法庭也解散，并且废止宪法。

原本民主改革议会已宣布由枢密院委员、前陆军总司令苏另育接任新总理，不过在命令发布后一个小时，又立即宣布新总理将由民主改革议会在讨论之后决定。

亲宋帝的军队 19 日晚开进曼谷，十数辆坦克将国务院四周道路封住，数百名军人进驻，情势显得有些紧张。军队先行包围了泰国通信卫星接收站，另一支军队则控制住第十一电视台，此外，还有部分军队开拔到枢密院主席普瑞姆的住宅附近，声称将保护普瑞姆的安全。

军队随后分别控制住五马路以及附近的国务院、皇家广场与相关部会，而国防部长塔马拉与泰国大众传播公司主席则遭到军方拘禁。

民主改革议会发表声明指出，泰国目前正面临前所未有的分裂局势，对立的双方都试图征服对手，情况越来越糟，而且政府贪污的传言也越来越多，政府与独立行政机构之间的矛盾加剧，在没有解决方式的情况下，军方决定发起革命，军方没有意愿统治国家，也会尽快将政权交由人民决定，以保卫和平，并且尊重泰国人民所敬重的泰王。

不过当时局势仍未稳定，参与政变的包括了第一与第三军区的部队，但军队中仍有支持他信的势力，双方虽然尚未发生冲突，但一旦政变持续下去，恐怕局势会一发不可收拾。

受泰国政变消息影响，美元兑泰铢上涨。9 月 19 日，在泰国军方发动反对总理他信的政变后，美元兑泰铢上涨约 1%，1 美元兑 37.76 泰铢，而政变消息传出前为 37.30 泰铢左右。

美元/泰铢的交投通常波动明显，因此对泰铢而言，政变消息引起的 1% 的波幅并不算剧烈。美元兑其他亚洲货币也走强，其中美元兑新加坡元为 1:159.00，前日为 1:158.30。政变事件对亚洲地区货币造成影响，或导致这些货币出现更大波动。

4. 战争

战争也是令参战国汇率大跌的重要因素，因为投资者都担心该国是否经得起战争的拖累，是否会引发参战国经济衰退等问题。例如，美国和伊拉克战争前夕，美元一直都受到压力，这使避险货币瑞郎的汇率节节上升。

【例 3.3】　历次战争对美元市场影响概览

两伊战争：1980 年 9 月 22 日至 1988 年 8 月 20 日，美元阶段性上涨。

海湾战争：1991 年 1 月 17 日，战争初期美元下跌，但随着战局对美军有利，美元快速上涨，持续到 6 月底。

科索沃战争：1999 年 3 月 24 日，美元当日下跌，此后开始走强。

“9・11”反恐战争：2001 年 9 月 11 日当天美元暴跌，此后几个月美元小幅上涨，但经济的原因导致美元此后出现了数年的熊市。

伊拉克战争：2003 年 3 月 20 日，美元下跌，主要因为遭到国际社会的普遍反对，此后即便是俘虏了萨达姆，仍然只能引起美元短线反弹，此后美元下跌到 2004 年末。

5. 政治丑闻和官员下台

一个国家的政治家、政府官员被牵扯到桃色事件、金融丑闻、选举舞弊、引咎辞职等事件时，也会造成该国货币的剧烈波动。例如：曾经有美国财长辞职，引发了许多投资者对在美国投资的不信任，致使大量的资金流出美国，令美元汇率大幅下跌。

【例 3.4】 瑞士中央银行曝出丑闻瑞郎汇率涨出机会

瑞士中央银行行长菲利普·希尔德布兰德的妻子被曝涉嫌内幕交易，其于 2011 年 8 月 15 日买入价值 40 万瑞郎的美元，三周后，瑞士中央银行干预瑞郎汇率，美元兑瑞郎大幅上扬。最开始希尔德布兰德对此予以否认，但在强大的压力下宣布，因无法提供在不知情的情况下妻子进行交易的证据，为维护瑞士中央银行的信誉，因此决定辞职，但不可否认过去几年瑞士中央银行的政策都是成功的。受此影响，投资者担忧瑞士中央银行政策可能会发生改变，瑞郎汇率兑主要货币快速上扬，其中欧元兑瑞郎急挫 40 余点，跌至 1.2100 附近。但随后瑞士央行表态，接受其辞职决定，并暂由副行长接替，同时瑞士中央银行向市场放出声音，过去的一系列政策不会因为行长的引咎辞职而作废，其中包括此前作出的将不惜一切代价保证欧元兑瑞郎汇率不低于 1.2 水平的决定。瑞士政府随后也表态，对行长的辞职表示遗憾，并希望中央银行继续全力专注货币政策，瑞士中央银胜地的稳定和信誉对瑞士的繁荣至关重要。关于中央银行不低于 1.2 水平的表态，使投资者信心得到稳定，但由于欧元区自身危机重重，欧元/瑞郎汇率走势表现疲弱。

6. 罢工

罢工会导致罢工所在国的经济受到冲击，同时驱使该国货币汇率下跌。例如，美国西海岸的罢工曾一度致使美国经济疲软，使美元汇率短期内处于弱势。

总之，影响外汇市场的社会政治因素通常都是一些突发性事件，这种短期性突发事件会引起外汇的现货价格波动，甚至背离长期的均衡价格，但是事件过后，外汇走势又会按照其长期均衡价格的方向变动。一般来说，短期的价格变动最多只会修正长期外汇均衡价格的方向，却很难改变或彻底扭转它的长期波动趋势。

（二）国内经济因素

1. 国民生产总值（GNP）

国民生产总值是一个国家在一定时期内生产的全部最终产品和服务的总价值，是各项经济指标中最基本的一项，它反映了一国的整体经济状况。国民生产总值有四个主要组成部分：消费、投资、政府支出和净出口。它们之间的关系是：

国民生产总值 = 消费 + 投资 + 政府支出 +（出口 - 进口）

一个国家或地区的经济究竟处于增长阶段还是衰退阶段，从 GNP 的变化中可以观察到。国民生产总值的大幅增长，反映该国经济发展蓬勃，国民收入增加，消费力也随之增强，该国政府将有可能提高利率，紧缩货币供应，该国货币的吸引力也将增大，导致其货币的汇率上升；反之，如果一国国民生产总值出现负增长，即表示该国的生产转弱，经济处于衰退状态，消费能力减低，政府在这种情况下可能会降低利率，以刺激经济增长，利率下降加上该国经济表现不佳，该国货币的吸引力也就下降了。一般情况下，如果一个国家的国民生产总值连续两个季度下降，就被视为进入了经济衰退期。

2. 通货膨胀

通货膨胀也是影响汇率的一个重要因素，反映通货膨胀的经济指标很多，常用的有：

（1）生产者物价指数（PPI）

生产者物价指数主要反映商品的生产成本，即生产原料的价格变化状况，用于衡量各种商品在不同生产阶段的价格变化情形。该指标对未来的消费价格的上升或下降影响很大，也是预示消费价格趋势的指标。生产物价指数与汇率的关系非常微妙，并且反复无常，如果生产物价指数较预期的高，则有通货膨胀的可能，有关部门会实行紧缩的货币政策，这种情况下该国货币的汇率可能会上升；但如果有关部门出于其他的考虑，没有紧缩银根，则该国货币的汇率就可能下跌。

（2）消费者物价指数（CPI）

消费者物价指数主要反映城市消费者支付商品和劳务的价格情况，是广泛用来反映通货膨胀情况的工具，一般以百分比来表示。当消费者物价指数上升时，显示通货膨胀率上升，即货币的购买力下降，从理论上来说，该国货币应该有下降的趋势，但很多国家都以控制通货膨胀为主要目标，通货膨胀率的上升往往同时带来利率上升的可能性，反而会利好该国货币；而如果通货膨胀未受到控制，利率也可能会趋于回落，反而利空该国货币。

（3）零售物价指数（RPI）

零售物价指数指的是市场零售价格的变化，是一国通货膨胀状况的另一种指示器。当一国社会经济蓬勃发展，个人消费增加时，就可能带来零售物价指数的上升。该指标的持续上升，就带来通货膨胀的压力，使政府收紧货币供应，该国货币汇率上升。零售物价指数反映的是零售商品价格的平均变化，与消费者物价指数不同，消费者物价指数是按照不同商品在消费中所占的权重进行加权计算的，它反映的是人们生活费用的变化。

（4）批发物价指数（WPI）

批发物价指数反映的是批发价格的变化，其反映的内容与零售物价指数基本相同，其计算方法更加简便，在没有零售物价指数的情况下，可以用批发物价指数来代替分析通货膨胀状况。

3. 利率

当一国利率水平上升时，持有该国货币的投资者利息收益增加，导致对本国货币的需求增加；同时，引起短期资本向该国流动，而本国的资本流出减少，导致国际收支资本项目得到改善，本国货币汇率上升。反之，如果一国利率水平下降，则持有该国货币的投资者利息收益减少，对该货币的需求会下降；同时，引起短期资本向国外流动，而资本流入减少，导致国际收支资本项目恶化，引起汇率下跌。

4. 就业

就业情况是一国经济发展的晴雨表，反映就业情况的指标主要有就业人数、失业率、各行业就业情况等。就业人数是与经济同步发展的一个指标，经济发展状况越好，提供的就业机会就越多，就业人数就会随之增加，因此就业人数的增加，反映一国经济蓬勃发展，对该国货币的汇率是一个利好。

5. 个人收入

个人收入包括一切从工资即社会福利或其他途径中取得的收入总额，个人收入是个人消费的来源，反映了个人的实际购买力水平，预示将来消费者对商品和劳务的需求。个人收入的变化还会影响到国际收支经常项目和汇率。个人收入水平的提高会引起一个国家对外国产品的需求增加，导致进口增加和外汇汇率上升；反之，个人收入水平的下降会引起对进口产品需求的减少，以致外汇汇率的下跌。如果市场预期的个人收入水平低于实际收入水平，该国货币的汇率会上升，反之，如果市场预期的个人收入水平高于实际收入水平，则该国货币的汇率会下降。

6. 工业订单

工业订单反映了一国工业生产和销售的情况，包括耐用品订单和非耐用品订单。该指标反映了制造业生产情形的好坏，制造业的厂商通常是在接到订单后才安排生产的，因此该指标也被视为下一期生产活动的预兆。当耐用品订单大幅度减少时，反映制造业疲弱，下一期产量减少，可能导致失业率上升，经济发展放缓，因此对该国货币不利；反之，当耐用品订单增加时，反映该国经济发展良好，有利于该国货币。

7. 商业库存和销售

商业库存是处于储备状态的商品。工厂生产出来的商品不会立即通过流通领域全部进入个人消费或生产消费，有一部分要储存起来以备生产和销售，因此，工商企业保持一定数量的商业库存是维持和扩大再生产及营业范围的一个重要条件。但库存量的显著增加或减少与市场状况和经济兴衰有直接的关系。在经济高速发展时期，如果商业库存突然增加，预示着经济发展将要受阻，有进入停滞或衰退的可能；在经济发展低迷的时期，如果商业库存突然减少，则表明经济发展有好转的迹象。因此，商业库存是显示一国经济发展状况的先行指标。

8. 外贸平衡数字

国与国之间的商品贸易，是构成经济活动的重要一环，各国都定期公布一定时期的贸易数字。如果一国经常出现贸易逆差，意味着国民收入流出，使国家经济转弱，政府为了改善这种状况，往往要使货币贬值，提高出口竞争力。因此，当一国贸易逆差扩大时，该国货币的汇率将会下降；反之，当外贸出现顺差时，该国货币的汇率有上升的趋势。

（三）新闻因素

汇市消息满天飞，已是不争的事实，纷至沓来的各种信息使得汇率的走势显得更加扑朔迷离。如何在众多消息的夹击之下作出正确判断，是外汇投资者必备的一项基本素质。新闻舆论也是影响汇率的一种突发性因素。对于一个处于稳定走势的外汇市场，重要的新闻消息入市将会打破稳定的走势，使外汇市场发生波动，新闻因素对外汇市场的冲击是经常的和大量的，新闻因素是指世界各地每天出现的层出不穷的新闻或舆论，如政府首脑患病或辞职、经济制裁、自然灾害、经济新闻等各种各样的新闻，还有些是未经证实的传闻。这就要求市场参与者及时充分全面系统地加以分析，并针对有关的新闻消息作出判断，选择恰当的入市时机买进或卖出相应的货币。有的新闻起作用的时间很长，也有的新闻只在很短的时间内起作用。

按对市场所起的作用，新闻可分为两种：一种是可预期的经济新闻，如美国经济统计数据定期公布。在各种经济数据中，各国关于利率的调整以及政府的货币政策动向无疑是最重要的。另一种是不可预期的新闻。交易者若能迅速作出反应，先一步入市或出市，显然会获得收益或避免损失。市场参与者还要区分新闻和传闻，有时传闻某国中央银行将降息，或将干预外汇市场，市场投机者也会利用市场参与者的敏感心态掀起轩然大波，并从中牟利。一旦传闻被否认，市场的汇率走势又会重新回到基本经济因素所决定的走势上。

由于可预期的新闻在公布或行动之前事先已为公众所知，人们一般是通过预期心理使市场提前作出反应，因此，目前的市场汇市水平已经包含了这类新闻的影响。当市场关注的某个重要数字临近公布时，市场会暂停交易，有相当大的交易活动与战略运用，都集中在数字公布之后进行。

而当不可预期的消息出现时，常常会造成市场交易的瞬间停滞，因为这类新闻会改变汇价走势的格局。但对于预料之外的新闻要能立即作出正确的分析和解释并非易事，但外汇投资者由于手中头寸可能受到影响又必须迅速作出决策，这不仅需要投资者对于基本经济因素分析有充分的了解，而且需要丰富的经验，并懂得把握市场心理。一位优秀的投资者应该能在突发性消息出现的最短的时间内作出判断并付诸行动。

在具体操作时，应把握好以下两点：第一，这种不可预期的冲击在大多数情况下是短期的，从长期来看，这种短期影响完全有可能被汇价的长期走势所抵消；第二，这种影响是通过改变人们对一国经济环境和经济政策的预期实现的，即通过影响资本流动来改变货币供求，并最终影响汇市，因此投资者应注意分析新闻背后的经济背景。

（四）心理因素

在依靠“硬”经济数据的同时，外汇交易分析人员应对非经济因素予以极大的关注，如心理预期因素，由于其自身的性质，这类因素往往是定性的而非定量的，但确实是相当重要的。情结、态度、预期等都属于心理预期因素，但含义有所不同，态度反映了外汇交易员对当前条件的感受，预期是对未来情况的态度，情绪或信心是一种态度的体现，或者说是外汇交易员对外汇汇率走势是否符合自己的需要而产生的体验。所谓市场心理，是指市场上多数人在某一特定时间、特定形势下，对某种汇率走势的看法，它是在一定时间内慢慢酝酿而形成的。必须指出的是，市场心理不一定是正确的，而且当市场心理发生偏差时，市场也会立即改变。

通过心理预期因素分析外汇汇率走势有两个重要的指标：一是消费者情结指数，二是消费者信心指数。在信心指数中，预期是影响汇率的一个主要因素，预期因素对汇率的作用机制是：预期—价格水平或利率的变化—汇率的变化。

（五）投机性因素

投机是价格风险的转移过程，投机性因素是影响外汇汇率走势的重要因素。根据国际清算银行的统计数据，全球外汇交易额中有 90% 的交易是投机性交易。因此，外汇交易的基本面分析必须研究投机因素如何影响外汇市场的走势。在各种分析和预期的驱使下，外汇投机活动风靡全球，同时也揭示了一些风险意义。因此，外汇交易的基本分析必须研究投机因素如何影响外汇市场的走势。

在浮动汇率制度下，许多经济学家认为浮动汇率制度本身存在着某种内在稳定机制，即当某种货币贬值时，投机者会买进这种货币，当某种货币升值时，投机者会卖出这种货币，投机者低买高卖的行为将减轻汇率波动的幅度，投机者的行为对汇率具有稳定的冲击，如果投机者的行为是不稳定的，他们低卖高买，那么将蒙受损失，最终会从外汇市场上消失。投机的因素具体有以下几点：

1. 利率差异是外汇投机交易的重要根源。按照利率平价理论，当一国利率高时，外国金融机构和投资者纷纷提供低息贷款，本地以为这是廉价的资金而纷纷借贷，导致资本的大量流入。这些资本进入的目的是通过较高的货币利率来牟取利润，或从不动产、股票买卖来牟取暴利。当资产价格炒得过高、风险加剧时，这些资金就会突然抽出，于是产生金融危机或经济危机，导致泡沫经济的破灭。泰国金融危机和巴西货币危机就突出地说明了这种情况。因此，利率差是投机和泡沫经济的重要根源。

2. 金融监管水平低下是外汇投机交易的温床。从东南亚金融危机和巴西货币危机等实际情况来看，发展中国家外汇汇率的平稳运行与其金融监管水平及其对资本流动管理的有效性直接相关。例如，泰国采取的政策是积极鼓励资本的净流入，与此同时，金融机构的建设和相应的间接金融调控工具的发展却滞后于资本项目的开放和金融自由化的进程，而泰国的固定汇率制度限制了货币政策在调控外资流入时的自主性，加剧了对于资本回报率不可持续的预期。因此，泰国的金融体系难以抵御投机性攻击，导致了危机的发生。

3. 投机性因素对外汇汇率走势的影响，称为投机性攻击（Speculative Attacks）。在经济学中，它一般是指这样的一种情形：投机者们突然取得了政府某个资源储备（如黄金储备、美元储备等）的较大份额，而这种资源的价格（如外汇汇率）正是政府承诺要保持稳定的。在固定汇率情况下，货币供给由货币需求决定，而在国内信用扩张问题存在的情况下，钉住汇率意味着中央银行将损失其储备直至用完为止。可见，未来危机不是由货币市场本身引发的，而是由商品市场引发的，是经常项目赤字或实际汇率贬值的结果。因此，促成投机性攻击的一个基本因素，是对政府未来政策的预期。

4. 市场投机因素对汇率走势的影响可以分为理性泡沫和非理性泡沫，它们的共同特点是重视预期的作用。两者的本质区别在于前者以理性预期假说为前提，后者以否定理性预期假说为出发点。投机者总是在利用各国国家的政策漏洞和偏差以及缺乏管理经验来冲击金融市场，从市场价格的波动中获取高额的利润回报。在目前国际金融市场上，短期性资金数额十分庞大。这些巨额资金对世界各国的政治、经济、军事等因素都具有高度敏感性，受到投机性因素的支配，一旦出现风吹草动，就到处流动，或为保值，或为获取高额投机利润。

（六）中央银行干预因素

在当前经济条件下，中央银行的干预已经成为市场的普遍现象，所以外汇交易必须考虑这方面的因素。我们知道汇率是一项非常重要的价格，是一个重要的经济参数，无论就本国经济还是就全球经济而言，进行积极的汇率管理和干预都是必要的。

市场确实会出现不合理的走势，一些主要货币的汇率可以在几年以内发生50%以上的波动。这种现象很难由基本面来解释，当汇率出现不利的走势时，一些理想的商业决策可能因此失败，因此经济的发展和稳定有赖于稳定的汇率，中央银行有责任也有能力提供这方面的支持，因为中央银行比大多数的市场参与者更了解经济的基本情况，也知道相关的技术面因素，并拥有可观的资源可供运用。

当然，追求稳定的价格，不表示中央银行有权力控制市场，但中央银行确实有义务在可能的程度内干预和规范汇率，中央银行可能只希望减缓汇率的波动，也可能希望将汇率走势引导至某个特定的方向。

中央银行的干预分为直接干预和间接干预。

1. 中央银行的直接干预

中央银行的直接干预是指中央银行作为外汇市场的主体参与外汇的买卖，进而影响外汇汇率的走势。例如，日本中央银行一贯采取干预日元的行动。当某种货币的买方非常强劲时，直接干预代表中央银行必须卖出这种货币，如果中央银行卖出的货币数量相当有限，只能够产生稍微的贬值，但汇价随后通常都会再度上涨。结果，干预的行为是让买方能够以比较低的价格买进该货币。如果中央银行大量干预，汇率的走势可能发生反转。可是，在干预之后，如果需求仍然非常强劲，汇率可能热涨，因为买方发现中央银行的干预无效，而汇率在短期之内不太可能下跌。中央银行的直接干预方式，可以依据市场的反应而有所不同。具体来说：

（1）在重要的压力或支撑位置进行干预，比较容易产生效果。此外，所进行的有限干预，其效果可能类似于走势明确的大量干预。

（2）干预并不代表“真正的”市场供求，真正的交易对市场的影响大于“人为的”交易，如果中央银行通过商业银行的渠道来进行干预，后者不泄露交易的来源，才可以让市场误以为它们代表真正的供求变化，否则干预的效果可能大打折扣。

（3）如果中央银行希望本国货币的汇率以稳定的方式贬值，可能需要同时由买卖两方面进行干预，为了缓和贬值的速度，需要在某些时候买进，如果汇价的反弹幅度过大，中央银行可以再卖出。

（4）数国中央银行联合进行干预，会对市场造成重大的影响，如果交易者所设定的停损单被触发，市场动向可能朝另一个方向发展，至少暂时如此。

（5）在某些情况下，市场会担心中央银行的干预，例如汇率长期上涨的趋势中，当市场预期中央银行可能干预时，汇率的走势会出现盘整的定势，因为交易者担心所建立的头寸将因为干预而发生亏损，然而，干预的行为一旦实际发生，市场常会呈现“利空出尽”的涨势，在这种情况下，实际干预的效果反而不如预期的效果，这就是通常所指的干预的“信号效应”。

2. 中央银行的间接干预

中央银行的间接干预是指中央银行通过货币政策工具干预利率的变化进而影响汇率的走势。中央银行的间接干预对外汇汇率的影响，可以从三个方面来分析。

（1）公开市场业务。中央银行在金融市场上购入或卖出政府债券，影响货币供应量和利率水平，进而影响外汇汇率走向。当市面上投机过度，物价指数太高时，中央银行会在证券市场上卖出政府债券。那些买入债券的投资者，就会用现金来换取债券。当债券发行或拍卖数量增加时，在商业银行提取的款项就会增多，变成银行银根抽紧，利率就自然提升。银行就有可能加息，而利率上升的货币汇率会上升，因为许多人存入这一种货币以赚取高利息，所以加息从理论上讲是看好该货币的。因此，中央银行在市场上大量卖债券，就可以意会到这是一个对货币好的消息。如果中央银行在市场买债券，则情况相反，是对货币不好的消息。投资者会转存外币，抛出本币，该货币汇价会因此而下跌。

（2）调整再贴现率。银行借钱给客户，会收取利息，但银行连自己的资金都很紧张的话会怎么办？除了可以向其他银行借贷之外，也可以向中央银行求救。中央银行当然不会白白借钱给商业银行，再由商业银行借给客户谋利，中央银行也会向商业银行收取费用，不过这笔费用却不叫利息，而叫做“再贴现率”。如果中央银行调低再贴现率，商业银行向中央银行借钱容易，成本又低。例如如果向中央银行借钱付出的利息为5%，借给客户收取利息7%，那就有钱可赚，但如果再贴现率提升，比如说升至7%，商业银行就绝无可能用7%的利息借给客户，商业银行为了赚钱，迫不得已，只得提高利率，比如加息到10%。这样一来，中央银行的再贴率就会影响利率的走向，利率的变化会牵引外汇汇率的波动。

（3）调整准备金率。中央银行有权决定商业银行和其他存款机构的法定准备金率，如果中央银行降低法定准备金率，会使所有的存款机构对其存款额留出的准备金减少，从而使货币供给额增加，表明中央银行的意图是扩张货币供给，降低市场利率，对货币汇率的上升会带来压力，反之，则相反。

总之，中央银行的干预可能只局限在稳定汇价的范围内。它们的干预可能是希望扭转汇率走势，或仅测试市场的走势，也可能试图操纵汇率的升值与贬值。它们可以直接干预汇率，也可以通过利率政策来进行间接的干预，甚至采用道德劝导或威胁等方式。它们有时成功，有时失败。然而，从整体的角度来说，现在的中央银行都有丰富的经验，并掌握完备的市场信息，所以中央银行的意图与行为都应该被视为重要的市场因素。

3. 中央银行干预外汇市场的目标

自从浮动汇率制推行以来，工业国家的中央银行从来没有对外汇市场采取过彻底的放任自流的态度，相反，这些中央银行始终保留相当一部分的外汇储备，其主要目的就是对外汇市场进行直接干预。一般来说，中央银行在外汇市场的价格出现异常大的或是朝同一方向连续几天剧烈波动时，往往会直接介入市场，通过商业银行进行外汇买卖，以试图缓解外汇行市的剧烈波动。对于中央银行干预外汇市场的原因，理论上可以有很多解释，为大多数人所接受的原因大致有三个。

第一，汇率的异常波动常常与国际资本流动有着必然联系，它会导致工业生产和宏观经济发展出现不必要的波动，因此，稳定汇率有助于稳定国民经济和物价。现在国际资本跨国界的流动不但规模很大，而且渠道很多，所受到的人为障碍很小。工业国家从20世纪70年代末开始放宽金融方面的规章条例，进一步为国际资本流动提供了方便。在浮动汇率制的条件下，国际资本大规模流动的最直接的结果就是外汇市场的价格浮动。如果大批资本流入美国，则美元在外汇市场的汇价就会上升，而如果大批资本流出日本，外汇市场上的日元汇价必然下降。从另一方面来看，如果人们都期待某一国货币的汇率会上升，资本就势必会流向该国。

资本流动与外汇行市变化的相对性变化对一个国家的国民经济产业配置和物价有着重要的影响。例如，当一个国家的资本大量外流，导致本国货币汇价下跌时，或者当人们预计本国货币的汇价会下跌，导致资本外流时，这个国家的产业配置和物价必然出现有利于那些与对外贸易有联系的产业的变动。任何一个国家的产业从对外贸易角度来看，可分为能进行对外贸易的产业和无法进行对外贸易的产业两种。前者如制造业，生产的产品可出口和进口，后者如某些服务业，生产和消费必须在当地进行。当资本流出、货币贬值时，能进行对外贸易的产业部门的物价就会上升，如果这一部门工资的上涨速度不是同步的话，追加这一部门的生产就变得有利可图，出口因此也会增加，但是从国内的产业结构来看，资本就会从非贸易产业流向贸易产业。如果这是一种长期现象，该国的国民经济比例就可能失调。因此，工业国家和中央银行是不希望看到本国货币的汇价长期偏离它认为的均衡价格的。这是中央银行对本国货币持续疲软或过分坚挺时直接干预市场的原因之一。

资本流动与外汇行市变化的相关性对国民经济的另外一个重要影响在于，大量资本流出会造成本国生产资本形成的成本上升，而大量资本流入又可能造成不必要的通货膨胀压力，影响长期资本投资。美国从 20 世纪 80 年代初实行紧缩性的货币政策与扩张性的财政政策，导致大量资本流入，美元汇价逐步上涨，而美国的联邦储备银行（美联储）在 1981 年至 1982 年对外汇市场又彻底采取自由放任的态度。西欧国家为了防止资本外流，在欧洲货币的汇率不断下跌时，被迫经常直接干预外汇市场，并一再要求美国的美联储协助干预。

第二，中央银行直接干预外汇市场是为了国内外贸易政策的需要。一个国家的货币在外汇市场的价格较低，必然有利于这个国家的出口。而出口问题在许多工业国家已是一个政治问题，它涉及许多出口行业的就业水平、贸易保护主义情绪、选民对政府态度等许多方面。任何一个中央银行都不希望看到本国的出口因为本国货币的汇率太高而受到阻碍，也不希望看到本国外贸顺差是由于本国货币的汇率太低而被其他国家抓住把柄。因此，中央银行为这一目的而干预外汇市场，主要表现在以下两个方面。

中央银行为了保护出口，会在本国货币持续坚挺时直接干预外汇市场。对那些出口在国民经济中占重要比重的国家来说，这样做就更有理由。1992 年 4 月以前，澳元一路看涨，而且涨势平缓。但是，在 3 月 30 日澳元兑美元的汇率涨到 0. 77 美元时，澳大利亚中央银行立刻在市场上抛澳元买美元。又如，德国是世界制造业出口大国，20 世纪 70 年代实行浮动汇率制以后，马克的汇价随着德国经济的强大而一路上扬，为了维持其出口工业在国际上的竞争地位，德国政府极力主张实行欧洲货币体系，以便把马克与欧洲共同体其他成员国的货币固定在一个范围内。

从国际外汇市场发展史来看，利用本国货币贬值来扩大出口是许多国家在早期经常采用的政策，它被称为“乞邻政策”，在经济不景气时，常引起两国的贸易战。由于现在非关税贸易壁垒名目繁多，这一人为干预外汇市场的政策已很少采用，而且也会明显地引起其他国家的指责。

第三，中央银行干预外汇市场是出于抑制国内通货膨胀的忧虑。宏观经济模型证明，在浮动汇率制的情况下，如果一个国家的货币汇价长期性地低于均衡价格，在一定时期内会刺激出口，导致外贸顺差，最终却会造成本国物价上涨，工资上涨，形成通货膨胀的压力。在通货膨胀已经较高的时候，这种工资、物价可能出现的循环上涨局面，又会造成人们出现未来的通货膨胀必然也很高的期待，使货币当局的反通货膨胀政策变得很难执行。此外，在一些工业国家，选民往往把本国货币贬值引起的通货膨胀压力作为政府当局宏观经济管理不当的象征。所以，在实行浮动汇率制以后，许多工业国家在控制通货膨胀时，都把本国货币的汇率作为一项严密监视的内容。

英镑自20世纪80年代以来的波动很清楚地说明货币贬值与通货膨胀的关系。20世纪70年代，几乎所有工业国都陷入两位数的通货膨胀，英镑也在劫难逃。在整个80年代，美国和西欧国家的中央银行都把反通货膨胀作为货币政策的首要或重要目标，美国、德国等都取得明显效果，而英国则效果较差。欧洲货币体系在1979年成立后，英国在撒切尔夫人执政时期出于政治等因素的考虑始终不愿加入，在抑制本国通货膨胀方面也做了很大的努力。1990年，英国终于在梅杰任首相后宣布加入欧洲货币体系。其首要原因就是希望通过欧洲货币体系，把英镑的汇价维持在一个较高的水平，使英国的通货膨胀得到进一步的控制。可是好景不长，1992年欧洲货币体系出现危机，外汇市场猛抛英镑、里拉等，终于导致意大利里拉正式贬值。同样是基于反通货膨胀的考虑，英国政府花了60多亿美元在市场干预，德国中央银行为了维持英镑和里拉的币值，也花了120多亿美元在外汇市场干预。在英镑继续大跌、英镑在欧洲货币体系内贬值的呼声很高的情况下，英国宣布退出欧洲货币体系，而绝不正式将英镑贬值，同时宣布仍要继续执行反通货膨胀的货币政策。

4. 中央银行干预外汇市场的手段与效益

关于什么是中央银行对外汇市场的干预，有一个较为正式的定义。20世纪80年代初，美元对所有欧洲国家的货币汇率都呈升势，围绕着工业国家要不要对外汇市场进行干预，1982年6月的凡尔赛工业国家高峰会议决定成立一个由官方经济学家组成的“外汇干预工作小组”，专门研究外汇市场干预问题。1983年，该小组发表了“工作组报告”（又称“杰根森报告”），其中对干预外汇市场的狭义定义是“货币当局在外汇市场上的任何外汇买卖，以影响本国货币的汇率”，其途径可以是用外汇储备、中央银行之间调拨，或官方借贷等。其实，要真正认清中央银行干预外汇市场的实质和效果，还必须认清这种干预对该国货币供应及政策的影响。因此，在中央银行干预外汇市场的手段上，可以分为不改变现有货币政策的干预和改变现有货币政策的干预。所谓不改变政策的干预是指中央银行认为外汇价格的剧烈波动或偏离长期均衡是一种短期现象，希望在不改变现有货币供应量的条件下，改变现有的外汇价格。换言之，一般认为利率变化是汇率变化的关键，而中央银行试图不改变国内的利率而改变本国货币的汇率。中央银行在进行这种干预时可采取双管齐下的手段：

（1）中央银行在外汇市场上买进或卖出外汇时，同时在国内债券市场上卖出或买进债券，从而使汇率变化而利率不变化。例如，外汇市场上美元对日元的汇价大幅度下跌，日本中央银行想采取支持美元的政策，它可以在外汇市场上买美元抛日元。由于大量买进美元抛出日元，美元成为它的储备货币，而市场上日元流量增加，使日本货币供应量上升，而利率呈下降趋势。为了抵消外汇买卖对国内利率的影响，日本中央银行可在国内债券市场上抛债券，使市场上的日元流通量减少，利率下降的趋势因此而抵消。需要指出的是，国内债券和国际债券的相互替代性越差，中央银行不改变政策的干预就越有效果，否则就没有效果。

（2）中央银行在外汇市场上通过查询汇率变化情况、发表声明等，影响汇率的变化，达到干预的效果，这被称为干预外汇市场的“信号效应”。中央银行这样做是希望外汇市场能得到这样的信号：中央银行的货币政策将要发生变化，或者说预期中的汇率将有变化等。一般来说，外汇市场在初次接受这些信号后总会作出反应。但是，如果中央银行经常靠“信号效应”来干预市场，而这些信号又不全是真的，就会在市场上起到“狼来了”的效果。

所有改变政策的外汇市场干预实际上是中央银行货币政策的一种转变，它是指中央银行直接在外汇市场买卖外汇，而听任国内货币供应量和利率朝有利于达到干预目标的方向变化。例如，如果澳元在外汇市场上不断贬值，澳洲中央银行为了支持澳元的汇价，可在市场上抛外汇买澳元，由于澳元流通减少，澳洲货币供应下降，利率呈上升趋势，人们就愿意多保留澳元，使澳元的汇价上升。这种干预方式一般来说非常有效，代价是国内既定的货币政策会受到影响，是中央银行看到本国货币的汇率长期偏离均衡价格时才愿意采取的。

判断中央银行的干预是否有效，并不是看中央银行干预的次数多少和所用的金额大小。从中央银行干预外汇的历史至少可以得出以下两个结论。

第一，如果外汇市场异常剧烈的波动是因为信息效益差、突发事件、人为投机等因素引起的，而出于这些因素对外汇行市的扭曲经常是短期的，那么，中央银行的干预会十分有效，或者说，中央银行的直接干预至少可能使这种短期的扭曲提前结束。

第二，如果一国货币的汇率长期偏高或偏低是由该国的宏观经济水平、利率和政府货币政策决定的，那么，中央银行的干预从长期来看是无效的。而中央银行之所以坚持进行干预，主要是可能达到以下两个目的：一是，中央银行的干预可缓和本国货币在外汇市场上的跌势或升势，这样可避免外汇市场的剧烈波动对国内宏观经济发展的过分冲击。二是，中央银行的干预在短期内常常会有明显的效果。其原因是外汇市场需要一定的时间来消化这种突然出现的政府干预。这给中央银行一定的时间来重新考虑其货币政策或外汇政策，从而作出适当的调整。

5. 中央银行干预外汇市场的案例

从1973年到现在，工业国家的中央银行经常在外汇市场上进行直接干预，成功和失败的兼而有之。

【例3.5】 1992年夏季美国等中央银行对外汇市场的干预

自1992年3月中旬开始，外汇市场投资者对期待已久的美国经济复苏再次失望，在德国高利率和美国坚持宽松的货币政策影响下，开始不断抛售美元，致使美元几乎对所有欧洲货币的汇价都一路下跌。美国与欧洲国家的中央银行分别在7月20日和8月11日两次大规模干预外汇市场。这两次干预从性质上来说，都是属于不改变各自经济政策的干预，虽然有短时的效果，但从中长期来看却完全是失败的。

第一次干预是7月20日马克与美元的汇价冲击1991年2月以后的新高点1.4430时进行的，美国等15个工业国家的中央银行联手在市场抛马克买美元，经过3次干预后，美元兑马克的汇价一下子从1.4470上升到1.5000，美元在两天内反弹了500多点。但是这次干预并没有止住美元的跌势。在经过半个多月的徘徊后，美元又继续下跌。美国等13个工业国家的中央银行于8月11日再次联手干预，但效果比第一次还要差。第一轮干预使美元对马克的汇率从1.4620马克反弹到1.4780，仅上升150点，而且时效仅维持了半个多小时，以后美元重新下跌。美国联邦储备委员会在3个多小时内分别在美元兑马克的汇率为1.4715、1.4730和1.4770时4次干预市场，抛马克买美元，仅仅使美元略有反弹。在这次干预中，美国等工业国家共动用了10亿~15亿美元。然而，两天以后，美元又跌过干预前的最低点。

这次干预之所以失败，除了上面所说的属于不改变政策的干预外，外汇市场对这些干预早有期待也是个重要原因。对外汇市场来说，最能推动市场的是突发性事件，而预料之中的事件往往会提前反映到外汇行市中去。这是第一次干预比第二次干预有效一些的原因。而这两次干预最终不能改变美元的弱势，原因是中央银行不能使外汇市场相信，美元的汇价应该比市场价高一些。

【例3.6】 1992年9月欧洲货币体系成员国对外汇市场的干预

1992年9月欧洲货币体系出现危机，外汇市场猛烈地抛售成员国中几乎所有的疲软的货币，英镑、意大利里拉、爱尔兰镑等无不出现大幅度币值下跌的情况。受其株连的是非成员国芬兰等国货币，在外汇市场上也出现大跌，迫使这些国家宣布脱离与欧洲货币体系的自愿挂钩。这次干预中，欧洲共同体的成员国几乎都花了很大的代价。德国中央银行花了120多亿美元，而法国甚至向德国中央银行借调外汇进行干预。这次干预使欧洲货币体系的矛盾有所缓和，但远远没有解决问题。

中央银行直接干预外汇市场所反映的根本问题是，在市场经济和浮动汇率制条件下，外汇汇率应由市场本身来决定。如果相信市场的供求关系会自动调节外汇的长期汇率，中央银行的直接干预充其量只有短期效应，或缓和猛烈的涨势或跌势，而从长期来看是徒劳的。要真正控制外汇汇率，对中央银行来说只有实行固定汇率制。而固定汇率制在目前的世界经济形势下是否行得通，是经济学研究的另一个问题。但是，对外汇市场的投资者来说，认清中央银行干预外汇市场的原因、途径、效果和规律，对提高投资效益是很有意义的。

第二节 技术分析

本节重点介绍投资技术分析的概念和理论假设，以及具体的技术图形分析理论、技术指标原理和运用。

一、技术分析概述

（一）投资技术分析的概念

技术分析是指以市场行为为研究对象，用图形和统计方法，对过去和当前市场上的价格、成交量、价和量的变化，以及完成这些变化所经历的市场和扩展的空间等市场行为的不同方面进行记录和加工，以此判断市场趋势并跟随趋势的周期性变化来进行股票及一切金融衍生品交易决策的方法的总和。与基本面分析相比，技术分析方法的种类更多，分析角度更为广泛，分析难度也更大。利用技术分析方法，可以帮助投资者找出价格变动的规律性，特别是对于短期投资，技术分析能为我们提供精确的建仓时机和点位。

但是所有的技术指标都是对历史数据进行分析统计，具有滞后性，是不可能预测未来行情的。技术分析的作用在于发现当前价格在历史中处于何种水平，从而为我们提供建仓时机和点位。

（二）技术分析的主要特点

第一，技术分析是以价格为核心的市场行为来作为投资分析的对象和投资决策的基础。因此，在分析的数据采用方面，只使用市场内的数据，对市场以外的数据一概不加以采用。所谓市场内的数据，主要是价格和成交量方面的信息。

第二，技术分析在对待市场的态度上始终认为，市场永远是正确的，当全世界都在发疯的时候，过早地清醒的人是不幸的。因此，技术分析强调证券市场的价格已经充分反映了相关的信息，分析的侧重点在于以价格判断为基础，以正确的投资时机抉择为目标。所以，技术分析的理论和方法被短期投机者们所信奉。

第三，技术分析是应用图形和统计等方法对过去和现在的市场行为数据进行记录和加工，然后在记录和加工的基础上总结和归纳出一些典型的、有规律的形态，这些形态可以用图形或指标表示出来，并将图形和指标作为基本工具来预测这个市场未来的变化趋势。因为技术分析认为，尽管投资大众是由各种各样的人组成的，他们之间对行情的判断永远不可能一致，任何人都不可能了解所有市场参与者的想法，但是价格的走势却遵循一定的统计规律，通过统计图表和有关的计算可以了解大众的投资心理及其变化。

第四，技术分析的信条是，一样东西值多少钱取决于人们认为它值多少钱。市场价格波动的根本原因是市场对供求均衡状态偏离的调整。因此，价格无所谓高低，会涨的标的就是好标的。投资成功的关键在于分析出价格变化的趋势，在大众采取行动之前抢先行动。所以，技术分析还被人们称为“更大傻瓜理论”，因为他们认为买价格高的标的人不一定是傻瓜，关键是要看后面还有没有比你更傻的人愿意用更高的价格买进其手中的标的。

第五，技术分析虽然可以使投资者从市场行为的微妙状态中获得有价值的信息，从而帮助投资者进行投资决策，但是，技术分析只是一种经验的判断和规律的总结，并不强调对因果关系的探寻，它有一定的科学性，又有一定的艺术性，所得出的经验和结论带有某种程度的主观性。因此，技术分析比较适合于战术性的投资。

（三）技术分析的理论假设

所有的技术分析都是建立在三大假设之上的。一是市场行为包容消化一切信息。二是价格以趋势方式演变。三是历史会重演。

1. 市场行为包容消化一切信息

“市场行为包容消化一切信息”构成了技术分析的基础。技术分析者认为，能够影响某种“商品”价格的任何因素——基础的、政治的、心理的或任何其他方面的——实际上都反映在其价格之中。由此推论，我们必须做的事情就是研究价格变化，这句话是技术分析的核心。因为绝大多数情况下我们可能直接根据价格走势的强弱而推断基本面的强弱。一切信息并不仅仅是指基本面，还包括所谓的噪声——参与者的情绪和对基本面的认知，交易者对基本面认知的偏差其实也包括在价格当中，价格变化大都因这些偏差而有所变化。一般而言，价格与基本面偏差比较大的时候通常出现在市场的底部和顶部，此时参与者通常过于悲观和乐观，与基本面偏差较大。因此，我们在认识和应用的时候还得区分噪音在市场上所占的比重。这也是为什么市场价格变化与基本面变化节奏通常不一致的原因。另外，商品市场上有时也会发生逼仓，股票市场上也有做庄等行为，这时候价格变化基本上只与双方的筹码有关，这种极端的市场基本形同赌博，靠双方资金实力说话。

2. 价格以趋势方式演变

"趋势"概念是技术分析的核心。从"价格以趋势方式演变"可以自然而然地推断出，对于一个既成的趋势来说，下一步常常是沿着现存趋势方向继续演变，而掉头反向的可能性要小得多。这是牛顿惯性定律的应用。还可以换个说法就是：当前趋势将一直持续到掉头反向为止。虽然这句话差不多是同义反复，但这里要强调的是：坚定不移地顺应一个既成趋势，直至有反向的征兆为止。

事实上，不光是价格的变化沿趋势行进，世界上很多客观事物发展都是按趋势形成的，都有一个渐变的过程，直到达到顶点后反转。趋势和价格的变化是客观的，它本身也不会造成市场的涨跌，而我们对趋势的判断则是主观的，这时就存在一个概率的问题，因此，各种技术分析方法也是多种多样的。关于如何辨别和抓住趋势那是仁者见仁、智者见智。

3. 历史会重演

技术分析和市场行为学与人类心理学有着千丝万缕的联系。比如价格形态，它们通过一些特定的价格图表形状表现出来，而这些图形表示了人们对某市场看好或看淡的心理。

历史会重演，但却以不同的方式进行"重演"。"人不可能两次踏入同一条河流。"投资者经常在相似的历史变化中寻求投资"真理"，但最后却伤痕累累，这也正说明了市场是变幻无穷的。历史是惊人的相似，但却不是简单的重复。

技术分析认为只要关注价格趋势的变化及成交量的变化就可以找到盈利的线索。技术分析的目的不是为了跟庄。技术分析的目的是为了寻找买入、卖出、止损信号，并通过资金管理而达成在风险市场中长期稳定获利。

（四）技术分析的要素

价格、成交量、时间和空间是进行技术分析时所必须依凭的基本因素或对象。在价、量、时、空等历史资料基础上进行统计、数学计算、图表绘制，是技术分析方法的主要手段。

1. 价格和成交量

成交价和成交量是市场行为最基本的表现。过去和现在的成交价、成交量涵盖了过去和现在的市场行为。技术分析就是利用过去和现在的成交价、成交量资料，以图形分析、指标分析等分析工具来分析、预测未来的市场走势。

买卖双方的市场行为，反映在价、量上往往呈现出这样一种规律：价升量增、价跌量减，在某一时间点价和量反映的是买卖双方在这一时间点上共同的市场行为，是双方的暂时均势点，随着时间的变化，均势点会不断地发生变化，这就是价和量关系的变化，一般来说，买卖双方对价格的认同程度可以通过成交量的大小来得到确认，根据以上的规律，当价格上升时如果成交量不再增加，那就意味着价格得不到买方的认可，价格的上升趋势就会改变，反之，当价格下跌时成交量萎缩到一定程度就不再萎缩时，那就意味着卖方不再认同价格继续往下降的，价格的下跌趋势就会改变。

价格和成交量的这种关系是技术分析的合理性所在，因此价格和成交量是技术分析的基本要素。一切技术分析方法都要以价、量关系为研究对象。

2. 时间和空间

时间和空间在技术分析中同样具有不可或缺的作用，因此它们也是技术分析的基本要素，时间是指外汇在一定价格区间或一定趋势中停留运行时间的长短，或者说一定的价格发生在什么样的时间范围与阶段。空间是指外汇价格波动的范围，或外汇所处的价位区间。

价格和成交量的组合关系，虽然能够一般性地展示行情变动的趋势，但如果脱离了时间和空间的支持，仍然是不可靠的。技术分析，如果不考虑一定的价格所处的特定位置，得出的结论就可能是偏颇的。另外，当外汇价格上升或下降的幅度已经较大时，即一种趋势持续运动的空间范围已经较大时，其维持原趋势的能力也就相应下降。

结合时间和空间因素的技术分析以及成交价与成交量的变动关系，进行全面的综合分析，将能有效地分析、预测未来价格趋势，为投资决策提供服务。

二、技术分析理论

本节将对技术图形分析的理论和方法进行介绍，重点掌握 K 线理论、缺口理论、形态理论、波浪理论这四种最基本的技术分析方法，并了解几种方法相结合使用的基本原则，以及其他主要技术指标的运用。

技术图形分析是必不可少的分析工具之一，它为技术分析者提供了对于市场行为最直观的描述。但是图形本身并没有什么特别的效能，仅仅是市场上历史行为的图形记录。华尔街有句名言，“图形本身并没有错，错的是使用图形的人”。这告诉我们真正重要的不是图形，而是对图形的理解。图形分析理论与方法，为投资者提供了可识别趋势变化的具有可操作性的工具。

（一）K 线理论

1. K 线理论简史

K 线图源于日本德川幕府时代，被当时日本米市的商人用来记录米市的行情与价格波动，后因其细腻独到的标画方式而被引入股市及期货市场。当前，这种图表分析法在我国乃至整个东南亚地区尤为流行。由于用这种方法绘制出来的图表形状颇似一根根蜡烛，加上这些蜡烛有黑白之分，因而也叫蜡烤线或阴阳线图表。通过 K 线图，我们能够把每日或某一周期的市况表现完全记录下来，价格经过一段时间的盘档后，在图上即形成一种特殊区域或形态，不同的形态显示出不同意义。

K 线理论就是以研究 K 线形状和组合为基础的。一条 K 线记录的是一天价格变动情况。将每天的 K 线按时间顺序排列在一起，就组成了每天价格变动情况，这就叫日 K 线图。根据所选择的时间不同，我们可以绘出周 K 线图、月 K 线图、年 K 线图，以反映不同时间内的价格变动情况。

2. K 线的含义及绘制

K 线是一条柱状的线条，由影线和实体组成，影线在实体上方的部分叫做上影线，下方的部分叫做下影线，实体分阳线和阴线两种。

首先我们找到该日或某一周期的最高和最低价，垂直地连成一条直线；然后再找出当日或某一周期的开市价和收市价，把这两个价位连接成一条狭长的长方柱体。假如当日或某一周期的收市价较开市价为高（即低开高收），我们便以红色来表示，或是在柱体上留白，这种柱体就称之为“阳线”。如果当日或某一周期的收市价较开市价为低（即高开低收），我们则以绿色表示，或是在柱体上涂黑色，这种柱体就是“阴线”。图 3－1 所示为 K 线及其变形 K 线图。

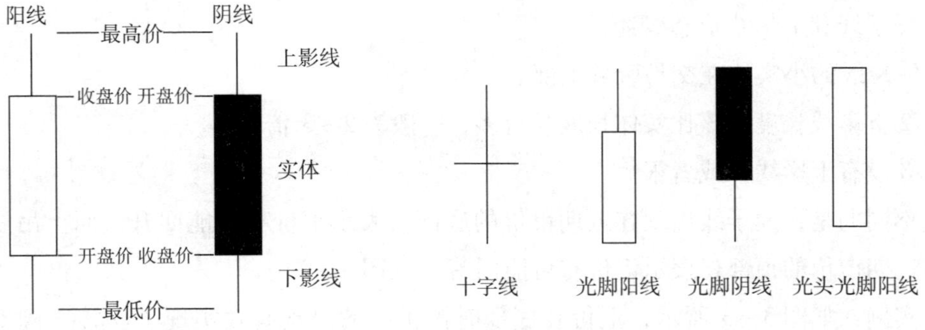

图 3－1　K 线及变形 K 线图

一条K线所涉及的概念和含义：

（1）开盘价。开盘价是指每个交易日的第一笔成交价。

（2）收盘价。收盘价是指每个交易日的最后一分钟的加权成交平均价，它是多空双方经过一天的争斗最终达成的共识，具有指明目前价格的非常重要的功能，是最重要的价格。许多技术分析方法只关心收盘价，而不理会其余三个价格。

（3）最高价。最高价是每个交易日出现的最高成交价。它反映当日曾经达到的最高价位。

（4）最低价。最低价是每个交易日出现的最低成交价。它反映当日曾经达到的最低价位。最低价与最高价如果相差较大，说明当日市场交易活跃、买卖双方争执激烈。

（5）阳线。阳线是收盘价高于开盘价，开盘价在下，收盘价在上。二者之间的长方柱一般用红色或空心绘出。

（6）阴线。阴线是收盘价低于开盘价，开盘价在上，收盘价在下。二者之间的长方柱一般用黑色或实心绘出。

（7）实体。在K线图中，收盘价与开盘价之间的矩形部分称为实体。它是当日成交密集区，即大部分成交量都在这个区域之内。根据开盘价和收盘价的差异不同，K线的实体有长有短，实体越长，说明上升（阳线）或下跌（阴线）的力度越强，趋势持续的可能性越大；反之则相反。

（8）影线。影线是指实体以外，向两边延伸的直线，向上延伸成为上影线，其顶点是最高价；向下延伸成为下影线，其底点是最低价，根据当日最高价和最低价的不同，影线有长有短，上影线越长，表明价格上行有压力。反之，下影线越长，表示价格下跌的空间越小。

3. 常用K线组合形态

（1）锤子线和上吊线

锤子线和上吊线形态概述：

①K线的小实体在交易区域上部。

②下影线长度应该比实体长度长得多，一般为2~3倍。

③没有上影线，或者很短。

不同的是，锤子线出现在近期市价的底部，表示汇价有可能回升；而上吊线出现在近期市价的顶部，表示汇价有可能回落（见图3-2）。

实例：如图3-3所示，汇价在底部时锤子线的出现有效实现了反转（圆圈内所示），而在顶部时则由两个上吊线引发了大幅下跌（方框内所示）。

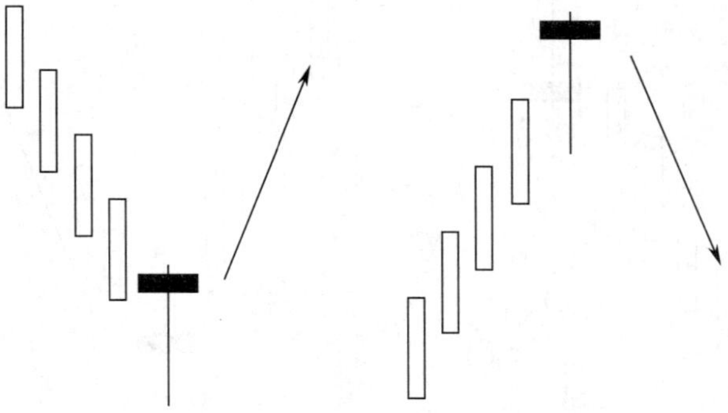

图 3－2　锤子线和上吊线示意图

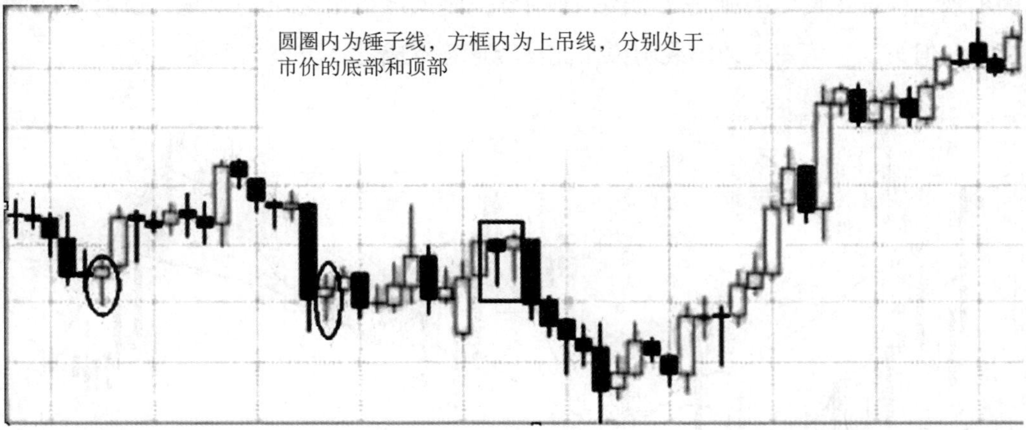

图 3－3　锤子线和上吊线实例

（2）倒锤线和射击之星

倒锤线和射击之星形态概述：

①小 K 线的实体部分在汇价位置的底部。

②上影线的长度通常是实体长度的 2～3 倍。

③下影线没有，或者很短。

不同的是，倒锤线出现在近期市价的底部，表示汇价有可能回升；而射击之星线出现在近期市价的顶部，表示汇价有可能回落。

严格意义上此二者形态反转强度不如上吊线和锤子线大，此反转形态的确立，必须结合第二天的 K 线及其他分析指标验证（见图 3－4）。

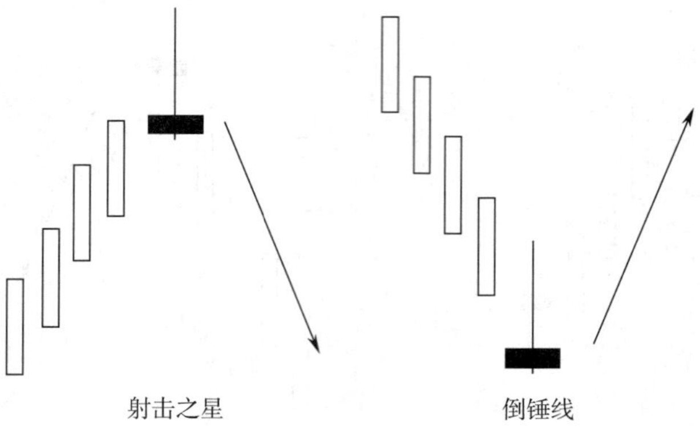

图 3－4　射击之星和倒锤线示意图

实例：如图 3－5 所示，底部倒锤线的出现，预示着汇价已到底，第二天大阳线的出现，验证了反转的成立（圆圈内所示）；而顶部射击之星的出现，虽有反转的意义，但第二、第三天的阳线则说明此反转形态不成立（方框内所示）。

图 3－5　倒锤线和射击之星实例图

（3）看涨吞没和看跌吞没形态

概述（见图 3－6）：

①在吞没形态之前，市场应有清晰的上升或下降走势。

②吞没形态由 2 条蜡烛线组成，第二条的实体必须覆盖第一条的实体，且两者颜色相反。

如图 3－7 所示，圆圈内分别是处于市价顶部和底部时出现的吞没形态，它作为一种强烈的见底或见顶反转信号，在交易时应多加注意。

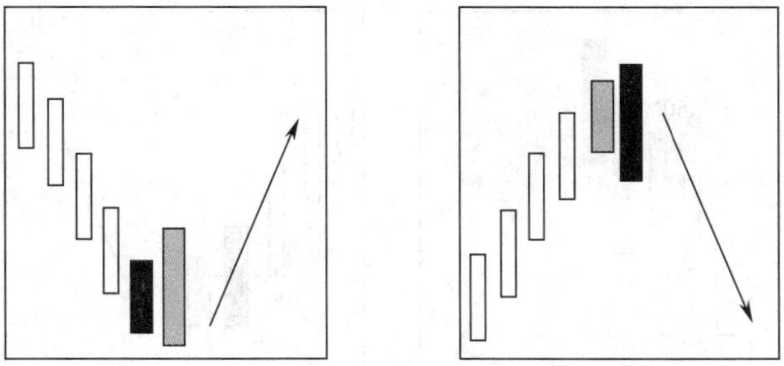

看涨吞没形态　　看跌吞没形态

图 3－6　看涨吞没形态和看跌吞没形态

如图 3－7 方框内所示，此也是一个标准的看跌吞没形态，但根据位置比形态更重要的技术原则，看跌吞没形态应出现在市价的顶部，在此底部出现不具备看涨的条件，因此我们说此形态不成立。

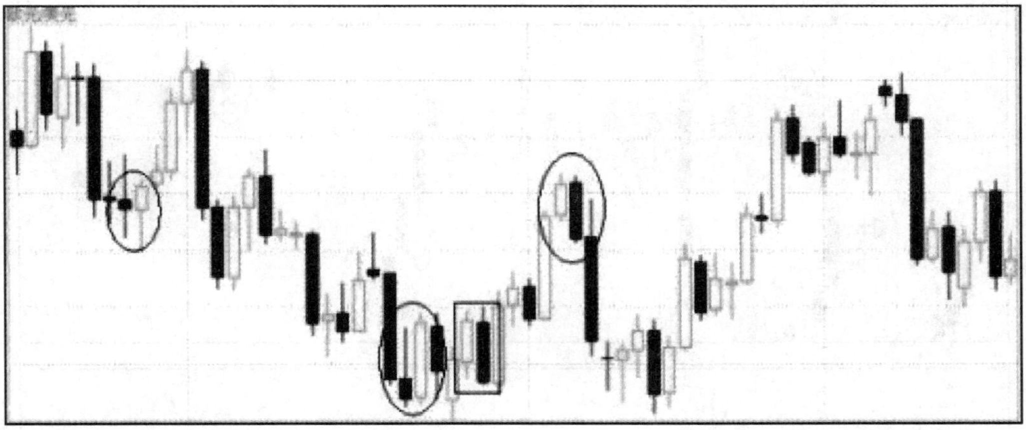

图 3－7　看涨（跌）吞没形态实例

（4）乌云盖顶形态和刺透（斩回线）形态

概述（见图 3－8）：

①在此形态之前，市场应有清晰的上升或下降走势。

②此形态由 2 根 K 线组成，第二根 K 线的实体必须穿过第一根 K 线实体的一半，即 50%，且颜色相反。

③穿入程度越深，反转意味越浓。

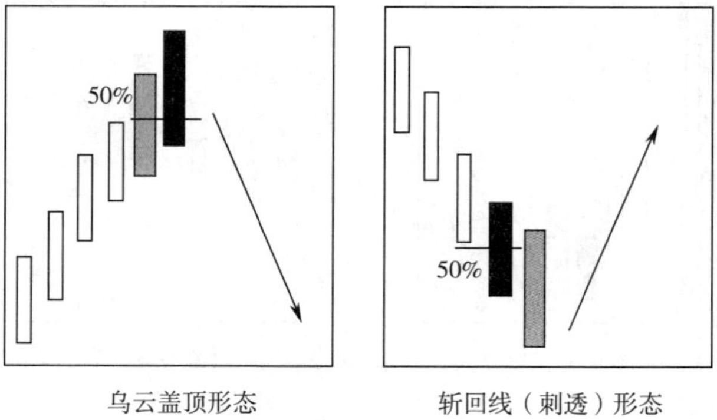

图 3－8　乌云盖顶形态和斩回线（刺透）形态

实例（见图 3－9）：

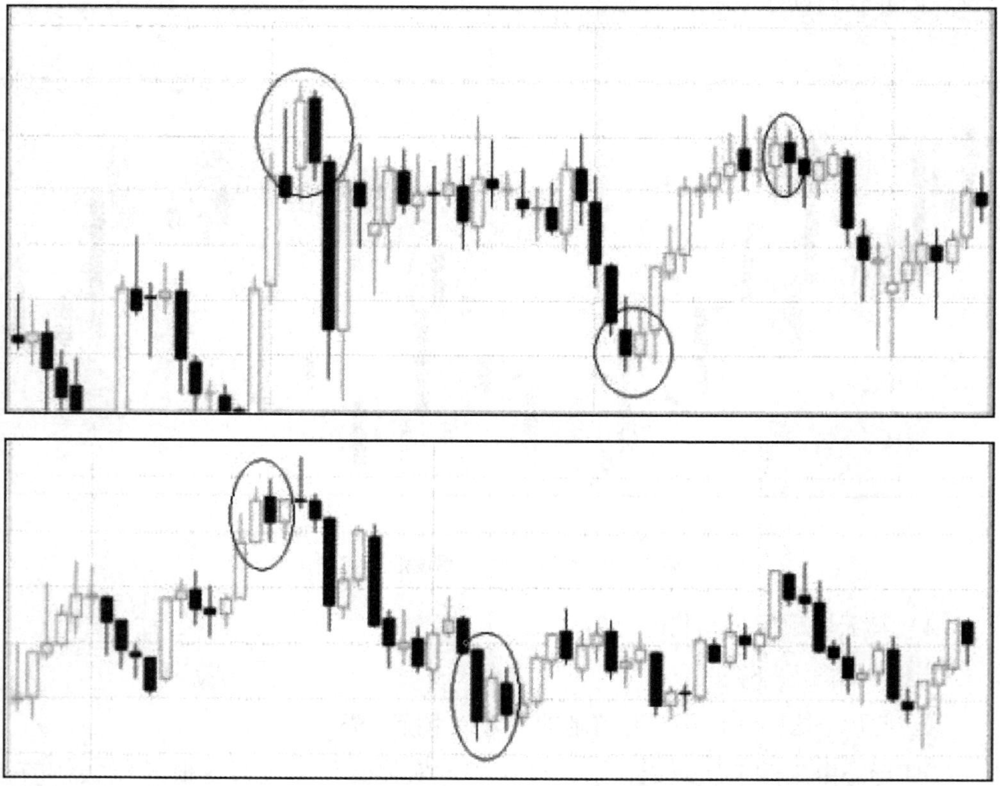

图 3－9　乌云盖顶形态、斩回线（刺透）形态实例

（5）孕线形态

概述（见图3－10）：

①在此形态之前，市场应有清晰的上升或下降趋势。

②孕线形态要求第一天的实体较长，第二天的实体较短，且颜色相反。

③孕线形态的反转程度不如看涨吞没、乌云盖顶等形态强烈。它并不属于主要的反转形态，但其中的十字孕线不同，它是一种强烈的反转信号，在市场顶部时效力更大。

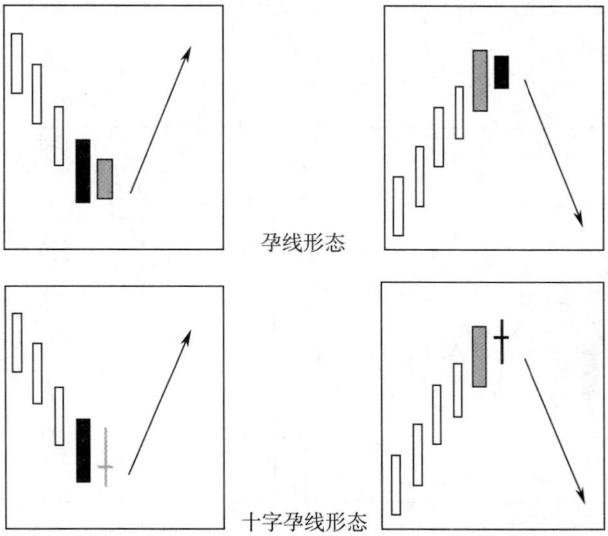

图3－10　孕线形态、十字孕线形态

实例（见图3－11）：

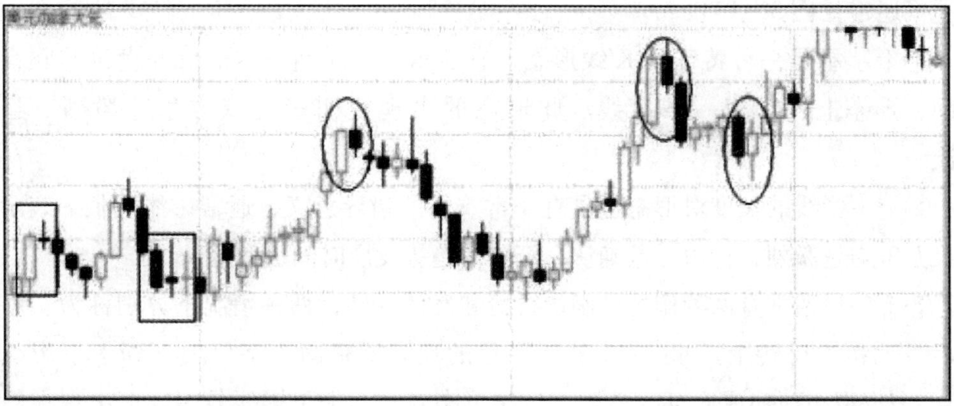

图3－11　孕线形态、十字孕线形态实例

（6）反击线形态

概述（见图3－12）：

①此形态也发生在上升趋势或下降趋势中。

②收市价并没有推进到前一天的K线实体内部，而仅仅回升到前一天收市价的位置。

③此形态的反转意义不如吞没形态、乌云盖顶等形态，它的出现意味着市场看法不统一，汇价发展有可能反转，也有可能形成调整阶段。

④此形势形成后，应结合第二天K线的开盘价、收盘价以及其他的技术指示对走势进行综合判断。

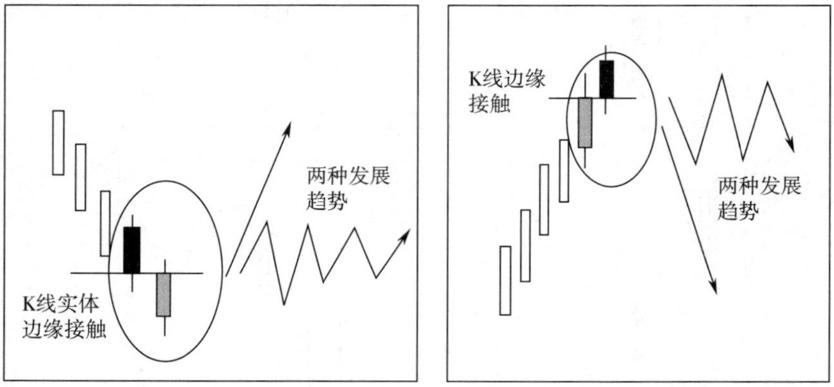

图3－12　反击线形态

（7）十字星形态

概述（见图3－13）：

①十字星是一种特殊的K线形态，它表示这一时间段内汇价开盘价与收盘价相同，形态上表示为一条直线。此形态的出现说明多空双方争夺激烈，互不相让。

②上下影线的长度对形态也具有非常重要的指导意义，通常影线越长，表示多空双方争夺越激烈；行情一旦确认，汇价的趋势发展时间也会越长。

③十字星通常有两种作用：确认行情和确认反转，两种情况下分别称为“整固十字星”和“反转十字星”。反转十字星的规模比整固十字星大（即上下影线较长），多出现在顶部或底部。整固十字星形态较小，上下影线较短，多出现在趋势中部。

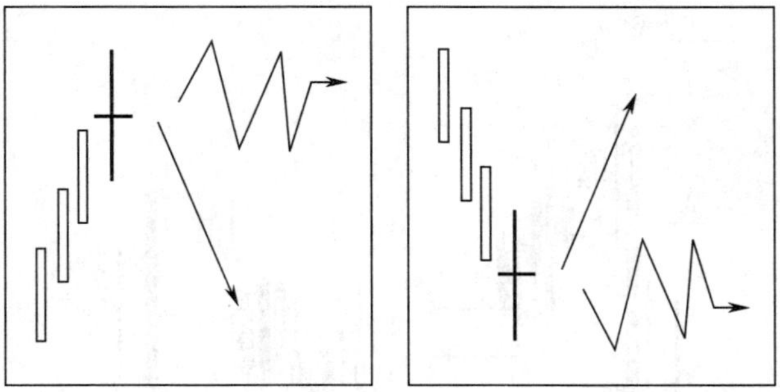

图 3－13　十字星形态

实例（见图 3－14）：

如图 3－14 所示，圆圈内所示的十字星大多上下影线较长，都出现在近期汇价的顶部，是反转十字星。

而方框内的十字星大多上下影线较小，多出现在汇价发展中部，是整固十字星。

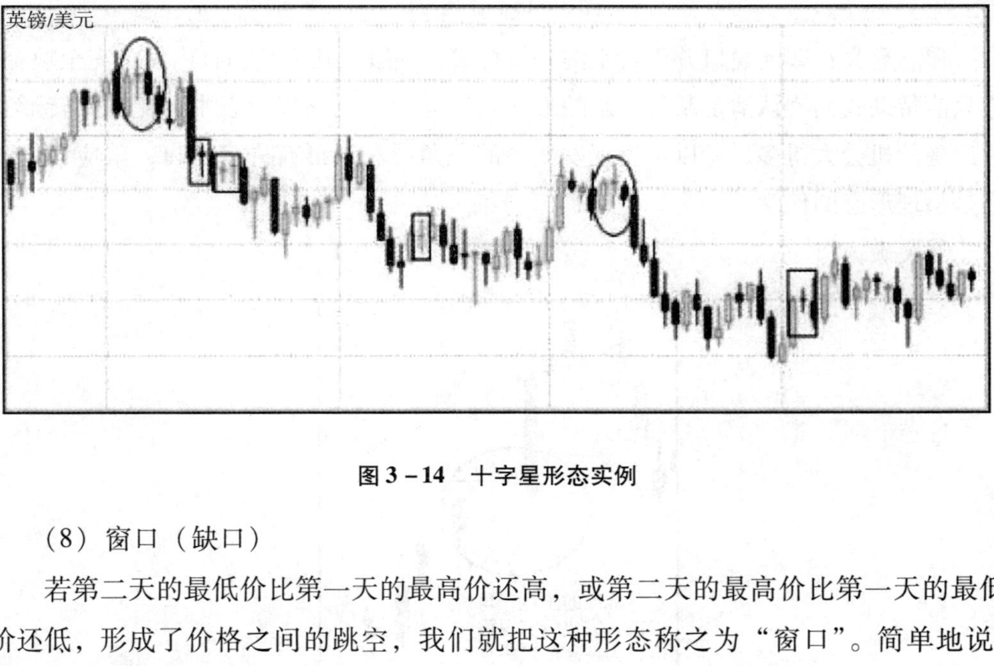

图 3－14　十字星形态实例

（8）窗口（缺口）

若第二天的最低价比第一天的最高价还高，或第二天的最高价比第一天的最低价还低，形成了价格之间的跳空，我们就把这种形态称之为“窗口”。简单地说，即是两条 K 线的影线存在价格真空。

窗口分为普通窗口、突破窗口、持续性窗口和消耗性窗口四种。

①普通窗口

这类窗口通常在密集的交易区域中出现，因此许多需要较长时间形成的整理或转向形态如三角形、矩形等都可能有这类窗口形成（见图 3－15）。

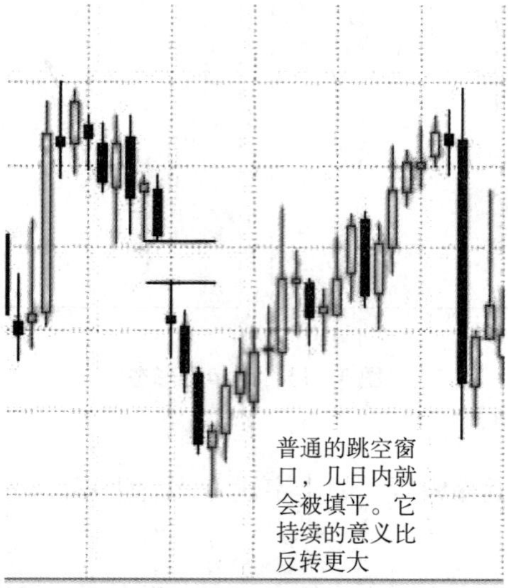

图 3－15　普通窗口

形态意义：普通窗口并无特别的分析意义，一般在几个交易日内便会完全填补，它只能帮助我们辨认清楚某种形态的形成。普通窗口在整理形态中要比在反转形态时出现的机会大得多，所以当发现发展中的三角形和矩形有许多窗口，就应该增强它是整理形态的信念。

②突破窗口

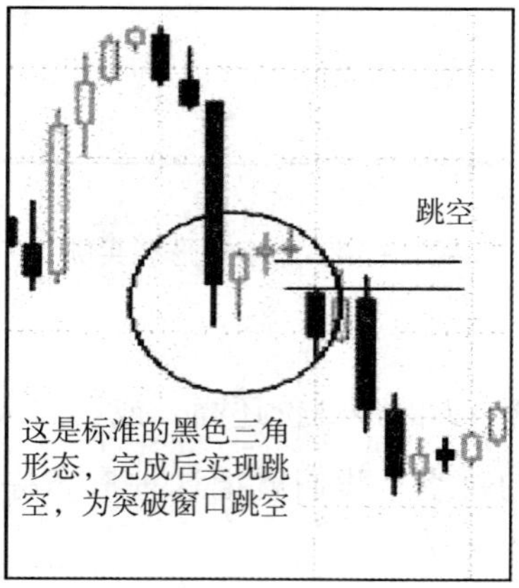

图 3－16　突破窗口

突破窗口是当一个密集的反转或整理形态完成后突破盘局时产生的窗口。当股价以一个很大的窗口跳空远离形态时，这表示真正的突破已经形成了。因为错误的移动很少会产生窗口，同时，窗口能显示突破的强劲性，突破窗口越大，表示未来的变动越强烈（见图3－16）。

分析意义：突破窗口的分析意义较大，经常在重要的转向形态如头肩式的突破时出现，可帮助我们辨认突破讯号的真伪。如果汇价突破支持线或阻力线后以一个很大的窗口跳离形态，可见突破十分强而有力，很少有错误发生。形成突破窗口的原因是其水平的阻力经过时间的争持后，供给的力量完全被吸收，短暂时间内缺乏货源，买进的投资者被迫要以更高价求货，又或是其水平的支持经过一段时间的供给后，购买力完全被消耗，必须沽出更低价才能找到买家，因此便形成窗口。

假如窗口发生前有大的交易量，而窗口发生后成交量却相对减少，则有一半的可能性不久窗口将被封闭，若窗口发生后成交量并未随着汇价的远离窗口而减少，反而加大，则短期内窗口将不会被封闭。

③持续性窗口

在上升或下跌途中出现的窗口，可能是持续性窗口。这种窗口不会和突破窗口混淆，任何离开形态或密集交易区域后的急速上升或下跌，所出现的窗口大多是持续性窗口。这种窗口可帮助我们估计未来后市波幅的幅度，因此也称之为量度性窗口（见图3－17）。

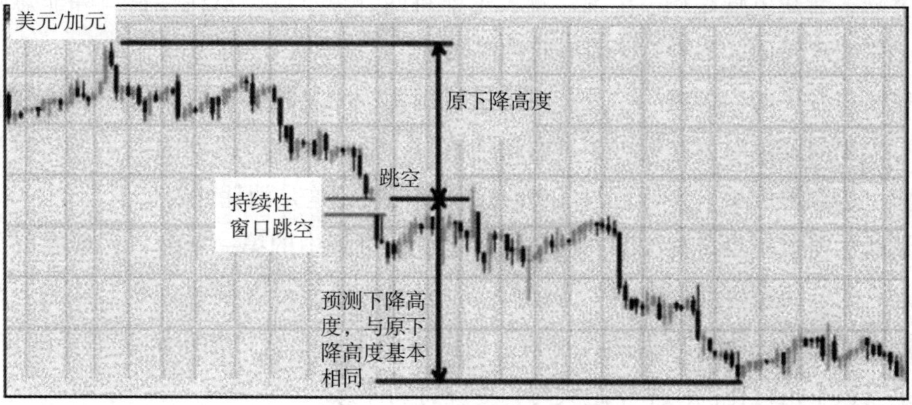

图3－17　持续性窗口

其量度的方法是：从突破点开始，到持续性窗口始点的垂直距离，就是未来股价将会达到的幅度；或者我们可以说，股价未来所走的距离，和过去已走的距离一样。

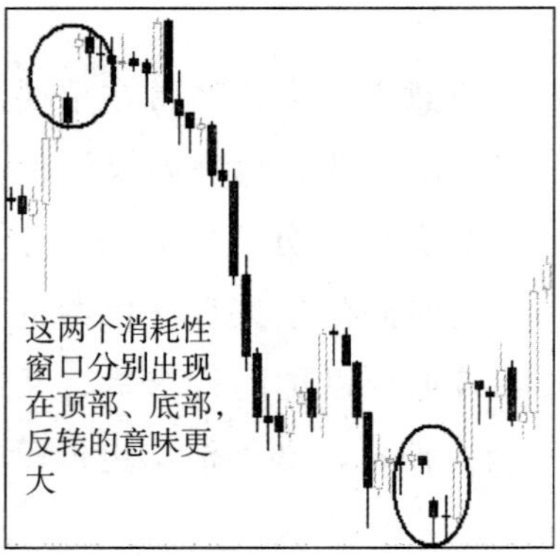

图 3 – 18　消耗性窗口

④消耗性窗口

和持续性窗口一样，消耗性窗口是伴随快的、大幅的股价波幅而出现。在急速的上升或下跌中，股价的波动并非是渐渐出现阻力，而是愈来愈急。这时价格的跳升（或跳位下跌）可能发生，此窗口就是消耗性窗口（见图 3 – 18）。

通常消耗性窗口多在恐慌性抛售或消耗性上升的末段出现。

消耗性窗口的出现，表示汇价的趋势将暂告一段落。如果在上升途中，即表示即将下跌；若在下跌趋势中出现，就表示即将回升。不过，消耗性窗口并非意味着行情必定出现转向，尽管意味着有转向的可能。

在窗口发生的当天或后一天若成交量特别大，而且趋势的未来似乎无法随成交量而有大幅的变动时，这就可能是消耗性窗口；假如在窗口出现的后一天其收盘价停在窗口边缘形成了一天行情的反转时，就更可确定这是消耗性窗口了。

消耗性窗口很少是突破前一形态大幅度变动过程中的第一个窗口，绝大部分的情形是它的前面至少会再现一个持续窗口，因此可以假设在快速直线上升或下跌变动中期出现的第一个窗口为持续窗口，但随后的每一个窗口都可能是消耗性窗口，尤其是当这个窗口比前一个空距大时，更应特别注意。

持续性窗口是股价大幅变动中途产生的，因而不会于短时期内封闭，但是消耗性窗口是变动即将到达终点的最后现象，所以多半在 2 ~5 天的短期内被封闭。

（9）平头顶形态

定义：

在汇价形成近期上涨或下跌的持续性行情中，底部出现两根最低价相同的 K 线或顶部出现两根最高价相同的 K 线，形成“平头”形态，这应该引起投资者的警觉，是反转的信号。

意义：

如果前一天的低（高）点在第二天得到验证，成功地经受了市场的试探，那么这个低（高）点就可能构成重要的支撑（阻挡）线，也可以理解为市场正在构筑近期的底（顶）部，这种形态下极容易引发反转行情（见图3－19、图3－20）。

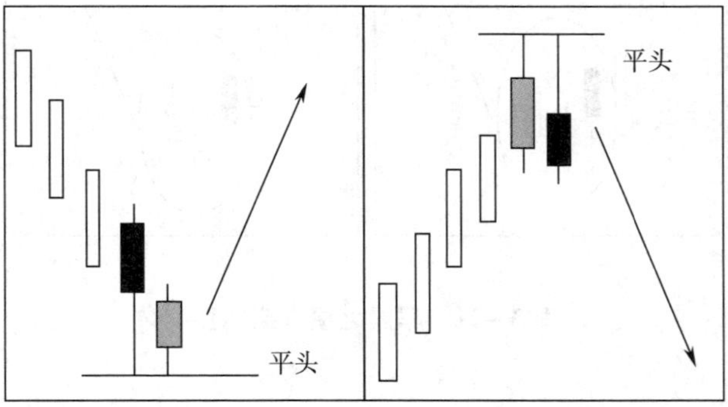

图3－19　平头顶K线形态

实例（见图3－20）：

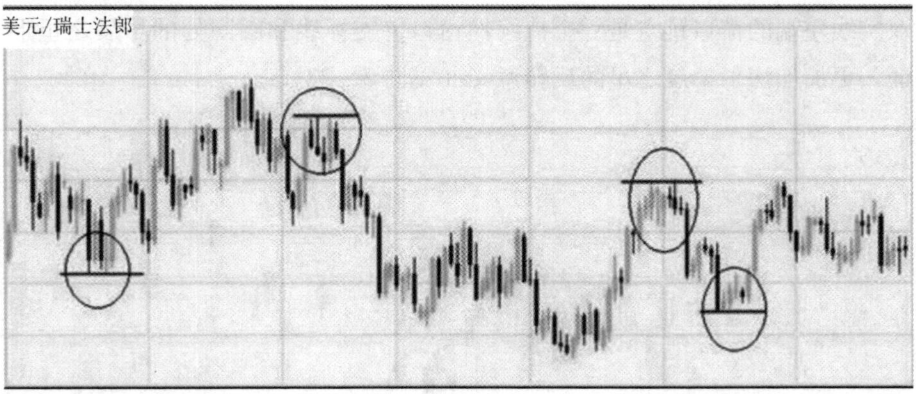

图3－20　平头顶K线实例

（10）早晨之星（启明星）

概述（见图3－21）：

①第一天必须是阴线，并且这根阴线处于下跌趋势中。

②第二天的星形线是阳线还是阴线并不重要，重要的是实体部分必须与前一个阴线实体之间有窗口跳空。

③第二天的实体部分很小，汇价在一个小幅范围内波动，如图所示形成一根纺

轴线（像纺织厂中的纺线轴）。

④第三天必须是阳线，阳线实体必须推入到第一天阴线实体内部。若实体与第二天的实体也存在窗口跳空，则反转意义更大。

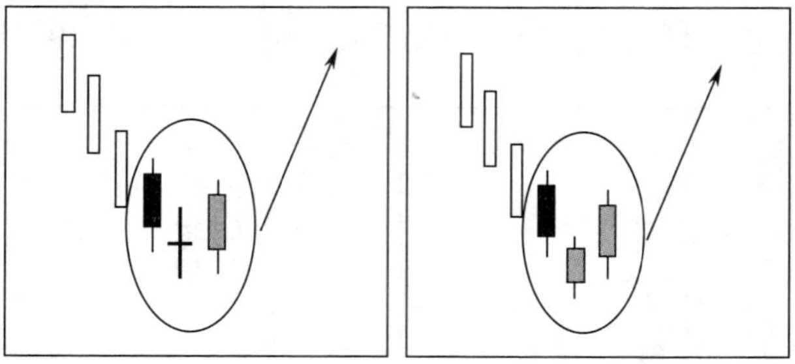

图 3－21　早晨之星（启明星）

形态意义：

汇价被一根长阴线所加强的下降趋势已经被接连两天的止损回升所遏制，多数投资者认为市场底部正在构筑，做多者逐步增加，推动汇价反转回升。

实例：

双实线左端的窗口跳空是一个持续性窗口，支撑线和圆圈处的早晨之星形态相互印证，更加加深了早晨之星的反转意义（见图 3－22）。

图 3－22　早晨之星（启明星）K 线实例

（11）黄昏之星

概述（见图 3－23）：

①第一天必须是阳线，并且这根阳线处于上升趋势中。

②第二天是星形线（即实体和上下影线都很小的 K 线），星形线本身是阴线还是阳线并不重要，重要的是实体与第一天的阳线实体之间存在窗口跳空。

③第二天的实体部分很小，汇价当天在很大范围内波动。

④第三天必须是阴线，阴线实体必须推入到第二天星形线实体内部。若存在窗口跳空，则反转的意义更大。

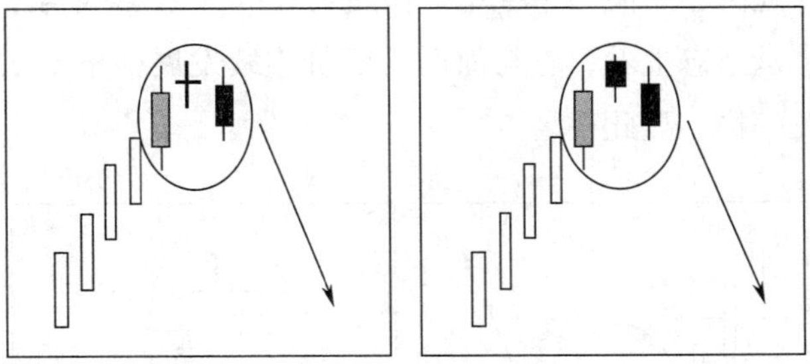

图 3－23 黄昏之星 K 线

形态意义：

被一根长阳线所加强的上涨的趋势已经被接连两天的调整所遏制，第二天的纺轴线显示了趋势的不确定性。第三天的阴线，收盘更低，显著的趋势反转已经发生（见图 3－24）。

实例：

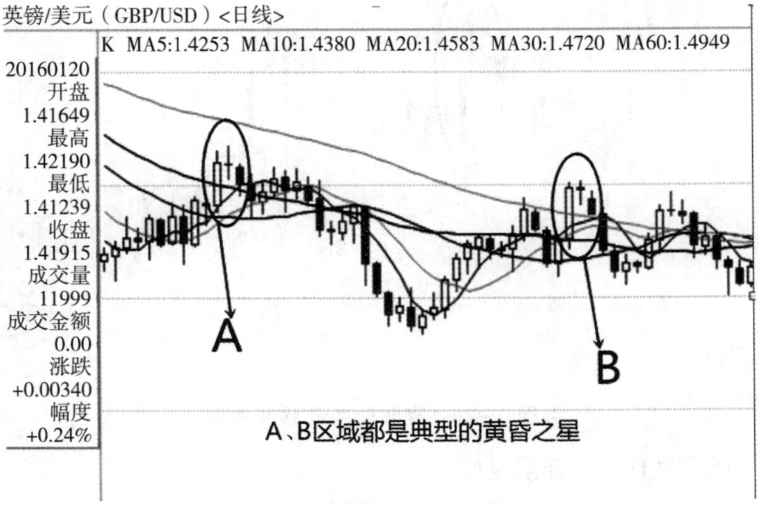

图 3－24 黄昏之星 K 线实例

（12）弃婴形态

概述（见图3-25、图3-26）：

①弃婴形态是黄昏之星和早晨之星（启明星）形态的一种特殊形态，它符合黄昏之星和早晨之星（启明星）的一切条件。

②它比前二者的反转意义更加强烈，此形态是所有K线组合形态中反转意义概率最大的一种，超过90%的概率。

③形态基本表述为：中间为十字星，前后两天的K线影线与十字星影线之间都形成了窗口跳空。从形态上看，它与前后的汇价连续发展格格不入，仿佛掉队的士兵，被遗弃的婴儿一样，故此得名。

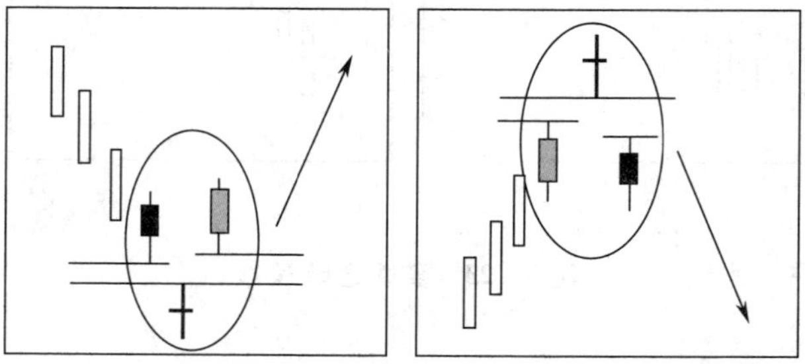

图3-25　弃婴形态K线

实例：

此形态出现的机会较少。

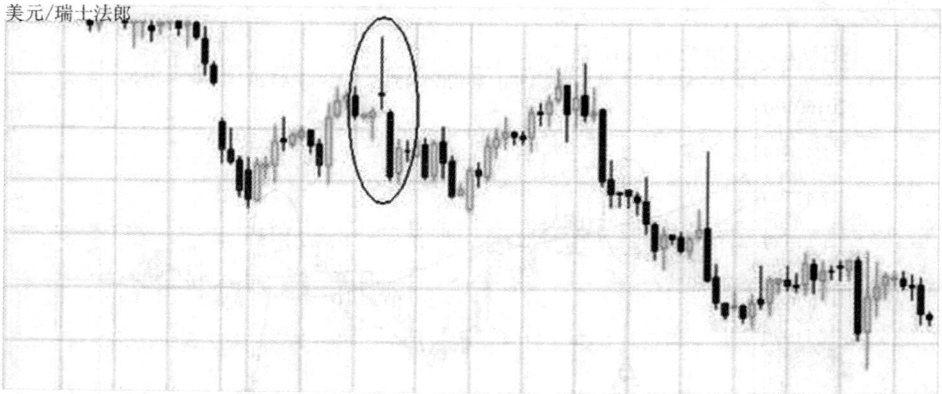

图3-26　弃婴形态K线实例

（13）三连阳见顶和三连阴见底

三连阳见顶概述：

①在市场上升的顶部，第一天和第二天是长阳线实体。

②第三天开盘价位置接近于第二天的收盘价。

③第三天是纺轴线并极有可能是星线。

④若几条阳线均带上影线则反转的意义更大。

三连阴见底与其正好相反（见图3－27）。

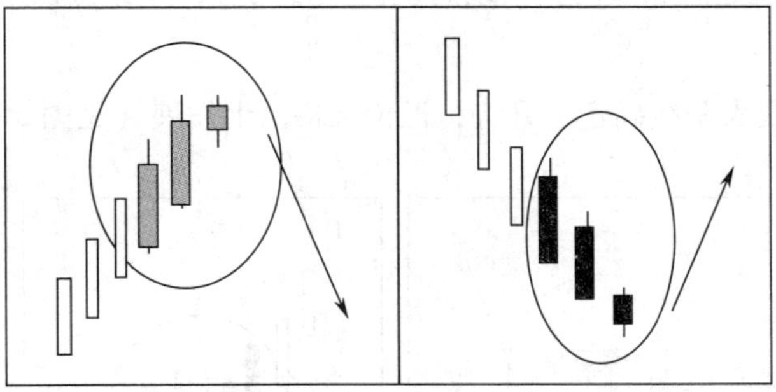

图3－27　三连阳见顶和三连阴见底

形态意义（以三连阳为例，三连阴正相反）：

前两天大阳线创出新高，第三天是纺轴线或是星形线，说明了趋势上的不确定性，有阻止汇价上涨的可能。不断加长的上影线及越来越小的阳线实体都表明了汇价上升趋势变弱，有下跌反转的可能。

实例：

圆圈内为三连阴见底形态，方框内为三连阳见顶形态（见图3－28）。

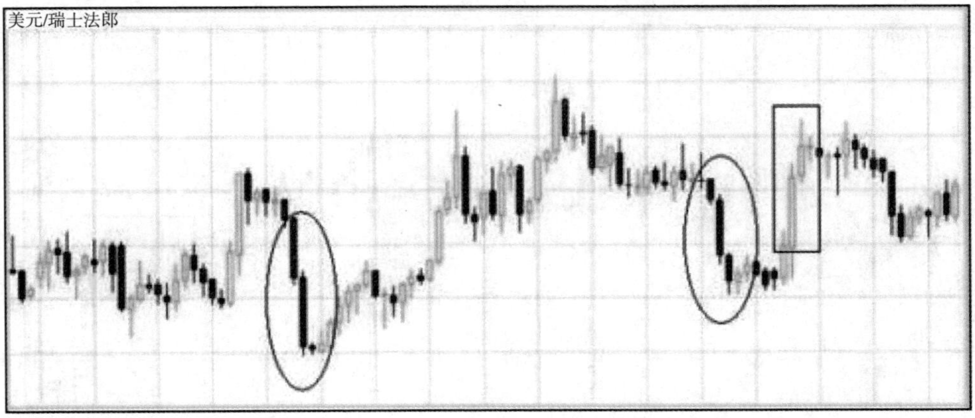

图3－28　三连阳见顶和三连阴见底实例

（14）上升三法和下降三法

上升三法概述（下降三法正相反）：

①大阳线的形成代表了当前的趋势。

②大阳线后被一组小实体的K线相跟随，小K线可以是阴线也可以是阳线，包括星线和十字星。

③小K线沿现趋势相反的方向或高或低地排列着，并保持在第一天大阳线的实体内。

④最后由一根大阳线确定了升势，汇价维持向上发展（见图3－29）。

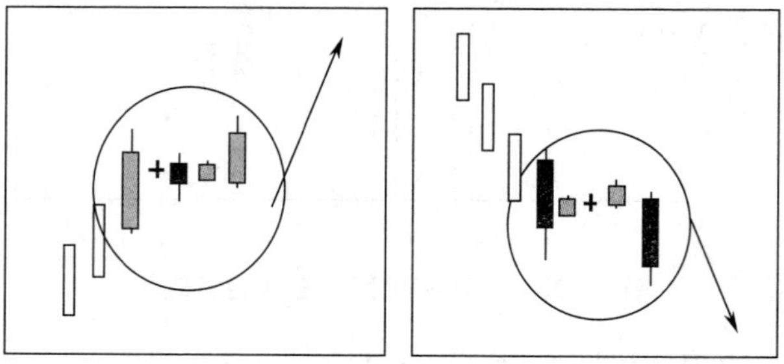

图3－29　上升三法和下降三法

形态意义：

一组小实体的出现是对上升趋势的一种修正，消化压力，调整完毕后继续上行。

实例：

圆圈内为上升三法，方框内为下降三法（见图3－30）。

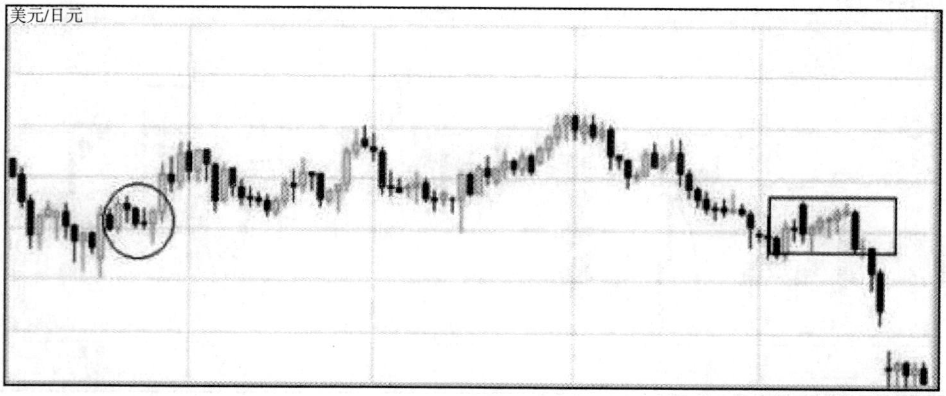

图3－30　上升三法和下降三法实例

（15）大阳前阻线和大阴前阻线

大阳前阻线（大阴前阻线正相反）概述（见图3－31、图3－32）：

上升趋势末顶端接连出现两根阴线，而第三天则是一根大阳线将前面两根阴线实体吞没，但要注意：此大阳线的最高点未超过前期最高点。看似大涨的趋势，但实际上已是强弩之末。

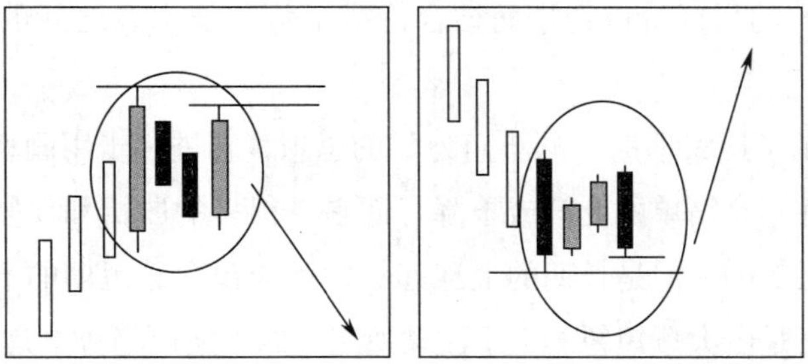

图3－31　大阳前阻线和大阴前阻线

实例图：

图3－32　大阳前阻线和大阴前阻线实例

（二）切线理论

切线理论是一种趋势分析的方法，所谓趋势，就是指汇率价格运动的基本方向。市场价格按照趋势规律运动，而在其运动过程中又包含着大小不同的趋势，这种复杂的结构使得对于趋势的判定非常困难。而切线，也就是技术线，给投资者提供了一种判定趋势变化的方法，它通过在价格走势图中画出各种各样的直线，估计当前价格变动将要达到的目标价位，进而结合价格走势和技术线之间的相互位置来判断趋势的反转或整理。

切线理论继承了道家理论“顺势而为”的思想，它进一步用画切线的方法来确定趋势，通常趋势并不是简单的上升或下降，而是有很多的曲折和反复。尽管价格变动的趋势是有时间层次的，但是长期的上涨趋势中可能包含着短期的下跌或盘整，而短期的下跌或盘整又是由大量短暂的上下波动所组成的，所以趋势不是一个绝对的概念，而是相对于时间的长短而言的。因此，切线理论强调技术分析人员不仅要把握主要趋势，还要把握主要趋势中的各种趋势的变化，这样才能获得更大的投资收益。

趋势的方向有三个，即上升方向、下降方向、水平方向（即无趋势方向）。技术线分析法就是利用技术线找出这三种趋势，并把握这三种趋势转变的时机，而对于时机的把握在于寻找突破。所谓的突破就是指价格击穿一条技术线，在切线理论中，突破是非常重要的因素，它意味着当前的价格趋势已结束，新的一轮趋势得到确认。以下将具体介绍几种重要的技术线及其突破（见图 3－33）。

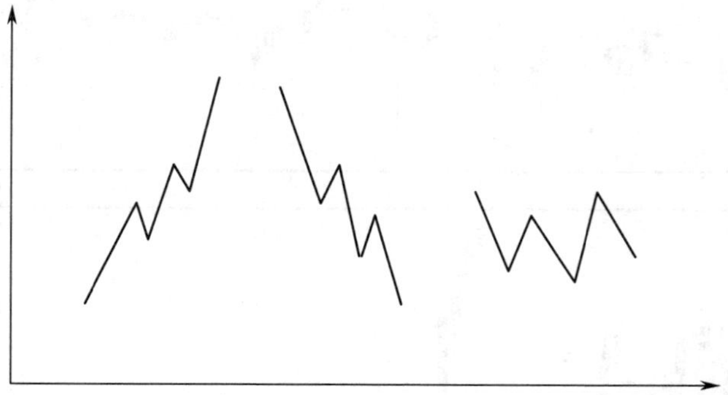

图 3－33　趋势的三种方向

1. 趋势线和轨道线

（1）趋势线

①趋势线的定义和画法

趋势线是将价格波动一段时间内的低点或高点依次连接而成的一条向上或向下

的直线，分为上升趋势线和下降趋势线。当价格下跌到某一低点时，立即回升，过了一段时间以后随即又下跌，但是没有跌破前一个低点，然后再度上升，我们可以将这两个低点连接成直线，就得到了上升趋势线。因此，在上升趋势中将两个低点连成一条直线，就是上升趋势线。反之，当价格上升到某一高点开始下跌，过了一段时间以后，价格又回升，但是没有能够突破前一个高点，再度迅速下跌，将这两个高点连接成一条直线，就得到下降趋势线。因此，在下降趋势中将两个高点连成一条直线就是下降趋势线，图 3－34 所示分别为上升趋势线和下降趋势线。

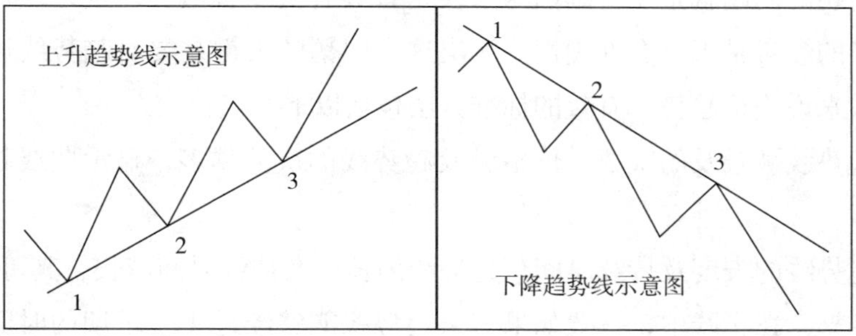

图 3－34　上升趋势线和下降趋势线

由于趋势线的方向可以比较准确地研判价格运动的趋势，因而准确、及时地画出趋势线具有重要的意义。但在现实市场中，价格形态总是非常复杂的，这意味着几乎不可能存在能够用于构建完美趋势线的价格曲线。准确地画出趋势线的关键在于选择两个具有决定意义的基点。画出上升趋势线的关键就在于，从上升趋势中找出两个具有决定性意义的低点，而画出下降趋势线的关键则是从下降趋势中找出两个具有决定性意义的高点。在画趋势线时要注意以下几个问题。

第一，趋势线画出以后，还要验证它的有效性。一般要再找第三个低点或高点来作为参考，如果价格变动的趋势出现在第三个低点或高点仍在趋势线的上方或下方，这表明趋势线基本得到确认。第三个低点或第三个高点是否在趋势线的范围内，可以通过计算清楚地了解。在上升趋势中假定价格第一个低点 N_1 为 8 元，经过 $T_1=5$ 天后，形成第二个低点 N_2 为 10 元，那么这条上升趋势线的斜率为 $K=(10-8)\div 5=0.4$ 。从第二个低点 N_2 开始经过 $T_2=6$ 天形成第三个低点的天数 N_3，想要验证第三个低点是否在趋势线上方，计算方法为：斜率（K）乘以第二个低点至第三个低点天数（T_2），再加上第二个低点的价格，即 $0.4\times 6+10=12.4$（元），也就是说第三个价格不能低于 12.4 元。

上升趋势线第三个低点的验证公式为：$N_3=[(N_2-N_1)\div T_1]\times T_2+N_2$

下降趋势线第三个低点的验证公式为：$N_3 = N_2 - [(N_2 - N_1) \div T_1] \times T_2$

第二，有时候趋势线会出现失灵，此时需要加以一定的修正，成为修正趋势线。

第三，通常可以在画出上升趋势线的时候连接两根决定性阳线的开盘价或最低价，而在画出下降趋势线的时候，则可以连接两根决定性影响的开盘价或最高价，一般不用收盘价。

②趋势线的确认方法

要得到一条真正起作用的趋势线需要经过多方面的验证和确认。我们画出趋势线后，最迫切的问题就是要看画出这条线是否具有实用价值，以这条线作为今后预测市场价格的参考是否具有准确性。解决这个问题的关键是要对趋势线进行评判和验证，一般来说确认趋势线有效的标准方法包括以下几点：

一是趋势线被触及的次数。价格触及趋势线的次数越多，显示曲线越可靠；反之则不可靠。

二是趋势线的长度及持续时间。趋势线的长度及持续时间越长，其可靠性越高，反之则不可靠。在实践中，一般如果一条趋势线能够经过 4 个星期的时间考量，则可以确认其为正确而有效的趋势线。

三是趋势线的斜率。趋势线的斜率越大，其可靠性越低，以后很容易被突破或修正；反之则可靠。在趋势线的实践中，许多分析家发现斜率在 45 度左右的趋势线比较可靠和准确。

四是价格在趋势线附近的反应程度。价格在趋势线附近区域反应程度越大，该趋势线的可靠性越高；反之则不可靠。价格反应程度是指价格遇到趋势线后反弹或回档的幅度。

③趋势线的作用

趋势线作为研判汇价变动趋势的重要参考，其作用主要表现在以下几个方面：

一是对价格未来变动的约束作用。趋势线可以使价格保持在趋势线的上方或下方，在上升趋势中使价格保持在趋势线的上方；而在下降趋势中使价格保持在趋势线的下方。这种情况下，趋势线实际上起到了支撑和压力的作用。可以说上升趋势线是一种特殊的支撑线，下降趋势线是一种特殊的压力线。

二是转势信号的提示作用。趋势线一旦被有效突破，就意味着价格的下一步走势将会出现反转，越是重要、越是有效的趋势线被突破后，其转势的信号越强。但是要注意，趋势线被突破以后除了代表趋势反转以外，有时候还代表趋势整理。一般而言，较大的上升或下降角度突破趋势线，后市整理的可能性比反转的可能性要大，见图 3－35 左图，价格最终跌破连接一系列谷底的趋势线，是空头行情的开始。

图3－35右图截然不同，虽然趋势线也被突破，但是该下跌仅仅代表上升行情的整理，价格继续上涨，但上涨的步调较为平缓，随后的价格走势形成新的趋势线。

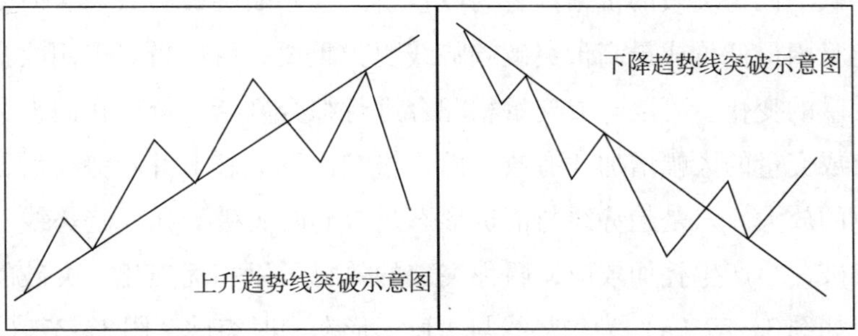

图3－35 趋势线转势信号

三是压力和支撑角色的互换作用。被突破的趋势线，原有的压力和支撑作用的角色会发生互相转换，即原来的支撑作用会转换成压力作用，原来的压力作用会转换成支撑作用。图3－36（a）表示上升趋势线被突破以后由原来的支撑变成压力，而图3－36（b）则表示下降趋势线被突破以后由原来的压力转变为支撑。

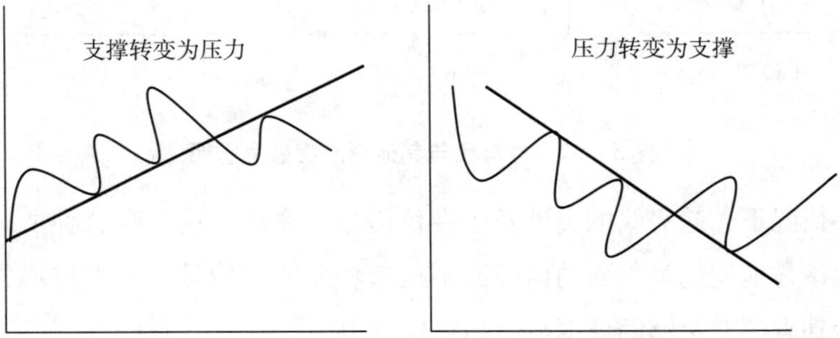

（a）　　（b）

图3－36 趋势线压力和支撑线角色的互相转换

④判断趋势线是否有效突破的标准

趋势线经过一段时间后最终会被有效突破，而判断趋势线是否有效突破还是无效突破，对于投资决策人起着重要的参考和指导作用。判断趋势线是否有效突破大体上有以下几个标准：一是穿越的程度。穿越的程度越大，则意味着大势将要转变。一般来说，穿越趋势线后，离趋势线越远则突破越有效，人们可以根据不同标的的具体情况，自己制定一个界限，比如3%、5%、10%等。二是穿越后停留的天数。穿越趋势线后，在趋势线的另一方停留的时间越长，突破越有效。在趋势线的另一方只停留一天很难说有效，至于多少天才算有效，这又是一个人为的选择问题，一般只能说至少要两天以上。三是穿越后是否连续两天创新价。上升趋势线被突破后如果连续两天以上创新低，或者下降趋势线被突破后连续两天以上创新高，一般可视为有效突破。四是突破的价格是否为收盘价。在判断突破有效与否时，收盘价突破趋势线比日内最低价或最高价突破趋势线更为重要，所以最好采用收盘价。五是穿越后成交量的变化。可以与成交量相配合进行综合判断，价格在向上突破下降趋势后必须有成交量的大幅增加才有效，而价格在向下突破上升趋势线后，则不一定需要成交量的放大。六是趋势线与汇价形态是否同时突破。如果趋势线一旦与价格形态同时突破，会产生叠加效应，两种突破的效果可以相互强化，突破的走势力度将更大。比如图3－37（a）为趋势线与头肩形形态同时突破，图3－37（b）为趋势线与矩形形态同时突破，图3－37（c）为趋势线与三角形形态同时突破。

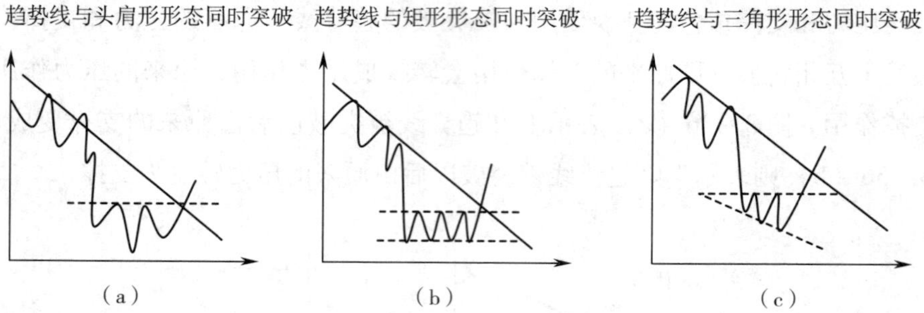

图3－37　趋势线与其他形态突破形态图

在有些情况下，趋势线的突破发生在价格形态完成之前，在这种情况下，趋势线的突破应该是前期趋势中断的信号而不是趋势反转的信号，因为技术分析假定价格沿趋势运动直到有足够的证据显示趋势反转为止。

（2）轨道线

①轨道线的定义

轨道线又称通道线或管道线，是基于趋势线的一种方法，在已经得到了趋势线后，通过第一个峰（当趋势线是根据底部绘制的）或第一个谷（当趋势线是根据顶部绘制的）可以作出这条趋势线的平行线，这条平行线就是轨道线。如图3－38所示，两条平行线组成一个轨道，这就是常说的上升或下降的趋势轨道。轨道的作用是限制价格的变动范围。对上面或下面的直线的突破将意味着有一个大的变化。

② 趋势通道定义

趋势通道就是由轨道线与趋势线这两条平行线所构成的一个价格运行区间，分为上升通道和下降通道。前者是由上升趋势线与其上方的轨道线所构成的价格运行

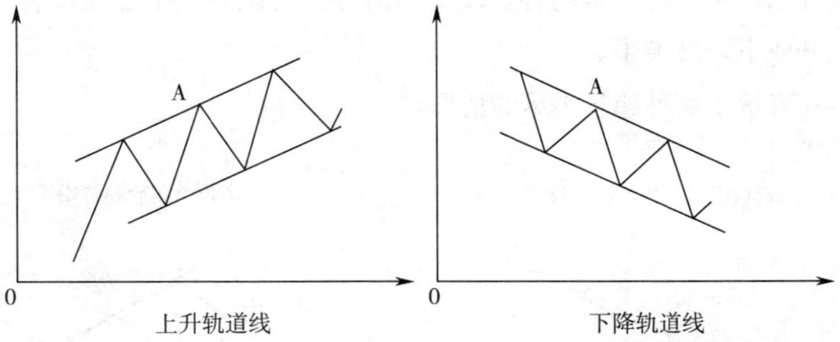

图 3－38　上升轨道线和下降轨道线

区间，后者是由下降趋势线与其在下方的轨道线所构成的价格运行区间。

③轨道线的作用

一是限制价格变动的范围。一个通道一旦形成，价格将在这个通道里变动。如果上面或下面的直线被突破就意味着将有一个新的变化。上升通道的轨道实际上是一种特殊的压力线，而下降通道的轨道实际上是一种特殊的支撑线。

二是提供趋势是否加速的信号。与突破趋势线不同，对轨道线的突破并不是趋势转向的开始，而是趋势加速的开始，即原来的趋势线的斜率将会增加，趋势线的方向将会更加陡峭。图 3－39（a）和图 3－39（b）分别表示轨道线被突破后上升趋势和下降趋势的加速。

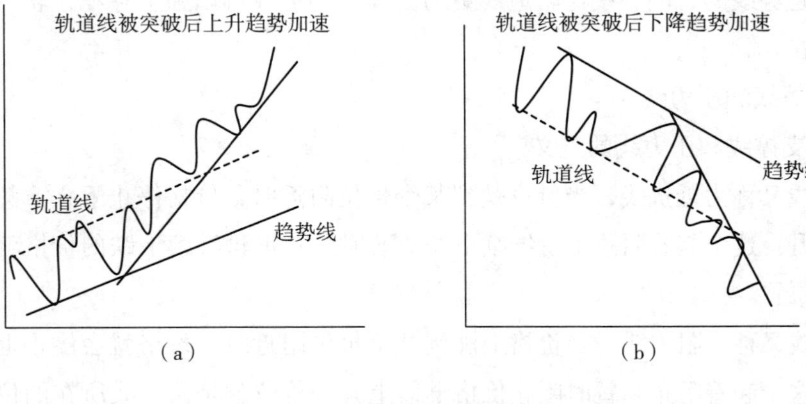

图 3－39　轨道线被突破后趋势的加速

三是发出趋势是否转向的预警信号。如果趋势通道十分陡峭，突破轨道线时有时候反而代表某一趋势的衰竭，当价格无法维持在轨道线的上方或下方时，是趋势反转的信号，如果成交量配合放大，情况更是如此。一般而言，趋势通道越陡峭，价格突破轨道线后就越有可能发展为竭尽走势。如果在一次波动中未触及轨道线，离得很远就开始调头，往往是趋势要改变的信号，它说明市场已经没有力量继续维持原有的上升或下降规模了。

图 3－40 表示了两种趋势竭尽的情形。

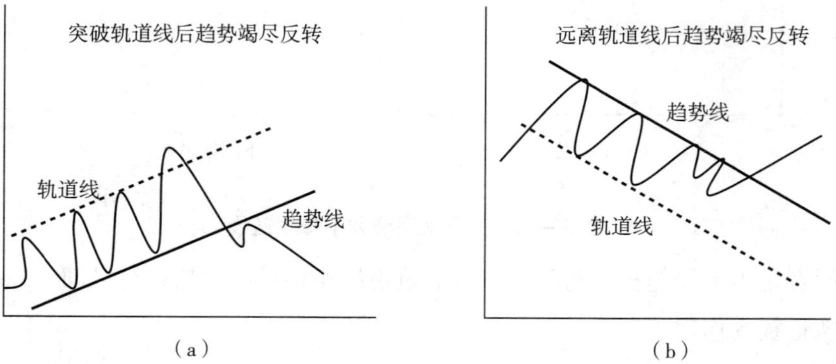

图 3－40　两种趋势竭尽的情形

四是轨道线的确认。轨道线与趋势线一样也有一个确认问题，价格如果的确得到支撑或受到压力而调头，并一直走在趋势线上，那么这条轨道线就可以被认可，当然轨道线被触及的次数越多，延续的时间越长，其被认可的程度和重要性越高，这一点与趋势线是相同的。

轨道线是与趋势线相互配合的两条切线，且先有趋势线，后有轨道线。轨道线是依存于趋势线的，趋势线比轨道线更为重要。趋势线可以独立存在，轨道线则不能独立存在。

2. 支撑线和压力线

（1）支撑线和压力线的定义

支撑线又称为抵抗线，当价格跌到某个价位附近时，价格停止下跌，甚至有可能还有回升。这个起着阻止汇价继续下跌或暂时阻止汇价继续下跌的价格就是支撑线所在的位置。

压力线又称为阻力线，当价格上涨到某个价位附近时，价格就会停止上涨，甚至回落。这个起着阻止和暂时阻止价格继续上升的价位就是压力线所在的位置。图 3－41 所示为压力线和支撑线。

（2）支撑线和压力线的形成

①密集成交区域。价格运行中的密集成交区容易形成支撑或压力区域，通常交易会在某一价格区域内出现汇价反复波动和成交密集的现象，这说明在这一区域内换手率很高，而且堆积了大量的筹码，所以当汇价再次接近这一区域时会遭到强烈

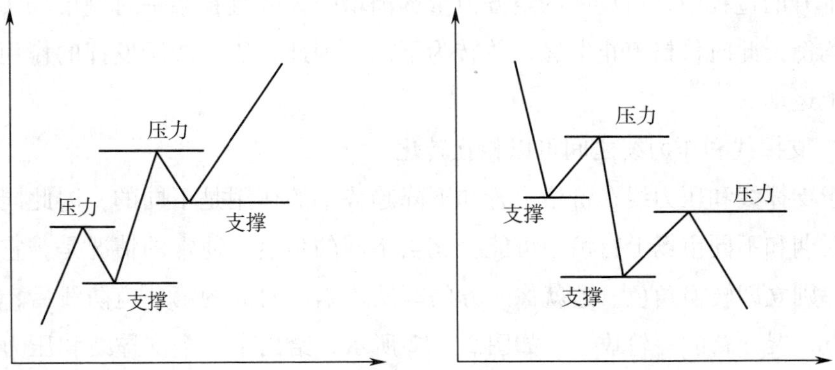

图 3－41　压力线和支撑线

的反应，形成支撑力和压力。上升过程中的成交密集区，以后如果转入下降趋势很容易成为支撑线或抵抗线；下降过程中的成交密集区，以后如果转为上升趋势，也很容易成为阻力线和压力线。判断是否属于成交密集区可以使用换手率这一指标。换手率越高，表示成交越密集。

②历史性的低位或高位。过去出现的最低点和最高点容易形成支撑和压力，价格的高低没有绝对的标准，都是相对而言。所以当汇价运行到过去最低点和最高点的价位时投资者就会对这一价位比较敏感，对低价位产生信心，而对高价位产生戒心。因此，在这些区域里通常也会形成支撑和阻力。但是，要注意历史性的低位和高位也是相对的，不是绝对的，通常可以用一定的时间标准来判断，比如三个月内、半年内、一年内等。

③涨跌幅度达到较高程度的价位。涨跌幅度达到较高程度的价位容易形成支撑和压力，当汇市发生强劲上升或快速下跌时，一些短线投资者会寻找所谓的技术出货点和技术买入点。通常在涨幅达到30%或50%的时候，会出现支撑区或压力区。

（3）支撑线和压力线的作用

支撑线和压力线的作用是阻止或暂时阻止价格向下一个方向继续运动。同时，支撑线和压力线又有彻底阻止价格按原方向变动的可能。价格是有多空双方力量的对比所决定的，而支撑线和压力线在本质上也都反映了多空双方的相对力量变化；支撑线是由于在市场价格下降的过程中，市场上的多方力量逐渐集中，并且当价格下降到某一位置时，多空双方力量达到均衡，此时，价格将停止下跌，而且由于多方力量的继续增大，使得价格开始上涨。因此，支撑线起到了支撑价格上涨趋势的作用，因为它阻止了价格下跌到低于它所处的价位。压力线正好相反，是由于在市场价格上升的过程中，市场中的空方力量逐渐增强，并且在某一时刻市场实现多空双方的均衡，此时价格停止上涨，并转为下跌。因此，压力线所发挥的作用是阻止价格向上运动。

（4）支撑线和压力线之间可以相互转化

由于支撑线和压力线在价格上升和下降趋势中的作用是不同的，因此同一条线在不同时期和不同市场上行情中可能会充当不同的角色。通常的情况是，它们一旦被突破，则立即转换角色。这就像一方的军队攻陷了对方的第一道防线后，必然以此为据点，展开新的一轮攻击。如图 3－42 所示，给出了一个支撑线和压力线的例子，图中 A 线首先作为一条支撑线出现在下跌趋势中，然后一旦它被突破，则立即转变为压力线，阻碍着价格的回调，同时新的支撑线形成于 B。在价格稍稍进行调整之后，多方积蓄能量使得价格反弹，并一鼓作气地突破压力线 A。一旦突破完成，则 A 立即转变为支撑线，而在 A 的上方则形成新的压力 C，如此反复循环。

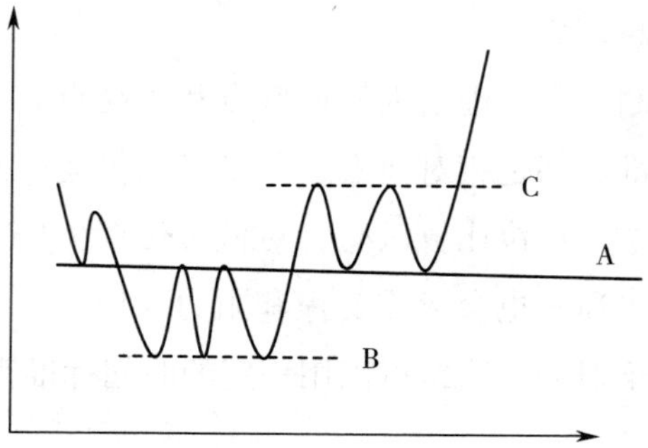

图 3－42　支撑线和压力线的转换

（5）支撑线和压力线的确认与修正

一般来说，每一条支撑线和压力线的确认，都应从三个方面进行考虑：一是价格在这个区域停留时间的长短；二是价格在这个区域伴随的成交量的大小；三是支撑区域或压力区域发生的时间距离当前的远近。很显然，价格停留的时间越长，伴随的成交量越大，离现在的时间越近，这个支撑区域或压力区域对当前的影响力就越大；反之，则越小。上述三个方面是确认一条支撑线或压力线的重要手段。有时候，由于价格的变动，会发现原来确认的支撑线或压力线可能不真正具有支撑或压力的作用，比如说，不完全符合上述所述的三个条件，这时就有一对支撑线和压力线进行调整的问题，这就是支撑线和压力线的修正。对支撑线和压力线的修正过程其实是对现有支撑线和压力线重要性的确认。

3. 扇形线、速度线和甘氏线

（1）扇形线

扇形线与趋势线有很密切的联系，初看起来好像是趋势线的调整，但扇形线进一步丰富了趋势线的内容，明确给出了趋势反转的信号。趋势反转必须突破层层阻力，要反转向上，必须突破很多压在头上的压力线，要反转向下也要突破很多横在下面的支撑线，稍微的突破或短暂的突破都不能认为是反转的开始，必须清除所有阻止反转的力量，才能最终确认反转的来临。

扇形线就是依据三次突破的原则来确认反转信号。在上升趋势中，先以两个低点画出上升趋势线以后，如果价格向下回档，跌破了刚刚画出的上升趋势线以后，则以新出现的低点，与原来的第一个低点相连接，画出第二条上升趋势线。再往下如果第二条趋势线又被向下突破，与前面同样用新的低点与最初的低点相连接画出第三条上升趋势线，因此，变得越来越平缓的三条直线如同张开的扇子，扇形线由此而得名。下降趋势的扇形线和上升趋势的扇形线画法完全相似，只不过是反向行之而已。途中连续画出的直线一旦被突破，它们支撑和压力角色就会相互转换。这一点完全符合支撑线和压力线的普遍规律。图 3－43 所示为上升扇形线和下降扇形线。

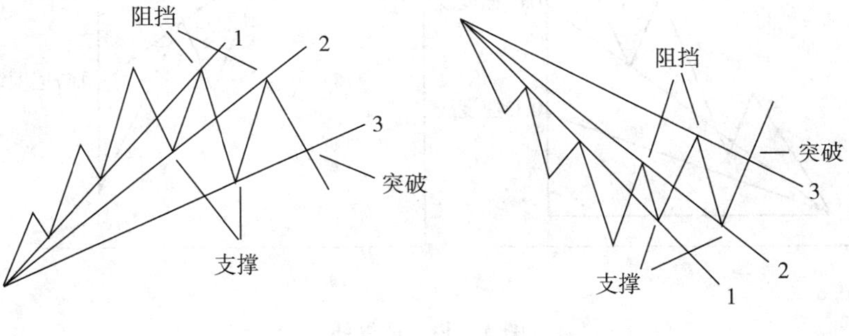

图 3－43　扇形线

（2）速度线

同扇形原理考虑的问题一样，速度线也是用以判断趋势是否将要反转的。不过，速度线给出的是固定的直线，而扇形原理中的直线是随着价格的变动而变动的。另外，速度线又具有一些百分比线的思想。它是将每个上升或下降的幅度分成三等份进行处理，所以，有时我们又把速度线称为三分法。与别的切线不同，速度线有可能随时变动，一旦有了新高或新低，则速度线将随之发生变动，尤其是新高和新低离原来的高点和低点相距很近时，更是如此，原来的速度线可以说一点用也没有。

速度线一经被突破，其原来的支撑线和压力线的作用将相互变换位置，这也符合支撑线和压力线的一般规律。速度线一般是先找到一个上升或下降过程的最高点和最低点（这一点同百分比线相同），然后，将高点和低点的垂直距离三等份。连接高点（在下降趋势中）与0.33分界点和0.67分界点，或低点（在上升趋势中）与0.33和0.67分界点，得到两条直线。这两条直线就是速度线。速度线最为重要的功能是判断一个趋势是被暂时突破还是长久突破（转势）。

其基本的思想叙述如下：一是在上升趋势的调整之中，如果向下折返的程度突破了位于上方0.67的速度线，则汇价将试探下方的0.33速度线。如果速度线被突破，则价格将一泻而下，预示这一轮上升的结束，也就是转势。二是在下降趋势的调整中，如果向上反弹的程度突破了位于下方的0.67速度线，则汇价将试探上方的0.33速度线。如果0.33速度线被突破，则价格将一路上行，标志这一轮下降的结束，汇价进入上升趋势（见图3-44）。

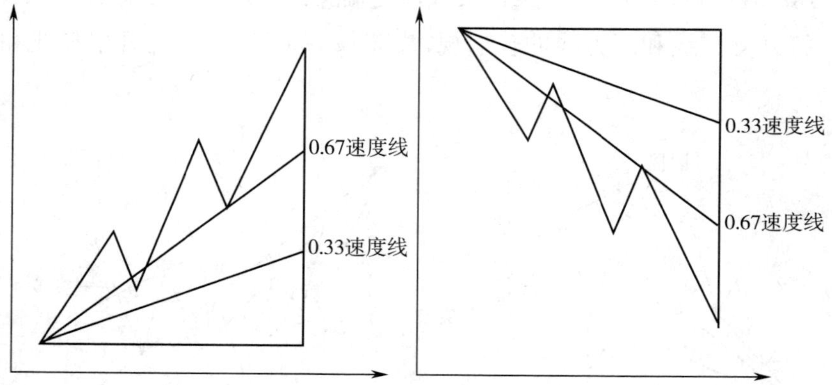

图3-44　速度线

（3）甘氏线

甘氏线（Gann line），是由William D. Gann创立的一套独特的理论。他将百分比原理和几何角度原理结合起来，从一个低点或高点出发，依一定的角度，向后画出的多条直线，所以甘氏线又称为角度线，分为上升甘氏线和下降甘氏线两种。

图3-45中的每条直线都有一定的角度，这些角度的得到都与百分比线中的那些数字有关。每个角度的正切或余切分别等于百分比数中的某个分数（或者说是百分数）。

甘氏线中的每条直线都有支撑和压力的功能，但这里面最重要的是45度线、

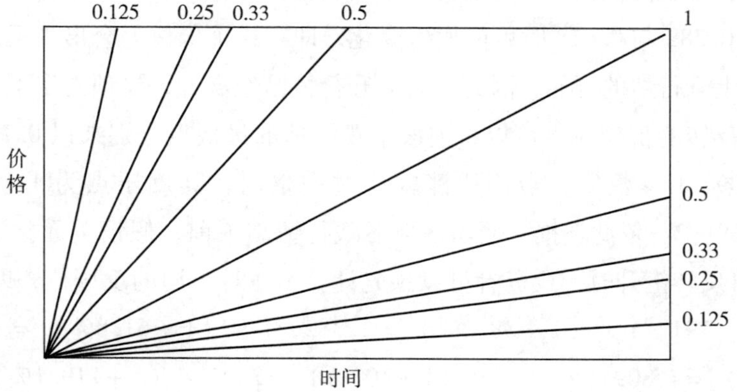

图 3－45　甘氏线

63.75 度线和 26.25 度线。这三条直线分别对应百分比线中的 50%、62.5% 和 37.5% 百分比线。其余的角度虽然在价格的波动中也能起一些支撑和压力作用，但重要性都不大，都很容易被突破。

投资者利用甘氏线时应当同百分比线等别的切线相结合使用，这样，可以改变总体的效果，避免一些明显的错误。

4. 黄金分割线和百分比线

黄金分割线和百分比线是水平的直线，它们注重的是支撑线和压力线所在价位，而对什么时间达到该价位并不关心，所以使用黄金分割线和百分比线有助于找出水平的支撑线和压力线。

（1）黄金分割线。黄金分割也称“黄金律”，把长为 L 的直线段分成两部分，是其中的一部分（较长部分）对于全部的比等于其余一部分（较短部分）对于这部分的比，即 X∶L＝（L－X）∶X，这样的分割被称为“黄金分割”。从古希腊直到 19 世纪都有人认为这种比例在造型艺术中有美学价值，故称其为“黄金分割”。比如，在工艺美术和日用品的长与宽的设计中，这种比例容易引起美感。由于 X/L 是 $(\sqrt{5}-1)/2=0.618$，因此，黄金分割线来源于下列一组数字：

0.191　0.382　0.618　0.809　1.191　1.382　1.618

1.809　2.191　2.382　3.618　3.809　…

在这一组数字中，0.382 和 0.618 尤为重要，我们根据这些数字来推算上涨或下跌过程中的压力位或支撑位，黄金分割律除了固定的 0.382 与 0.618 这两个压力位和支撑位以外，其间还有一半的反压和支撑作用，而 0.382 的一半 0.191 则是重要的依据。

当价格上涨脱离低档时，其上升的速度和持久性依照黄金分割律，在上涨幅度接近或达到0.382与0.618时可能发生变化，即在这个价位上会出现反压，有反转下跌而结束上升行情的可能。因此，当上升行情已经展开，要预先定下股价上升的能力和可能反转的价位时，可以将前段下跌行情的最低点分别乘以0.191、0.382、0.618、0.809、1等数字。当价格涨幅超过一倍时，其反压点为1.191、1.382、1.618、1.809、2，依此类推。例如，当下跌行情结束前，假设美元指数最低价是1，那么汇价反转上升时，投资者可以预先计算出各种不同的反压位，即1×（1+19.1%）=1.191，1×（1+38.2%）=1.382，1×（1+61.8%）=1.618，1×（1+80.9%）=1.809（元），1×（1+100%）=2，1×（1+119.1%）=2.191。然后，再依照实际汇价变动情形进行斟酌。

同样，当多头市场结束，空头市场展开时，投资者最关心的问题莫过于“底”在哪里？我们也可以从黄金分割率中计算跌势行情中的支撑位，增强逢低买进的信心，与上升行情相同，当下跌幅度接近或达到0.382或0.618时，就容易出现支撑反转上升、结束下跌行情的可能。与上升行情的黄金分割率一样，除了0.382与0.618有支撑作用外，0.191、0.809也发挥着支撑作用。

此外，技术分析中的另一个重要理论——波浪理论，也大量地运用了黄金分割的方法。

（2）百分比线

百分比线的用意与黄金分割线相同，也在于提供压力线和支撑线。股价跌到低位开始反转上升，上升过程中将要遇到压力；股价涨到高位开始反转下跌，下跌过程中将要遇到支撑。黄金分割提供了几个压力位或支撑位，百分比线也提供了几个压力位或支撑位。

以某次上涨行情开始的最低点和开始向下回落的最高点两者之间的差，分别乘以几个特殊的百分数就可以得到未来支撑位可能出现的位置；同样，以某些下跌行情开始的最高点和开始向上反弹的最低点，两者之间的差分别乘以几个特殊的百分数也可以得到未来压力位可能出现的位置。常用的百分比数一共有10个：1/8、1/4、1/3、3/8、1/2、5/8、2/3、3/4、7/8、1。其中1/3、2/3、1/2最为重要。通常上涨后回落没有超过1/3，投资者就会认为上涨或回落的幅度不大，而如果上涨或回落已经超过了2/3，投资者就认为上涨或回落已经接近尾声。1/2则是上涨后回落是否已经较大的过渡点和分界点，比如，假定某次上涨行情开始的最低点是1，涨到2.2的最高点又开始回落，两者之间差为1.2，1.2的1/2为0.6，因此，2.2－0.6=1.6将是1/2百分比线，价格回落到1.6时应该遇到强有力的支撑。

（三）形态理论

1. 形态理论的定义和基本前提

（1）定义

形态理论和切线理论一样，也是传统图形理论的一种。形态理论最初主要是根据股价走势图上所体现出来的股价在某一段时间内的移动轨迹来研究、判断股价的走势。在股价走势图上的曲线波动中包含了多空双方争夺的信息，形态理论就是通过研究股价移动的轨迹路线形态来进行投资决策，由于在股价移动轨迹中可以总结出一个特定的形态，这些特定的形态又代表了特定的趋势或方向，所以被称为形态理论。形态理论不但可以用来分析股票市场，也可以用来分析外汇、期货、黄金等标的的走势。

（2）基本前提

形态理论有两个基本前提：

第一个前提是汇价的变动是有规律的。这种规律就是汇价随着多空力量的消长，从平衡到打破平衡，再到新的平衡，处于周而复始、循环往复的过程之中。因此，在平衡的时候，汇价应在多空双方取得均衡的位置上上下波动，而在原有的平衡被打破时汇价就会产生突破，寻找新的平衡。

第二个前提是由于汇价变动的规律是从平衡到打破平衡，再到新的平衡的循环，因此，汇价的移动也就可以分成两种最基本的形态，一种是保持平衡的形态，另一种是打破平衡的形态。保持平衡的形态我们把它称为持续整理形态，而打破平衡的形态我们把它称为反转突破形态。在这两种最基本的形态中都会有一些典型的图形，可以根据这些典型的图形判断是处于持续整理状态，还是处于反转突破状态。

（3）形态的分类

一般把汇率走势的形态分为反转突破形态和持续整理形态（震荡形态）。

- 反转突破形态

所谓反转突破形态，是指价格在趋势未改变之前朝某一个方向波动，但在某因素的影响下趋势发生逆转，开始朝反方向波动，由此而在价格走势图上出现的典型图形，称为反转突破形态。反转突破形态因为是反映趋势正在发生重大转折的形态，可以给我们提示抢先行动的信号，所以是必须重点关注的形态。汇市中的胜利者，往往是在原来的平衡将要打破之前或者在打破的过程中采取行动而获益的，如果原来的平衡已经打破新，新的平衡已经建立，再采取行动就为时过晚了。同样，反转突破形态也不是绝对的，比如，头肩形一般公认为是反转突破形态，但有时从更大范围去观察，则有可能成为中途持续形态。

反转突破形态的特征：

①如果形态形成，则意味着汇价波动的原有趋势将发生根本性改变，如果上涨趋势已经经历了相当长的时间，那么反转突破形态的出现，预示着汇价将进入下跌周期；反之，如果下跌趋势也已经有相当长的时间，那么反转突破形态的出现则预示着汇价进入上涨周期。所以，反转突破形态的形成一定在此之前曾经有过一个明显的上涨或下跌趋势作为基本前提，否则的话绝不能轻易地下反转突破的结论。

②反转突破形态如果出现在顶部，通常价格振幅较大，维持的时间相对较短；反之，如果出现在底部，通常价格波动幅度较小，形成的时间相对较长。这是因为庄家高位出货一般态度比较坚决，而庄家一旦出货，下面缺乏承接力量，所以顶部完成的时间相对较短；而庄家低位吸货通常比较从容，而且洗盘也需要一定时间，因此底部形态酝酿的时间要长于顶部形态的时间。

③在反转突破形态的构筑过程中，成交量的变化至关重要，通常有不寻常的成交量出现。在一般情况下，顶部缩量或底部放量是反转突破形态确认的信号之一，尤其是底部形态完成反转突破更需要量的配合。

④反转突破形态确认的首要信号是价格有效突破重要趋势线或者颈线，并且在突破后出现回拉，但无力回到原图形中去。

⑤反转突破形态完成后产生的上涨或下跌幅度与反转突破形态图形的高度和宽度有关，高度反映形态中的价格波动幅度，宽度反映形态构筑所经历的时间长短。通常，形态的高度比较高、宽度比较长，反转的力度相对会比较大；反之，反转的力度相对会比较小。

- 持续整理形态（震荡形态）

所谓持续整理形态，是指汇价在经过一段时间的持续上涨或下跌后，开始进入盘整状态，汇价运行缺乏明显的方向性，显现横向波动状态，由此在汇价走势图上所出现的典型图形被称为持续整理形态。持续整理形态通常反映现行趋势持续有效，呈现趋势的持续和巩固性质，但是，在某些特殊的情况下，有些持续整理形态也可能转变为反转突破形态。

持续整理形态的特征：

①价格上升或下跌的趋势暂时停止，多空力量暂时平衡。在消化掉浮动筹码后，价格维持原来的方向继续运行。在上涨过程中，价格整理完成后继续向上，在下跌过程中，价格整理完成后继续向下。

②持续整理形态维持的时间一般较短，时间过长则有转势的嫌疑。

③整理形态出现时，市场交投一般比较清淡，成交量的变化也比较小。而一旦突破，成交量将放大，向上突破时成交量的要求更高。

④整理形态出现逆向走势不会突破重要趋势线，形态完成后向上或向下突破之初，先有一个回拉走势，一般无量的配合而且回不到原图形中去。

⑤整理形态完成后，向上或向下移动的幅度和整理图形最宽处的距离有关。整理幅度越大，突破后上下移动的幅度就越大；反之，则上下移动的幅度就越小。

2. 反转形态典型图形

（1）头肩形

头肩形是表示价格走势已经发展到顶点，并且将要逆转的一种最常见的形态。这种形态一般在一个持续上升一段相当长时间的牛市末期出现，或者在一个持续下降一段相当长时间的熊市末期出现。头肩形分为头肩顶形和头肩底形两种。

- 头肩顶

①这是一个长期性趋势的转向形态，通常会在牛市的尽头出现。

②头肩反转形态一共出现三个峰，中间的峰部比另外两个峰部都高，所以叫做头部。左右两个峰值较低，称为肩部。

③当头肩顶颈线击破时，就是一个真正的沽出信号，虽然汇价和最高点相比，已回落了相当的幅度，但跌势只是刚刚开始，未出货的投资者继续沽出。

④当颈线跌破后，我们可根据这形态的最少跌幅量度方法预测汇价会跌至哪一水平。这量度的方法是从头部的最高点画一条垂直线到颈线，然后在完成右肩突破颈线的一点开始，向下量出同样的长度，由此量出的价格就是将下跌的最小幅度（见图3－46）。

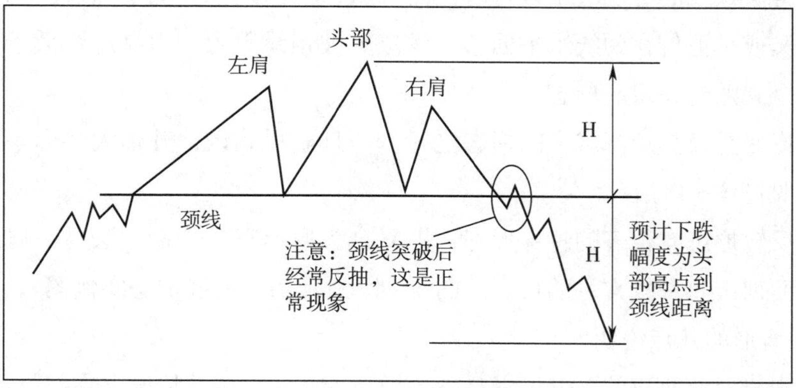

图3－46　头肩顶形态

实例：

图 3－47 所示圆圈处为卖出信号。

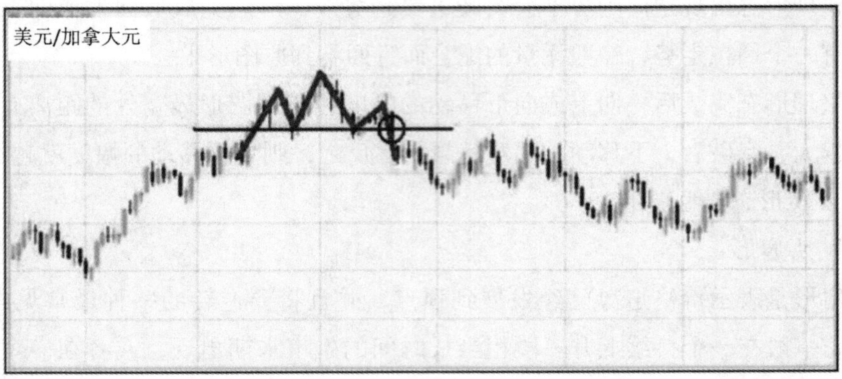

图 3－47　头肩顶形态实例

- 头肩底

①头肩顶和头肩底的形状差不多，主要的区别在于成交量方面。

②当头肩底颈线突破时，就是一个真正的买入信号，虽然价格和最低点相比已上升一段幅度，但升势只是刚刚开始，做多的投资者应该继续追加。其最少升幅的量度方法是从头部的最低点画一条垂直线相交于颈线，然后在右肩突破颈线的一点开始，向上量度出同样的高度，所量出的价格就是将会上升的最小幅度。

另外，当颈线阻力突破时，必须有成交量激增的配合，否则这可能是一个错误的突破。不过，如果在突破后成交逐渐增加，形态也可确认。

③一般来说，头肩底形态较为平坦，因此需要较长的时间来完成。

④在升破颈线后可能会出现暂时性的回跌，但回跌不应低于颈线。如果回跌低于颈线，又或是汇价在颈线水平回落，没法突破颈线阻力，而且还跌低于头部，这可能是一个失败的头肩底形态。

⑤头肩底是极具预测威力的形态之一，一旦获得确认，升幅大多会多于其最少升幅的（见图 3－48）。

头肩反转形态有很多的特殊形态，即复合头肩形态，分析方法与头肩反转形态相同。下面列出几种较常见的形态。图 3－49 所示为头肩底形态实例图。

- 头肩形的几点说明

一是头肩形的两肩的高度可以是不一样高。其实大多数情况下它们是不相等的，相等的只是偶然现象。同样，肩与头之间的两个低点或高点通常也是不相等的，也就是说颈线多数情况下不是水平的，而是倾斜的直线。

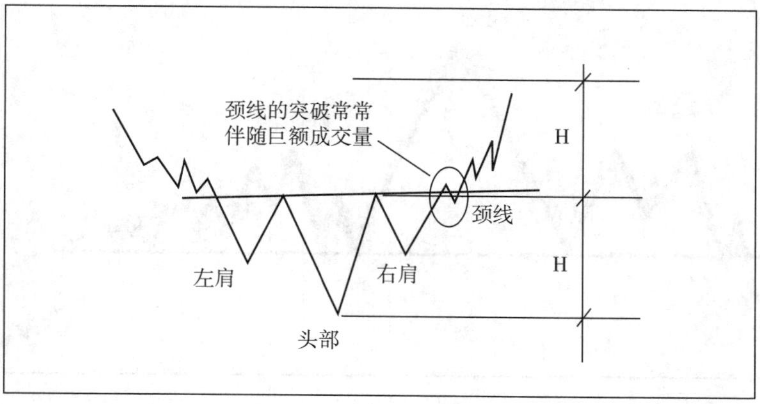

图 3－48　头肩底形态

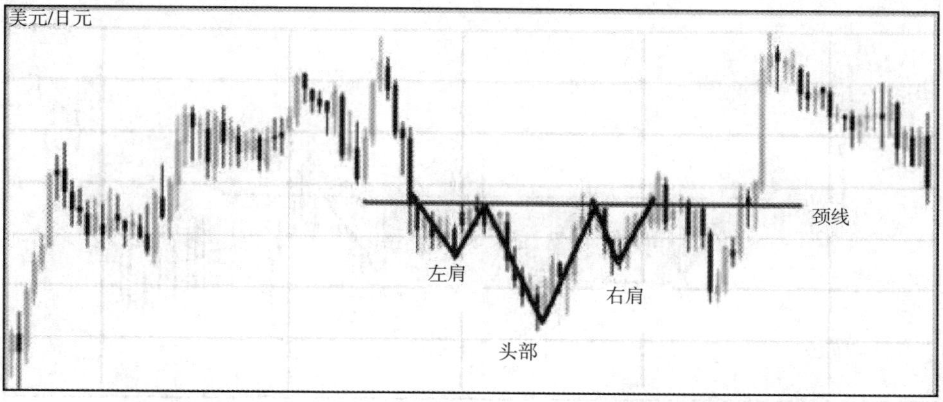

（a）

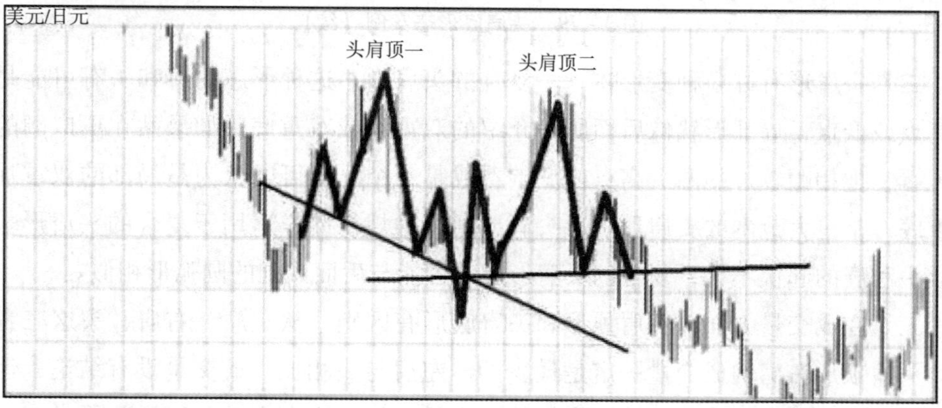

（b）

图 3－49　头肩底形态实例

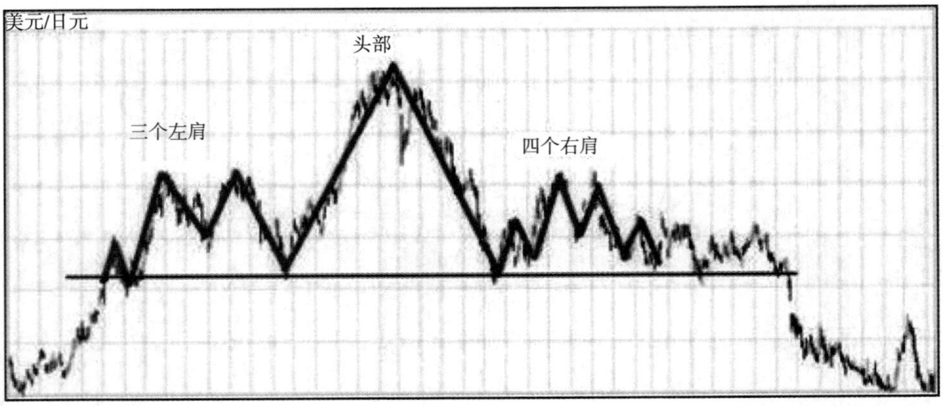

（c）

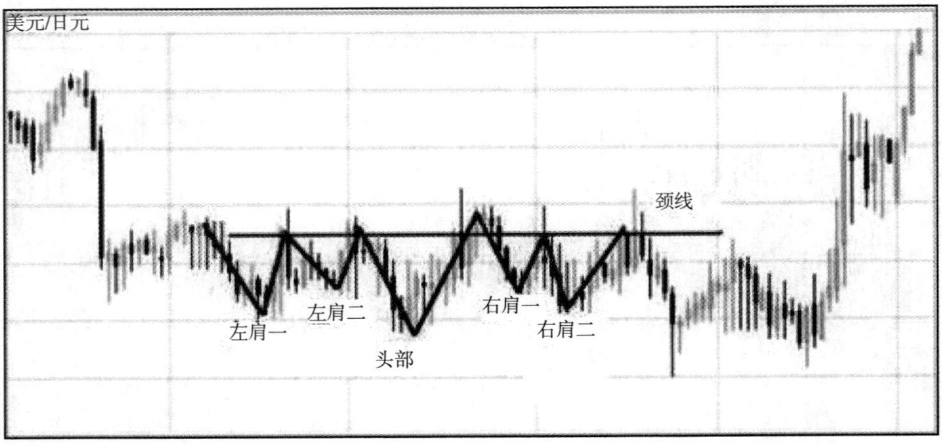

（d）

图3－49　头肩底形态实例（续）

二是头肩形有许多种变形体——复合的头肩形。这种形态的肩和头有可能是两个高点或低点，局部形状像后面所要介绍的双重顶或双重底。如果站在更广阔的位置上看，把相距较近的两个高点或低点看成是一个，就可以认为是局部的双重顶或双重底，是更大范围的头肩形。对头肩形适用的规律同样适用于复合的头肩形。此外，头和肩的起伏不大，复合的头肩形有时可能与后面谈到的圆弧形相似。

三是在成交量方面，头肩顶形和头肩底形有区别。从左肩、右肩、头这三者相比，头肩顶形右肩的成交量一定是最少的。左肩与头相比，成交量没有结论，但一般倾向于认为左肩的成交量大于头部的成交量。头肩底在突破颈线后，要求有较大的成交量，头肩顶形则没有这个要求。

四是头肩形形成的过程所花费的时间越长，价格在此过程中起伏就越大，将来突破颈线后，价格反转的潜在力量就越大，对头肩形适用的规律越可信。

五是颈线被突破后，价格可能不是一直就朝突破的方向走下去，而是有一定的回头，这也就是反扑。但这种反扑会遭到颈线的控制。反扑到颈线是“逃命”或“建仓”的时机。突破颈线后的反扑更容易发生在头肩底形形态中，由于颈线位置不好把握，所以只有在特别的情况下，才能利用反扑的技术。

六是头肩形有时是持续整理形态而不是反转突破形态。如果头肩形作为持续整理形态，形成头肩形的时间一般则较短。

（2）三重顶（底）型

任何头肩形，特别是头部超过肩部不够多时，可称为三重顶（底）型。三重顶形态也和双重顶十分相似，只是多一个顶，且各顶分得很开、很深。成交量在上升期间一次比一次少。三重顶是市场中最典型和较常见的价格形态，其他绝大多数价格形态都是头肩形的变体。三重底则是倒转的三重顶，分析含义一样。三重顶的第三个顶，成交量非常小时，即显示出下跌的征兆，而三重底在第三个底部上升时，成交量大增，即显示出汇价具有突破颈线的趋势（见图3－50和图3－51）。

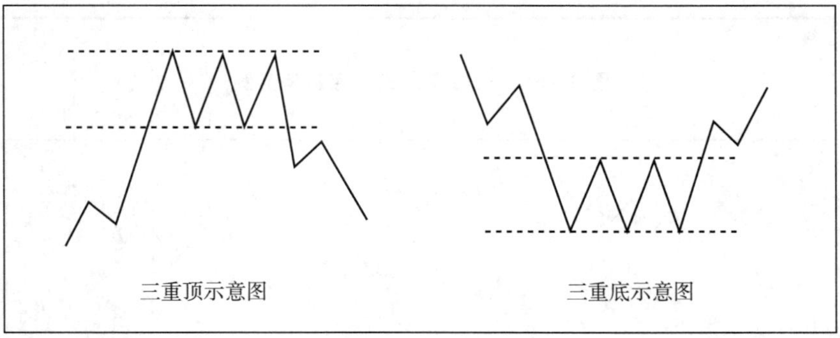

图3－50 三重顶、三重底走势

- 形态特点

①是头肩形的变体，头肩形的方法完全适用。

②与头肩形的区别：三个波峰（或波谷）近似同一水平。

- 要点

①其颈线大致水平有矩形特征，比头肩形更易演变成持续形态。

②三重底的颈线向上突破时，成交量必须膨胀。

（3）圆弧顶（底）

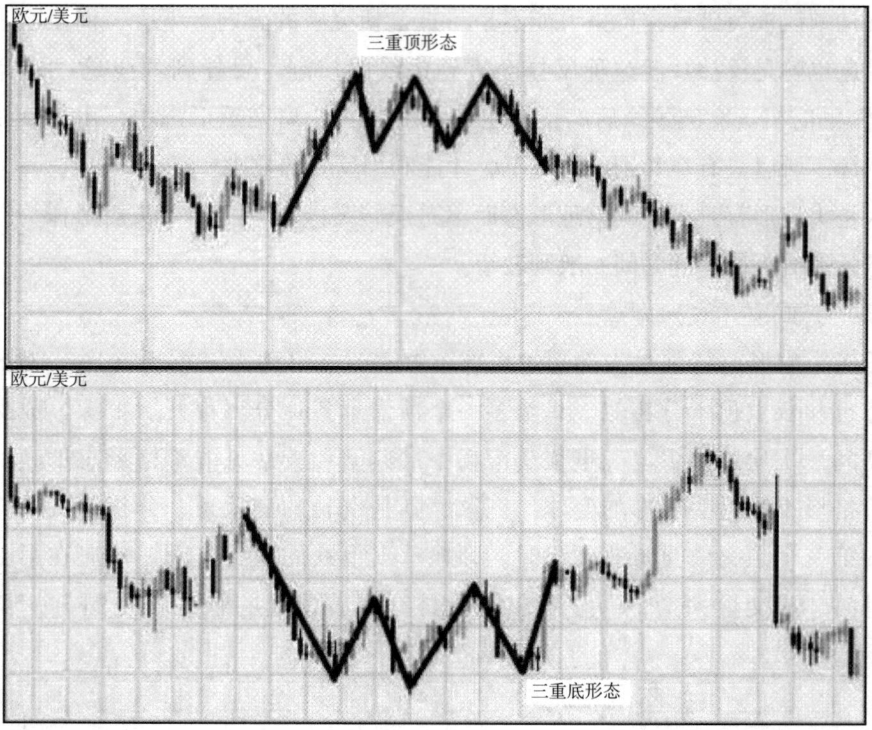

图 3－51　三重顶、三重底走势实例

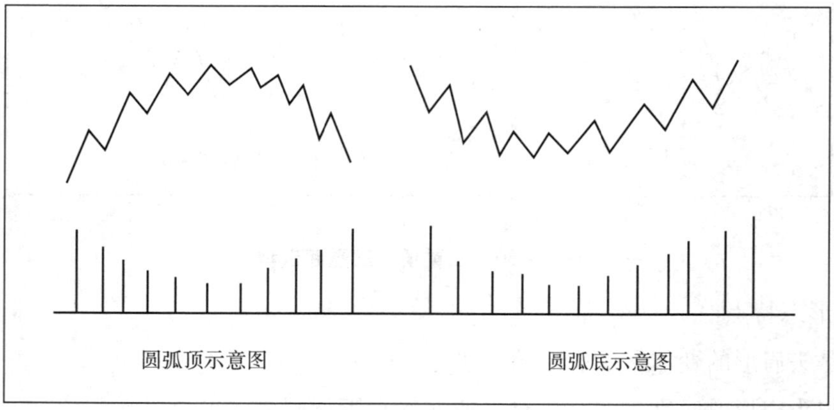

图 3－52　圆弧顶（底）

- 形态特点

①少见的形态，一旦出现则价格运动的幅度较大。

②形成与复合头肩形相似，但没有头肩的感觉。

③在成交量方面，两端扩大，中间减少，也呈圆弧状。

● 要点

①该形态没有颈线，故没有明确的价格目标。

②形成的时间相对较长，可靠程度也较高。

● 概述

汇价呈弧形上升，即价格虽不断升高，但每一个高点高不了多少就回落，先是新高点较前点高，后是回升点略低于前点，这样把短期高点连接起来，就形成一圆形顶，在成交量方面也会有一个圆弧形状。

①有时当圆形头部形成后，汇价并不马上下跌，只反复横向发展形成徘徊区域，这徘徊区称做碗柄。一般来说，这碗柄很快便会被突破，价格继续朝着预期中的下跌趋势发展。

②圆形反转在汇价的顶部和底部均会出现，其形态相似，意义相反。在底部时表现为汇价呈弧形下跌，初时卖方的压力不断减轻，于是成交量持续下降，但买入的力量仍畏缩不前，这时候汇价虽是下跌，然而幅度缓慢、细小，其趋势曲线渐渐接近水平。在底部时买卖力量达至均衡状态，因此仅有极小的成交量。然后需求开始增加，价格随着上升，最后买方完全控制市场，价格大幅上扬，出现突破性的上升局面。成交量方面，初时缓慢地减少到一个水平，然后又增加，形成一个圆底形。这形态显示一次巨大的升市即将来临。投资者可以在圆形底升势转急之初追入（见图3－53）。

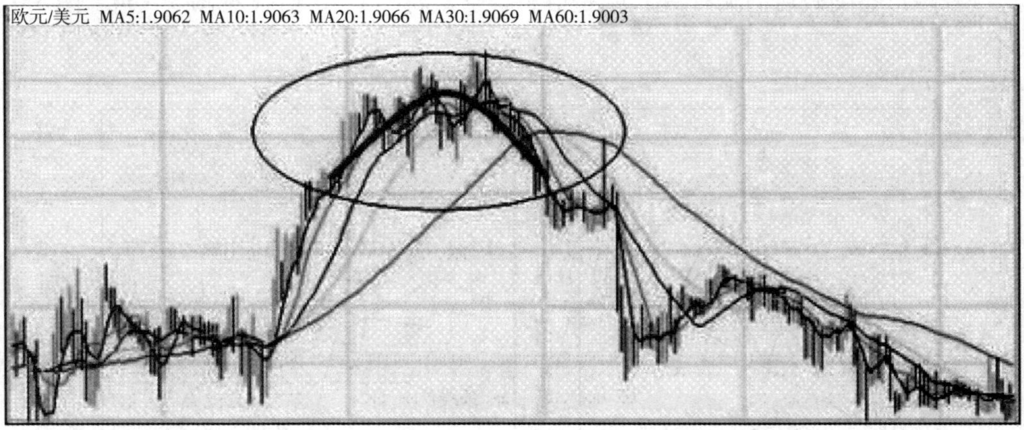

（a）

图3－53　圆弧顶（底）实例

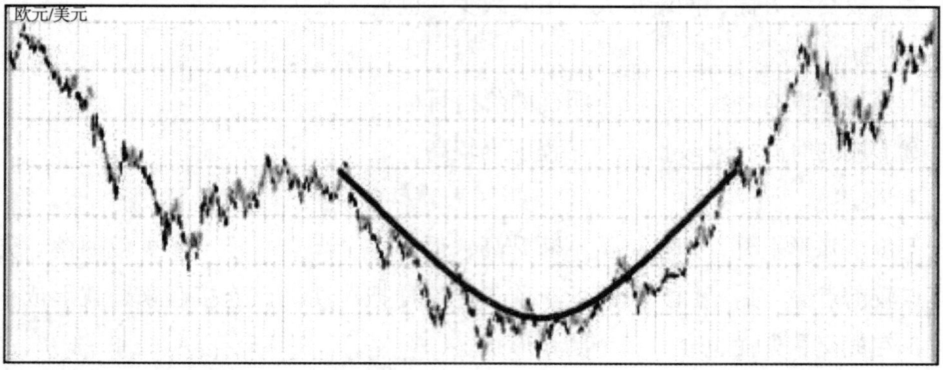

（b）

图 3－53　圆弧顶（底）实例（续）

（4）双峰反转

双峰反转是指在汇价顶部或底部形成的两个波峰，也就是双重顶和双重底，人们常称为"M"形和"W"形反转。

双峰反转形态并不一定意味着汇价的反转，也有可能在汇价回落到颈线的过程中受到支撑线的支撑而上涨。这时汇价在支撑线和前面两个高点之间的区域内运动，形成三重顶、三角形等多种形态，但这种可能性很小。

两个峰之间距离越远，也就是形成两顶底所持续的时间越长，则将来双重顶反转的潜力越大，反转后的波动也就越剧烈。

双峰形态突破后的涨（跌）幅是形态本身颈高的 1 ~3 倍（见图 3－54、图 3－55）。

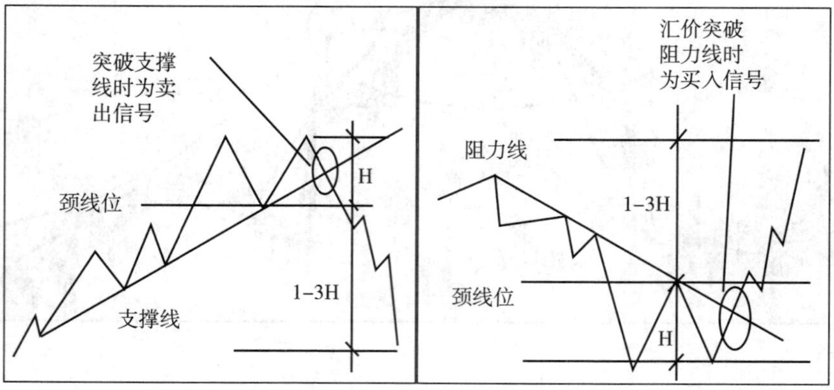

图 3－54　双峰反转形态

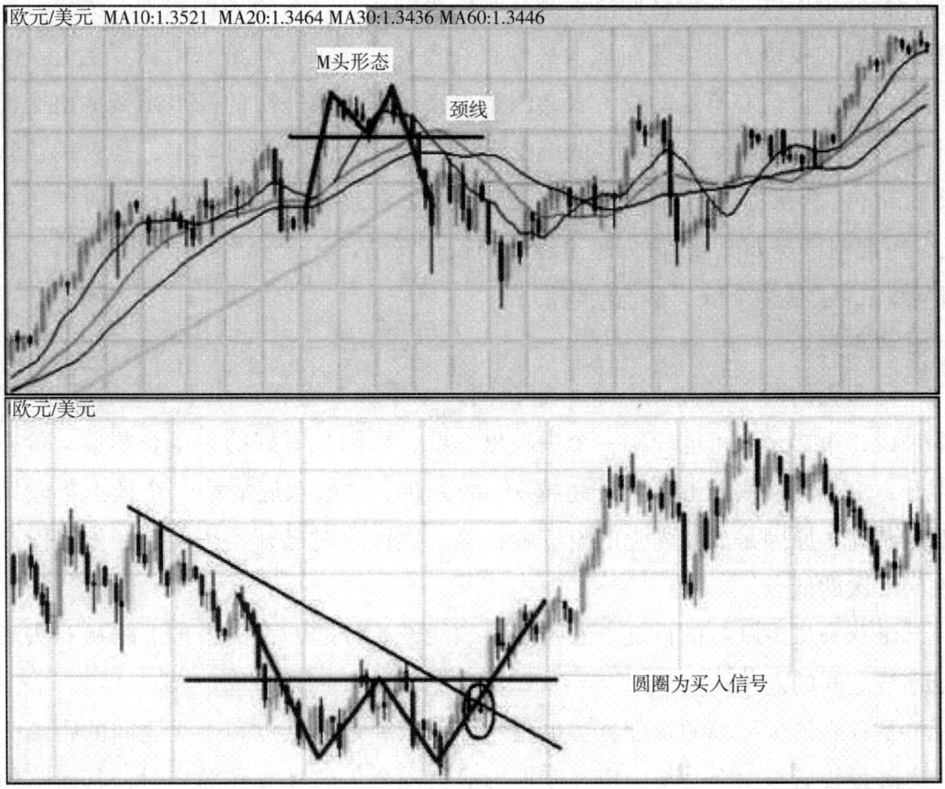

图 3－55　双峰反转形态实例

（5）双重顶和双重底

①形态分析

双重顶（又称 M 头）图形的主要特点是两个最高点的高度相等，有时候股价在跌破颈线后出现回抽现象而产生平台，然后下降趋势才告形成，如图 3－56 所示。双顶形有时会继续延长而变成三顶形或多顶形，这表示下降的阻力较大，但一旦突破颈线下降，则显示多头退出市场，买入减少，汇价的移动轨迹就像 M 形。这就是双重顶，又称 M 头走势。汇价下降的幅度可能会较大。双重顶也是汇市见顶的一种形态。当第二个高点形成后，即是卖出的信号，颈线的突破是卖出的强烈信号。

与双重顶相对，双重底是市场见底的一种形态，当第二个低点形成后，便是买进的信号，颈线的突破是买进的强烈信号，因此交易量会逐步增大，表示投资者纷纷进场做多。双重底的进一步延伸会形成三底形。

②市场含义

价格持续上升为投资者带来了相当的利润，于是他们沽售，这一沽售力量令上升的行情转为下跌。当价格回落到某水平，吸引了短期投资者的兴趣，另外，较早前沽出获利的投资者也可能在该水平再次买入补回，于是行情开始恢复上升。但与此同时，对汇市信心不足的投资者会因觉得错过了在第一次的高点出货的机会而马上出货，加上在低水平获利回补的投资者也同样在该水平再度卖出，强大的沽售压力令价格再次下跌。由于高点两次都受阻而回，令投资者感到价格没法再继续上升（至少短期内该是如此），假如越来越多的投资者沽出，令价格跌破上次回落的低点（即颈线），于是整个双头形态便告形成。

③要点提示

一是双头的两个最高点并不一定在同一水平，二者相差小于3%是可接受的。通常来说，第二个头可能较第一个头高出一些，原因是看好的力量企图推动价格继续再升，可是却没法使汇价上升超越3%的差距。一般双底的第二个低点都较第一个低点稍高，原因是先知先觉的投资者在第二次回落时已开始买入，令价格没法再次跌回上次的低点。

二是双头最少跌幅的量度方法，是由颈线开始计起，至少会再下跌从双头最高点至颈线之间的差价距离。

三是双底最少涨幅的量度方法也是一样，双底之最低点和颈线之间的距离，价格于突破颈线后至少会升至一定长度。形成第一个头部（或底部）时，其回落的低点约是最高点的10%～20%（底部回升的幅度也是相同的）。

四是双重顶（底）不一定都是反转信号，有时也会是整理形态，这要视两个波谷的时间差而定，通常两个高点（或两个低点）形成的时间相隔超过一个月为常见。

五是双头的两个高峰都有明显的高成交量，这两个高峰的成交量同样尖锐和突出，但第二个头部的成交较第一个头部显著为少，反映出市场的购买力量已在转弱。双底第二个底部成交量十分低沉，但在突破颈线时，必须得到成交量激增的配合方可确认。双头跌破颈线时，不须成交量的上升也应该信赖。

六是常常在突破颈线后，会出现短暂的反方向移动，称为反抽，双底只要反抽不低于颈线（双头之反抽则不能高于颈线），形态依然有效。

七是一般来说，双头或双底的升跌幅度都可度量出来的最少升（跌）幅为大（见图3－56）。

（6）V形反转

V形是表示汇价走势在上升趋势或下降趋势的转势形态中变化幅度较大、速度较快的一种形态，它出现在市场动荡之中，底和顶只出现一次，如图3－57所示。

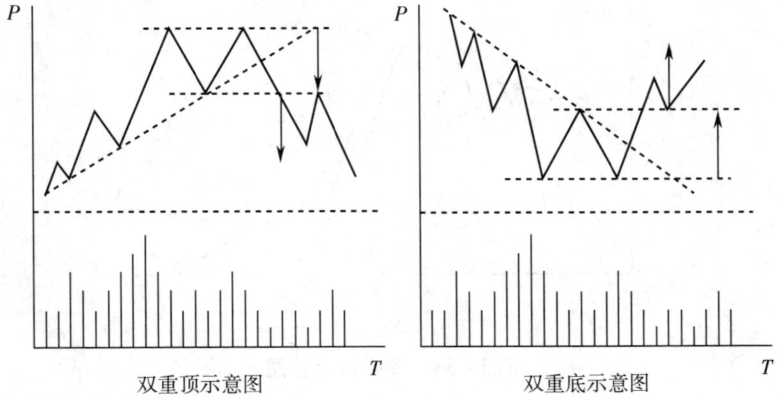

图 3－56　双重顶（底）示意

这种形态一般在狂升或狂跌的市场中才会出现。V 形反转形态是较难把握的一种走势发展形态。一般 V 形反转事先没有征兆，基本上都是由某些消息引起的，但消息是我们不可能预先知道的。

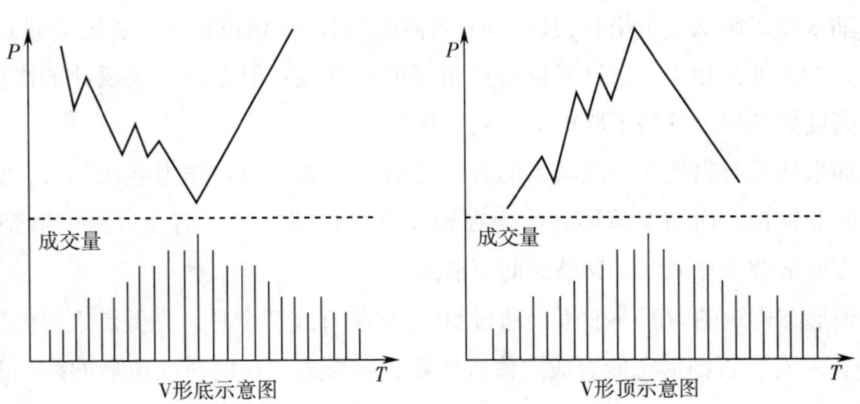

图 3－57　V 形顶（底）示意

（7）喇叭形

喇叭形也称扩大形或增大形，这种形状其实也可以看作一个对称三角形倒过来的结果。由于价格波动越来越大，于是形成若干越来越高的高点以及越来越低的低点。这说明当时的交易异常活跃，成交量日益放大，市场已失去控制，完全由参与交易的公众的情绪决定。在目前这个混乱的时候进入市场是很危险的，进行交易也十分困难。价格在喇叭形之后的下调过程中，会遇到反扑，而且反扑的力度会相当大，这是喇叭形的特殊性。但只要下降不超过下跌高度的一半，价格下跌的趋势就会继续（见图 3－58）。

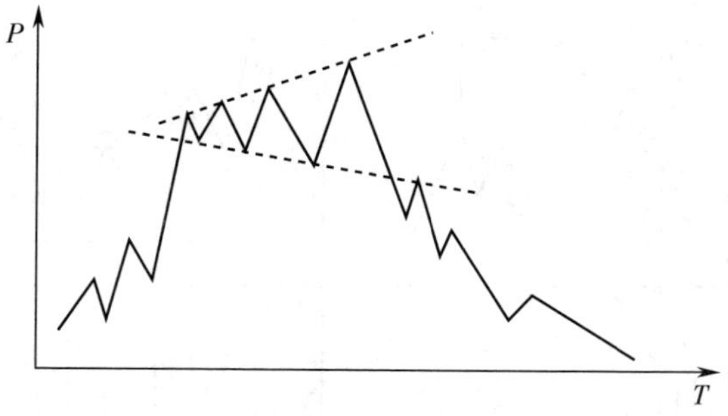

图 3－58　喇叭形示意图

喇叭形有以下几个运用要点：

①喇叭形基本上不会出现在底部，大多出现在上升趋势当中，是一种强势转为弱势的信号，一般象征多头市场的结束。一旦出现价格未来的跌幅增大，一般相当于倒转三角形右边开口处的垂直高度。

②喇叭形的成交量呈现不规则变化，形态的最终完成对低点的连线形成突破，并由反抽来加以确认。价格在突破下面支撑线之后的下调过程中，肯定会遇到反扑，而且反扑的力度会相当大，这是倒转三角形的特殊性。但是，只要反扑的高度不超过下跌高度的一半，价格下跌的势头还会保留。

③如果该形态出现在一波较大的升势之后，完成后的杀伤力会相当大，调整持续的时间非常长；而如果该形态出现在一段下调行情之后，则会成为中继型反转，其杀伤力通常会明显减弱，调整时间可能缩短。

④该形态构筑的时间一般不会超过 60 个交易日或三个月，高低点之间的落差大多在 15% 左右，否则形态能否成立值得怀疑，而形态的规模对破位后的跌幅及整理时间有很大影响。

（8）菱形

菱形也叫钻石形，是由两个对称三角形合并组成的一种调整形态。这是显示价格在调整期间变化很大，市场走势不稳定，因而后市展望不确定的一种图形调整形态。比起喇叭形，菱形更有向下的愿望。菱形的测算功能是以菱形的最宽处的高度为形态高度的。今后下跌的深度从突破点算起，至少是一个形态的高度，如图 3－59 所示。

菱形运用的要点：

①菱形形态通常是一种很明显的变盘信号，象征着多头行情即将失败，价格一旦突破形态中的支撑线，应该果断离场。其未来的下跌幅度同样可以预测，以菱形

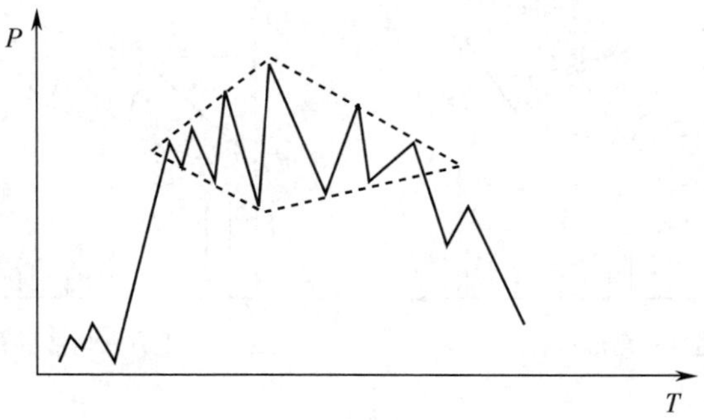

图 3－59　菱形示意图

最宽处的高度为形态高度。今后下跌的深度从突破点算起至少下跌一个形态高度。这同大多数的测算方法基本相同。

②菱形有时作为持续整理形态不出现在顶部，而是出现在下跌趋势的中途，以后的走向仍然会保持原来的趋势继续下降。

③在菱形的形成过程中，成交量是随着价格的变化而变化的，开始的时候是越来越大，然后越来越小。

3. 持续整理形态图形

价格走势在上升或下降过程中，有时需要休整一下，在图形上就形成了调整形态。由于技术力量的变化不同，调整形态会形成各种不同的形态，然而这种调整形态并没有改变原先汇价走势的方向。

（1）三角形

通常情况下，三角形形态属于持续整理形态。三角形的调整形态共分四种：对称三角形、上升三角形、下降三角形和倒置三角形。

①对称三角形表示在汇价盘整中买卖双方的力量均衡，交易量由多到少；当汇价按其原有趋势继续发展时，交易量会增加，如图 3－60 所示。

②上升三角形表示在汇价盘整中买方的力量不断增强，交易量由大到小；当汇价突破阻力线向上时，交易量增加，后市展望良好。这种图形是显示买进的信号，如图 3－60 所示。

③下降三角形表示在盘整中卖方的力量在不断增强，交易量由大到小；当汇价突破支持线向下时，交易量增加，后市展望不乐观。这种图形是显示卖出清仓的图形，如图 3－60 所示。

④倒置三角形表示汇价盘整走势极不稳定，其交易量不断下降，而汇价波动幅度逐渐增大，后市走势不能确定，如图 3－60 所示。

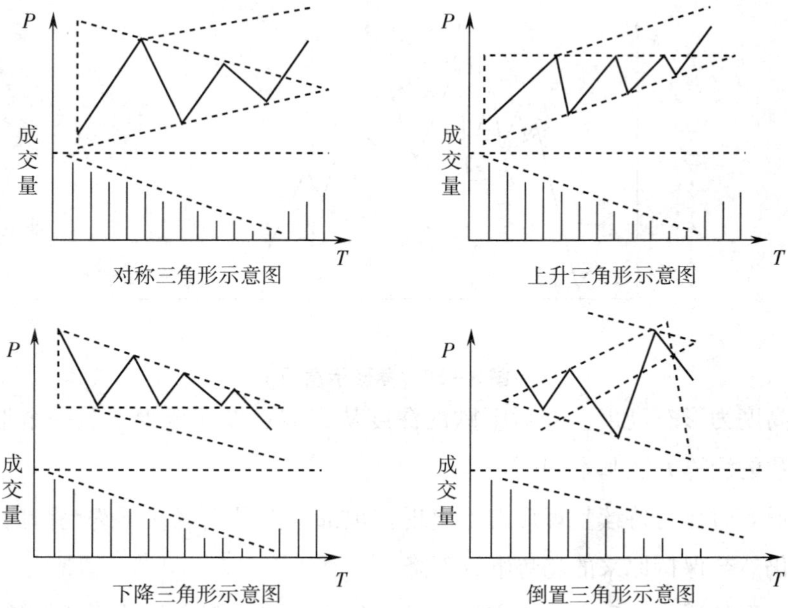

图 3－60　三角形各种形态图

（2）矩形形态

矩形又叫箱形，是一种典型的整理形态。汇率价格在两条水平直线之间上下波动，作横向延伸的运动。矩形形态一般出现在上涨或下跌过程的中段，它是多空双方全力交战的结果。多空双方在主力的支持下，互不相让，汇价涨到压力线就遭到空方抛压，汇价回到支撑线又被买盘托起，时间一长就形成两条明显的上下界限。随着时间的推移，双方的热情会逐步减弱，市场趋于平淡。在经过拉锯以后，谁的力量强，谁就会获胜。矩形形态的图形就是将高点和低点分别用直线连接起来，便可以得到两条平行的矩形形态线（见图 3－61）。

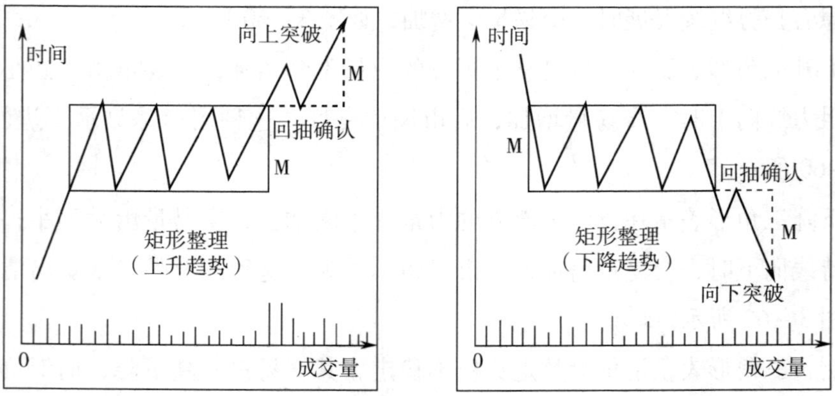

图 3－61　矩形形态图

矩形形态的分析意义与上升三角形大致相同，只是价格每次下探时都在同一水平位获得支撑，而不像三角形那样低点逐步上移。在预测价值方面，和对称三角形相似，但趋势线平行而不相交，当价格在上升趋势线或下降趋势线之外收盘时，矩形便告完成并提示未来趋势的走向，矩形通常为持续形态，少数情况下也有可能成为反转形态。作为反转形态，在底部比在顶部出现的机会要多，底部长时间、疲弱、沉缓的矩形有时也被归类为平底蝶形。矩形整理又常常被人们称为箱形整理，意思是汇价好像被关在一个箱子里面，上面有盖，下面有底，而汇价在两层夹板之间来回运动，如果这种来回运动具有一定的规律性，即上升时成交量放大而下跌时成交量缩小，并且随着时间的推移成交量整体上呈现缩小的趋势，那么这个形态就是矩形整理了。

在实际中，矩形形态的运用要点包括以下五个方面。

第一，矩形形态出现以后的走势与原有的趋势有密切的关系。一般来说，矩形形态处于上升行情中，未来走势向上突破的概率较大；处于下降行情中，未来走势向下突破的概率较大。

第二，一旦价格有突破压力线和支撑线的情况，是进货或出货的好时机，应该及时把握机会。矩形形态突破前的成交量一般比较温和，一旦突破成交量会放大。矩形形态被突破后，具有测算意义——矩形高度就是形态高度。一般来说，矩形突破后的涨跌幅度等于矩形本身的形态高度，一个高低波幅较大的矩形走势，要比狭窄的矩形走势更具爆发力。

第三，矩形被突破后，经常会出现价格的反扑，但是矩形的上下界限具有阻止反扑的作用。通常，价格的反扑会在突破后的 3 ~ 15 天内出现，上涨突破后的回抽确认位置在矩形的顶线之上，而下跌突破后的回抽确认位置在矩形的底线之下。如果反扑返回到矩形之内，则有可能是假突破，价格仍会在矩形内震荡，或向相反方向突破。

第四，矩形形态为投资者提供了短线炒作的机会，在矩形形成的早期，可以进行在下界附近买入、在上界附近抛出的高抛低吸短线投机活动。如果矩形的上下界限相距较远，这种短线收益也是比较可观的；如果上下波动幅度很小，则缺乏炒作意义。不过，在整理状态的后期应该以观望为主，密切注意突破是否出现，这样可以避免突发事件带来的损失。

第五，矩形形态虽然在大多数情况下是作为持续形态，但有时候也可以作为反转形态，出现在顶部或底部，所以存在着被人为利用的可能性。在正常情况下，该形态反转前的主要表现是：高低点之间的差距较大；因短线交易增多导致横向波动时间延长；量价背离严重；等等。而充当顶部反转时，震荡幅度往往更大一些，如15%以上，延伸时间则相应缩短许多。我们应重点关注在底部盘整几个月甚至一两年的矩形。底部盘整的时间越久，一旦突破上面的压力线，涨势越凶猛。

（3）旗形形态

在汇价走势中，出现的小幅度方向相反的调整形态，类似于长方形，称为旗形。旗形有上升旗形和下降旗形两种。

①上升旗形是一种在汇价上升的走势中出现向下调整的长方形，表示交易量由大变小，价格突破阻力线后，交易量大增；上升幅度是原突破点到旗杆最高点的垂直距离，即 $CD = AB$ 。上升旗形是后市展望良好的一种调整形态，因而当价格突破阻力线向上时，是买进的信号，如图3－62所示。

②下降旗形是一种在价格下降的走势中出现向上调整的长方形，表示交易量由大变小，价格突破支持线以后，交易量大增；下降幅度是原突破点到旗杆最低点的垂直距离，即 $CD = AB$ 。下降旗形是后市展望不佳的一种调整形态，因而当价格突破支持线向下时，是卖出的信号，如图3－62所示。

在价格走势中，出现的狭小三角形整理的形态，称为小旗形。小旗形有上升小旗形和下降小旗形两种。

③上升小旗形是表示汇价盘整后向上突破的形态，其上升的幅度等于旗杆的长度，即 $CD = AB$ ，交易量由大到小，价格突破阻力线时，交易量大增。上升小旗形

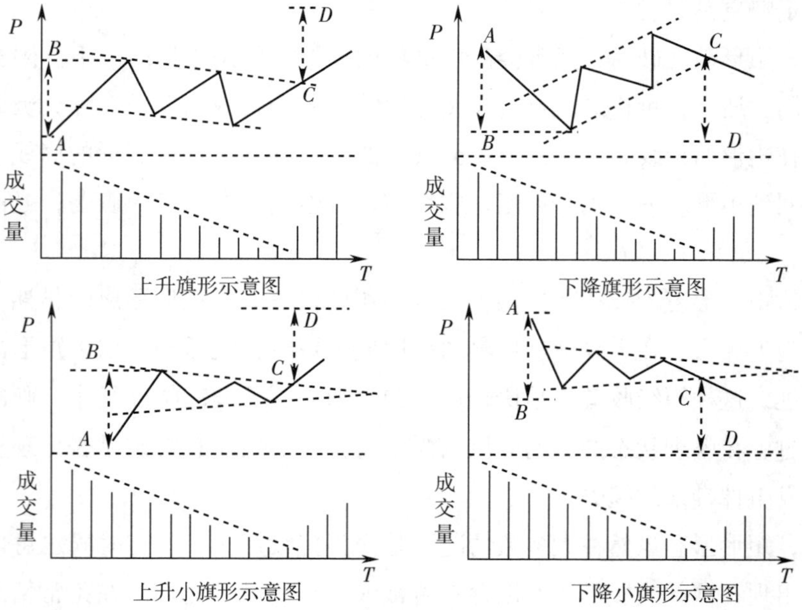

图3－62　旗形形态走势

是表示可以进货的盘整形态，如图 3－62 所示。

④下降小旗形是表示汇价盘整后向下突破的形态，其下降的幅度等于旗杆的长度，即 $CD = AB$，交易量由大到小，价格突破支持线后，交易量大增。下降小旗形是表示可以出货的盘整形态，如图 3－62 所示。

（4）楔形

在汇价走势中，存在一种类似楔形的整理形态，其外形是不对称不含直角的三角形。楔形也可分成上升楔形和下降楔形两种。下降楔形是在价格上升走势中常出现的调整形态。这种形态后市走势良好，是一种表示可以买进的图形。上升楔形是在价格下降走势中常出现的一种调整形态。这种图形后市走势不乐观，是一种表示可以卖出的图形，如图 3－63 所示。

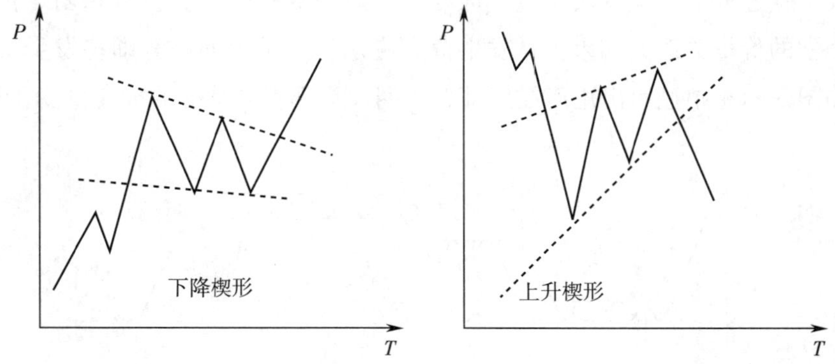

图 3－63　楔形形态走势

4. 应用形态分析应注意的问题

形态分析是技术分析中较早得到应用的方法，相对比较成熟。但是，也存在一个正确使用的问题，否则，很容易发生形态混淆或者错过机会。

（1）形态的叠合与变异

在实际的汇价运动轨迹中，往往存在叠合现象，持续整理形态经常会充当反转突破形态的一部分，而反转突破形态有时候也会充当持续整理形态的一部分。比如，三角形在圆形、头肩形和双重顶（底）形等反转突破形态中，往往表现为突破前的蓄势整理，或突破后的整固；而圆形经常充当矩形、三角形等持续整理形态在突破前的最后一次局部反转。

另外，形态也会发生变异现象。某些形态虽然被归类为持续整理形态，但会变异为反转突破形态，同样，有些形态虽然被归类为反转突破形态，但有时候也会变异为持续整理形态，由于存在变异的现象，既可以作为持续形态，也可以作为反转形态，就有被人为利用的可能性，成为诱空或诱多的陷阱。比如，楔形经常以持续形态的面目出现，因此也经常被机构庄家用来作为洗盘或出货的工具。所以，在运用形态分析时，防止形态骗局是一个重要问题。

（2）形态分析三要素

不管哪种形态分析都离不开对成交量、时间、空间（波幅或落差）的分析。这三者是形态分析的基本要素，将形态的一般规律和三要素结合起来是正确运用形态分析方法的重要环节。

①成交量观察

一般来说，反转时对成交量的要求高，整理时对成交量的要求低。整理形态形成时向上放量或向下缩量以及突破后放巨量均为底部整理或上升途中整理，反之为顶部以及下跌过程中整理。成交量一般与价格趋势保持一致，价升量增、价跌量缩是一种正常的价量关系，如果价量发生背离应该认为是当前趋势即将发生反转的信号。例如图 3－64 中显示出矩形在底部、中间及头部不同情况的成交量变化规律。

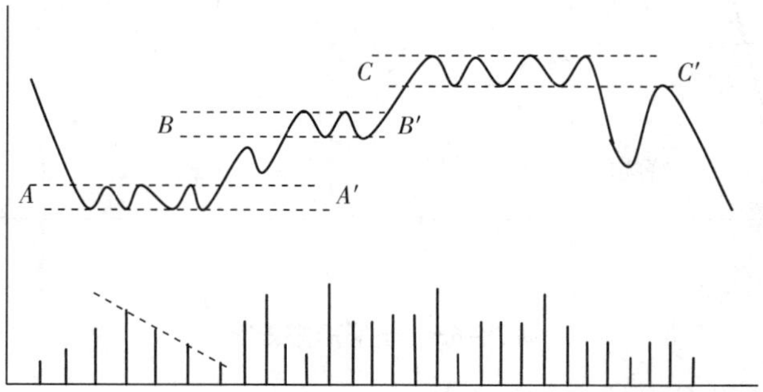

图 3－64　矩形在底部、中间及头部的成交量变化规律

图 3－64 中最下面的垂直线表示成交量，当价格接近前期低点或矩形区间 AA′时，成交量稍微放大，但因为在底部形成期间交投清淡，成交量明显萎缩，在整个整理阶段成交量不断萎缩，一直到价格形态趋于完成的时候。这表明多空双方都在观望，但是当价格向上突破阻力位时（矩形形态的上界），交投迅速活跃起来，成交量明显增加，由于成交量明显放大，我们可以确认突破的有效性，如果价格突破时没有成交量的放大，则该突破信号很值得怀疑。因为较小的成交量无法推动价格沿突破方向运动。当价格脱离矩形区域大幅上涨后，追涨的热情开始降低，价格呈现横向整理走势，形成中途矩形区间 *BB′*，同时伴随成交量的萎缩，这是一种正常的价量关系。随后价格又向上突破，成交量明显放大，再次确认原来的上升趋势。最后买方力量衰竭，价格走势形成另一个矩形区间 *CC′*，成交量持续萎缩，然后突

破矩形下界，向下反转。我们应该注意，在价格矩形区间 BB'中，成交量虽然增加，但相对于突破矩形区间 AA'时的成交量，从整个循环角度来看，这是一种空头的信号。在这个例子中，成交量在价格进入矩形区间 BB'时已经达到峰位，而价格在矩形区间 CC'时才达到峰位。在矩形形态 CC'的形成过程中，成交量萎缩，但当价格向下突破时，成交量明显放大。价格向下突破矩形形态的下界，成交量放大现象虽然可以显现行情的空头特征，但却不是向下有效突破的必要条件，这与向上突破不同。价格向下突破后，经常会再次反弹，这种反弹总是伴随成交量的萎缩，进一步显示市场的空头特征。

②时间观察

整理形态时间短，完成形态后维持原方向运动；反转形态时间长，完成形态后反方向运行。完成形态所需要的时间是一个重要的因素，因为价格形态完成的时间关系到资产换手的数量，如果价格在某一价格区间僵持了相当长的时间，投资者已经习惯于在某一低价位买入，在另一高价位卖出，一旦价格突破这一区间，意味着多空双方力量对比发生了根本性的变化，会对市场心理产生很大的影响。另外，在判断突破是否有效时，也必须考虑时间因素，实际上，一个有效的突破应该保持一定的时间，例如在当日走势图上，观察到价格走势由矩形形态向上突破，但如果价格不能再突破价位上保持一天，这种突破信号就值得怀疑。

③波幅或落差观察

形态没有完成前，即汇价变动没有突破颈线等形态中的支撑线或压力线，不要过早采取相应的交易策略。不论幅度多小的价格形态，其突破走势都是趋势反转或连续的有效信号，但是我们也会经常遇到错误的趋势反转信号，这些错误的信号被称为假突破信号。因此就有必要去建立一定的准则，最大限度地避免错误的解释。传统的经验认为3%以上的突破才是有效的突破，该确认准则可以排除大量的假突破信号，但信号在时间上也会滞后一些。虽然一般都将3%作为一个基本的确认准则，但确认突破是否有效的最好的方法还是基于过去每次特定情形所获得的经验和评估技巧。因此，根据个人过去的经验、经历和失误来判断价格突破的有效性，可以大大降低判断错误的可能性。另外，整理形态完成后，幅度测量的准确性比较低，而反转形态完成后幅度测量的准确性比较高。

④形态分析中的操作策略

如果对于是整理形态还是反转形态难以确认，则需要在重要位置止损或追涨。如果先判断为整理形态，结果走出反转形态，向下时则要在重要趋势线和颈线位处设定止损点，向上时也同样要按照重要趋势线及颈线位处进行确认，在确认后及时追涨。在整理形态还是反转形态不明朗时，最好停手少做短差，不要轻易去捕捉反弹，待趋势明朗后再进行操作。

（四）缺口理论

1. 基本概念及分类

缺口是指汇价在快速大幅变动中有一段价格没有任何交易，显示在股价趋势图上是一个真空区域，这个区域称为“缺口”，它通常又称为跳空。当股价出现缺口，经过几天甚至更长时间的变动，然后反转过来，回到原来缺口的价位时，称为缺口的封闭，又称补空。

缺口分普通缺口、突破缺口、持续性缺口和衰竭缺口四种。从缺口发生的部位大小，可以预测走势的强弱，确定是突破还是已到趋势的尽头，它是研判各种形态时最有力的辅助材料。具体表述如下。

①普通缺口

普通缺口是指没有特殊形态或特殊功能的缺口，它可以出现在任何走势形态之中，但大多数是出现在整理形态的行情中。它具有一个比较明显的特征，即缺口很快就会被回补。由于是双向交易，所以利用该特点，投资者可以把握一些短线的操作机会。

当向上方向的普通缺口出现之后，投资者可在缺口上方的相对高点附近做卖出交易，然后待缺口封闭之后再平仓买回；而当向下方向的普通缺口出现之后，投资者可在缺口下方的相对低点附近做买入交易，然后待缺口封闭之后再平仓卖出。

这种操作方法的前提是，必须判明缺口是否是普通缺口，而且必须是在宽幅震荡整理行情中，才能采取这种高抛低吸的策略。

②突破缺口

突破缺口是指行情向某一方向急速运动，脱离原有形态所形成的缺口。突破缺口的出现预示着后市将会出现一波爆发性的行情，因此，针对突破缺口的分析意义极大。突破缺口的出现有两种情况，一是向上突破缺口，二是向下突破缺口。

a. 向上突破缺口。该缺口的特点是，突破时成交量明显增大，且缺口不被封闭。该缺口出现后，投资者可以大胆买入、中线持有，并以缺口作为风险控制的止损价位。

b. 向下突破缺口。该缺口的特点是，向下突破时成交量明显增大，且缺口不被封闭。由于行情的下跌力量往往比较凶猛，所以一旦向下突破缺口形成，杀伤力比较大，应该引起足够的重视。

当向下突破缺口出现后，如果投资者持有多单，应该立即果断地止损，并反手做空；如果投资者持有空单，则可以继续加码卖出，并中线持有，以缺口作为风险控制的止损价位。当向下突破缺口形成后，行情走势必将向纵深发展，踏上不归的熊途路。

③持续性缺口

持续性缺口是行情在向某一方向有效突破之后，由于运动急速而在途中出现的缺口。中继缺口出现后，行情会朝着原来的方向继续发展，并且发展距离大于或等于突破缺口至中继缺口之间的距离。由于中继缺口出现后短期内不被回补，所以投资者可在中继缺口出现后继续开仓或加码做买入或卖出交易，并以该缺口作为风险控制的止损价位。

通常中继缺口具有以下特点：第一，中继缺口是一种二次形态的缺口，它只能伴随突破缺口的出现而出现，即没有突破缺口，中继缺口也就不存在。第二，中继缺口一般都不会被封闭。第三，通过中继缺口可以大致测算行情未来的发展距离，即不小于突破缺口与中继缺口之间的距离。

④衰竭缺口

衰竭缺口一般出现在行情趋势发展的末端，是行情即将结束的信号。衰竭缺口的出现有时会伴随着反转行情的出现，在高位会出现岛形反转，在低位会出现 V 形反转。该缺口的显著特点是，出现在高位或低位，并且出现后短时间内很快被回补。根据以上特点，投资者可采取以下交易策略：

a. 当行情持续拉升后出现了衰竭缺口时，在缺口被回补以后投资者应该果断将手中的多单平仓，并反手在高位建立空单，中线持有，以该缺口作为风险控制的止损价位。

b. 当行情持续下跌后出现了衰竭缺口时，在缺口被回补以后投资者应该果断将手中的空单平仓，并反手在低位建立多单，中线持有，以该缺口作为风险控制的止损价位（见图 3－65）。

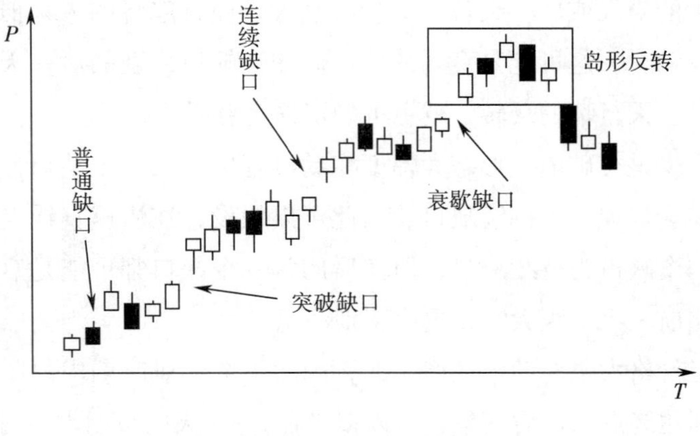

图 3－65　缺口示意图

2. 市场含义

①普通缺口并无特别的分析意义，一般在几个交易日内便会完全填补，它只能帮助我们辨认清楚某种形态的形成。普通缺口在整理形态时要比在反转形态时出现的机会大得多，所以当发现三角形和矩形有许多缺口时，就应该增强它是整理形态的信念。

②突破缺口的分析意义较大，经常在重要的转向形态如头肩式的突破时出现，这缺口可帮助我们辨认突破信号的真伪。如果汇价突破支持线或阻力线后以一个很大的缺口跳离形态，可见突破强而有力，很少有错误发生。形成突破缺口的原因是其水平的阻力经过时间的争执后，供给的力量完全被吸收，短暂时间缺乏货源，买进的投资者被迫要以更高价求货；又或是其水平的支持经过一段时间的供给后，购买力完全被消耗，沽出的投资者须以更低价才能找到买家，因此便形成缺口。假如缺口发生前有大的交易量，而缺口发生后成交量却相对减少，则有一半的可能不久缺口将被封闭，若缺口发生后成交量并未随着汇价远离缺口而减少，反而加大，则短期内缺口将不会被封闭。

③持续性缺口的技术性分析意义最大，它通常是在价格突破后远离形态至下一个反转或整理形态的中途出现，因此持续缺口能大约地预测股价未来可能移动的距离，所以又称为量度缺口。其量度的方法是从突破点开始，到持续性缺口始点的垂直距离，就是未来价格将会达到的幅度。或者我们可以说：价格未来所走的距离，和过去已走的距离一样。

④衰竭缺口的出现，表示价格的趋势将暂告一段落。如果在上升途中出现，即表示即将下跌；如果在下跌趋势中出现，即表示即将回升。不过，衰竭缺口并不意味着市道必定出现转向，只是意味着有转向的可能。

在缺口发生的当天或后一天若成交量特别大，而且趋势的未来似乎无法随成交量而有大幅的变动时，这可能是衰竭缺口，假如在缺口出现的后一天其收盘价停在缺口边缘形成了一天行情的反转，就更可确定这是衰竭缺口了。

衰竭缺口很少是突破前一形态大幅度变动过程中的第一个缺口，绝大部分的情形是它前面至少会再现一个持续缺口。因此可以假设，在快速直线上升或下跌变动中期出现的第一个缺口为持续缺口，但随后的每一个缺口都可能是衰竭缺口，尤其是当这个缺口比前一个空距大时，更应特别注意。

持续缺口是价格大幅变动中途产生的，因而不会在短时期内封闭，但是衰竭缺口是变动即将到达终点的最后现象，所以多半在 2 ~ 5 天的短期内被封闭。对于汇市来说持续缺口并不多见。

3. 要点提示

①一般缺口都会被填补。因为缺口是一段没有成交的真空区域，反映出投资者当时的冲动行为，当投资者情绪平静下来，反省过去的行为有些过分时，缺口便告补回。其实并非所有类型的缺口都会被填补，其中突破缺口、持续性缺口未必会填补，至少不会马上填补；只有衰竭缺口和普通缺口才可能在短期内补回。因此，缺口填补与否对分析者观察后市的帮助不大。

②价格在突破其区域时急速上升，成交量在初期量大，然后在上升中不断减少，当价格停止到原来的趋势时成交量又迅速增加，这是多空双方激烈争执的结果，其中一方得到压倒性胜利之后，于是便形成一个巨大的缺口，这时候成交量又开始减少了。这就是持续性缺口形成时的成交量变化情形。

③衰竭缺口通常是形成缺口的一天成交量最高（但也有可能在成交量最高的翌日出现），接着成交量减少，显示市场购买力（或沽售力）已经消耗殆尽，于是汇价很快便告回落（或回升）。

④在一次上升或下跌的过程里，缺口出现越多，显示其趋势越快接近终结。举例来说，当升市出现第三个缺口时，暗示升市快告终结；当第四个缺口出现时，短期下跌的可能性更大。

（五）移动平均线（MA）理论

1. 移动平均线的概念、原理及应用

（1）移动平均线的定义

移动平均线（MA）是以道·琼斯的“平均成本概念”为理论基础，采用统计学中“移动平均”的原理，将一段时期内的（股票、汇率等）价格平均值连成曲线，用来显示标的价格的历史波动情况，进而反映价格指数未来发展趋势的技术分析方法。它是道氏理论的形象化表述。

（2）移动平均线的计算方法

在技术分析领域中，移动平均线是必不可少的指标工具。移动平均线利用统计学上的“移动平均”原理，将每天的市场价格进行移动平均计算，求出一个趋势值，用来作为价格走势的研判工具。移动平均线依时间长短可分为三种，即短期移动平均线、中期移动平均线和长期移动平均线。短期移动平均线一般以 5 日或 10 日为计算期间；中期移动平均线大多以 30 日、60 日为计算期间；长期移动平均线大多以 100 日和 200 日为计算期间。

计算方法分为以下几种：

①简单算术移动平均线

简单算术移动平均线是简单而普遍的移动平均线。其计算方法为一组数字相加，除以该组数据的组成个数，其中每一给定时限在计算平均值时的权重均相等。以5天移动平均线为例：

公式如下：$MA = (C_1 + C_2 + C_3 + C_4 + C_5) / 5$

一般公式：$MA = (C_1 + C_2 + C_3 + C_4 + C_5 + \cdots + C_n) / n$

其中，C_1 为第一日收盘价；n 为移动平均数周期。

②加权移动平均线，加权方式分为四种：

一是末日加权移动平均线，计算公式：$MA(N) = (C_1 + C_2 + \cdots + C_n \times 2)/(n + 1)$

二是线性加权移动平均线，计算公式：$MA = (C_1 \times 1 + C_2 \times 2 + \cdots + C_n \times n)/(1 + 2 + \cdots + n)$

三是梯形加权移动平均线，计算公式（以5日为例）：

$[(C_1 + C_2) \times 1 + (C_2 + C_3) \times 2 + (C_3 + C_4) \times 3 + (C_4 + C_5) \times 4]/(2 \times 1 + 2 \times 2 + 2 \times 3 + 2 \times 4)$

四是平方系数加权移动平均线，计算公式（以5日为例）：

$MA = [(C_1 \times 1 \times 1) + (C_2 \times 2 \times 2) + (C_3 \times 3 \times 3) + (C_4 \times 4 \times 4) + (C_5 \times 5 \times 5)]/(1 \times 1 + 2 \times 2 + 3 \times 3 + 4 \times 4 + 5 \times 5)$

（3）移动平均线的作用

①揭示价格运动方向，即通常所说的上升趋势还是下降趋势

判别的方法是：移动平均线向下，则趋势向淡；移动平均线向上，则趋势向好。短期移动平均线反映的是短期趋势的好坏，中期移动平均线反映的是中期趋势的好坏，长期移动平均线反映的是长期趋势的好坏。在使用移动平均线研判汇市的走势时，还常用一种叫做“黄金交叉”和“死亡交叉”的方法来揭示股价运动的方向。

“黄金交叉”表示趋势向好，是买入信号；“死亡交叉”表示趋势转坏，是卖出信号。其识别方法是：“黄金交叉”就是天数少的移动平均线上穿天数多的移动平均线，且天数多的移动平均线在向上移动。“死亡交叉”就是天数少的移动平均线下穿天数多的移动平均线，且天数多的移动平均线在向下移动。

②揭示当前市场的平均成本

③助涨助跌作用

在多头市场或空头市场中，移动平均线朝一个方向移动，通常将持续几个星期或几个月之后才会发生反转，改朝另一个方向移动。因此，在汇价的上升趋势中，

可以将移动平均线看做是多头的防线，具有助涨作用，这时应视为买进时机；而在汇价的下降趋势中，可以将移动平均线看做是空头的防线，具有助跌作用，这时应视为卖出时机。

移动平均线的助涨与助跌作用，在汇价走出盘整区域后表现尤为明显。当汇价脱离盘整上升时，它就会发挥很强的助涨作用，即使汇价偶尔回档，也会受到平均线的支撑止跌向上。反之，当汇价脱离盘整区域而下跌时，它就会产生很强的助跌作用。汇价即使反弹，也会受到平均线的压制而再创新低。

④提示价格运行转向的信号

移动平均线具有提示价格运行转向的信号作用。由于移动平均线走势比较缓慢，所以一般不会像价格线那样产生锐角形反转，移动平均线一般以圆弧形拐点转势的形式，提示投资者头部或底部的来临，移动平均线出现弧形拐点是投资者逃顶抄底的好机会。

（4）多条移动平均线的一般应用

①买进时机

a. 价格曲线由下向上突破 5 日、10 日移动平均线，且 5 日均线上穿 10 日均线形成黄金交叉，显现多方力量增强，已有效突破空方的压力线，后市上涨的可能性很大，是做多时机。

b. 价格曲线由下向上突破 5 日、10 日、30 日移动平均线，且三条移动平均线呈多头排列，说明多方力量强盛，后市上涨已成定局，此时是极佳的做多时机。

c. 在强势上升行情中，价格出现盘整，5 日移动平均线与 10 日移动平均线纠缠在一起，当价格突破盘整区，5 日、10 日、30 日移动平均线再次呈多头排列时为做多时机。

d. 在多头市场中，价格跌破 10 日移动平均线而未跌破 30 日移动平均线，且 30 日移动平均线仍向右上方挺进，说明价格下跌是技术性回档，跌幅不致太大，此时为做多时机。

e. 在空头市场中，价格经过长期下跌，股价在 5 日、10 日移动平均线以下运行，恐慌性抛盘不断涌出导致价格大幅下跌，乖离率增大，此时为抢反弹的绝佳时机，应做多时机。

②卖出时机

a. 在上升行情中，价格由上向下跌破 5 日、10 日移动平均线，且 5 日均线下穿 10 日均线形成死亡交叉，30 日移动平均线上升趋势有走平迹象，说明空方占有优势，已突破多方两道防线，此时应做空。

b. 价格在暴跌之后反弹，无力突破 10 日移动平均线的压力，说明价格将继续下跌，此时为做空时机。

c. 价格先后跌破 5 日、10 日、30 日移动平均线，且 30 日移动平均线有向右下方移动的趋势，表示后市的跌幅将会很深，应迅速卖出。

d. 价格经过长时间盘局后，5 日、10 日移动平均线开始向下，说明空方力量增强，后市将会下跌，应做空。

e. 当 60 日移动平均线由上升趋势转为平缓或向下方转折，预示后市将会有一段中级下跌行情，此时应做空。

③多头排列和空头排列

多头排列，就是日线在上，以下依次为短期线、中期线、长期线，这说明我们过去买进的成本很低，做短线、中线、长线的都有赚头，市场一片向上，这便是典型的牛市了。

空头排列，指的是日线在下，以上依次分别为短期线、中期线、长期线，这说明我们过去买进的成本都比现在高，做短线、中线、长线的此时都在抛出“割肉”，市场一片看坏。显然，这是典型的熊市。

④移动平均线的收敛

在剧烈的价格走势发生之前，通常会有一段逐渐变窄的交易区间，这种情况也会反映到移动平均线上，如果在价格走势图上两条或者三条具有不同时间跨度的移动平均线，共同收敛靠拢在一起，也就是应该重视的信号，预示着平衡将要打破，市场的能量就会释放，从而展开一轮较大的行情。

2. 格兰威尔移动平均线买卖八大法则

谈到汇市价格的移动平均线的分析方法，我们就不得不重点提到著名的格兰威尔移动平均线八大法则（简称格兰威尔八法）。格兰威尔法则在中外证券市场中可谓是无人不知无人不晓，格氏八大法则是美国著名的证券市场技术分析大师格兰威尔先生在 20 世纪 60 年代所著《每日股票市场获最大利益之战略》一书中所运用的测试法则，依据此八大法则可以帮助我们判断股票的最佳买卖时机，寻找最佳的买卖点。虽然格兰威尔的移动平均线的八大法则是以股票价格与移动平均线之间的关系作为判断买卖点的依据，但运用到汇市中同样有重要的借鉴意义。

这一法则共有八个买卖信号点，故称为格兰威尔移动平均线八大法则。具体来说，买卖信号点是由四个买进点和四个卖出点组成，现分别叙述如下（见图 3 - 66）：

（1）移动平均线从下降逐渐转为水平或上升，价格从移动平均线的下方突破平

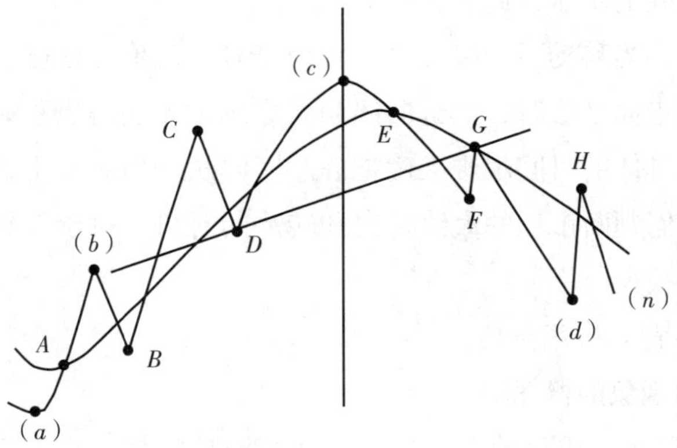

图3-66 格兰威尔移动平均线买卖八大法则示意图

均线，交错向上，是买进信号。这里尤其要注意的是，移动平均线一定要出现向上抬头的迹象，这说明整个市场开始逐渐进入了上涨的状态，此时买入信号才比较确切。

（2）移动平均线在稳步上升，价格跌至移动平均线之下，又立刻回升到移动平均线的上方，仍为买进信号，因为移动平均仍然持续上升，表明市场仍处于涨势之中。

（3）价格曲线在移动平均线之上，汇价下跌，但在移动平均线附近的上方遇到支撑，没有跌破移动平均线而是反转上升，为买入的信号。

（4）价格突然暴跌，跌破了移动平均线，而且继续快速下行，在图形上，汇价曲线很陡下行，远离了移动平均线，则有反弹上升回复到移动平均线附近的趋势，所以在远离移动平均线时，是买入的信号。

四个卖出信号：

（1）移动平均线从上升趋势逐渐转为水平线或开始有低头向下的迹象，而价格从移动平均线的上方跌破移动平均线时，表明卖压渐重，此为卖出信号。

（2）移动平均线缓缓下降，价格在移动平均线下，突然上涨，突破了移动平均线，又跌回到移动平均线之下，而移动平均线继续下跌，此为卖出信号，行情将会继续下跌。

（3）移动平均线缓缓下降，价格曲线在移动平均线下行走，回升至移动平均线附近，受到卖压阻力，未能超越移动平均线，又继续下跌，此为卖出信号。

（4）移动平均线呈下降趋势，汇价突然暴涨，突破且远离了移动平均线，则有可能回档下跌。因为暴涨远离了移动平均线，说明近期内买入某种外汇者皆有利可图，随时会产生回吐的卖压，此为卖出信号。

在实际应用中，当移动平均线发出买卖信号时，汇价往往已经走出很大一段距离；当移动平均线走向平缓时，汇价曲线频繁穿越，无法得出正确信号；当移动平均线发生转向时，具体的时间很难准确把握。因此从严格意义上讲，移动平均线分析方法只能帮助我们判断市场的大致走向和转势的时机，对于频繁短线炒作的交易者的指示作用不是很大。

3. 移动平均线背离应用技巧

（1）均线背离现象的概念

“背离”是指两种（或两种以上）同步运行波动的技术数据值，在运行方向上出现了相互背离，这个技术现象，就称为“背离现象”。“背离现象”在实战中随处可见，比如“顶背离”“底背离”、短期均线与中期均线的背离、量价背离等，并且“背离现象”在市场的运行中对汇价往往会产生重要的影响作用。实战中，很多人为的错误判断就是受到了不同情况下“背离现象”的干扰。

均线背离现象在实际操作中经常能够遇到。所谓均线背离，一种情况是指当汇价下跌见底后，从底部上涨时，此时中长期均线的运行方向一般都是向下的，当汇价突破一条均线以后，汇价的运行方向与所突破均线的方向是“交叉”并相反的；另一种情况是指当汇价上涨见顶后，在快速下跌的过程中，中长期均线的运行方向仍然向上，而汇价快速击穿一条中长期均线后，汇价方向向下，而被击穿的均线方向却是向上的，汇价与被击穿的均线方向也是“交叉”并相反，这就是均线背离。

均线与均线之间的背离是正常的汇价短期性波动造成的，是一种周期均线之间运行方向相互背离的现象。常见的有短期均线与中期均线的背离现象，比如 5 日、10 日两条均线是向下运行，而 20 日、30 日均线却是向上运行，中间则是 60 日和 120 日均线平走。这说明短线汇价在向下打压，拉动了 5 日、10 日两条均线向下运行，但该货币对整体上中期均线却在逐步向上转强，因此，20 日、30 日均线在向上运行。

60 日和 120 日均线对向下运行的 5 日、10 日两条均线有支撑作用，而对 20 日和 30 日向上运行的均线是一种压制作用。那么，一旦 20 日、30 日均线上穿突破 60 日和 120 日均线的压制，就是中期行情来临的信号。随后 5 日、10 日两条均线也将从向下转为向上运行。

均线与均线的背离现象，大多发生在波动次数比较频繁的各种分时周期图中。这个现象的产生是因为在分时图中，汇价波动的速度远比均线速度快，各时间周期的均线在汇价的快速上拉均线和下拉均线间波动，有时就会出现各均线之间的短时间“混乱”现象。比如，有的均线在向上运行，同时也有均线向下运行，而汇价处于两条线的中间位置，此时往往成为均线技术分析里的一个盲区。

（2）汇价与均线背离现象

价线背离现象一般发生在暴涨或者暴跌时，对于判断底部和顶部很有帮助，汇价对均线有拉动的作用力，而同时均线对汇价也有吸引的作用力，汇价与均线的方向发生交叉背离，这是一种不正常的市场状态，是短期的行为，由于均线的吸引力，将导致这一现象得到修正。同时，由于均线在很大程度上代表了趋势的方向，而一个趋势的形成是多方面因素作用的结果，因此，趋势会对出现偏差的汇价进行修正，从而出现反弹或者回调，这一方法对于判断短期的底部和顶部很有效。

汇价与均线的交叉背离现象是很常见的，这种方法只是技术上的一种参考指标，并不是绝对的，但是它作为一种参考指标，还是很有应用价值的。在运用均线背离时应当注意几个问题：

①汇价的 K 线与均线发生交叉，并且在方向上相反，则是汇价与均线背离现象；如果汇价与均线没有发生交叉，即使此时两者方向相反，也不属于均线背离。

②在均线背离发生后，判断短期的底和顶时，应当注意：汇价必须在出现剧烈震荡的情况下才可靠。如果在均线发生背离后，汇价并没有出现剧烈的震荡，而是出现强势盘整或者下跌抵抗的情况，表明市场并不理会均线背离，原有的上涨或下跌状态仍将持续。

③均线背离技术只适用于一般状态下的市场，当市场进入“极强”或“极弱”状态时，应当运用“均线扭转”理论来判断大势。此时的市场有两种情况：

a. 极强市场。此时是连续放巨量突破均线并与均线发生背离，突破后汇价在高位强势整理，拒绝回调，判断这种现象的关键因素在于“连续”放巨量，成交量的“连续”是十分重要的。

b. 极弱市场。此时是连续阴跌破位后所出现无量的下跌抵抗，汇价无力回弹，即使汇价暂时企稳，也不能进场抢反弹，因为汇价是在半山腰被动等待均线下压，属于均线的被动修复，一旦上方的均线压下来，汇价仍将破位下跌。

（3）修复性背离

“修复性背离”产生的原因比较简单，主要是“技术纠偏”和“修复性”，“背离”只是由于汇价在做“修复性”的动作时才引起的。在通常情况下，“修复性背离”并不对汇价的总体运行方向产生扭转性影响，也就是说，在某个数据值出现“修复性”动作而产生“背离现象”的过程中，汇价的运行方式会有一些变化，但汇价的总体运行方向并不会发生扭转性改变。

“修复性背离”有一个特点，就是它基本上都发生在一个阶段性攻击形态的中间部分。而且“修复性背离”的持续时间一般要比“顶、底背离”现象长，有时会由三个以上的单顶（底）背离现象组合而成。“修复性背离”现象在一波趋势性的阶段行情中不一定只出现一次，有时在比较长的攻击趋势行情过程中，会出现两次或三次。

很多人经常百思不得其解的是，出现背离现象后，汇价只是出现了一些比较小幅度、短时间的波动动作，但汇价的运行方向却没有发生什么变化。这就是“修复性背离现象”的典型表现。实战中，“修复性背离现象”多出现在上攻趋势的中部横盘震荡阶段和下跌趋势中部的横盘震荡阶段。分析判断的重点：

①上攻趋势中，虽然出现顶部背离现象，但横盘震荡阶段中汇价的每个回落底，呈现一底比一底高。重要的趋势性均线（多以中、长期均线为主），始终保持着坚挺的向上攻击形态。当汇价震荡到该均线附近时，技术指标往往也修复回到0轴或是回落到低位值区域。此时技术指标与汇价同时出现坚决的向上攻击扭转。

②下跌趋势中，虽然出现底部背离现象，但横盘阶段中汇价的重心始终在缓慢地继续向下移动。重要的趋势性均线（也多为中、长期均线）始终向下延伸压制着汇价。当汇价震荡到该均线附近时，指标也基本上修复回到0轴或反弹到高位区域了。此时汇价与指标同时出现加速向下的扭转攻击。

③还有一种情况就是在上攻（或下跌）趋势中的“修复性背离”动作，当均线修复回到0轴附近，汇价也靠近重要支撑或压制均线时，汇价先快速地向下（或向上）击破该重要均线，然后才开始真正地向上攻击（或下跌）动作。这种先反向“引诱”一下，再开始真正攻击动作的现象，往往会“欺骗”大量的跟风者。所以，当出现这种情况时，看轻汇价的反向动作，应该把重点放在“价穿线不穿”的要领来仔细辨别。

（4）顶（底）背离现象的演变过程

①一般最早出现的双顶（底）背离现象是在5分钟图上，此时只会促使15分钟图上出现第一个单顶（底）。但30分钟图上的汇价走势，只是出现短时间的震荡变化，60分钟图的汇价攻击趋势依旧。

②当5分钟图经过一段时间出现顶（底）背离现象后，15分钟图上就形成背离形态中的第二个顶（底），完成了一个背离形态，此时30分钟会形成第一个顶（底），60分钟图总的攻击趋势还在继续。

③当15分钟图出现双顶（底）背离现象时，30分钟图上完成了一个双顶（底）背离形态，此时60分钟出现一个单顶（底），日线有时也会在此时形成第一

个顶（底）。

④当60分钟完成双顶（底）背离形态时，一般会造成日线上的第一个顶（底）。但有时，60分钟图和日线图同时出现双顶（底）背离形态（当30分钟图和60分钟图上出现明显的“背离现象”时，基本上就要在操作上作出初次的结果了）。

在以上的“背离现象”依次形成时，要注意这样几个现象：一个是有时会有两个周期图同时出现“背离形态”（比如15分钟和30分钟，或30分钟和60分钟，或60分钟和日线），这种现象，是汇价发生扭转时的一个加速变化的异常信号，是汇价将会很快出现重大扭转变化的警告信号，也是“技术共振现象”的强烈反映，必须重视。如果经常仔细观察，就会在“小变化演化为大变化”的过程中，将自己的技术分析能力得到极大的提高。

（5）背离现象时效性

“背离现象”有一个很重要的特点，就是具有时效性。也就是讲每一种“背离现象”在发生以后，只是在相对的时间效应的背景下对汇价的波动状态产生直接影响，而超过了这个时效期，影响效果就会降低，甚至消失。

不同周期（比如分钟、时、日、周、月等）背景下产生的“背离现象”，其时效期会不同；不同性质的技术数据之间相互产生的“背离现象”的时效期也不同。“背离现象”往往是从5分钟图开始演变，依次扩展在每个图上出现的。

所以，背离现象不能够简单地以一个图的现象单独来分析，而是要把各个时间周期的技术走势综合起来分析、判断，准确性才会提高。

通常，“背离现象”在各周期图上的时效性如下（以下“作用时间”只是一种多年经验积累的平均值，在实战中不可死板使用）。

① 5分钟图上的“背离现象”时效分析：发生在5分钟图上的“背离现象”作用时间一般只有2～4个小时。

②15分钟图上的“背离现象”时效分析：发生在15分钟图上的“背离现象”作用时间一般在4～8个小时。

③30分钟图上的“背离现象”时效分析：发生在30分钟图上的“背离现象”作用时间一般在8～16个小时。

④60分钟图上的“背离现象”时效分析：发生在60分钟图上的“背离现象”作用时间一般在16～32个小时，或是一波扭转性攻击波段的开始。

⑤日线图上的“背离现象”时效分析：发生在日线图上的“背离现象”作用时间一般在1～3个月。

⑥周线图上的“背离现象”时效分析：发生在周线图上的“背离现象”作用时

间一般至少在半年以上。

（六）波浪理论

1. 波浪理论的形成过程与基本思想

大自然的涨潮和退潮有着自身的规律，涨潮时有打上岸的波浪，退潮时有退下去的波浪，这些反复进行是潮起潮落的自然规律。技术分析大师艾略特把这一规律运用到股市研究中，形成了一套至今仍被广泛运用的技术——波浪理论。

（1）波浪理论的形成过程

波浪理论的全称是艾略特波浪理论，是以美国股市分析家艾略特（Elliott）的名字命名的一种技术分析理论。波浪理论的形成和完善也经过了几代人的努力，最初，艾略特通过大量的观察和实验，发现股市的运动和自然界的波浪运动有着相似的规律，于是提出了一种新的技术分析理论。他在 1938 年前后发表了一系列论文，1932 年至 1943 年，在以前论文的基础上出版了《自然律——宇宙的奥秘》一书。在这本书中，他认为股价波动与波浪波动相似，是后浪推前浪不断重复出现的。当时发表的论文和出版的著作并没有引起证券界的重视。在艾略特之后，波浪理论真正得到发展和完善得力于另一位股市分析家柯林斯。20 世纪 70 年代，他在总结了艾略特等人研究成果的基础上出版了专著《波浪理论》，奠定了波浪理论在股市技术分析中的地位。

从技术分析理论的继承关系来说，波浪理论是以道氏理论为基础的，但又是对道氏理论的发展和完善。道氏理论关于趋势的转向信号不太明确，而波浪理论可以让人比较明确地知道目前处于上升或下降的尽头还是处于上升和下降的途中，可以比较及时地发出转向信号，有利于指导投资者的操作。

（2）波浪理论的基本思想

第一，波浪理论认为，价格的运动是按照有规律的波浪形态发展的，人们可以通过掌握和运用股价运动的周期性规律来预测股价的涨跌，把握投资机会。

第二，波浪理论认为，价格的运动规律就是上升和下跌的周期性交替，股价运动周期无论时间长短都有一个基本模式，即一般由 8 个过程组成，每个周期包括 5 个上升过程和 3 个下降过程，或者是 5 个下降过程或 3 个上升过程。这 8 个过程完成后，又将进入一个新的周期。新的周期也将遵循同样的模式。同时，在大的周期里又包含着小的周期，在小的周期里又可以再细分为更小的周期，每一个小的周期也可以分为 8 个过程。

第三，波浪理论认为，没有永恒的上升波浪，也没有永恒的下跌波浪。只有在上升过程中不断地出现向下的调整波浪，该上升趋势才可能保持下去，同样，只有在大的下降过程中不断出现向上的调整波浪，该下降趋势才可能保持下去。

第四，波浪理论认为，弗波纳奇数列和黄金分割率可以在波浪的操作中发挥着重要的参考作用。艾略特浪理论中所用的数字1、2、3、5、8、13、21、34、55、89、144……都来自弗波纳奇数列，这是艾略特波浪理论的数学基础。这些数字有以下几个特征：①任意相邻两个数字相加，等于下一个数字，如1+2=3，2+3=5，5+3=8。②除了前4个数字以外，任何一数字与下一数字之比，都接近于0.618。如8÷13=0.615；13÷21=0.619。③除了前6个数字以外，任意数字与前一数字之比都接近于1.618，如89÷55=1.618，144÷89=1.618。④将间隔的两个数字相除，都接近于0.382或2.618。如55÷144=0.382，144÷55=2.618。0.382和0.618的基本比例是在人体结构和大自然中经常看到的黄金分割律，这在波浪理论中也得到广泛应用。

2. 波浪理论的主要内容

（1）构成要素

波浪理论主要由形态、比例和时间三个要素构成。

①形态。形态是指股价走势所形成的类似于波浪的形状和构造，这是波浪理论的构成基础，是三个因素中最为重要的因素。

②比例。比例是指股价走势图中各个高点和低点所处的相对位置，通过准确确定这些重要的高点和低点，并计算出这些高点和低点的相对位置，有助于弄清各个波浪之间的相互关系，确定股价的回撤点和将来股价可能达到的位置。

③时间。时间是指完成某个形态所经历的时间。波浪理论中各波浪之间在时间上是相互关联的，用时间可以验证某个波浪形态是否已经形成。

（2）基本形态结构

如前所述，波浪理论认为股价运行总是处于上升和下跌的周期性交替过程中。股价波动有周期性规律，这个规律就是股价波动的周期遵循一定的模式，即每个周期（无论是上升还是下降）都是由8个过程组成的，这8个过程就是一个周期的8个浪，8个浪中5个浪是主浪，3个浪是调整浪。下面以上升行情为例作介绍，如图3-67所示。

图3-67中，折线0～（1）浪是第一浪，（1）～（2）浪是第二浪，（2）～（3）浪是第三浪，（3）～（4）浪是第四浪，（4）～（5）浪是第五浪。第一、第三和第五浪称为上升主浪，第二、第四浪是对第一、第三浪的调整，但仍在上升浪里。上升5浪后紧接着会出现一个3浪的向下调整，（5）～（a）是A浪，（a）～（b）是B浪，（b）～（c）是C浪，这A、B、C三浪又是整个上升波浪中的向下调整波浪。对于整个大循环来说，第一浪至第五浪是一个大推动浪即主浪，A、B、C三浪则为

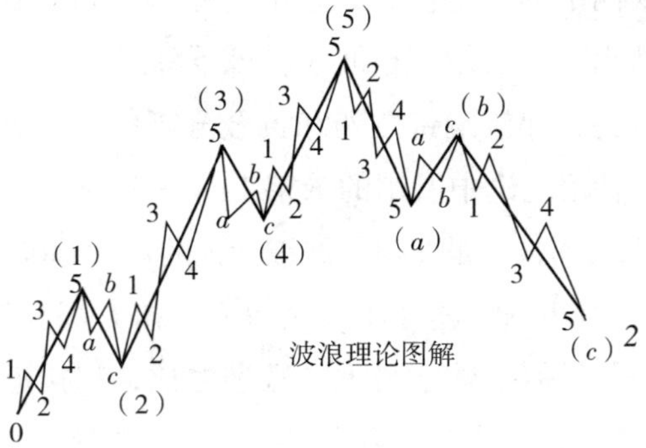

图 3－67　波浪理论示意图

大调整浪。总之，在上升浪中，（1）、（3）、（5）三个浪是上升过程中的推进浪，（2）、（4）两个浪属于上升过程中的调整浪。5 个上升浪合在一起构成高一级别的推进浪，3 个下降浪合在一起构成高一级别的调整浪。这就是艾略特的 5 浪循环的基本原理。

（3）波浪的合并与细分

波浪理论认为，一个完整的上升行情的循环周期由上述 5 个上升波浪和 3 个下降波浪总共 8 个波浪构成，但是，这 8 个波浪可以根据波浪的层次或等级进行合并和细分。比如，5 个上升波浪可以合并成一个大推动浪（主浪），3 个下降波浪可以合并成一个大调整浪，而 8 个波浪又分别可以用同样的方式再细分出更次一级的 34 个小浪。因此，艾略特根据浪的合并和细分原理将波浪等级分为 9 个波浪形态，具体名称是：①特大超级循环浪；②超级循环浪；③循环浪；④基本浪；⑤中型浪；⑥小型浪；⑦细浪；⑧微浪；⑨次微浪。

在浪的细分过程中，通常推动浪可以细分为 5 个小浪，调整浪可以细分为 3 个小浪。这样，大推动浪的 5 个波浪可分为 21 个小浪，大调整浪的 3 个波浪可分为 13 个小浪，因此，一个大的价格波动周期包含 34 个小波浪。依此类推，可以细分，形成一个由 144 个小浪构成的完整的大周期。尽管波浪可以无穷伸展和压缩，但是它的基本形态保持不变，全部遵循弗波纳奇数列——1、2、3、5、8、13、21、34、55、89、144……在上述 8 个波浪完成以后，一个循环即告结束，趋势将进入下一个循环。5 个上升浪、3 个下降浪的原理也可以用到熊市中去，这时就变成了 5 个下降浪和 3 个上升浪。

（4）波浪细分的基本原则

将波浪进行细分的时候，会遇到一个比较困难的问题，就是把一个较大的浪分成5个较小的浪，还是分成3个较小的浪。解决的方法是，如果这一浪的上升和下降方向与它上一层的上升和下降方向相同，则分成5浪；如果相反则分成3浪。

总之，运用波浪理论必须搞清楚一个完整周期的规模大小，因为趋势是有层次的，每个层次的不同取法可能会导致在使用波浪理论时发生混乱。但是应该记住，无论我们所研究的趋势是何种规模，是原始波动还是日常波动，8浪的基本形态结构是不会改变的。

3. 波浪理论中各浪的特性及应用

（1）第一浪

通常第一浪出现在熊市即将结束或者正在转向牛市时期，几乎半数以上的第一浪是出现在股市经过长期盘整筑底后开始上升时，其后的第二浪调整幅度往往很大。一般而言，第一浪的涨幅是五浪中最小的一浪。

（2）第二浪

第二浪的调整幅度一般都很大，几乎吞掉第一浪的升幅。当第二浪的调整接近第一浪的起涨点时，投资者开始出现惜售心理，成交量也开始逐渐萎缩，此时才结束第二浪的调整。

（3）第三浪

第三浪通常是最具爆发力的波浪，一般此浪运行时间最长，涨幅也最大。在这一波的运行过程中，市场内投资者的信心恢复，成交量也大幅上升，尤其是在突破第一浪的高点时，投资者可以及时跟进买入。这段行情走势非常活跃，一些图形上的阻力位都可以轻易地被突破甚至出现跳空缺口。由于涨势过猛，第三浪经常会出现“延长浪”。

（4）第四浪

第四浪经常以比较复杂的形态出现，常以三角形调整形态运行。此浪最低点一般要高于第一浪的高点，经过第三浪的强劲上涨，这一浪的走势开始疲软，已经出现涨势后继乏力的征兆。

（5）第五浪

第五浪的涨势通常小于第三浪，而且经常会出现“失败浪”的情况。在第五浪中，二、三线股票是市场的主导力量，其涨幅通常大于绩优股和成长股，一般的主力机构开始悄悄出货，而普通投资者还在盲目跟风，有的股票还屡创高价。整个市场情绪还显乐观。

（6）A浪

在A浪阶段，大多数投资者认为股市趋势仍未反转，只是一个短暂的调整，因此还会逢低吸纳。不过股市成交量开始减少，显示后继资金缺乏，同时各种技术指标已经显出顶背离现象，预示股市即将下跌。

（7）B浪

在B浪阶段，各种技术指标已经发出市场转弱征兆，应该是投资者出货的最后时机，但是此浪经常以上升态势出现，很容易使投资者误认为是另一波的涨势，形成“多头陷阱”，使投资者遭受损失。

（8）C浪

C浪通常跌势强势，跌幅大、持续时间长。

从以上分析可看出，波浪理论主要适合于判断整个市场的走势，对个股的判断来说，效果并不明显。

4. 推进浪的形态

（1）延长浪

前面我们已经提到，在推进浪的三个浪（第一、第三、第五浪）中，往往会有一个浪发生延长现象，尤其是第三浪最容易出现延长浪。所谓延长浪，是指推进浪的幅度出现延长，有时甚至延长到与其他四个浪幅度相近的程度，参见图3－68（第三浪延长）。

有时很难分清上升五浪中三个推进浪的哪一个浪是延长浪，三个推进浪中仅有一个浪会出现延长，延长浪中会出现再延长，即次一级小浪的推进浪又出现延长，如果一个推进浪发生延长，另外两个推进浪在时间和幅度上就会趋于相同，或者符合黄金比例。

（2）失败浪

我们前面也提到过，三个推进浪中的第五浪一般涨幅比较小，而且容易出现失败浪的情况。所谓失败浪，是指三个推进浪中的第五浪未能超过第三浪的高度就结束。失败浪代表多方推进的力量减弱，见图3－69（第五浪失败）。

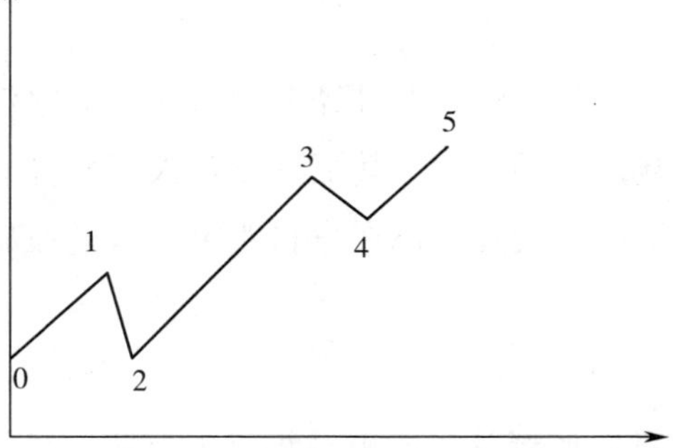

图3－68　延长浪

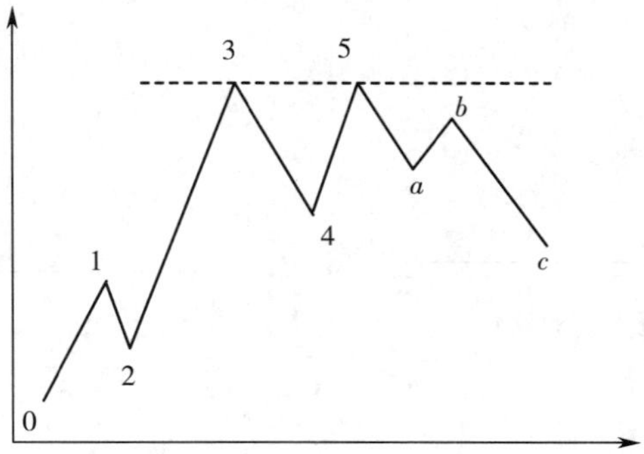

图 3－69　失败浪

上述延长浪和失败浪都是推进浪的特殊形态，除此之外，在上升推进浪和下降推进浪中很容易出现上升楔形和下降楔形。上升楔形一般出现在推进浪的第五浪，表示市场将要逆转。

5. 调整浪的形态

波浪理论中的调整浪形态比推进浪形态更为复杂，波浪理论认为，调整浪只能是三浪结构，即 A、B、C 三浪。调整浪大体可以分为以下几种形态：

（1）曲折形

曲折形调整浪由 A、B、C 三浪组成，三浪的次级小浪内部结构为 5－3－5，特点是 A、C 为下跌浪，B 为反弹浪，C 浪的低点远远低于 A 浪的结束点，见图 3－70（a）。

（2）平坦形

平坦形调整浪也由 A、B、C 三浪组成，三浪的次级小浪内部结构也同样为 5－3－5，平坦形调整浪主要可以分为以下三种：

①普通平坦形调整浪。B 浪反弹至 A 浪开始下跌的位置附近，C 浪仅仅稍微超过 A 浪的结束位置就结束的形态叫做普通平坦形调整浪，见图 3－70（b）。

②奔走形调整浪。B 浪反弹远远超过 A 浪开始下跌的位置，C 浪远远没有达到 A 浪的结束位置便结束下跌，这种形态叫做奔走形调整浪，见图 3－70（c）。

③不规则平坦形调整浪。B 浪反弹远远超过 A 浪开始下跌的位置，C 浪也远远跌过 A 浪的结束位置，这种形态叫做不规则平坦形调整浪，见图 3－70（d）。

6. 数浪规则

波浪理论在数浪时有两条最基本、最重要的规则不能违背：①第四浪下探不能

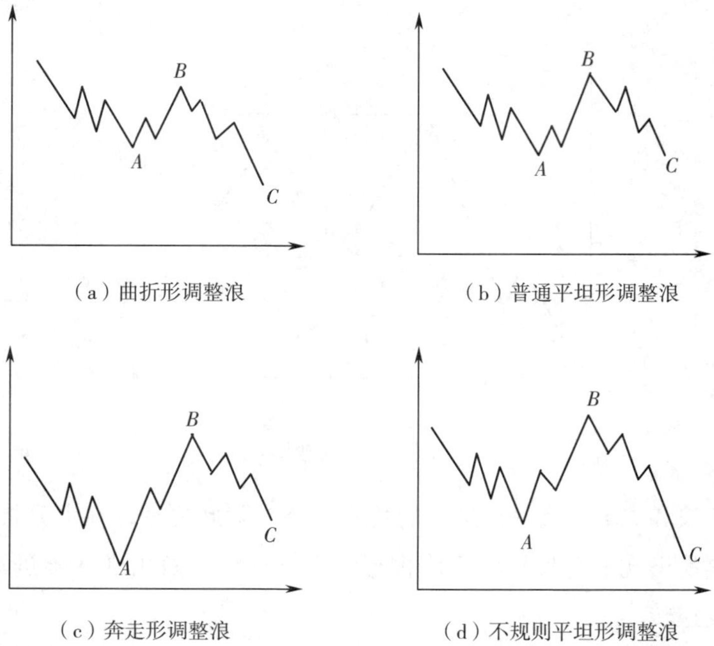

（a）曲折形调整浪　（b）普通平坦形调整浪

（c）奔走形调整浪　（d）不规则平坦形调整浪

图3-70　调整浪图形种类

够与第一浪重叠（斜三角除外）；②第三浪一定不是推进当中最短的一浪，常常是最长的一浪（主升浪）。

除以上两个最基本、最重要的原则以外，还有几条原则可以在数浪时作为参考：①交替规则，即各种波浪交替出现。例如，第二浪为平坦型调整浪时，第四浪往往是曲折形调整浪，反之亦然。②第四浪最大的调整结束位置，在第三浪的次级第四浪的结束位置。③第二浪的调整不会超过第一浪的100%。④应按照波浪理论所说的每一浪的市场特征与心理特征帮助数浪。

7. 黄金分割率在波浪理论中的运用

在波浪理论中，每一波浪之间的比例，包括波动幅度和时间长度的比较，一般都符合黄金律，这对于技术分析者来说是一个相当重要的参考数据。关于黄金律的运用主要有以下两点：①波浪宽度相等原则，在第一、第三、第五这三个推动浪中，最多只有一个推动浪会出现延长浪，而其他两个推动浪大致相等，即使不相等，也仍会以0.618的黄金比例关系出现。②在一般情况下，第三浪的幅度为第一浪起点至第一浪的最高点的1.618倍，而C浪的长度为A浪长度的1.618倍。

8. 波浪理论的应用

当我们知道了一个大的周期运行的过程时，就可以比较方便地对大势进行预测。

对此首先要明确目前所处的位置。只要明确目前所处的位置，按照波浪理论所讲的各种浪的数目，就会很方便地知道下一步的行动。

要搞清楚目前的位置，最重要的是认真识别三浪结构和五浪结构，这两种结构具有不同的预测作用。一组趋势向上或向下的五浪结构，通常是更高层次波浪中的一浪，中间如果出现调整，这一调整肯定不会以五浪的结构而只会以三浪的结构进行。

如果没发现一个五浪结构，我们就能够清楚地知道一个三浪的调整浪即将来临。如果这一个五浪结构同时又是上一个层次波浪的末尾，那么我们就知道有一个更深、更大规模的三浪结构将出现。上升五浪、下降三浪的原理也可以用到熊市中去，这时的结论就变成了下降五浪、上升三浪。

尽管从表面上看，波浪理论会给我们带来利益，但是从波浪理论自身的构造看，它有许多不足之处，如果使用者过分机械、教条地应用波浪理论，肯定会招致失败。波浪理论最大的不足是应用上的困难，也就是学习和掌握上的困难。波浪理论从理论上讲是 8 浪结构构成一个完整的过程，但是，主浪的变形和调整浪的变形会产生复杂多变的形态，波浪所处的层次又会产生大浪套小浪、浪中有浪的多层次形态，这些都会使应用者在具体数浪时发生偏差。浪层次的确定和浪起始点的确认是应用波浪理论的两大难点。波浪理论的第二个不足是面对同一个形态，不同的人会产生不同的数法，而且都有道理，谁也说服不了谁。例如，一个下跌的浪可以被当成第二浪，也可能被当成 A 浪。如果是第二浪，那么紧接而来的第三浪将是很诱人的；如果是 A 浪，那么这之后的下跌可能是很深的。具体结果尚需实践的检验。利用波浪理论判断股票价格走势时应该顾全大局，不该过于机械教条，只有通过不断的实践才能总结出理论的具体运用方法。

三、常用技术指标详述

（一）技术指标分析方法概论

1. 技术指标分析的定义和发展

技术指标是指用事先规定好的固定方法对证券市场中的原始数据以及派生数据进行处理后得出的数值和图表。早期的技术分析只是单纯的图表解析，即通过市场行为所构成的图表形态来推测未来股价的变动趋势。图表解析的方法属于主观型技术分析方法，这种分析方法在实际运用时，容易受到个人主观意识的影响，从而因人而异产生不同的判断。因此，有许多人戏称图表解析是一种艺术工作。为了减少图表解析判断的主观性，在证券投资分析领域中逐步发展出了一些运用数据计算的方法来辅助个人对图形形态的知觉与辨认，使分析更加具有客观性。于是，技术指标以及由此产生的操作方法诞生了。通过前人无数次的经验总结和智慧结晶，技术指标学派已经成为技术分析中极为重要的分支。据说，全世界各种各样的技术指标不下千种，而且新的技术指标还在源源不断地产生。随着计算机的不断普及，技术指标的使用也越来越广泛，成为技术分析的一个重要支撑。

所谓技术指标分析方法，是指按照事先规定好的固定方法对证券市场中的原始数据以及派生数据进行处理，并将处理之后的结果用数值和图表的方法表示出来，据此对当前行情进行判断进而预测未来的市场趋势的分析方法。

这里的原始数据主要是指开盘价、收盘价、最高价、最低价、成交量、成交金额，有时还包括成交笔数，一共有六七种。除了原始数据以外，也可以使用派生数据。派生数据必须是以原始数据为基础计算出来的，比如中间价就是一个派生数据。由于对原始数据或派生数据进行处理要采用一种事先固定的方法，因此，不同的处理方法会产生不同的技术指标。从这个意义上讲，有多少种原始数据或派生数据的处理方法就会产生多少种技术指标；反过来说，有多少种技术指标就表明有多少种思路已被前人已经进行思索并将其公式化了。

目前从大的方面来看，技术指标的主要类型可以分为能量型指标、趋势型指标、超买超卖型指标、成交量型指标和大势型指标五大类。能量型指标主要是从多空双方的力量对比去考察汇价变动规律；趋势型指标是一种引入趋势分析的指导思想并以平滑移动平均线为基础的方法；超买超卖型指标是一种采集部分原始数据并通过一定的数学公式来推导出一个在一定波动区间内波动的数值，以此确定多空双方所处的地位是否正常的方法；成交量型指标是着重从成交量的角度考察汇价的变动，强调成交量对汇价变动的指导意义，专门对成交量的数据进行处理的指标；大势型指标是一种主要对整个外汇市场的多空情况进行判断的指标，一般用来判研市场整体走势。

2. 技术指标运用的基本法则

在运用技术指标进行投资分析时，必须掌握其最基本的法则。运用技术指标的基本法则主要有以下三项：

（1）指标的高低法则

指标通常是一个具体的数值。作为一个具体的数值，自然就有高低之分。高低法则有三类划分：①对于部分指标来说，这个数值有其自身的波动范围，比如0～100%。在这个范围内，虽然每个指标具体的划分方法不同，但是都有强势区域和弱势区域之分。如指标进入强势区域就表明市场经过一段升幅之后有回档的压力，指标进入弱势区域就表明市场经过一段跌幅后有反弹的要求。这里应用的是反向思维定式。②部分指标是将指标数值与当日收盘价格进行比对，虽然在具体应用上每个指标都有自己的一套规则，但是通常来说，指标值高于收盘价表明仍然是强势市场，指标值低于收盘价表明市场处于弱势之中。这里应用的是正向思维定式。③有些指标虽然本身既无波动区间，也不能够与收盘价相比较，但是我们可以把当前的指标与其历史上形成的显著高点和显著低点进行对比，进而得出相应的判断。大致上所有的技术指标都可以应用高低法则中的这三类方法。

（2）指标的穿越法则

前面提到了指标的高低法则，但是会产生一个问题：如果指标处在高位区域或低位区域很长时间应该如何对应？大部分技术指标在设计过程中都考虑到了这一情况，并根据计算周期，引入了两条曲线——快速线和慢速线，即设置了两条曲线，那么很自然，穿越法则就成为这类技术指标应用的一条极为重要的法则。一般来说，在低位区域，快速线自下而上穿越发生交叉，对后市发展有利，属于买进信号；反之，在高位区域，快速线自上而下穿越慢速线，产生交叉，对后市发展不利，属于卖出信号。

（3）指标的背离法则

我们在运用技术指标时，经常会遇到价格走势与技术指标背离的现象。背离简单地说就是不一致。一旦背离的特征出现，就是一个比较明显的采取行动的信号。指标背离有两种，即顶背离和底背离。顶背离通常出现在汇价的高档位置，即当汇价的高点比前一次的高，而指标的高点却比前一次的高点低时。换言之，当汇价处于高位并形成一峰比一峰高的两个峰，而此时指标却对应的是一峰比一峰低，则表示该指标怀疑汇价的上涨是外强中干，暗示很快就会反转下跌，这就是顶背离，是比较强烈的卖出信号。反之，底背离是出现在汇价的低档位置，当汇价的低点比前一次的低点要低，而指标低点比前一次的低点要高，就意味着该指标认为汇价不会再继续下跌，暗示价格会反转向上，这就是底背离，是可以建仓的信号。

（二）具体指标应用

1. 随机指标（KDJ）

（1）随机指标的基本原理

随机指标也叫随机过程法（stochastic process），是由美国人乔治·蓝恩（George Lane）提出的一种技术指标方法。这个方法有 KDJ 三个指标，因此又叫做 KDJ 法。

蓝恩认为，价格是一个服从正态分布的随机变量，他以当时一段时间内 N 天的价格变动区间作为均衡区间，并认为未来价格在这个区间中的高位处或低位处的概率都很小，而在这个区间中位处的概率比较高。因此，根据目前价格在区间中的位置，可以预测未来价格的变化趋势。具体来说，KDJ 指标是通过一个特定周期内出现的最高价、最低价以及最后一天收盘价这三者之间的比例关系来计算最后一天的随机值，然后根据平滑移动平均的方法来计算 K 值、D 值、J 值，并画出曲线图来判研汇市。KDJ 指标是在威廉指标的基础上发展起来的，不过威廉指标只判断外汇的超买超卖现象，而在 KDJ 指标中融入了平滑移动平均的方法，形成了比较准确的买卖信号，如图 3 - 71 所示。

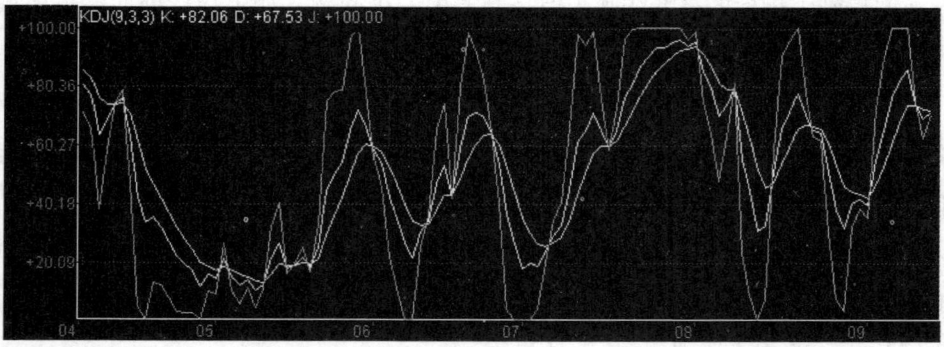

图 3 - 71　KDJ 图形

（2）随机指标 KDJ 的计算方法

第一步：计算当前价格的随机值 RSV（Random Stochastic Value）。RSV 表示第 N 天的随机值。其计算公式为

$$RSV = [(C_n - L_n)/(H_n - L_n)] \times 100$$

其中，C_n 表示计算周期第 N 天的外汇收盘价，L_n 表示计算周期 N 天内的外汇最低价，H_n 表示计算周期 N 天内的外汇最高价。计算周期通常取 5 天或者 10 天，一般不超过 20 天。

根据公式可以知道，RSV 为 0 ~ 100 之间的随机数，如果接近 100，说明当前外汇接近周期内的最高价，如果接近 0，说明当前汇价接近周期内的最低价。

第二步：计算随机值 RSV 的第一次平滑移动平均数 K 值。K 值的计算公式为

$$K = 2/3 \times 前一日\ K\ 值 + 1/3 \times 当日\ RSV$$

其中，1/3 是平滑系数，平滑系数显然没有固定数值，但是一般约定俗成都用 1/3。

第三步：计算随机值 RSV 的第二次平滑移动平均数 D 值。D 值的计算公式为

$$D = 2/3 \times 前一日 D 值 + 1/3 \times 当日 K 值$$

第二次平滑系数的取值原则上应与第一次平滑系数相同，在初始计算时，由于没有前一日的 K 值和 D 值，此时可以分别用 50 来替代。

第四步：计算 J 值。J 值的计算公式为

$$J = 3D - 2K$$

J 值的实质是反映 K 值与 D 值的乖离程度。J 值的范围可以超过 100，也可以小于 0。

（3）随机指标（KDJ）的判研要点

第一，当 K 值和 D 值接近 50 时为汇价均衡区域，表明当前价格位于最高价与最低价的中间位置。当 K 值和 D 值大于 50 时，表示当前价格大于中位价，买方占据优势；当 K 值和 D 值小于 50 时，表示当前价格小于中位价，卖方占据优势。

第二，当 K 值大于 85、D 值大于 80 时，为价格处于高位小概率区，说明汇价已经远离平衡点进入超买区，因而是卖出信号。K 值小于 15、D 值小于 20 的时候，说明价格已经进入低位小概率区，处于超卖区域，是买进信号（见图3－72）。

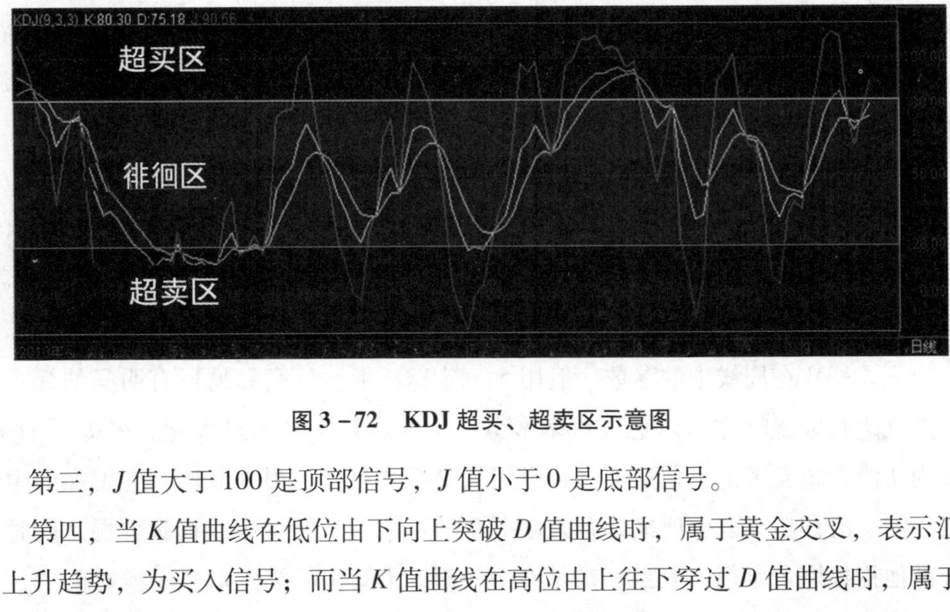

图 3－72　KDJ 超买、超卖区示意图

第三，J 值大于 100 是顶部信号，J 值小于 0 是底部信号。

第四，当 K 值曲线在低位由下向上突破 D 值曲线时，属于黄金交叉，表示汇价呈上升趋势，为买入信号；而当 K 值曲线在高位由上往下穿过 D 值曲线时，属于死亡交叉，表示汇价将要下跌，为卖出信号。K 值曲线与 D 值曲线在高位两次死叉，预示行情将大跌；K 值曲线与 D 值曲线在低位两次交叉，预示行情将大涨。

第五，当价格连创新高而 K 值、D 值没有同步上升甚至下跌时，是强烈的卖出信号；而当价格连创新低而 K 值、D 值没有同步下跌甚至向上时，是强烈的买进信

号。前者属于顶背离，后者属于底背离（见图3-73）。

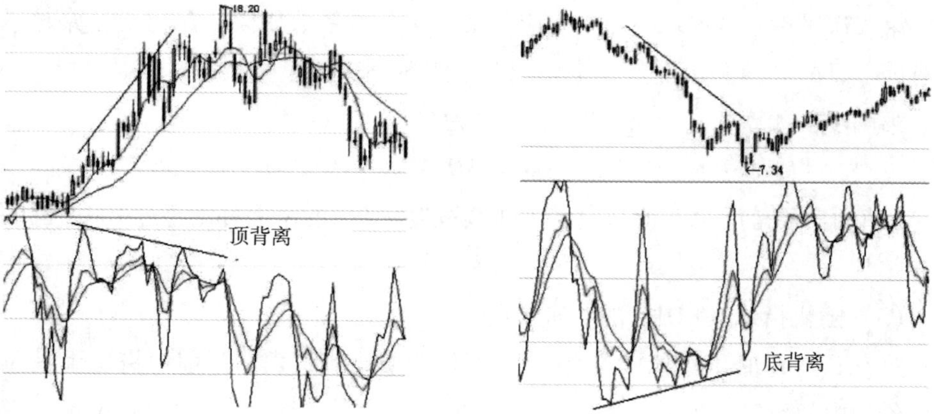

图3-73 KDJ顶背离、底背离示意图

第六，KDJ指标特别适合于水平盘整的市场状态，当市场处于长期上升或者长期下降趋势时，将周期N天内的波动区间作为均衡区间就不太合适，K值和D值指标的准确度就会受到影响。

（4）实际外汇操作中应用KDJ指标需注意的问题。

第一，在炒外汇的实际操作中，一些做短平快的短线客常用分钟指标来判断后市，决定买卖时机，在$T+1$时代常用15分钟和30分钟KDJ指标，在$T+1$时代多用30分钟和60分钟KDJ来指导进出。

第二，当外汇行情处在极强或极弱的单边市场时，日KDJ出现屡屡钝化，应改用MACD等中长指标；当汇价短期波动剧烈，日KDJ反应滞后时，应改用CCI、ROC等指标，或是使用SLOWKD慢速指标。这些指标是相互影响和联系的，并不是相互孤立的，投资者在进行分析的时候要有针对性地进行选择。

第三，KDJ在周线中的参数一般用5，周KDJ指标见底和见顶有明显的提示作用，据此进行波段操作可以免去许多辛劳，争取炒外汇利润最大化。需提示的是，一般周J值在超卖区V形单底上升，说明只是反弹行情，形成双底才为可靠的中级行情；但J值在超买区单顶也会有大幅下跌的可能性，所以应该提高警惕，此时应结合其他指标综合研判；但当汇市处在牛市时，J值在超买区盘整一段时间后，汇价仍会大幅上升。

2. 平滑异同移动平均线（MACD）

（1）平滑异同移动平均线的基本原理

平滑异同移动平均线（Moving Average Convergence and Divergence，MACD）是

由查拉尔·阿佩尔创造的，它的原理是运用平滑移动平均线的快速线和慢速线的聚合与分离的征兆来研判买进和卖出的时机。具体来说，就是对快速线和慢速线这两条平滑异同移动平均线进行双重平滑运算，计算出离差值，再根据离差值来进一步作出判断。

（2）平滑异同移动平均线的计算方法

在计算 MACD 的时候，通常要先计算出两条平滑移动平均线：一条是快速线，通常是 12 日的平滑移动平均线；另一条是慢速线，通常是 26 日的平滑移动平均线。然后，再以这两条平滑移动平均线的数值为依据，测量快速线与慢速线的离差值。

第一步：计算快速线 12 日平滑移动平均值 EMA（12）。

其计算公式为

EMA（12）=前一日 EMA（12）×11/13 + 当日收盘价 × 2/13

第二步：计算慢速线 26 日平滑移动平均值 EMA（26）。

其计算公式为

EMA（26）=前一日 EMA（26）× 25/27 + 当日收盘价 ×2/27

第三步：计算离差值 DIF。

其计算公式为

DIF = EMA（12）－EMA（26）

第四步：计算 DIF 的移动平均值 DEA。单独的 DIF 也能够进行预测，但是为了使信号更加可靠，又引进了 DEA 指标。DEA 通常为 9 天平滑移动平均值。

其计算公式为

DEA = 前一日 DEA × 8/10 + 当日 DIF × 2/10

在计算的时候，如果没有前一日的数据，可以用其他数据替代。一般可以用起始日的收盘价作为 EMA 的初值，以起始日的 DIF 作为 DEA 的初值。

从性质上来说，DIF 为快慢线之差，DEA 为快慢线之间的平均距离。

（3）平滑异同移动平均线的判研要点

第一，DIF 和 DEA 的取值是以 0 线为中心上下波动的，属于摆动指标。两个指标都在 0 线以上，或者说均为正值时，属于多头市场；而两个指标均在 0 线以下，或者说均为负值时，属于空头市场。

第二，当 DIF 与 DEA 在 0 线之上交叉向上时，即 DIF 在 0 线之上向上突破 DEA 线时，为买入信号；当 DIF 线在 0 线之上向下突破 DEA 线时，预示市场涨势将告一段落，为卖出信号。

第三，当 DIF 与 DEA 在 0 线之下交叉向下时，即 DIF 在 0 线之下向下突破

DEA线时，表示市场已经进入熊市，是做空信号；当DIF线在0线之下向上突破DEA线时，预示市场跌势将要结束，是做多信号。

第四，背离原则在这里也同样适用。如果DIF和DEA线在形态上出现一顶比一顶低的头部，而价格线出现一顶比一顶高的头部，表明市场即将转入跌势；反之，如果DIF和DEA线在形态上出现一底比一底高的底部，而在价格线上出现一底比一底低的底部，表示汇价将要止跌回升。

3. 相对强弱指标（RSI）

（1）相对强弱指标的基本原理

相对强弱指标（Relative Strength Index，RSI）是由美国技术分析学者魏尔德（J. Welles Wilder）在1978年提出的，又叫力度指标。魏尔德认为，一段时间内上涨幅度的平均数与一段时间内下降幅度的平均数可以反映多空双方力量的对比。因此，根据这样的想法，提出了相对强弱指标（RSI）。

所以，相对强弱指标是一种根据一定时间内每天价格涨跌幅度的变动来分析市场相对强弱趋势的分析工具，它具有领先于价格或者指数显示未来走势的特征。正确使用相对强弱指标，有助于掌握买卖时机和避免市场风险（见图3－74）。

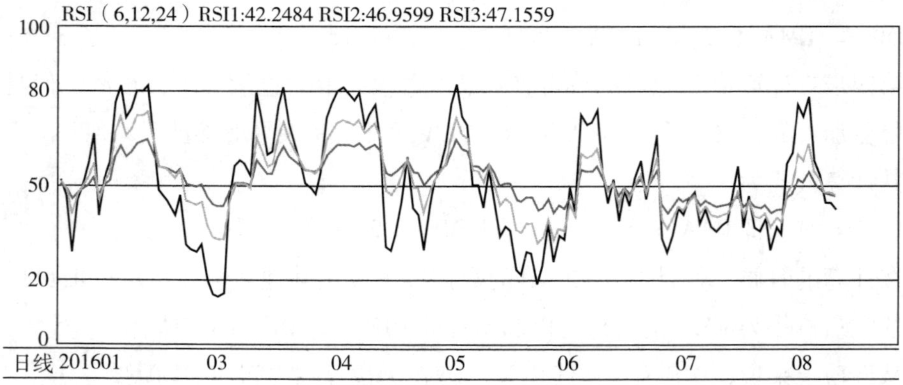

图3－74　RSI指标示意图

（2）相对强弱指标的计算方法

N日RS ＝［$A \div B$］×100%

公式中，A为N日内收盘涨幅之和；B为N日内收盘跌幅之和（取正值）。

N日RSI＝100－100/（1＋RS）

从计算公式我们可以看到，RSI的计算非常简单，实际理解为：在某一阶段价格上涨所产生的波动占整个波动的百分比。

计算相对强弱指标的时候要注意以下两点：①每天的上涨幅度或者下降幅度都是根据收盘价确定，当天收盘价高于前一天收盘价的差额就是当天的上涨幅度，当天收盘价低于前一天收盘价的差额就是当天的下降幅度。②计算上涨幅度平均数或者下降幅度平均数的时候，分别用周期内的每一天上涨幅度之和或者下降幅度之和去除以周期的天数，周期的天数有 9 日、14 日、20 日等，如果是以 14 日为周期，就要分别除以 14。

（3）相对强弱指标的判研要点

趋势理论指出，涨势过程中各次级波动的低点一波比一波高，将各波的低点相连接，便可连成一条直线，这就是上升趋势线；跌势过程中各次级波动的低点一波比一波低，将过去的低点相连接，也可连成一条直线，这就是下降趋势线。根据上升趋势线和下降趋势线，就可以看出一段时期内的汇价变动方向，显示出 RSI 的指示作用。

在强弱指标图形中，从表面上看，将每日的 RSI 连接起来所形成的图形极不规则，但事实上，在上升的趋势里，由于期价向上移动，相应地，强弱指标也随之向上移动，而下降趋势中汇价向下移动，强弱指标值也随之向下移动。换言之，将强弱指标图形所显示的低点与低点连接起来，或将高点与高点连接起来，也可以画出上升的趋势线与下降的趋势线。

从以上分析和计算可以看出，RSI 的作用主要表现在：

A. RSI 值的变化范围均在 0 ~ 100 之间。一般来说，RSI 值保持在 50 以上时，为强势市场，低于 50 时，为弱势市场。

B. RSI 值在 50 ~ 70 之间波动时，表示市场出现超买现象，如继续上升，超过 90 时，则已到严重超买区，价格已形成顶部，极可能在短期内转升为跌。

C. 当 RSI 值下降至 50 ~ 30 时，表示市场已进入超卖状态；如果一旦下降至 10 以下，表明进入严重超卖区，价格可能止跌回升。

D. 超买及超卖范围的确定，还取决于两个因素：第一个因素是市场特性：起伏不大的稳定市场一般可以规定 RSI 值在 70 以上为超买，在 30 以下为超卖。变化比较剧烈的市场可以规定 RSI 值 80 以上为超买，20 以下为超卖。应该注意的是，超买和超卖本身并不构成出入市的信号，有时行情变化得过于迅速，RSI 值会超出正常范围，这时 RSI 的超买或超卖往往失去了出入市警告信号的作用。第二个因素是计算 RSI 所取的时间参数。时间参数不同，对超买和超卖的界定就不同。可以作为参考的区间划分为：

I. 周期为 14 的 RSI 值超过 70 即为超买，低于 30 为超卖。

II. 周期为 9 的 RSI 值超过 80 即为超买，低于 20 为超卖。

III. 周期为 6 的 RSI 值超过 90 即为超买，低于 15 为超卖。

IV. 当 RSI 值介于 40～60 之间时，市场处于盘整格局。

E. RSI 上升而价格反而下跌，或 RSI 下降而价格反而上涨的情况称为“背驰”。背驰意味着市场可能反转。

（4）RSI 指标买卖时机判研

A. RSI 支撑线与 RSI 压力线

一般情况下，在 K 线图中谈论压力线与支撑线是非常平常的事，且已为投资者所熟悉，但若以 RSI 来判别压力线与支撑线，就显得较为特殊。RSI 出现的最高点具有较强的抵抗作用，RSI 出现的最低点具有较强的支撑作用。RSI 值作为买卖双方强度的一个指标，用压力线和支撑线对其走势进行分析，仍可对汇市价格走势作出准确度相当高的预测。

B. RSI 支撑线与买卖时机

RSI 图形随汇价下跌而形成一波比一波低的低谷，当三个低谷位于同一条直线上时，则从左上向右下连接此三低谷的直线即为支撑线。

支撑线最原始的作用，只是用来研判回档时阻止价格的继续下跌，经过进一步的探讨，我们可以发现支撑线除具有支撑功能外，也提供了汇价最佳买卖时机。

①当新 RSI 值高于支撑线第三个支撑点的 RSI 值时，是买进的好时机；

②支撑点在汇市投资中是极为重要的概念，此一关卡万一跌破，犹如战略据点的失守，对后势的成败有极为关键的影响，也正因为如此，当跌破支撑点时，也正是卖出时机。

值得注意的是，由支撑线或压力线寻求买卖点，不一定在短期内即可找到，有时需经历几个月甚至更长的时间，适宜的点才可能出现。提醒这一点，主要是想告诉投资者，分析是属于统计工作的范畴，如果没有确实可靠的数据或图表，宁可静待，不能急功近利，免得适得其反。

C. RSI 压力线与买卖时机

RSI 图形随汇价下跌而形成一峰比一峰低的波峰，当 3 个波峰位于同一条直线上时，则从左上往右下连接此 3 波峰的直线即为压力线。压力线本来是规避风险的利器，事实上，如果进一步探讨，可以发现压力线除具有规避风险的功能外，也提供了汇价最佳买卖的时机。

①当汇价无法突破压力线时，经过一段时间的低档、整理，汇价上升，新 RSI 值冲过压力线第三个波峰的 RSI 值时，是汇价的买进时机。用这种方式研判买点，

其最大的缺点是买不到最低价位。

②压力线形成以后，无论汇价是否上升，其 RSI 值仍低于第三个压力点的 RSI 值，则表示多头力量比空头力量差，后市会继续下挫一段时间，此时正是卖出时机。

D. RSI 与多空市场

用 RSI 研判空头、多头市场的买卖时机：当汇市价格刚由空头市场转入多头市场时，RSI 会明显地由弱转强；反之，当汇市价格刚由多头市场转入空头市场时，RSI 则会明显地由强转弱。

①多头市场与 RSI 的关系

a. RSI 明显转强。

b. RSI 转强后，K 线图上阳线出现次数比阴线出现次数明显增多，且呈集中排列。

c. 上升阶段初期 RSI 的走势呈现相当的陡峭，在上升行情即将回档时，RSI 的图形呈抛物线状且逐渐趋于平滑。

d. 在多头市场，即使价格已经回档整理，但 RSI 值很少回至 25 以下。

②空头市场与 RSI 的关系

a. RSI 明显转弱。

b. RSI 转弱后，K 线图上阴线出现的次数比阳线出现次数明显增多，且呈密集排列。

c. 由多头市场转入空头市场时，RSI 图形下跌角度变得较为陡峭。

d. 在空头市场，即使价格反弹，其 RSI 值很少超过 75。

e. 空头市场初期 RSI 线图会出现一峰比一峰低、一谷比一谷低的现象。

（5）RSI 的背离

RSI 指标的背离是指 RSI 指标曲线的走势和汇价 K 线图的走势方向正好相反。RSI 指标的背离分为顶背离和底背离两种。

①顶背离

当 RSI 处于高位，但在创出 RSI 近期新高后，反而形成一峰比一峰低的走势，而此时 K 线图上的汇价却再次创出新高，形成一峰比一峰高的走势，这就是顶背离。顶背离现象一般是汇价在高位即将反转的信号，表明汇价短期内即将下跌，是卖出信号。

在实际走势中，RSI 指标出现顶背离是指汇价在进入拉升过程中，先创出一个高点，RSI 指标也相应在 80 以上创出新的高点，之后，汇价出现一定幅度的回落调整，RSI 也随着汇价回落走势出现调整。但是，如果汇价再度向上并超越前期高点创出新的高点时，RSI 随着汇价上扬也反身向上但没有冲过前期高点就开始回落，这就形成 RSI 指标的顶背离。RSI 出现顶背离后，汇价见顶回落的可能性较大，是比较强烈的卖出信号。

②底背离

RSI 的底背离一般是出现在 20 以下的低位区。当 K 线图上汇价一路下跌，形成一波比一波低的走势，而 RSI 线在低位却率先止跌企稳，并形成一谷比一谷高的走势，这就是底背离。底背离现象一般预示着汇价短期内可能将反弹，是短期买入做多的信号。

与MACD、RSI 等指标的背离现象研判一样，RSI 的背离中，顶背离的研判准确性要高于底背离。当汇价在高位，RSI 在 80 以上出现顶背离时，可以认为汇价即将反转向下，投资者可以及时做空；而汇价在低位，RSI 也在低位出现底背离时，一般要反复出现几次底背离才能确认，并且投资者只能做战略建仓或做短期投资。

（6）参数的修改

从 RSI 指标的计算方法可以看出，RSI 指标是以时间为参数的，构成参数的时间周期可以是分钟、日、周、月、年等，而这些时间周期又根据时间的长短和投资者的取舍，理论上可以采取任意的时间长度，但在大多数汇市分析软件上，各种时间周期的变动范围又大多数被限定在 1 ~ 99 范围内，如 1 ~ 99 日、1 ~ 99 周等。

从 RSI 指标的实际运用来看，大多数投资者所选择的时间周期参数为日，而日 RSI 指标参数的使用，又大多局限在 6 日和 12 日等少数几个参数上。如果按照这些短期时间参数来分析汇市走势，其 RSI 指标所得数值的变动范围大部分是在 40 ~ 80 之间，而且波动频率过于烦琐。在这么一个狭小空间里想用 RSI 曲线来比较准确地研判行情走势实属不易。因此，投资者应充分利用各类汇市分析上所提供的各种短中长期日参数，结合 K 线、均线等股市理论来综合研判汇市走势。

（7）对 RSI 指标的评价

相对强弱指标与其他技术指标一样，也不是十全十美的，它的优缺点也是显而易见的，具体的有：

A. 优点

①RSI 能显示市场超买和超卖的情况，预期价格将见顶回落或见底回升等。

②RSI 值作为多空双方强弱的研判指标，可以随时判断汇价市场的大趋势。

③可以用 RSI 值来研判汇价的进出场时机，且准确率较高。

B. 缺点

①背离不一定出现反转，有时背离两次甚至三次才出现反转，所以，要根据其他指标综合考虑。

②RSI 值在 40 ~ 60 之间波动，时常属于牛皮盘整行情。有时，RSI 值突破支撑线或压力线时，价位并没有明显地上涨或下跌。

③当行情波动很大，收盘收于当日最高或最低时，RSI 值就不足以反映该段行情的实际波动。

④超买区与超卖区的确认：RSI 值是否在 70 以上为超买、30 以下为超卖，视周期的长短而定。在特殊的涨跌行情中，RSI 值涨到 95 以上或跌至 5 以下不足为奇，因此，对超买区与超卖区的确认，必须非常慎重。同时，RSI 值在 85 以上或 15 以下有失真现象，无法反映价格波动真相。

C. RSI 应用的新发展

①RSI 图形可采用传统图形的趋势线分析、形态分析，利用相应的支撑点、阻力点及趋势线，作为买进卖出的依据。

②可比较两个不同周期的 RSI 图形，利用曲线的交叉信号作为进出场点的参考依据。如将 9 日与 14 日 RSI 比较，以更准确地判断买点或卖点。

③可运用一个周期的 RSI 值和这一周期 RSI 值的某一日的移动平均线，通过观察这两个值在图上形成的交叉信号作为进出场点的参考依据。总之，RSI 虽然有一些缺点，但作为辅助分析的工具，仍是重要指标之一。投资者可以根据 RSI 研究市场的多头与空头气氛，将它作为买卖的参考依据。正确运用 RSI 的要诀是使用者需对所分析的市场有足够的了解与认识。

4. 威廉指标（WMS）

（1）威廉指标的原理

威廉指标是由拉瑞·威廉姆斯（Larry William）于 1973 年在其所著的《我如何赚取百万美元》一书中首先提出的，原名“威廉氏超买超卖指标”，简称 WMS，或者 W%R，是判研中短期市场行情的一种技术指标。它将周期内的最高价到最低价的中心位置作为平衡位置，价格如果离开中心位置过远就会向中心位置回归（见图 3-75）。

（2）威廉指标的计算方法

要计算威廉指标首先必须确定周期的天数。威廉指标的计算周期一般都定为 5 日、10 日或 20 日，一般取 10 日为多。

按日计算其计算公式为

$$\text{WMS} = (H_n - C_n) \div (H_n - L_n) \times 100$$

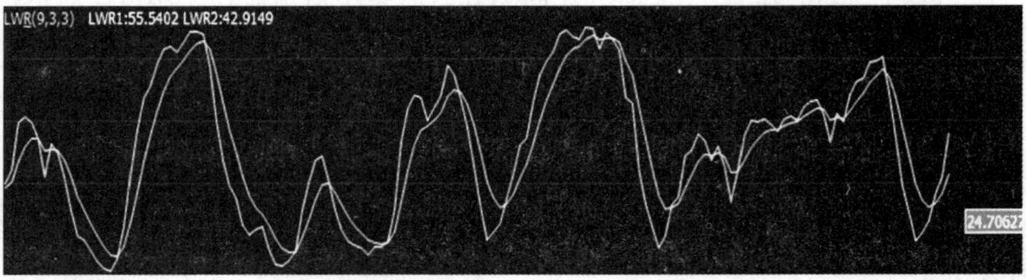

图 3－75　威廉指标示意图

其中，H 为周期 n 日内的最高价，L 为周期 n 日内的最低价，C_n 为周期第 n 天的收盘价，n 为计算周期的天数。

必须注意的是，在确定周期内的最高价和最低价时，包括当日的最高价和最低价。比如，计算以 5 日为周期的威廉指标，在 5 日内最高价是 19 元，最低价是 18 元，第 5 日的收盘价是 18.3 元，那么威廉指标就为

$$WMS = (19 - 18.3) \div (19 - 18) \times 100 = 70$$

（3）威廉指标的特点

第一，从计算方法中可以看出，假如把威廉指标中的位置关系拿到 K 线图中来，把整个周期画成一条 K 线，威廉指标只不过是计算上影线与整条 K 线总长度的比例而已。

第二，前面已经介绍过的很多指标都是无限指标，而威廉指标是一个有限指标，数值位于 0～100 之间，属于摆动指标。

第三，威廉指标与前面介绍过的一些指标是相反的。前面很多指标都是数值越小表示超卖，数值越大表示超买；而威廉指标是数值越小表示超买，数值越大表示超卖。

（4）威廉指标的判研要点

第一，当威廉指标在 0～20 区间时，表明市场处于超买状态，行情已经进入顶部，可以考虑做空，20 这一横线一般视为卖出线。当威廉指标进入 80～100 区间时，表明市场已经处于超卖状态，行情已近底部，可以考虑做多，80 这一横线一般看成买入线。

第二，威廉指标曲线以 50 为中轴线。当曲线由下向上穿破中轴线时，可以确认涨势较强，采取追涨的操作方法；而当曲线由上向下穿破中轴线时，可以确认跌势较强，采取杀跌的操作方法。

第三，在超强势或超弱势的行情中，应该采取多次触及警戒区域的方法进行判

断和操作。比如，在超强势行情中，威廉指标在 0～20 的超买区域里一般会出现三个左右的相对高点，即三次触顶，在三次触顶以后威廉指标再次掉头向下时应该及时获利了结；反之，在超弱势行情中，威廉指标在 80～100 的超卖区域里一般也会出现三个左右的相对低点，即三次触底，在三次触底后再次掉头向上，应该及时做多。

第四，背离原则在威廉指标中也是适用的。当威廉指标进入低数值区域后向下回头，而这时价格还在继续上升，就产生顶背离，是做空信号；当威廉指标进入高数值区后掉头向上，而价格如果还在继续下降，就产生底背离，是做多信号。

第五，威廉指标的缺点是敏感度极大，尤其是 5 日周期的威廉指标更是会出现 0～100 的窜动，对于投机性比较强的市场完全依靠威廉指标会导致操作过于频繁，最好与其他技术指标配合使用。

（5）威廉指标 W%R 的功能

威廉指标本身兼有提示超买超卖和强弱预警的功能，并且运用“四度触顶（底）”原则还可以得到明确的买卖信号。除此之外，威廉指标另一重要特性是可作为一种辅助性技术指标来使用，用于辅助其他技术指标来确认信号，经常结合使用的技术指标是相对强弱指标 RSI 和平滑异同移动平均线 MACD。

由于 RSI 和威廉指标都具有提示强弱转化的特性，所以可以结合两者来确认价格走势由强转弱或由弱转强。当 RSI 从低位上穿 50 中轴线的同时，如果威廉指标也同步上穿 50 中轴线，就表明价格运动已经从弱势区域进入强势区域，可能展开一波升势，反之亦然。

不过在具体运用时应当注意，此时两种技术指标设定的参数应保持对应比例，否则就会产生误差。大体上 W%R（5）、W%R（10）、W%R（20）应分别对应 RSI（6）、RSI（12）、RSI（24），依此类推。而当威廉指标进入超买区域后，表明价格运动到达高风险区，此时一方面可结合“四度触顶（底）”原则寻求卖点；另一方面可以寻求 MACD 信号的支援，如果 MACD 指标在此时形成高位“死叉”，即 MACD 下穿 DIF 发出卖出信号，就预示着阶段性顶部形态的来临，应毫不犹豫地做空。同样，当威廉指标进入超卖区域时也可以反向操作。

（6）威廉指标使用技巧

一般情况下，威廉指标在分析应用时不用太过于关注其指标参数的问题。投资者在使用威廉指标的买卖技巧应用时要注意两个原则，一旦违反了这个方面的应用原则就比较容易导致买卖交易错误，从而给投资者带来较大的损失。只要在威廉指标应用技巧方面的这两个基本原则之上使用，通常不会出现重大错误。

①趋向类指标为主要买卖标准，WR 指标为辅助确认：当威廉指标在 50 线之上盘整了较长一段时间以后，一旦威廉指标突破 50 线，同时汇价也放量突破一根重要的中期均线（前期对汇价有强烈的压制和助跌作用的均线），则意味外汇中期强势上涨行情即将开始，这是威廉指标发出的中线买入做多信号。当威廉指标从 50 线之下快速向下运行时，汇价也依托短期均线上涨。一旦威廉指标向下突破 20 线，则意味着该外汇的短期强势上涨即将开始，这是威廉指标的一种短线买入做多信号。

当威廉指标从下向上缓慢运行到 50 线之上时，如果汇价也同时跌破了此前上升趋势中的一根重要中期均线（前期对汇价有强烈的支撑和助涨作用的均线），则标志着外汇的中期上涨趋势已经告一段落，这是威廉指标发出的中期卖出做空信号。若汇价前期有了较大幅度的上涨情况，这种卖出做空信号就更加准确。

②确定当前趋势运行的周期，合理调整 WR 指标的应用参数：当前趋势运行周期完整，投资者可以用当前完整的趋势运行周期作为威廉指标的参数应用，从而把握未来汇价趋势运行状况，进而用威廉指标来确定（或辅助确认）外汇的买卖操作。若是当前趋势运行周期不是一个完整的状态（没有一个汇价上涨阶段和对应的汇价回调阶段），那么，投资者就要将股价前一个完整的趋势运行周期作为当前威廉指标的参数值，并以此来决策股价的买卖交易信号。

在上升趋势中，用威廉指标来进行买卖决策时，投资者先看汇价的前一个上涨和对应的回调是多长时间，以这个时间为一个完整的趋势运行周期，把这个周期作为威廉指标的参数值即可。

威廉指标的传统用法是大家比较熟悉的，但一经调参后，效果马上不一样。比如，将威廉的两条线参数改为 13、21，这样可避免由于时间太短使短期线波动太频繁而不好研判，又避免出现过多的干预信号。

5. 乖离率（BIAS）

（1）乖离率的基本原理

乖离率是一个描述价格与移动平均线距离远近的指标，通过这个指标可以判断汇价与移动平均线的距离是否正常。如果价格线在移动平均线的上方，而且乖离率很大，就是卖出做空信号；如果价格线在移动平均线的下方，而且乖离率也很大，就是买入做多信号。

（2）乖离率的计算方法

乖离率的计算周期应该与想要衡量的移动平均线的周期是一致的，由于移动平均线有 5 日均线、10 日均线、30 日均线、60 日均线之分，所以与此相对应，乖离率也有 5 日乖离率、10 日乖离率、30 日乖离率、60 日乖离率等。另外，乖离率有正负之分，汇价在移动平均线的上方为正乖离率，汇价在移动平均线的下方为负乖离率。图 3－76 为正乖离率与负乖率离的情形。

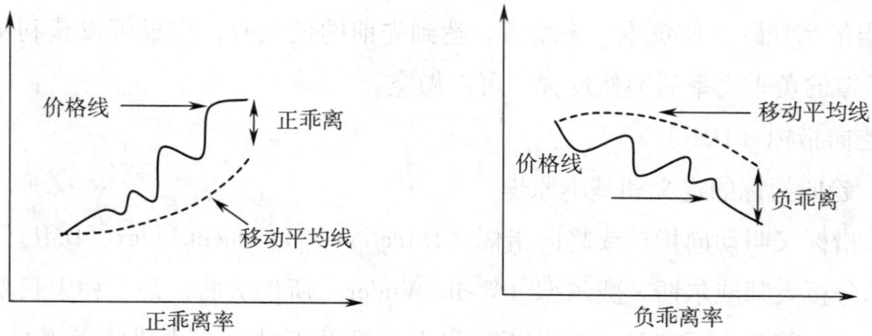

图 3－76　乖离率（RSI）指标示意图

乖离率的计算公式为

N 日乖离率 ＝（当日收盘价 － N 日移动平均价）÷ N 日移动平均价 × 100%

或者为

N 日乖离率 ＝（当日收盘价 ÷ N 日移动平均价 － 1）× 100%

比如，当日收盘价为 10 元，10 日的移动平均价为 8 元时，则 10 日乖离率 ＝（10－8）÷8 ×100% ＝25%。或者，10 日乖离率 ＝（10 ÷8 －1）×100% ＝25%。如果当日收盘价为 8 元，10 日移动平均价为 10 元，则 10 日乖离率 ＝（8 －10）÷10 ×100% ＝ －20%。或者，10 日乖离率 ＝（8 ÷10 －1）×100% ＝ －20%。

（3）乖离率的外汇市场运用法则

a. 在弱势市场上，指数与 6 日平均线乖离率达 +6% 以上时为超买现象，是卖出的时机；指数与 6 日平均线乖离率达 －6% 以下时为超卖现象，是买进的时机。

b. 在强势市场上，指数与 6 日平均线乖离率达 +8% 以上时为超买现象，是卖出的时机；指数与 6 日平均线乖离率达 －3% 以下时为超卖现象，是买进的时机。

c. 在弱势市场上，指数与 12 日平均线乖离率达 +5% 以上时为超买现象，是卖出的时机；指数与 12 日平均线乖离率达 －5% 以下时为超卖现象，是买进的时机。

d. 在强势市场上，指数与 12 日平均线乖离率达 +6% 以上时为超买现象，是卖出的时机；指数与 12 日平均线乖离率达 －4% 以下时为超卖现象，是买进的时机。

e. 大势上升时，会出现多次高价，可在更前的高价的正乖离点卖出；大势下跌时，会出现多次低价，可在更前的低价的负乖离点买进。

f. 上升大势时遇负乖离率，可趁跌势买进，此时出场比较安全；上升大势时遇正乖离率，可趁跌势卖出，此时进场比较安全。

g. 外汇市场当汇率与移动平均线之间的乖离率达最大百分比时，就会向零点靠近，属于正常。

h. 当汇率狂跌，使负乖离率增大，达到先前的低点时，空投可以获利平仓；如遇趋近于零的负乖离率后突然反弹，可以做空。

6. 趋向指标（DMI）

（1）趋向指标的定义和基本原理

DMI 指标又叫动向指标或趋向指标（Directional Movement Index，DMI），也是由美国技术分析大师威尔斯·威尔德（Wells Wilder）所创造的，是一种中长期市场技术分析方法。其基本原理是通过分析价格在上升及下跌过程中供需关系的均衡点，即供需关系受价格变动的影响而发生由均衡到失衡的循环过程，从而提供对趋势判断的依据，如图 3－77 所示。

图 3－77　趋向指标（DMI）与汇率走势图

（2）趋向指标的计算方法

DMI 指标的计算方法和过程比较复杂，它涉及 DM、TR、DX 等几个计算指标和 ＋DI（即 PDI，下同）、－DI（即 MDI，下同）、ADX 和 ADXR 4 个研判指标的运算。

第一，计算的基本程序如下：

以计算日 DMI 指标为例，其运算的基本程序主要为：

①按一定的规则比较每日价格波动产生的最高价、最低价和收盘价，计算出每日股价波动的真实波幅、上升动向值、下降动向值 TR、+DI、-DI，在运算基准日基础上按一定的天数将其累加，以求 n 日的 TR、+DM 和 DM 值。

②将 n 日内的上升动向值和下降动向值分别除以 n 日内的真实波幅值，从而求出 n 日内的上升指标+DI 和下降指标-DI。

③通过 n 日内的上升指标+DI 和下降指标-DI 之间的差和之比，计算出每日的动向值 DX。

④按一定的天数将 DX 累加后平均，求得 n 日内的平均动向值 ADX。

⑤再通过当日的 ADX 与前面某一日的 ADX 相比较，计算出 ADX 的评估数值 ADXR。

第二，计算的具体过程如下：

①计算当日动向值

动向指数的当日动向值分为上升动向、下降动向和无动向三种情况，每日的当日动向值只能是三种情况中的一种。

A. 上升动向（+DM）

+DM 代表正趋向变动值即上升动向值，其数值等于当日的最高价减去前一日的最高价，如果≤0，则+DM=0。

B. 下降动向（-DM）

-DM 代表负趋向变动值即下降动向值，其数值等于前一日的最低价减去当日的最低价，如果≤0，则-DM=0。需要注意的是，-DM 也是非负数。

再比较+DM 和-DM，较大的那个数字保持，较小的数字归 0。

C. 无动向

无动向代表当日动向值为“零”的情况，即当日的+DM 和-DM 同时等于零。有两种价格波动情况下可能出现无动向。一是当日的最高价低于前一日的最高价并且当日的最低价高于前一日的最低价，二是当上升动向值正好等于下降动向值。

②计算真实波幅（TR）

TR 代表真实波幅，是当日价格较前一日价格的最大变动值。取以下三项差额的数值中的最大值（取绝对值）为当日的真实波幅：

A. 当日的最高价减去当日的最低价的价差。

B. 当日的最高价减去前一日的收盘价的价差。

C. 当日的最低价减去前一日的收盘价的价差。

TR 是 A、B、C 中的数值最大者。

③计算方向线 DI

方向线 DI 是衡量汇价上涨或下跌的指标，分为“上升指标”和“下降指标”。在有的汇市分析软件上，+DI 代表上升方向线，-DI 代表下降方向线。其计算方法如下：

$$+DI = (+DM \div TR) \times 100$$

$$-DI = (-DM \div TR) \times 100$$

要使方向线具有参考价值，则必须运用平滑移动平均的原理对其进行累积运算。以 12 日作为计算周期为例，先将 12 日内的 +DM、-DM 及 TR 平均化，所得数值分别为 +DM12，-DM12 和 TR12，具体如下：

$$+DI(12) = (+DM12 \div TR12) \times 100$$

$$-DI(12) = (-DM12 \div TR12) \times 100$$

随后计算第 13 天的 +DI12、-DI12 或 TR12 时，只要利用平滑移动平均公式运算即可。

上升或下跌方向线的数值永远介于 0~100 之间。

④计算动向平均数 ADX

依据 DI 值可以计算出 DX 指标值。其计算方法是将 +DI 和 -DI 间的差的绝对值除以总和的百分比，得到动向指数 DX。由于 DX 的波动幅度比较大，一般以一定的周期来平滑计算，得到平均动向指标 ADX。具体过程如下：

$$DX = (DI\ DIF \div DI\ SUM) \times 100$$

其中，DI DIF 为上升指标和下降指标的差的绝对值；DI SUM 为上升指标和下降指标的总和；ADX 为 DX 一定周期 n 日内的移动平均值。

⑤计算评估数值 ADXR

在 DMI 指标中还可以添加 ADXR 指标，以便更有利于行情的研判。

ADXR 的计算公式为

$$ADXR = (\text{当日的 ADX} + \text{前一日的 ADX}) \div 2$$

和其他指标的计算一样，由于选用的计算周期不同，DMI 指标也包括日 DMI 指标、周 DMI 指标、月 DMI 指标、年 DMI 指标以及分钟 DMI 指标等各种类型。经常被用于汇市研判的是日 DMI 指标和周 DMI 指标。虽然它们在计算时的取值有所不同，但基本的计算方法一样。另外，随着外汇软件分析技术的发展，投资者只需掌握 DMI 形成的基本原理和计算方法，无须去计算指标的数值。

（3）趋向指标的运用法则

动向指数在应用时，主要是分析上升指标 +DI、下降指标 -DI 和平均动向指数

ADX 三条曲线的关系，其中 + DI 和 - DI 两条曲线的走势关系是判断出入市的信号，ADX 则是对行情趋势的判断信号。

A. 上升指标 + DI 和下降指标 - DI 的应用法则

①走势在有创新高的价格时，+ DI 上升，- DI 下降。因此，当图形上 + DT14 从下向上递增突破 - DT14 时，显示市场内部有新的多头买家进场，愿意以较高的价格买进，因此为买进信号。

②相反，当 - DI14 从下向上递增突破 + DI14 时，显示市场内部有新的空头卖家出货，愿意以较低价格沽售，因此为卖出信号。

③当走势维持某种趋势时，+ DI14 和 - DI14 的交叉突破信号相当准确，但走势出现牛皮盘档时，+ DI14 和 - DI14 发出的买卖信号视为无效。

B. 平均动向指标 ADX 的应用法则

①趋势判断。当行情走势朝向单一方向发展时，无论是涨势或跌势，ADX 值都会不断递增。因此，当 ADX 值高于上日时，可以断定当前市场行情仍在维持原有趋势，即汇价会继续上涨，或继续下跌。特别是当 + DI14 与 ADX 同向上升，或 - DI14与 ADX 同向上升时，表示当前趋势十分强劲。

②牛皮市判断。当走势呈牛皮状态，汇价新高及新低频繁出现时，+ DI 和 - DI 越走越近，反复交叉，ADX 将会出现递减。当 ADX 值降低至 20 以下，且出现横向移动时，可以断定市场为牛皮市。此时趋势无一定动向，投资者应持观望态度，不可以根据 ± DI14发出的信号入市。

③当走势维持某种趋势时，+ DI14 和 - DI14 的交叉突破信号相当准确，但走势出现牛皮市时，应将 + DI14 和 - DI14 发出的买卖信号视为无效。

④转势判断。当 ADX 值从上涨高点转跌时，显示原有趋势即将反转，如当前处于涨势，表示跌势临近；如当前处于跌势，则表示涨势临近。此时 ± DI14 有逐渐靠拢或交叉的表现。ADX 在高点反转的数值无一定标准，一般以高度在 50 以上转跌较为有效。观察时，ADX 调头向下，即为大势到顶或到底的信号。

（3）评价

①不需要主观判断，只需要在有效市场信号下采取行动，而且上升指标与下降指标的交错信号容易理解。

②在动向指数中增添 ADXR 指标，能够扩充动向指数的功能。ADXR 是 ADX 的“评估数值”，其计算方法是将当日的 ADX 值与 14 日前的 ADX 值相加后除以 2 得出。ADXR 的波动一般较 ADX 平缓，当 ± DI 相交，发出买卖信号后，ADXR 又与 ADX 相交，则是最后的出入市机会，随后而来的行情较急，因此应立即采取

行动。

ADXR 还是市场的评估指标，当 ADXR 处于高位时，显示行情波动较大，当 ADXR 处于低档时，则表明行情较为牛皮。

③计算复杂，公式不易掌握。

7. 布林线（带）（BOLL）

（1）布林线的基本原理

布林线又称布林通道，是由美国人布林格提出的一种技术分析理论和方法。布林线指标的设计思想很有独创性，它一改一般指标运用时比较烦琐的缺点，用十分简单明快的三条曲线来显示汇价运行状况。三条曲线分别叫做上轨、中轨、下轨。上轨可以看成是压力线，下轨可以看成是支撑线。股价线的波动应该围绕中轨线，在上轨线和下轨线之间进行波动。布林线的带状宽度反映了价格变动的幅度，越宽表示价格波动幅度越大，越小表示价格波动幅度减小。所以，布林线的宽度是由价格的异变性决定的。当极端价格出现时，布林线就会放宽；而当价格出现平稳走势时，布林线就会收窄（见图 3－78）。

图 3－78　布林线（BOLL）走势图

（2）布林线的计算方法

从数学角度看，布林线的计算实际上是利用了移动平均的计算方法和统计学中标准差的计算方法。布林线中的中轨，实际上就是一定周期的移动平均线，只是移动平均线一般是用收盘价计算的，而布林线是用中间价计算的。

$$中间价 = (C + H + L)/3$$

$$或:中间价 = (2C + H + L)/4$$

其中，C 代表收盘价，H 代表最高价，L 代表最低价。

有了每日的中间价，将中间价进行移动平均计算就可以得出中轨线，计算的周期可以有 14 日或者 20 日等。至于上轨和下轨，实际上就是根据周期内中间价的标准差来决定的。比如，以14日为周期，自然就有14个中间价，对14个中间价进行标准差的计算，就可以确定第14日的上轨和下轨。因此：

上轨价格＝中间价移动平均价＋标准差

下轨价格＝中间价移动平均价－标准差

标准差的计算公式为

$$\sigma = \sqrt{\frac{1}{N}\sum_{i=1}^{N}(x_i - \mu)^2}$$

其中，σ 表示标准差，n 表示周期的天数，X_i 表示周期内各天的中间价，X 表示周期内全部中间价的平均值。

（3）布林线的特点

①布林线的范围，即上轨和下轨之间的带状区间的宽窄是随着汇价波动幅度大小而变化的。当汇价涨跌幅度变大时，布林线的带状线开口也会随之放大；而当汇价涨跌幅度变小时，布林线的带状线开口也会随之缩小。

②布林线的运用一般是从两个方面考虑的：一是利用布林线与价格运行趋势的趋同性以及布林线对价格的支撑和压力作用，对外汇作出是做多、做空还是空仓观望的判断；二是根据布林线的买卖信号决定外汇买卖的策略，在买卖信号中特别要强调的是，激烈的价格变动倾向于在布林线的范围紧缩后发生，只有当异变性减弱后，才会产生激烈的价格波动。

③布林线是一个独立的指标，一般可以单独分析使用；但是布林线不能够明确提示超买或超卖点，我们不能够用穿越上轨或者跌破下轨作为超买超卖的信号。

（4）布林线的运用要点

①多头原则。当布林线处于上升趋势，而价格线运行在布林通道的上轨和中轨之间时，表示价格正处于强势的多头态势，价格在上升过程中受到中轨线的强烈支持，是一波主升段的行情，此时应该以多头为主。

②空头原则。当布林线处于下降趋势，而价格线运行在布林通道的中轨和下轨之间时，表示价格正处于弱势的空头状态，价格受到中轨线的反压，正在做中线的向下调整，此时以空头或观望为主。

③买进原则。买进原则有三种情况：

第一，当价格触及下轨或者跌穿下轨然后出现反弹，反弹力度达到穿越中轨线时，是买进信号。汇价在一波较大幅度的下跌后，往往会形成加速的最后一跌，在布林通道上就会反映出汇价触及或者跌穿下轨线，然后必然又反弹，回到下轨线的上方，但是这个反弹能否转化成反转，如果用布林线指标来判断，就要看价格能否有效地上穿布林通道的中轨线。一旦有效地穿过中轨线，则是较好的买入做多信号。

第二，当汇价经过调整后走出一波不是太大的上涨行情就触及布林通道的上轨或穿过布林通道的上轨然后回落，且在回落过程中受到中轨线的支撑时，也是较好的买入做多时机。

第三，布林通道的上下轨之间的距离是随着汇价的波动幅度反复扩大和收窄的，当汇价经过较长时间的低迷时，汇价的波动范围会缩小到一个很小的幅度，布林通道上下轨之间的距离就会逐渐收窄，直至布林通道的趋势在一段时间内基本呈现水平运动。在这个过程中，如果我们看到布林通道的张口从收窄转为逐渐扩大，就是所谓的拐点买进做多信号。

④卖出原则。卖出原则也有三种情况：

第一，当价格经过一波上扬后，汇率线触及上轨线或者上穿上轨线后回落，在回落的过程中如果跌穿中轨线，表明汇率的上升已经告一段落，这时下穿中轨线为比较有效的卖出做空信号。

第二，价格在下跌趋势中触及布林通道的下轨线或者跌穿下轨线，然后反弹，但是反弹没有能够突破布林线的中轨线，受到中轨线的反压，则表明下跌趋势并没有结束，汇率价格在中轨线附近是卖出做空良机。

第三，根据拐点卖出信号进行操作。关于拐点的定义是相同的，拐点卖出做空信号与拐点买进做多信号的区别就在于汇价位置的不同，如果汇价在相对高位形成拐点，就是卖出做空信号。

8. 心理线（PSY）

（1）基本原理

心理线是由英文 Psychological Line 翻译而来，简称 PSY，是以一段时间内汇率涨跌天数的比率来衡量投资者心理状态的指标。心理线作为情绪指标的一种，主要是从外汇投资者的买卖趋向的心理方面，对多空双方的力量对比进行分析。所以，它是建立在投资者心理趋向基础之上的，将一定时期内投资者倾向买方或卖方的心理与事实转化为数值，形成测定人气的指标，用以分析汇市价格未来的走势。

具体而言，它是根据一段时间内收盘价涨跌天数的多少来探究市场交易者的内心趋向，以作为买卖标的的参数，能够比较准确地显示汇价的高峰和谷底。我们可以简单地认为，在一段时间内，上涨是多方的力量，下跌是空方的力量，心理线就是计算在某一个既定的周期内上涨天数占该段时间内总天数的比率，并将该比率画在价格走势图上形成曲线，这样，多空力量的对比就可以简单地描述出来。

心理线指标只考虑每天的收盘价，并加以对比，买卖双方谁获胜一天就为谁记上一分，在一个周期内，以获胜次数多者为胜者。在这个指标中，心理线在较长时间内保持在50以上，表示在较长时间内上涨天数大于下跌天数，买入意愿大于卖出意愿，价格自然会上涨。反之，反映出投资者在心理上做空意愿大于做多意愿，价格自然要下跌。

（2）心理线的计算公式和画法

心理线的计算公式：$PSY = A/N \times 100$。式中，N为所选择的周期的天数，是心理线的参数。心理线参数的选择是人为的，没有硬性规定，但是不能太小或太大。因为选择的参数太小，心理线取值范围的上下波动就会很大，敏感度太高；而选择的参数太大，取值的范围就会太集中、太平稳，敏感度太低。所以，参数过长或过短，指标的精确度就会降低，从而达不到预期的效果。根据经验，一般将周期天数定为12天，最长不超过24天。

A为在周期内价格上涨的天数，这里判断上涨和下跌都以收盘价为标准。如果某一天的收盘价比前一天的收盘价要高，则当天就定为上涨；如果比前一天低，则当天就定为下降。A的计算只考虑上涨天数，价格持平或下跌均不予考虑。

心理线的画法：

例如，N取12天，如果有6天上涨、6天下跌，则心理线 $PSY = (6/12) \times 100 = 50$。然后将数值标在有百分比的图纸上，每天延续下去。将每天的百分比连接起来，即成为心理线。心理线除了有日线以外，也可以有周线和月线，原理是一样的。周线一般周期数定为15周，最长不超过26周；月线一般周期数定为12个月。

另外，还有一种简便的心理线画法：如果是以12天为周期，在画心理线的时候，可以先在价格图纸上标出1，2，…，11，12等12个数字，再将这12天的上涨天数标在图纸上并连接起来，也可以成为心理线，这样就免去了计算过程（见图3－79）。

（3）心理线指标的判研要点

第一，从多空对比来看，心理线以50为中心，50以上为多方市场，50以下为空方市场。在盘整局面中，PSY的取值应该在以50为中心的附近，上下限一般定为25和75。心理线如果取值在25～75，说明多空双方基本处于平衡状态；如果PSY的取值超过了这个平衡状态，就是超买或超卖。因此，当心理线在25～75的常态区域内移动时，为观望信号。一般不宜采取行动，应持观望态度；而当心理线在75～100，表明当前处于超买状态；在0～25，则表明当前处于超卖状态。如果是以12天为样本，常态范围是3～9天；高于9天，就是超买；低于3天，则是超卖。

第二，心理线的取值如果过高或过低，都是采取行动的信号。一般来说，如果

图 3－79　心理线（PSY）与汇率走势图

心理线取值小于 10 或者大于 90，都属于极端状况，可以不考虑别的因素而单独采取买入或卖出的行动。即心理线数值小于 10，是极端的超卖，是一个短期反弹的机会，可以不考虑其他因素而直接买入。当心理线数值大于 90 时，是极端的超买，也可以不考虑其他因素而直接卖出。

第三，虽然指标数值在 25 以下和 75 以上都是超卖区和超买区，是采取行动的区域，但在实践中，如果心理线的取值第一次进入超卖或超买区域时立刻采取行动往往容易出错，要等到第二次出现进入超卖或超买区域时采取行动才比较保险。这一条对大量的技术指标都适用，对心理线尤其重要。几乎每次行动都要求心理线进入低位或高位两次，才能真正称得上是安全的；如果第一次低于 25 或高于 75 就采取买入或卖出行动，一般都会发生操作错误。

第四，心理线一般最好与价格线配合使用，技术指标法则中的背离法则在心理线的运用中是成立的。此外，心理线也最好与其他的技术分析方法结合起来。如果心理线在低位或高位出现大的 W 底或 M 头，也是买入或卖出的行动信号；如果与成交量比率配合使用，可以找出每波行情的高低点；与逆时钟曲线配合使用，可以提高准确性，能够明确找出头部和底部。

9. 人气意愿指标

人气意愿指标也是能量型指标的一种，也有人把它看成是一种相对强弱指标。

人气指标可以分为人气指标（AR）、意愿指标（BR）、中间意愿指标（CR）三种。这三个指标都是描述多空双方力量对比的方法。AR、BR、CR 指标的构成原理是相同的，都是用最高价和最低价距离基准水平的远近来描述多空双方的实力，远的表示强大，近的表示弱小，所不同只是选择的基准水平是不同的。以当天的开盘价作为基准水平的是 AR 指标，以前一天的收盘价作为基准水平的是 BR 指标，以前一天的中间价作为基准水平的是 CR 指标。三种指标结合使用可以互相弥补各自的不足。

（1）AR 指标

①AR 指标的概念

AR 指标又称买卖气势指标，是反映市场当前情况下多空双方争斗结果的指标之一，是以当天的开盘价作为基准水平，分别计算出当天开盘价与最高价和最低价之间的差额，然后将两者的累积相比较，以此来判断目前行情的买卖气势和决定外汇买卖策略的一种测定方法[①]。

从原理上来说，AR 指标选择的基准水平是以每个交易日的开盘价，分别比较当天的最高和最低价，以此来反映市场买卖人气。以最高价到开盘价的距离描述多方向上的力量，而以开盘价到最低价的距离描述空方向下的力量，这样多空双方在当日的强弱程度就被简单地描述出来。由于目前的开盘价都是通过集合竞价的方式产生的，这就使得以开盘价作为当日多空方开始进行争斗的基准水平就更具有了实际意义。

②AR 指标的计算方法

第一步：计算多空双方的强度。多方强度 $=H-O$；空方强度 $=O-L$。式中，H 代表当日最高价，L 代表当日最低价，O 代表当日开盘价。

第二步：确定参数 N。参数就是计算指标时所采用的周期的天数。参数虽然是人为选定的，比如 10 天、15 天、20 天等，但是一般在计算 AR 指标的时候，都以 26 天作为周期的天数。这是因为根据经验，26 天累积移动的时间长短比较适宜，对汇市买卖气势来说，既不显得缓，也不至于过分剧烈。

第三步：计算周期 N 天内 $H-O$ 的总和与 $O-L$ 的总和。

$$HO_n = (H_1 - O_1) + (H_2 - O_2) + \cdots + (H_n - O_n)$$

$$OL_n = (O_1 - L_1) + (O_2 - L_2) + \cdots + (O_n - L_n)$$

---

① 由于外汇交易为一周 5 天 24 小时交易，所以，每天的开盘价和前一天的收盘价是一致的，无特殊意义。每周一的时候，由于周末基本面消息（如重大事件等）可能会引发跳空缺口，从图形分析上有一定的指导意义（若缺口短时间内不被封闭，行情可能会向跳空方向进一步发展，但这种情况非常少见）。

第四步：计算 AR 指标值。

AR = N 日内“当日最高价 - 当日开市价”之和 / N 日内“当日开市价 - 当日最低价”之和。

③AR 指标的判研要点

第一，AR 指标是一个无限指标，指标的数值并没有固定的区间，通常以 100 作为分界线来区别多空双方的强度：100 以上表示多方占优，100 以下表示空方占优。但是，通常以 80 ~ 120 的波动区间作为买卖气势强弱的均衡状态区间，在此区间内，属于盘整行情，价格走势比较平稳，不会大幅上升或下降，投资者可以采取观望态度，见机行事。

第二，AR 指标数值走高时表示行情活跃，人气旺盛，过高时则表示价格将进入高位，行情过热，买方力量已经达到极限，将要下降，应选择机退出。一般来说，当 AR 指标数值上升到 150 以上时，表明已经进入超买区域，可以看成是卖出信号，汇价可能会回落；AR 指标数值大于 200 为极端超买，应该坚决卖出，再高的时候，会达到 400 以上，表示行情处于疯狂程度。

第三，AR 指标数值走低时表示人气衰退，过低时则表示行情太冷，暗示汇价可能已经跌入低谷，空方力量已经达到极限，将要反转向上，可以考虑伺机介入。一般来说，AR 指标数值跌至 60 以下，表示汇价已经进入低价超卖区域，有可能随时反弹上升，属于建仓信号。如果低于 50，属于严重超卖，反弹力度进一步加大，应该坚决吸纳。

第四，将每天的 AR 指标数值连接起来可以画出 AR 曲线，从 AR 曲线上可以看出一段时间的买卖气势，并具有先于汇价到达高峰和跌入谷底的功能。当 AR 曲线到达峰顶并回头时，如果原价格还在上涨，就应该考虑做空，或多头平仓获利了结；如果 AR 到达谷底并回头向上而价格还在继续下跌，就应该考虑逢低做多。

（2）BR 指标

①BR 指标的概念

BR 指标又称买卖意愿指标，也是反映当前市场情况下多空双方力量对比结果的一种测定方法。BR 指标是以前一日的收盘价作为基准水平，用前一天的收盘价与当日的最高价和最低价进行比较，分别计算出前一天收盘价与当日最高价和最低价之间的差额，然后将两者的累计相比较来判断目前市场上的买卖气势，由此决定买卖策略。

从原理上来说，BR 指标选择的基准水平是以前一个交易日的收盘价，分别比较当天的最高价和最低价来反映市场买卖人气，以当日最高价到前一日收盘价的距离描述多方向上的力量，而以前一日收盘价到当日最低价的距离来描述空方向下的力量。

②BR 指标的计算方法

第一步：计算多空双方的强度。

多方强度 = $H-Y$，空方强度 = $Y-L$。式中，H 是当日最高价，L 是当日最低价，Y 是前一日收盘价。

第二步：确定参数 n。参数就是计算指标时所使用周期的天数。参数虽然是人为选择的，但是一般在计算 BR 指标的时候，也都以 26 天作为周期的天数。

第三步：计算 n 天内 $H-Y$ 的总和以及 n 天内 $Y-L$ 的总和。

$$HY_n = (H_1 - Y_1) + (H_2 - Y_2) + \cdots + (H_n - Y_n)$$

$$YL_n = (Y_1 - L_1) + (Y_2 - L_2) + \cdots + (Y_n - L_n)$$

第四步：计算 BR 值。

BR = n 日内"当日最高价 - 前一日收盘价"之和/n 日内"前一日收盘价 - 当日最低价"之和 ×100。

③BR 指标的判研要点

第一，BR 值为 100 时表示买卖意愿的强弱呈平衡状态。

第二，BR 值的波动比 AR 值敏感。当 BR 值在 70 ~ 150 波动时，属于盘整行情，投资者应以观望为主。

第三，当 BR 值大于 300 时，表示价格进入高价区，可能随时回档下跌，应择机抛出；500 以上为极端超买，应果断做空。

第四，当 BR 值小于 40 时，表示价格已经严重超跌，可能随时会反弹向上，应逢低做多。30 以下是极端超卖信号，应果断做多。

④AR、BR 指标的配合使用

第一，一般情况下，AR 可单独使用，而 BR 则需与 AR 配合使用才能发挥 BR 的功能。

第二，AR 和 BR 同时从低位向上攀升，表明市场上人气开始积聚，多头力量开始占优势，价格将继续上涨，投资者可及时买入或持筹待涨。

第三，当 AR 和 BR 从底部上扬一段时间后，到达一定高位并停滞不涨或开始掉头时，意味着价格已到达高位，做多者应注意及时获利了结。

第四，BR 从高位回跌，跌幅达 1/2 时，若 AR 没有警戒信号出现，表明股价是上升途中的正常回调整理，投资者可逢低买入。

第五，当 BR 急速上升，而 AR 却盘整或小幅回档时，应逢高做空，及时了结。

第六，AR 指标与 BR 指标都有领先于价格达到峰顶和谷底的功能，当它与价格在高位或低位形成背离时，也是价格见顶或见底的信号。再者，如果 AR 指标长期高于 BR 指标，则属于熊市；反之，如果 AR 指标长期低于 BR 指标，则表示牛市。

⑤AR 指标与 BR 指标存在的问题

AR 指标与 BR 指标虽然能够比较直观地反映市场的人气冷热程度，但是也存在以下若干缺陷：

一是 AR 指标与 BR 指标在特别超强或超弱的行情中，失真的信号较多，应该加以特别注意。

二是 AR 指标与 BR 指标没有固定的数值范围，从理论上来讲可以从零到无限大，属于无限震荡指标；由于没有固定的高低数值界限，无论是常态区域还是超买或超卖区域，震荡的范围都比较大，令人难以掌握。

三是 AR 指标与 BR 指标如果单独使用，效果欠佳。而且，AR 指标曲线与 BR 指标曲线的图形通常为长期平缓的底部形态和快速陡峭的顶部形态，导致底部信号不明确和顶部信号稍纵即逝而不易抓住机会。

（3）CR 指标

①CR 指标的概念

CR 指标也叫做中间意愿指标，有的将其称为人气动量指标，是同 AR 指标、BR 指标极为相似的指标，构造原理基本相同，计算公式也相似，区别在于设定的基准水平不同。中间意愿指标所设定的基准水平是上一个交易日的中间价，用上一个交易日的中间价与当日的最高价和最低价进行比较，计算出一段时间内的多空力量强弱。它用当日最高价与前一交易日中同价的距离表示多方的强度，而用前一个交易日中间价与当日最低价的距离表示空方的强度。指标属性介于 AR 指标和 BR 指标之间，一般比较接近于 BR 指标。

②指标的计算方法

根据计算周期不同，CR 指标可分为日 CR 指标、周 CR 指标、月 CR 指标、年 CR 指标以及分钟 CR 指标等很多种类型。经常被用于汇市研判的是日 CR 指标和周 CR 指标。虽然它们计算时取值有所不同，但基本的计算方法一样。以日 CR 指标为例，其计算公式为

$$\text{CR}(N\text{日}) = P_1 \div P_2 \times 100$$

其中，$P_1 = \sum(H - YM)$，表示 N 日以来多方力量的总和；$P_2 = \sum(YM - L)$，表示 N 日以来空方力量的总和。H 表示今日的最高价，L 表示今日的最低价，YM 表示

昨日（前一个交易日）的中间价。CR 计算公式中的中间价其实也是一个指标，它是通过对昨日（YM）交易的最高价、最低价、开盘价和收盘价进行加权平均而得到的，其每个价格的权重可以人为地选定。比较常用的中间价计算方法有四种：

第一种，$M=(2C+H+L)\div 4$；

第二种，$M=(C+H+L+O)\div 4$；

第三种，$M=(C+H+L)\div 3$；

第四种，$M=(H+L)\div 2$。

其中，C 为收盘价，H 为最高价，L 为最低价，O 为开盘价。

从四种中间价的计算方法来看，对四种价格的重视程度是不一样的，三种都是选用了收盘价，可见收盘价在技术分析中的重要性。和其他技术指标一样，在实战中，投资者不需要进行 CR 指标的计算，主要是了解 CR 的计算方法，以便更加深入地掌握 CR 指标的实质，为运用指标打下基础。CR 指标的一般研判标准主要集中在 CR 数值的取值范围、CR 指标曲线的形态以及 CR 指标曲线与股价曲线的配合等方面。

③CR 指标的研判要点

第一，CR 指标数值越高，表示多方力量越强；CR 指标数值越小，表示空方力量越强，它的上升和下降反映了多空力量的消长，其急升、急落和其他变化，同 AR、BR 指标可作相同解释。总的原则是：指标越低，做多越安全；指标越高，做空越合算。

第二，CR 指标的波动范围也没有固定的区间，属于无限指标，其常态分布区域在 40～300 之间，在此区间内可以采取观望态度。CR 指标在 40 以下为超卖区域，属于建仓良机，是明显的买入信号。当 CR 指标跌至 40 以下的低位区域时，价格形成底部的机会相当高。CR 指标在 300 以上为超买区域，属于卖出信号。当 CR 处在 300 以上的高位区域时，汇价形成顶部的机会很高。

第三，CR 指标的最大优点是寻找底部，CR 指标在 40 以下区域时，它的可靠性极高，效果很好。CR 指标的缺点是对顶部的判断不理想，比如在 300 以上区域时，从指标上看已经很高，可是在实践中，价格往往还会继续快速大涨，投资人按照技术指标操作，获利将会偏少。

第四，CR 指标与 AR 指标、BR 指标一样，只要形成了指标与价格在底部和顶部的背离，都是采取行动的信号。

10. 均量线（VOL）

（1）均量线的基本原理

均量线是一种通过用移动平均线的方法来反映一定时间内市场平均成交情况的技术指标。在汇市技术分析中，成交量虽然不像股市那样重要，但也是一项不能忽视的分析要素，它能够反映市场的供需状况、买卖气势等。但是，单日的交投情况往往由于一些复杂的因素造成上下震荡，从而在成交量的曲线上出现跳跃式变动的图形，使技术分析人员无法作出正确判断。因此，在成交量的图形上引进移动平均线的方法，将一定时期内的成交量相加后平均，在成交量的图形上就会表现出一条平滑的曲线，这种曲线就是均量线。所以简单地说，均量线就是成交量的移动平均线（见图 3 －80）。

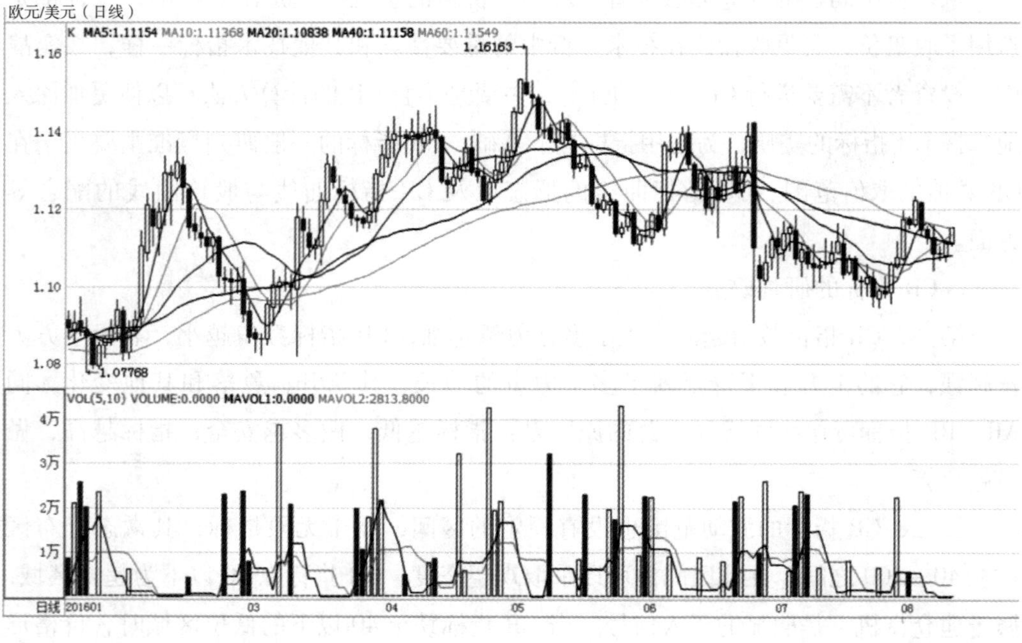

图 3 －80　均量线与汇率走势图

（2）均量线的计算方法

均量线的计算方法和移动平均线是一样的，只不过移动平均线是用价格进行计算，而均量线是用成交量进行计算。在一般情况下，均量线是用 10 日作为计算周期，即在 10 日移动平均成交量的基础上绘制均量线。另外，也可以选择 30 日作为均量线的计算周期，并在 30 日移动平均成交量的基础上画出均量线。其中，10 日均量线代表短期的交投趋势，30 日均量线代表中期的交投趋势。

（3）均量线的运用要点

第一，将均量线与价格线结合起来进行判研。

①在上涨行情的初期，均量线随价格不断创出新高，显示市场人气聚集。当上涨行情进入尾声时，尽管汇价再创新高，如果均量线衰退疲软，形成价量背离，表明价格接近顶峰区，投资者可以考虑离场。

②在下跌行情初期，均量线一般随价格持续下跌，显示市场人气涣散。到下跌行情接近尾声时，价格不断跌出新低，但是均量线已经走平，或者有上升的迹象，表明汇价已经见底，投资者可以考虑进场。

第二，将两条不同计算周期的均量线结合起来进行判研。

①当10日均量线在30日均量线上方并且继续上扬时，行情将会保持上涨势头；反之，当10日均量线在30日均量线下方并且继续下跌时，显示跌势仍将继续。

②当10日均量线与30日均量线发生交叉而出现移动平均线理论中的黄金交叉或者死亡交叉情况时，是对行情转势的确认。

③在盘档时，10日均量线与30日均量线会纠缠不清，而最后10日均量线向上或者向下突破30日均量线，则可预示行情打破盘局的方向，是一种较为准确的盘局后的突破辅助信号。

第三，根据均量线运行方向进行判研。

如同价格的移动平均线一样，均量线不论是出现向上还是向下的拐头走势，都预示行情可能转势，是一种警戒信号。

11. 能量潮（OBV）指标

（1）能量潮指标的形成原理（见图3－81）

成交量型指标中最常用的指标之一是能量潮指标OBV（On Balance Volume），中文名称直译是“平衡交易量”，大多数称其为能量潮，有的也叫累积能量线，它是由美国著名证券分析师格兰威尔在20世纪60年代提出的，经过验证，在股市实战中取得了很大的成功，同样适用于外汇操作。

①评价原理：投资者对汇市价格的评价越不一致，成交量越大；反之，则越小。因此，可以用成交量来判断市场人气和多空双方力量对比。

②重力原理：上升的物体迟早要下跌，物体上升时所需要的能量要比下跌时多。同样，在汇市中，价格上升时需要的能量大，因此要有较大的成交量配合；价格下跌时不必耗费很大的能量，因此成交量不一定放大，甚至会有萎缩。

③惯性原理：强者恒强，弱者恒弱；动者恒动，静者恒静。

（2）能量潮指标的特点

①能量潮指标是累计指标，不存在周期性变化，从起始日起，进行无限累加。

②能量潮指标没有固定的数值范围，属于无限指标，不能够像其他指标那样用

图 3-81　OBV 能量潮指标示意图

数值区间来预测。

③能量潮指标在累计的时候，会出现正负数的交替，交替表示一种信号。

④能量潮指标的数值由于与确定的起始日期有关，选取不同的起始点，计算结果就会不一样，所以指标的数值没有比较价值。分析的时候，主要是观察指标的变动方向和变动幅度。

（3）能量潮指标的计算方法

如果当日收盘价高于前一日收盘价，则把当日成交量记为正；如果当日收盘价低于前一日收盘价，则把当日成交量记为负。然后，把每日带有正负符号的成交量进行累计相加，即得到能量潮指标的数值。表 3-1 为能量潮指标的计算案例。

表 3-1　能量潮指标的计算

日期	日收盘价	涨跌符号	当日成交量	OBV 累计
1 日	15.00	+	32 000	32 000
2 日	15.50	+	40 000	72 000
3 日	14.80	-	21 000	51 000
4 日	14.60	-	11 000	40 000
5 日	14.00	+	30 000	10 000
6 日	15.00	+	31 000	41 000

从表 3-1 可以看出，能量潮指标是将上涨时的成交量看成多头推进的力量，而

将下跌时的成交量看成空头推动的力量。这是很有道理的，这与成交量比率指标有类似之处。在计算能量潮指标时要注意以下几点：

①如果当日收盘价与前一日收盘价一样，以其成交量为0进行累计。假定某一天成交量非常庞大，在这种情况下，成交量就没有办法体现出来，这也算是该指标的一个缺陷。

②通常都是用收盘价的涨跌来决定当天成交量的符号，但是它忽视了实际成交价的高低。比如，某一天，大部分交易都在收盘价以上进行交易，而在收盘时突然下降，计算能量潮指标时，将全日的全部成交量都算作负数，显然与实际不符。为了避免这一缺陷，有些分析家采用当日最高价、最低价、收盘价的加权平均价来决定计算时的符号：$P = (H + L + 3C)/5$。

③有了能量潮指标的数值以后，以时间为横轴，以成交量为纵轴，将每日的数值连接起来，就成为能量潮指标曲线。据此，可以分析和判断走势。

（4）能量潮指标的判研要点

第一，能量潮指标曲线呈N形的运动形式，通常将一浪高于一浪的N形运动称为上升潮，而将一浪低于一浪的N形运动称为下跌潮。一个上升潮包括上升、下跌、上升三个过程，一个下跌潮包括下跌、上升、下跌三个过程。通过对N形的累计可以进行预测，当能量潮指标曲线累积了5个N形，表示价格将要产生短期反转；累积了8个以上N形，表示价格反转就在眼前。

第二，当能量潮指标曲线在高位呈横向水平移动时，一般全部由小的N形组成，一旦变成大的N形，此时上涨多半接近尾声，属于做空信号；而当能量潮指标曲线在低位呈横向水平移动时，一般也是全部由小的N形组成，一旦变成大的N形，此时多为底部，属于做多信号，大的行情随之会到来。

第三，当能量潮指标曲线随着价格上涨而逐渐上升时，表明买盘逐渐增强，可以做多；当能量潮指标曲线随价格下跌而逐渐下跌时，表明行情疲软，可以做空。当能量潮指标曲线由上升开始转为下降，而此时价格仍在上升时，属于卖出信号；当能量潮指标曲线由下降开始转为上升，而此时价格仍在下跌时，属于做多信号。

第四，当汇市盘整时，能量潮指标曲线的变动方向是重要的参考指标。当能量潮指标曲线从正累积数转为负累积数时，表示价格将要走下跌趋势，属于做空信号；而当能量潮指标曲线从负累积数转为正累积数时，表示价格将要走上升趋势，属于做多信号。

第五，当能量潮指标曲线在上升过程中出现井喷式狂涨，代表多头力量可能要消耗殆尽，价格将会反转直泻，属于做空信号；当能量潮指标曲线出现瀑布式狂跌，代表空方力量可能要消耗殆尽，价格将会反转急升，是做多信号。能量潮指标曲线的累计高点，常常是行情上升的阻力区；而累计低点，常常是行情下跌的支撑区。

第六，当能量潮指标曲线在上涨途中出现矩形、三角形、旗形、楔形等形态，属于继续多头；而在下跌途中出现矩形、三角形、旗形、楔形等形态，属于空头信号。另外，能量潮指标曲线在顶部如果出现 M 形、头肩顶等形态，属于空头信号，而在底部出现 W 形、头肩底等形态，属于多头信号。

以上讲述了外汇交易的一些常用指标，在实际操作中我们要注意以下几个问题：

第一，不能生硬机械地运用技术指标。人们在使用技术指标时，常犯的错误是机械地照搬结论，而不问这些结论成立的条件和可能发生的意外。先是盲目地绝对相信技术指标，出了错误以后，又走向另一个极端，认为技术分析指标一点用也没有。这显然是错误的认识，只能说是不会使用技术指标。技术指标是有用的，出问题的是使用的人。

第二，每种指标都有自己的盲点，也就是指标失效的时候。在实际中应该不断地总结，并找到盲点所在。这对在技术指标的使用中少犯错误是很有益处的。遇到了技术指标失效，要把它放置在一边，去考虑别的技术指标。一般来说，东方不亮西方亮，黑了南方有北方，众多的技术指标，在任何时候都会有几个能对我们进行有益的指导和帮助。

第三，了解每一种技术指标是很必要的，但是，众多的技术指标我们不可能都考虑到，每个指标在预测大势方面也有准确程度的区别。通常使用的手法是以四五个技术指标为主，其他的指标为辅。这四五个技术指标的选择各人有各人的习惯，不能事先规定，但是，随着实战效果的好坏，对这几个指标应该不断地进行变更。

第四章　外汇交易案例

在本书前面关于在外汇期货、期权交易的章节中，我们讲述了一些案例。这一章将在具体实用角度做进一步讲述。

第一节　外汇市场套期保值

一、利用外汇期货套期保值

外汇汇率套期保值就是利用外汇期货交易，确保外币资产或外币负债的价值不受或少受汇率变动带来的损失。

外汇汇率套期保值的方式可分为多头套期保值和空头套期保值两种。具体案例如下。

（一）多头套期保值

多头套期保值（Long Hedging）是指在即期外汇市场上处于空头地位的投资者，即拥有外币负债的投资者，为防止将来偿付外汇时汇价上升，而在外汇期货市场上做一笔相应的买进交易。

可以用实例说明。

【例 4.1】　美国某一厂商在瑞士有分厂，该分厂有多余的 50 万瑞士法郎，可暂时（如 6 个月）给美国的厂商使用，而美国厂商这时也正需要一笔短期资金。最好的办法是把瑞士的这笔资金转汇到美国，让美国厂商使用 6 个月，然后归还。在做这样一笔交易时，厂商为了避免将来重新由美元变成瑞士法郎时发生汇率风险，就可以把 50 万瑞士法郎以现汇出售换成美元，买成远期交投的瑞士法郎，这样就不会发生汇率波动的风险。这种做法就是多头套期保值。现用假设数字来说明（见表 4－1）。

表 4 – 1　　套期保值计算表

现货市场	期货市场
3 月 1 日 卖出：50 000 瑞士法郎 汇率：64 600 美元/瑞士法郎 价值：323 000 美元	买入：四份 9 月期瑞士法郎期货，每份合同 125 000 瑞士法郎 汇率：64 500 美元/瑞士法郎 价值：322 500 美元
9 月 1 日 买入：500 000 瑞士法郎 汇率：64 900 美元/瑞士法郎 价值：324 500 美元	卖出：四份瑞士法郎合同，每份合同 125 000 法郎 汇率：64 890 美元/瑞士法郎 价值：324 450 美元
损失：1 500 美元	获利：1 950 美元

从表 4 – 1 中可以看出，套期保值者在现汇市场上损失 1 500 美元，而在期汇市场上赚到 1 950 美元，足以抵补其损失且多余 450 美元。

美国厂商先在现货市场卖出、期货市场买进，然后在现货市场买进、期货市场卖出，这就是等量相对的原则。只有这样，一个市场上所受的损失才能由另一个市场的盈利来弥补。其奥妙就在于，无论现货法郎还是期货法郎，其价格变动受同样因素支配，要涨都涨，要跌都跌。

多头套期保值方法适用于国际贸易中的进口商和短期负债者，目的是防止负债或应付货款的外汇汇率上升所带来的损失。

（二）空头套期保值

空头套期保值（Short Hedging）是指在即期外汇市场上处于多头地位的人，即持有外币资产的人，为防止外币的汇价将来下跌，而在外汇期货市场上做一笔相应的空头交易。我们可以用实例来说明。

【例 4. 2】　美国某一厂商在瑞士有分厂，该分厂急需资金以支付即期费用，6 个月后财力情况会因购买旺季到来而好转。美国厂商正好有多余的资金可供瑞士分厂使用，于是便汇去了 30 万瑞士法郎。为了避免将来汇率变动带来损失，美国厂商一方面在现货市场买进瑞士法郎，另一方面又在期货市场卖出同等数量的瑞士法郎。这种做法就是空头套期保值。现用假设数字说明（见表 4 – 2）。

表 4 – 2

现货市场	期货市场
6 月 1 日 买入：300 000 瑞士法郎 汇率：4 015 美元/瑞士法郎 价值：120 450 美元	卖出：两份 12 月瑞士法郎期货，每份合同 125 000 瑞士法郎共 250 000 瑞士法郎 汇率：4 060 美元/瑞士法郎 价值：101 500 美元

续表

现货市场	期货市场
12 月 1 日 卖出：300 000 瑞士法郎 汇率：4 060 美元/瑞士法郎 价值：121 800 美元	买入：两份 12 月瑞士法郎 期货：每份合同 125 000 瑞士法郎 汇率：4 060 美元/瑞士法郎 价值：101 625 美元
获利：1 350 美元	损失：125 美元

现货市场与期货市场 6 月 1 日买入：300 000 瑞士法郎；汇率：4 015 美元/瑞士法郎；价值：120 450 美元。卖出：两份 12 月瑞士法郎期货，每份合同 125 000 瑞士法郎，共 250 000 瑞士法郎；汇率 4 060 美元/瑞士法郎；价值：101 500 美元。12 月 1 日卖出：300 000 瑞士法郎；汇率：4 060 美元/瑞士法郎；价值：121 800 美元。买入：两份 12 月瑞士法郎期货：每份合同 125 000 瑞士法郎；汇率 4 060 美元/瑞士法郎；价值：101 625 美元；获利：1 350 美元；损失：125 美元。

可见，美国厂商如果不进行套期保值，可多盈利 125 美元，但这存在较大风险。套期保值就是放弃一个市场的可能盈利而得到价格保障。

空头套期保值多用于国际贸易中的应收款。给外国附属机构贷款，如果用外汇支付，也可利用空头套期保值的方法来避免或减少汇率变动带来的损失。

（三）交叉套期保值

在国际外汇期货市场上交易的外汇期货合约通常是多种外币对美元的期货合约，而很少有两种非美元货币间的期货合约。在实际经济活动中，若要回避非美元（如日元和英镑）之间的汇率风险，就必须运用交叉套期保值。

交叉套期保值（Cross Hedge）是指利用相关的两种外汇期货合约为其中一种外汇进行保值。进行交叉套期保值的关键是要把握以下两点：一是正确选择承担保值任务的另外一种期货，只有相关程度高的品种，才是为手中持有的现汇进行保值的适当工具；二是正确调整期货合约的数量，使其与被保值对象相匹配。

【例 4. 3】　一家日本公司预计在 6 月 10 日后 3 个月收到一笔 250 000 英镑的款项。如果在此 3 个月中，英镑兑日元的汇率下跌，则该公司最终收到的 250 000 英镑将兑得较少日元。为回避这种风险，该公司希望利用外汇期货实施套期保值。然而，目前的外汇期货市场却没有日元和英镑间的期货合约可供交易。所以，只能通过日元期货合约与英镑期货合约实行交叉套期保值。

假设 6 月 10 日外汇市场的即期汇率如下：日元汇率为 138. 50 日元/美元，英镑汇率为 1. 6162 美元/英镑，日元与英镑的交叉汇率为 233. 84 日元/英镑。

3 个月后，外汇市场的即期汇率如下：日元汇率为 135.45 日元/美元，英镑汇率为 1.6075 美元/英镑，交叉汇率为 217.74 日元/英镑。

可以看到，3 个月以后日元升值，而英镑贬值。因此，该公司要事先实行交叉套期保值。具体做法是：买入日元期货，同时卖出英镑期货。过程见表 4－3。

表 4－3　　交叉套期保值实例

即期市场	期货市场
6 月 10 日	6 月 10 日
日元：138.50 日元/美元；英镑：1.6162 美元/英镑；25 万英镑相当于 55 960 000 日元	买入 9 月份日元期货合约 4 张，成交价为 7 236 点（相当于 138.20 日元/美元），卖出 9 月份英镑期货合约 4 张，成交价为 1.6176 美元/英镑
9 月 10 日	9 月 10 日
日元：135.45 日元/美元；英镑：1.6075 美元/英镑；交叉汇率：217.74 日元/英镑；25 万英镑可兑换 54 435 000 日元	卖出 9 月份日元期货合约 4 张，成交价为 7 385 点（相当于 135.40 日元/美元），买入 9 月份英镑期货合约 4 张，成交价为 1.6082 美元/英镑
损失 =55 960 000 − 54 435 000 = 1 525 000（日元）	获利： 日元：（7 385 －7 236）×4 ×12.5 =7 452（美元） 英镑：（6 176 −6 082）÷2 ×4 ×12.5 =2 350（美元） 合计：9 800 美元，按 9 月 10 日汇价相当于 1 327 410 日元
日元：138.50 日元/美元；英镑：1.6162 美元/英镑；25 万英镑相当于 55 960 000 日元	买入 9 月份日元期货合约 4 张，成交价为 7 236 点（相当于 138.20 元/美元），卖出 9 月份英镑期货合约 4 张，成交价为 1.6176 美元/英镑

期货市场的交叉套期保值抵消了大部分即期外汇市场上因汇价不利变动导致的损失。依据同样的原理，交叉套期保值可适用于多种非美元的自由货币之间，为防范错综复杂的汇率风险提供了又一种有效的工具。

（四）我国企业利用外汇期货进行套期保值案例

由于目前我国国内暂无外汇期货品种，国内企业多采用 CME 交易所的外汇期货合约。

【例 4.4】　2015 年 3 月 1 日，国内一钢厂向美国出口 2 万吨钢材，总价 1 270 万美元，即期汇率为 1 美元 =6.2951 元人民币；同时向欧洲出口 3 万吨钢材，总价 1 450万欧元，付款期均为 3 个月，即期汇率为 1 欧元 =8.2658 元人民币。该钢厂为了保证正常生产，还在当日与一澳大利亚矿商签订价值 3 000 万美元的铁矿石进口合同，规定付款期为 3 个月。

我们首先来看企业的收支结构（见表4－4），企业既有美元及欧元的收入，也有美元的支出，虽然时间上相匹配，但美元支出的金额远远大于美元收入的金额，多余的美元仍需要结汇用于国际支付。

表4－4　　该企业的收支结构

6月1日	自美国客户收汇	自欧洲客户收汇	向澳大利亚矿商付汇
	1 270万美元	1 450万欧元	3 000万美元

6月1日，该钢厂可先利用平衡法对冲部分美元外汇风险，即将从美国客户收回的1 270万美元的钢材出口货款，用以支付澳大利亚矿商的铁矿石货款，这样该钢厂面临的外汇风险敞口为1 730万美元（3 000－1 270）应付账款，以及1 450万欧元应收账款。

若人民币兑美元升值，则该企业将从人民币升值中获得好处，但当时人民币兑美元汇率波动较大，甚至曾出现数日跌停，企业决定对美元应付账款进行风险转移。当时市场上人民币兑欧元升值预期强烈，将对企业产生不利，企业决定同时对欧元应收账款进行风险管理。

该钢厂通过收支结构分析及汇率预期，决定利用人民币/美元期货进行空头套期保值，以规避人民币兑美元贬值风险；同时，利用人民币/欧元期货进行多头套期保值，以规避人民币兑欧元升值预期。

（1）空头套期保值：卖出人民币/美元期货。考虑到6月1日将交付美元货款，因此在3月1日，该钢厂选择CME6月份的人民币/美元期货合约进行卖出套期保值，成交价为0. 15930。

6月1日，人民币即期汇率变为1美元＝6. 3209元人民币，钢厂买入平仓6月份 人民币/美元期货合约109手，成交价为0. 15803。

可以看出，至6月1日人民币兑美元汇率向着不利于该钢厂的方向变动，若只利用平衡法对冲掉部分美元风险，该钢厂仍然要面临外汇风险损失44. 63万元人民币。但该钢厂通过卖出 人民币/美元期货合约进行套期保值，在外汇期货市场上获得87. 48万元人民币的收益（不考虑保证金的时间价值），弥补了该企业的损失，实现了较好的对冲美元外汇风险敞口的目标。相关计算见表4－5和表4－6。

表4－5　　卖出套期保值相关计算

	套期保值相关计算
期货合约面值	100万元人民币
保证金比例	2%

续表

	套期保值相关计算
需进行风险管理的头寸	1 730 万美元
卖出期货合约的手数	1 730 万美元/0. 15930/100 万元人民币 = 108. 60 手≈109 手
保证金	109 手 ×100 万元人民币 ×0. 15930 ×2% =34. 73 万美元，利用 3 月 1 日人民币即期汇率可计算人民币资金占用为 34. 73 万美元 ×6. 2951 = 218. 63 万元人民币

表 4 –6　　套期保值效果评估

	损益计算
期货市场损益	109 手 ×100 万元人民币 ×（0. 15930 – 0. 15803） =13. 84 万美元，利用 6 月 1 日人民币即期汇率可计算对应的人民币损益为 13. 84 万美元 ×6. 3209 = 87. 48 万元人民币
现货市场损益	1 730 万美元 ×（6. 2951 – 6. 3209） = –44. 63 万元人民币
套期保值后总损益	87. 48 万元人民币 – 44. 63 万元人民币 = 42. 85 万元人民币

（2）多头套期保值：买入（做多）人民币/欧元期货。考虑到 6 月 1 日将收取欧元货款，因此在 3 月 1 日，该钢厂选择 CME6 月份的 人民币/欧元期货合约进行买入套期保值，成交价为 0. 12043。

6 月 1 日，人民币即期汇率变为 1 欧元 = 8. 0260 元人民币，铜厂卖出平仓 6 月份 人民币/欧元期货合约 121 手，成交价为 0. 12517。

可以看出，至 6 月 1 日，人民币兑欧元汇率向着不利于该钢厂的方向变动，若不对欧元应收账款进行风险管理，该钢厂将面临外汇风险损失 347. 71 万元人民币。但该钢厂通过买入人民币/欧元期货合约进行套期保值，在外汇期货市场上获得 460. 29 万元人民币的收益（不考虑保证金的时间价值），弥补了该企业的损失，实现了较好的对冲欧元外汇风险敞口的目标。相关计算见表 4 – 7 和表 4 – 8。

表 4 –7　　买入套期保值相关计算

	套期保值相关计算
期货合约面值	100 万元人民币
保证金比例	2%
需进行风险管理的头寸	1 450 万欧元
买入期货合约的手数	1 450 万欧元/0. 12043/100 万元人民币 = 120. 40 手≈121 手
保证金	121 手 ×100 万元人民币 ×0. 12043 ×2% =29. 14 万欧元，利用 3 月 1 日人民币即期汇率可计算人民币资金占用为 34. 73 万欧元 ×8. 2658 = 240. 87 万元人民币

表 4－8　　　　　　　　　　　　　　套期保值效果评估

	损益计算
期货市场损益	121 手×100 万元人民币×（0.12517－0.12043）＝57.35 万欧元，利用 6 月 1 日人民币即期汇率可计算对应的人民币损益为 57.35 万欧元×8.0260＝460.29 万元人民币
现货市场损益	1 450 万欧元×（8.0260－8.2658）＝－347.71 万元人民币
套期保值后总损益	460.29 万元人民币－347.71 万元人民币＝112.58 万元人民币

可以看出，在利用外汇期货进行套期保值的交易中，如果现货市场交易发生了亏损，期货市场交易就会有盈利；反之，如果现货市场交易发生了盈利，期货市场就会亏损。这种抵补功能就是套期保值的作用。外汇交易者可以通过外汇期货交易预先确定所持外汇的收益，从而避免了汇率变动的风险。在外汇期货套期保值交易中，无论汇率升值或贬值的方向如何变化，只要期货汇率的变化量与现货汇率的变化量相同，套期保值交易者就可以完全规避汇率风险。期货汇率的变化幅度与现货汇率的变化幅度对套期保值的效果有着决定作用。由于期货汇率的变化幅度与现货汇率的变化幅度不同，可能使得套期保值交易者获得一定的收益或损失。一般情况下，因为期货汇率的变化幅度与现货汇率的变化幅度的差异十分微小，所以，所获得的收益或损失也十分微小，并不会影响期货交易规避汇率风险的作用。

利用外汇期货管理汇率风险有很多优点：首先，期货交易在市场准入方面限制较少，任何企业或个人只要交纳规定数额的保证金，即可进行外汇期货交易，而外汇期货的保证金比例一般也较低，不会对企业形成过重的资金占用；而远期外汇交易则需要企业在银行有较高的信用度，中小企业相对受到限制。其次，外汇期货价格是通过集中、公开竞价方式形成的，价格具有公开性、连续性、预测性和权威性。相对而言，参与外汇远期交易的企业需要向银行询价，价格透明度较低。最后，外汇期货合约是标准化合约，流动性较好，企业在操作过程中，易于调整仓位和结算，在交易上比远期外汇交易灵活度更高。

当然，外汇期货交易也有其自身的缺点。首先，远期外汇交易大多是量身定制的，而外汇期货合约为标准化合约。其次，外汇期货交易实行每日无负债结算制度，即在每日交易结束后，交易所按当日结算价对投资者所有未平仓合约的盈亏、交易保证金及手续费、税金等费用，实行净额一次划转，相应增加或减少投资者资金账户的权益，因此可能会带给企业追加保证金的麻烦。最后，与远期外汇交易一样，外汇期货交易在利用现货、期货两个市场反向交易规避汇率风险的同时，也放弃了汇率有利变化所带来的收益。但与外汇远期交易不同的是，远期外汇交易是在交易开始进行“锁定”，企业在交易中不会直接面对真实损失，只是在外汇交易结束时才会知道是否因为“锁定”而损失了获得收益的机会；而期货交易中则会面对真实损失与收益。现货、期货两个市场中，企业在一个市场发生真实收益，在另一个市场发生真实损失（见图4－1）。

必须明确的是，无论是期货交易还是远期交易，企业以管理外汇风险为目的进行操作时，虽然会放弃汇率有利变化所带来的收益，但套期保值者追求的是避免汇率波动带来的损失，而不是意外的利润，这是其与投机者的本质区别。

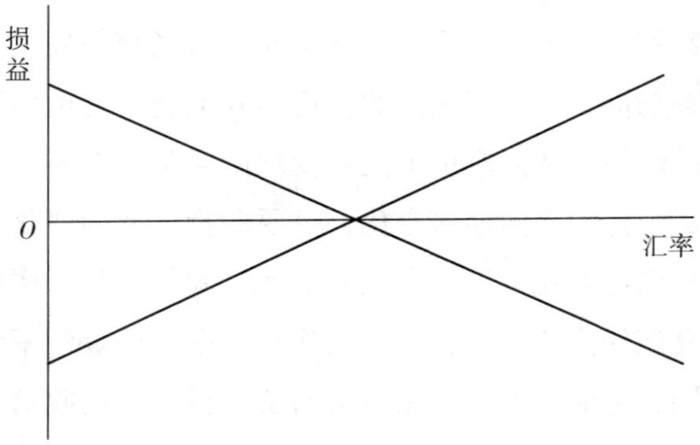

图4－1　现货—期货—外汇期货套期保值损益

二、利用远期外汇协议套期保值

远期外汇交易包括远期结售汇业务和远期外汇买卖业务。目前远期结售汇业务在国内应用较为广泛。

远期结售汇业务是指客户与银行签订远期结售汇协议，约定未来结汇或售汇的外汇币种、金额、期限及汇率，到期时按照该协议订明的币种、金额、汇率办理的结售汇业务。目前国内银行远期结售汇业务币种包括美元、港元、欧元、日元、英镑、瑞士法郎、澳大利亚元、加拿大元；期限有7天、20天、1个月至12个月，共14个期限档次。

一般来说，远期汇率是通过利率平价来计算的。利率平价是指可自由兑换货币的预期回报率相等时外汇市场所达到的均衡条件。在充分流动的市场中，远期汇率与即期汇率的差异是两种货币利率差的反映；否则就会出现套利的机会，并驱动利率平价的实现。因此，远期汇率并不是对即期汇率的未来预测。利率高的货币远期贴水，利率低的货币远期升水。

远期汇率的计算公式如下：

$$\text{远期汇率} = \left(\frac{\text{货币}1}{\text{货币}2}\right) = \text{即期汇率}\left(\frac{\text{货币}1}{\text{货币}2}\right) \times \frac{1 + R_2 \times d/360}{1 + R_1 \times d/360}$$

其中：R 表示利率。

从这个公式中我们可以看出，远期汇率的决定因素为即期汇率、两种货币的利率及期限。

【例 4.5】　假设某日人民币与美元间的即期汇率为 1 美元 = 6.6215 元人民币，人民币一个月的 SHIBOR 利率为 4.4711%，美元一个月的 LIBOR 利率为 0.26063%，那么一个月（实际天数为 31 天）远期人民币兑美元汇率应为

$$\frac{USD}{CNY} = 6.6215 \times \frac{1 + 4.4711\% \times 31/360}{1 + 0.26063\% \times 31/360} = 6.6455$$

远期汇率的定价公式也是外汇期货定价理论的基础。一般而言，在远期结售汇业务中，银行往往要在远期汇率理论价格的基础上，进行一定幅度的加减，以降低银行的成本与风险。

那么企业在实践中应如何利用远期外汇交易进行套期保值呢？我们将通过例 4.6 与例 4.7 加以说明。

【例 4.6】　某企业在某年 3 月 1 日与美国客户签订一单总价 100 000 美元的服装出口合同，付款期为 1 个月，签约时人民币汇率为 1 美元 = 6.6215 元人民币。由于此前人民币处于升值通道，企业认为人民币仍将继续升值从而对自己产生不利影响。此时企业可以利用远期外汇交易来转移外汇风险。

该企业可以在签订合同当天，通过远期结售汇业务锁定其 1 个月后的换汇成本。若银行 1 个月远期美元兑人民币的报价为 6.6289/ 6.6621，则客户在同银行签订了远期合同后，便可于 1 个月后按 1 美元兑 6.6289 元人民币的价格向银行卖出 100 000美元，同时换入人民币 662 890 元。一旦此笔交易成交，则 1 个月后无论即期结售汇市场美元兑人民币的汇率如何，客户都将按该合同价格进行交割。这样，客户便可按 6.6289 人民币/美元的汇价固定出口收入，从而起到货币保值的作用。相关计算见表 4－9。

表 4－9　　　　**远期交易过程表**

	汇率（人民币/美元）	合同金额	折合人民币
3 月 1 日签订出口合同	签订合同时即期汇率：6.6215	100 000 美元	662 150 元
		100 000 美元	662 890 元
4 月 1 日合同到期收汇	4 月 1 日即期汇率：6.5850	100 000 美元	658 500 元

企业签订出口合同并且操作远期结售汇业务后，人民币汇率确实如同企业所担

心的那样，继续升值，1 个月后人民币兑美元即期汇率已升至 1 美元 =6. 5850 元人民币。与不进行套期保值相比，企业增加人民币收入 4 390 元（662 890 - 658 500）。实际上，该企业利用远期外汇交易得到的益处不仅仅是锁定了远期汇率。因为远期结售汇价格是根据外币和人民币两者利率差计算而来的，高息货币远期贴水，低息货币远期升水，所以由于人民币利率高于美元利率，从而使得远期人民币汇率贴水，3 个月后交割时，企业人民币收入较签订合同时增加 740 元（662 890 - 662 150）。

【例 4. 7】 某年 5 月 1 日，国内某企业与一欧洲汽车公司签订总价 3 000 000 欧元的汽车进口合同，付款期为 3 个月（实际天数为 92 天），签约时人民币汇率为 1 欧元 =8. 7996 元人民币。虽然此前人民币兑欧元连续近 3 个月升值，但近期人民币兑欧元汇率的波动较为剧烈，且由于合同数额巨大，为稳健起见，企业决定利用远期结售汇进行套期保值。

企业签订合同当天，银行 3 个月远期欧元兑人民币的报价为 8. 7662/8. 8101，则客户在同银行签订了远期合同后，便可于 3 个月后按 1 欧元兑 8. 8101 元人民币的价格向银行卖出 26 430 300 元人民币，同时换入 3 000 000 欧元用以支付货款。一旦此笔交易成交，则 3 个月后无论即期结汇市场欧元兑人民币的汇率如何，客户都将按该合同价格进行交割。这样，客户便可按 8. 8101 人民币/欧元的汇价固定其换汇成本，从而起到货币保值的作用（见表 4 - 10）。

表 4 - 10　　远期交易过程

	汇率（人民币/欧元）	合同金额	折合人民币
5 月 1 日签订进口合同	签订合同时即期汇率：8. 7996	3 000 000 欧元	26 398 800 元
5 月 1 日开展远期结售汇业务	远期结售汇业务 3 个月远期汇率：8. 8101	3 000 000 欧元	26 430 300 元
8 月 1 日合同到期收汇	8 月 1 日即期汇率：9. 4136	3 000 000 欧元	28 240 800 元

企业签订出口合同并且操作远期结售汇业务后，人民币兑欧元不断贬值，3 个月后人民币兑欧元即期汇率已降至 1 欧元 =9. 4316 元人民币，与不进行套期保值相比，进行远期结售汇使企业少支付货款 1 810 500 元（28 240 800 - 26 430 300）。

我们前面提到过，外汇风险包含三个要素：本币、外币和时间。通过上述两个例子我们可以看出，远期结售汇在签订协议时，就确定了汇率、交换日期以及合同金额。也就是说，远期结售汇所起的作用是“锁定”作用（见图 4 - 2），即无论将来出现什么样的情况，未来的结果在当前即被确定，从而达到了消除外汇风险的效果。另外，我们还可看出，例 4. 6 中人民币作为高息货币远期贴水使得企业从远期汇率中额外获利（实际上，例 4. 7 中人民币作为低息货币远期升水，远期汇率对该进口企业也是有利的，但是银行在报价时增加了企业 0.25% 的欧元买入成本，抵消了这种“有利”）。因此，在选择远期外汇交易进行套期保值时，企业还应衡量由于远期升（贴）水带来的套期保值成本。

远期结售汇在国内应用较为广泛，它具有诸多优点：交易灵活，交易币种较多，到期日选择范围较广；授信充足时，无须缴纳保证金，资金成本低；银行提供服务，相对安全可靠；等等。

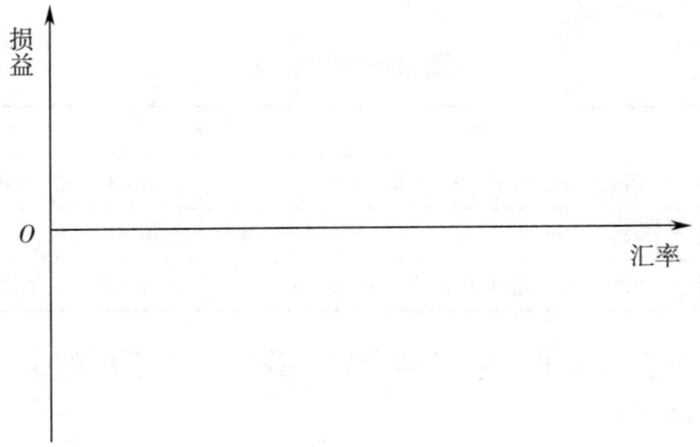

图 4－2 外汇远期交易套期保值损益

但其也有较为明显的缺点：

（1）金额受到限制。如果企业授信不足，企业远期结售汇的金额将受到限制，比如企业要远期结售汇 500 万美元，而企业授信不足，则最终和银行签署远期结售汇的金额在 500 万美元以下。

（2）对外汇企业来说，外汇收付期限和交割日一般较难确定，但按时按量进行交割是远期外汇交易的基本要求。目前企业可以利用择期外汇交易来规避汇率风险。

（3）展期或者注销需另缴纳额外费用，增加了套期保值的潜在成本。

（4）远期结售汇的“锁定”作用虽然能避免汇率不利变化时套期保值者的损失，但同样也使套期保值者放弃了汇率有利变化所带来的收益。

三、利用外汇期权进行套期保值

外汇期权按产生期权合约的原生金融产品可分为：现汇期权，即以外汇现货为期权合约的基础资产；外汇期货期权，即以货币期货合约为期权合约的基础资产。

外汇期权是一种权责分离的金融工具，或者说其收益与风险不对称。

买入期权的交易者风险有限，最大损失为期权的权利金（见表 4－11），潜在收益无限。

表 4 – 11　　　　　　　　　　　　买入期权的收益

	买入看涨期权	买入看跌期权
市价 < 执行价格 + 权利金	收益 >0，潜在收益无限	收益 <0，最大损失为权利金
市价 = 执行价格 + 权利金	收益 =0	收益 =0
市价 < 执行价格 + 权利金	收益 <0，最大损失为权利金	收益 >0，潜在收益无限

卖出期权的交易者收益有限，最大损失为期权的权利金（见表 4 – 12），潜在风险无限。

表 4 – 12　　　　　　　　　　　　卖出期权的收益

	卖出看涨期权	卖出看跌期权
市价 > 执行价格 + 权利金	收益 >0，潜在收益无限	收益 <0，最大损失为权利金
市价 = 执行价格 + 权利金	收益 =0	收益 =0
市价 < 执行价格 + 权利金	收益 >0，最大收益为权利金	收益 >0，潜在收益无限

在了解了这种权责分离的金融工具之后，我们看看下面的企业是如何利用外汇期权进行套期保值的。

【例 4.8】　6 月 18 日国内某石油公司收购美国一片油气田 60 000 万美元股份的提案被当地政府批准，但由于该油气田股东结构调整及当地法律规定等原因，收购无法即刻完成，双方约定当年 9 月 18 日国内石油公司支付并购款。另外，9 月 18 日，该国内石油公司还须向俄罗斯某石油公司支付 20 000 万美元原油进口货款（见表 4 – 13）。6 月 18 日即期汇率为 1 美元 = 6.8479 元人民币。

表 4 – 13　　　　　　　　　　　　该企业的收支结构

	支付油气田并购款	支付原油进口货款
9 月 18 日	60 000 万美元	20 000 万美元

从表 4 – 13 可以看出，该石油公司所面临的外汇风险敞口为 3 个月后 80 000 万美元(60 000 + 20 000）的应付账款。

若人民币兑美元升值，则该企业将从人民币升值中获得好处，而近期人民币兑美元确实处于升值趋势当中，该石油企业认为人民币兑美元继续升值的可能性依然较大，因此企业不希望通过期货交易或远期外汇交易进行套期保值，因为那样将无法获得机会收益；但同时由于外汇风险敞口较大，企业从稳定经营的角度出发，希望进行外汇风险管理措施，以免遭受意外损失。

在这种情况下，该石油公司可以选择利用外汇期权这一权责分离工具来管理所面对的汇率风险。

该企业根据未来现金流时点选择以当年9月交割 人民币/美元期货合约为标的的期权合约（报价见表4－14）进行套期保值，由于该企业担心人民币贬值，因此买入看跌期权。

表4－14　　CME交易所人民币/美元期权价格波动表

看涨期权	执行价格	看跌期权
0. 00409	0. 14300	0. 00041
0. 00332	0. 14400	0. 00063
0. 00262	0. 14500	0. 00093
0. 00203	0. 14600	0. 00130
0. 00151	0. 14700	0. 00179
0. 00110	0. 14800	0. 00237
0. 00077	0. 14900	0. 00303

6月18日，CME交易所人民币/美元期货9月合约价格在0. 14613附近波动，因此该企业买入执行价格为0. 14600的人民币/美元看跌期权。相关计算见表4－15。

表4－15　　期权计算表

	期权交易相关计算
期权合约面值	100万元人民币
需风险管理的头寸	80 000万美元
买入看涨期权的手数	80 000万美元/0. 14613/100万人民币＝5 474. 58手≈5 475手
权利金	5 475手×100万元人民币×0. 00130＝711. 75万美元

9月17日，人民币第F期汇率变为1美元＝6. 6786元人民币，CME交易所人民币/美元期货9月合约交割价为0. 14974（9月17日人民币/美元期货合约交割），该石油公司放弃行权。相关计算见表4－16。

表4－16　　套期保值效果评估

	损益计算
期权交易损益	－711. 75万美元（损失权利金） 利用6月1日人民币即期汇率可计算对应的人民币损益为： －711. 75万美元×6. 8479 ＝4 873. 99万元人民币
现货市场损益	80 000万美元 ×（6. 8479－6. 6786）＝13 544. 00万元人民币
总损益	13 544. 00万元人民币－4 873. 99万元人民币＝8 706. 01万元人民币（不考虑权利金的时间价值，下同）

从表4－16可以看出，截至9月18日，人民币兑美元汇率确实如同该企业预料的那样继续升值，该石油公司充分理解外汇期权权责分离的特点，利用外汇期权进行套期保值，获得了8 706. 01万元人民币的收益。此时可以看出，若该企业不进行套期保值，则在不支付711.75万美元权利金的同时，依然可以获得机会收益。但企业进行风险管理的目的是稳定经营环境，本例中，如此大的外汇敞口，若因为企业预期人民币将继续升值而完全不采取任何风险管理手段，则无异于在外汇现货市场中投机。该企业通过外汇期权进行套期保值，付出相对较少的成本，即对庞大的外汇风险敞口进行了风险管理，同时也获得了机会收益。综合来看，该企业此次外汇风险管理是较为成功的。

利用外汇期权进行套期保值的优点是企业可以完全规避外汇汇率波动带来的风险。在规避外汇风险的同时，企业同时保留了获得机会收益的权利（图4－3）。外汇期权套期保值的缺点就是权利金带来的费用使其相比外汇期货套期保值要付出更高的成本。虽然初期费用较高，但企业最大的成本支出即权利金，之后不存在任何费用支出，对企业而言，成本控制将更加清晰。

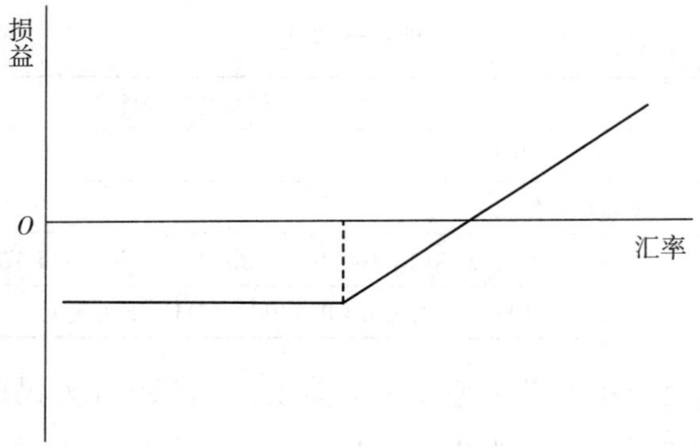

图4－3　外汇期权套期保值损益

四、企业实践中规避外汇风险的工具选择

汇率的变动加大了企业生产经营的不确定性，对企业产生了很大影响。因此，如何充分利用有效的信息，适时选择合适的避险手段，力争最大限度地减少汇率波动给企业带来的不确定性，在企业业务经营中减少或避免由于汇率波动给企业带来的损失，是任何一个企业都必将深思的问题。

汇率风险规避方式种类繁多，功能也不尽相同，并且经济主体的经营范围、经营特点、管理风格各不相同，因此每个经济主体都应寻找最适合自身风险状况和管理需要的外汇风险规避策略及具体的管理方法。不能说哪一种汇率风险规避策略比其他更优，它们都各有优劣。有时企业甚至可能要选择几个策略的组合才能达到最佳的效果。随着企业业务向更广、更深层次发展，以及国家外汇管理政策的变化，企业规避风险的策略也要做相应调整。

为了更好地达到外汇风险规避目标，企业必须遵循一系列原则：

1. 全面重视原则。涉外经济主体要对自身经济活动中面临的外汇风险高度重视，企业从上到下尤其是领导者更应时刻在头脑中牢固树立起汇率风险的概念，并站在全局的高度，综合运用多种分析方法，全面系统地考察各种风险事件的存在和发生的概率、损失的严重程度，以及风险因素和风险的出现导致的其他问题，以便及时、准确地提供比较完备的决策信息。汇率风险无时不有，无处不在，汇率风险可能带来企业营运资本和现金流量的损失，影响企业的正常经营和进一步发展，甚至决定企业的生存。因此，企业对其经营活动中的汇率风险应高度重视。

2. 管理多样化原则。实际上，没有一种外汇风险规避方法能够完全消除外汇风险，因此，在选择风险规避方法时，需要考虑企业发展战略、相关外汇管理政策、风险头寸的规模结构等多种因素，不宜长期只采用一种风险管理方法。

3. 最低成本原则。企业规避汇率风险的策略在本质上是一种风险的转移或分摊。企业将汇率风险转移给银行，银行再将风险转移给国际金融市场上那些风险的偏好者。企业在这种转移的过程中，要支付一定的成本，如采用外汇期权交易时要支付一定的期权费。不同的避险策略成本也有很大差别，企业应该尽可能用最小的成本获得最大的规避效果。

4. 重在规避原则。汇率的变动有时给企业带来不利的影响，但有时却可能是有利的影响。比如人民币升值时进口企业就因此减少了付汇的成本。但事实上，汇率是变幻莫测的，人们不可能十分准确地预测汇率的波动，企业必须对风险头寸采取一定程度的套期保值策略，而不能为了获取汇率变动可能带来的利益而将外汇头寸完全暴露在汇率风险之下。汇率风险重在规避，企业应在汇率风险可控的前提下，集中精力抓好生产经营，提高效益，而不应该将谋取风险收益作为主要目标。

5. 收益最大化原则。在确保实现风险管理目标的前提下，以最低成本追求最大化的收益，是风险管理的出发点和立足点。因此，经济主体必须根据实际情况和自身的财务承受能力，选择效果最佳、经费最省的方法。

【例 4.9】 6 月 1 日，国内某航空公司分别与美国波音公司和欧洲空中客车公司签订价值15 000万美元和 10 000 万欧元的飞机购买合同，均约定 8 月 1 日支付货款。该公司 9 月 1 日还须向北美某航油供应商支付 12 000 万美元航油货款。目前其在北美地区因飞机租赁业务及客运业务月均收入3 000 万美元，其美元存款为10 000 万美元。该企业目前在日本地区客运收入月均约1 500 万日元，10 月 1 日该企业需向其日本航油供应商支付8 000 万日元航油货款。

已知6 月1 日即期汇率为：1 美元 =7. 1883 元人民币，1 欧元 =10. 4583 元人民币，100 日元 =6. 4364 元人民币。

（1）企业首先根据其实际情况测量外汇风险暴露（见表4 –17）。企业涉及美元的业务有：购买飞机引起的9 月1 日15 000 万美元应付账款，购买航油引起的9 月1 日12 000 万美元应付账款，飞机租赁业务及客运业务带来的月均3 000 万美元应收账款、10 000 万美元的美元存款。可以看出，该航空公司可以先利用平衡法对冲掉部分外汇风险，即在9 月1 日以应收账款及美元存款支付应付账款，合并后，美元的外汇风险暴露为8 000 万美元（15 000 +12 000 –3 000 ×3 –10 000）的应付账款。企业涉及欧元的业务为购买飞机引起的9 月1 日10 000 万欧元应付账款，因此，其欧元的外汇风险暴露为10 000 万欧元应付账款。

企业涉及日元的业务有：客运收入带来的月均1 500 万日元应收账款，购买航油引起的10 月1 日8 000 万日元的应付账款。该航空公司也可以先利用平衡法对冲掉部分日元外汇风险，即在10 月1 日以应收账款及美元存款支付应付账款，合并后，日元的外汇风险暴露为2 000 万日元（8 000 –1 500 ×4）的应付账款。

表4 –17　　该企业的收支结构

9 月1 日支付美元	9 月1 日支付欧元	10 月1 日支付日元
8 000 万美元	10 000 万欧元	2 000 万日元

（2）对三种外汇的风险头寸进行计量后，该航空公司还需要对三种外币的风险进行预测，以选择恰当的风险规避方法。当时人民币兑美元整体仍处于升值通道，若人民币继续升值，则该航空公司将会获利。但短期内美国经济有明显好转迹象，若未来美国经济增速继续提升，则国际美元将回流美国，造成短期美元需求上升。另外，由于国内资金趋于紧张，未来也不排除中国降息的可能性，一旦降息，则易使国际市场资金追捧美元，造成人民币兑美元贬值。通过咨询经济专家，该航空公司最终认为美国经济增速继续提升的可能性较小，中国降息时点也可能会在半年之后。经过综合判断，该企业倾向于人民币兑美元继续升值。但考虑到多重不确定因素的影响，该航空公司决定对8 000 万美元的外汇风险头寸进行套期保值。考虑到机会收益的存在，该航空公司决定利用外汇期权对美元风险头寸进行风险管理。

结合市场预期，该航空公司认为短期内欧洲中央银行加息的可能性较大，这将造成人民币兑欧元贬值，从而对企业不利。由于欧元风险头寸较大、面临的风险也较大，同时出于成本考虑，该企业决定利用外汇期货交易锁定欧元汇率风险。

为了刺激经济及出口，日本中央银行连续降息并且保持货币宽松政策。当时，日元兑人民币贬值趋势不改，相对而言日元头寸风险较小。且该企业日元风险头寸为2 000万日元，按照6月1日即期汇率计算，折合人民币约128.73万元人民币，风险头寸规模也较小。因此，该航空公司经过详细分析，决定不对日元风险头寸进行风险管理。

（3）合理分析汇率风险及选择风险管理工具之后，该企业实施套期保值方案，利用外汇期权管理美元外汇风险。该航空公司根据未来现金流时点，选择以当年10月交割人民币/美元期货合约为标的的期权合约（报价见表4－18）进行套期保值。该企业担心人民币兑美元贬值，因此选择买入看跌期权。

表4－18　　期权报价

看涨期权	执行价格	看跌期权
0.00403	0.13600	0.00035
0.00325	0.13700	0.00056
0.00255	0.13800	0.00085
0.00194	0.13900	0.00122
0.00142	0.14000	0.00170
0.00101	0.14100	0.00228
0.00069	0.14200	0.00295

6月18日，CME交易所人民币/美元期货10月合约价格在0.13916附近波动，因此，该企业买入执行价格为0.13900的人民币/美元看跌期权。

表4－19　　买入看跌期权相关计算

	期权交易相关计算
期权合约面值	100万元人民币
需风险管理的头寸	8 000万美元
买入看涨期权的手数	8 000美元/0.13916/100万人民币＝574.87手≈575手
权利金	575手×100万元人民币×0.00122＝70.15万美元

9月1日，人民币即期汇率变为1美元＝6.9860元人民币，CME交易所人民币/美元期货合约在0.14345附近波动，该航空公司以0.00026的价格对所持看跌期权多头进行对冲平仓。

表 4 - 20　　　　套期保值效果评估

	损益计算
期权交易损益	575 × 100 万元人民币 ×（0. 00026 - 0. 00131）= - 60. 38 万美元。利用 9 月 1 日人民币即期汇率可计算对应的人民币损益为 - 60. 38 万美元 × 6. 9860 = - 421. 78 万元人民币
现货市场损益	8 000 万美元 ×（7. 1883 - 6. 9860）= 1 618. 4 万元人民币
套期保值后总损益	1 618. 4 万元人民币 - 421. 78 万元人民币 = 1 196. 62 万元人民币

从表 4 - 20 可以看出，截至 9 月 1 日，人民币兑美元汇率确实如同该企业预料的那样继续升值，该航空公司利用外汇期权权责分离的特点，在实现有效风险管理的同时，利用有限的可承受成本（60. 38 万美元），获得了 1 196. 62 万元人民币的收益。

与例 4. 8 相比，本例中的企业并未严格按照交割和行权时间选择以当年 9 月交割的人民币/美元期货合约为标的的期权合约进行交易，而是选择了当年 10 月交割的人民币/美元期货合约为标的的期权合约。这样做的好处是远期合约的流动性较近月交割月合约好，可以随时采取对冲平仓的方式了结期权头寸。坏处是，9 月 1 日该航空公司对冲平仓时，由于交易的标的期货合约 10 月才进行交割，因此该标的期货价格与现货价格之间存在一定差价。在本例中，由于人民币升值趋势及期货价格的预期性，这种差价反而有利于该航空公司。

在利用外汇期货管理欧元外汇风险方面，该航空公司根据未来现金流时点选择当年 10 月交割人民币/欧元期货合约进行套期保值。该企业担心人民币兑欧元贬值，因此对人民币/欧元期货合约进行卖出套期保值。

6 月 1 日，该航空公司对 CME 期货交易所 10 月人民币/欧元期货合约进行卖出套期保值，成交均价为 0. 09561。相关计算见表 4 - 21。

表 4 - 21　　　　相关计算

	套期保值相关计算
期货合约面值	100 万元人民币
保证金比例	2%
需风险管理的头寸	10 000 万欧元
卖出期货合约手数	10 000 万欧元/0. 09561/100 万元人民币 = 1045. 92 手≈1 046 手
保证金	1 046 手 × 100 万元人民币 × 0. 09561 × 2% = 200. 02 万欧元 利用 6 月 1 日人民币即期汇率可计算人民币资金占用： 200. 02 万欧元 × 10. 4583 = 2 091. 87 万元人民币

9 月 1 日，人民币即期汇率变为 1 欧元 = 11. 1136 元人民币，该航空公司买入平

仓10月份人民币/欧元期货合约1 046 手，成交价位为0. 08995。相关计算见表4 - 22。

表 4 - 22　　套期保值效果评估

	损益计算
期货市场损益	1 046 手×100 万元人民币×（0. 09561 - 0. 08995）=592. 04 万欧元 利用9 月1 日人民币即期汇率可计算对应的人民币损益为：592. 04 万欧元×11. 1136 =6 579. 70 万元人民币
现货市场损益	10 000 万欧元×（10. 4583 - 11. 1136）= -6553 万元人民币
套期保值后总损益	6 579. 70 万元人民币 - 6 553 万元人民币 =26. 70 万元人民币

从表4 - 22 可以看出，截至9 月1 日，人民币兑欧元汇率向着不利于该航空公司的方向变动。通过卖出人民币/美元期货合约进行套期保值，该企业在外汇期货市场上获得6 579. 70万元人民币的收益（不考虑保证金的时间成本），弥补了该企业在现汇市场上高达6 553 万元人民币的损失，较好地实现了对冲欧元外汇风险敞口的目标。

【例 4. 10】 上例利用外汇进行套期保值选择的合约是未来现金流发生时的交割月合约，到期即选择交割。在交割月到期期货、现货价格收敛的情况下，能较好地实现“锁定”的功能。本例选择的则是远期的活跃合约，该航空公司未选择交割了结头寸，而是对冲平仓，这样可以省去参与交割而带来的烦琐手续。

航空公司未对日元风险头寸进行风险规避。10 月1 日，人民币兑日元即期汇率为100 日元 =6. 1596 元人民币。相关计算见表4 - 23。

表 4 - 23　　日元风险头寸损益计算表

	损益计算
日元风险头寸损益	2 000 万日元×（6. 4364 - 6. 1596）/100 =5. 54 万元人民币

从表4 - 23 中可以看出，该企业虽未对日元进行风险管理，但由于日元兑人民币持续贬值，企业从中获得了机会收益，当然这是建立在企业对日元走势判断准确的基础上，且日元风险头寸规模相对较小，不对其进行风险管理也不违背稳定经营的原则。

综合案例可以看出，该航空公司在外汇风险管理中遵循了全面管理的原则，全面系统地考察各种风险事件存在和发生的概率。对美元风险头寸利用外汇期权进行套期保值，在不确定因素较多且风险头寸规模较大的情况下，保留了获得机会收益的权利，体现了该企业在风险管理中遵循重在规避与收益最大化的原则。对欧元外汇风险敞口的套期保值，则是建立在前期的全面系统分析后，判断欧元汇率将向企业不利的方向变动的基础上，利用外汇期货这一工具进行套期保值，体现了企业遵循重在规避原则的同时，兼顾了最低成本原则。而航空公司虽未对日元风险头寸利用金融工具进行套期保值，但企业已先利用平衡法使日元风险敞口降低到较小规模，同时企业经过全面分析，认为日元汇率将向有利于企业的方向变动，虽然看起来违背了重在规避原则，但却与重在规避原则的"稳定经营"的内涵相一致，同时也兼顾了最小成本原则。航空公司针对不同外汇币种、不同风险程度，结合平衡法这一传统风险管理办法，选择不同的金融工具进行套期保值的风险管理过程，又体现出该企业在外汇风险管理实践中遵循了管理多样化的原则。

第二节 外汇套利及套汇交易

本节我们首先要讲述风险中性、效用函数和放开风险中性的假设等概念，以及无风险定价的计算，最后引出外汇套利和套汇交易的概念与实例。

一、主要概念

（一）风险中性

风险中性（Risk - neutral）是指投资者对任何资产的预期回报率应该与无风险资产的回报率相等。换句话说，当投资风险增长时，投资者并不要求额外的回报率。与风险中性并存的另外两个概念是"风险厌恶"（Risk - averse）和"风险偏好"（Risk - seeking）。

【例 4.11】 假设现在投资者拥有 50 元，其现在面临两种选择：第一种是以 100% 概率赢取 50 元，即继续拥有 50 元；第二种是下注 50 元，以 50% 概率赢取 50 元或 50% 概率失去 50 元（见图 4 - 4）。

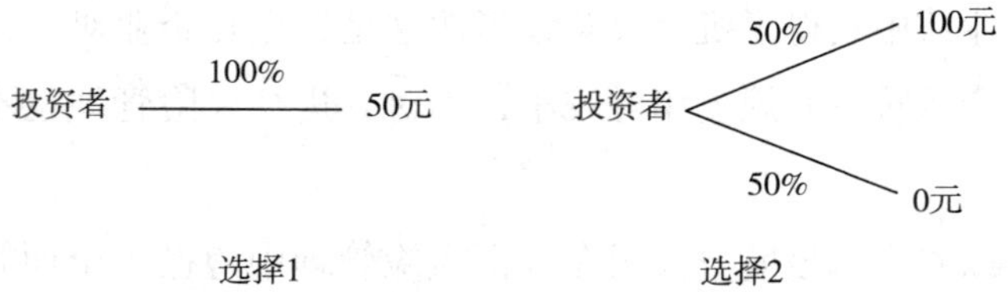

图 4 - 4 投资者面临的选择

如果从期望值的角度比较，两种选择获取金额的期望值是一样的，都等于 50

元，也等于投资者的无风险回报。相对于选择 1 而言，选择 2 的风险更大，因为它有失去 50 元的可能性。但同时，选择 2 也有获得“超额”50 元的可能性。因此，相对于选择 1，选择 2 是高风险的，而“超额”的回报则是对其高风险的补偿。

对于一个风险中性的投资者而言，因为两种选择的期望值是相等的，所以这两种选择没有区别。因为风险中性者对高风险资产不要求额外的补偿，所以在下注和不下注之间没有任何偏好。

对于风险厌恶者而言，这两种选择是有区别的。风险厌恶者对高风险资产要求额外的补偿，因此只有当下注金额少于 50 元时，风险厌恶者才会下注。也就是说，当风险资产的预期收益大于其投入时，风险厌恶者才会投资。

对于风险偏好者而言，高风险资产比无风险资产更具有吸引力。因此，即使选择 2 的下注金额大于 50 元，风险偏好者也会下注。也就是说，即使风险资产的预期收益小于其投入，风险偏好者为了追求高回报的可能性，也会投资。

（二）效用函数

从效用函数可以看出风险中性者、风险厌恶者和风险偏好者的差异。在经济学中，效用可以理解为一个人从消费中获得的幸福感或满足感。效用函数（Utility Function）值 F 用函数来表示消费与效用的直接关系。在例 4. 11 中，消费带来的效用可以等同于资金带来的效用。

风险厌恶者的效用函数是凹函数，如图 4 – 5 所示。

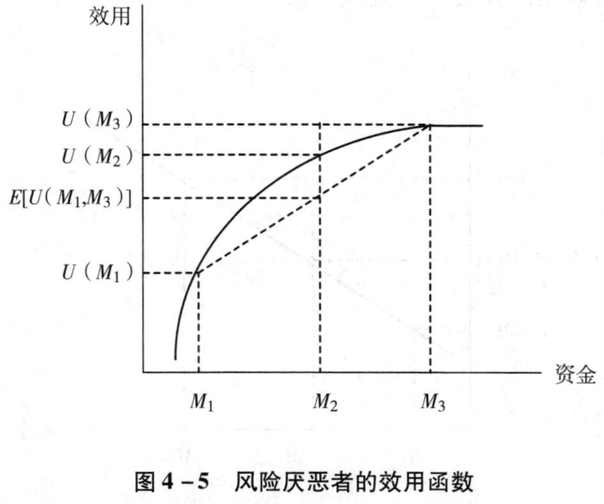

图 4 – 5　风险厌恶者的效用函数

M_1 为较小的资金，M_3 为较大的资全，M_2 为各以 50% 概率赢得 M_1 和 M_3 的期望值。结合例 4. 11，M_1 为 0 元，M_3 为 100 元，M_2 为 50 元。

如果投资者参与下注，因为赢得 M_1 的效用为 $E(M_1)$，赢得 M_3 的效用为 $E(M_3)$，那么以50%概率赢得 M_1 和 M_3 的效用在 $E(M_1)$ 和 $E(M_3)$ 的中点处，即为 $E[U(M_1,M_3)]$。但是，100%拥有 M_2 的效用为 $U(M_2)$，且 $U(M_2) > E[U(M_1,M_3)]$，说明投资者对无风险的偏好和对风险（获得 M_1 或 M_3 的风险）的厌恶。

风险偏好者的效用函数为凸函数，如图4－6所示。

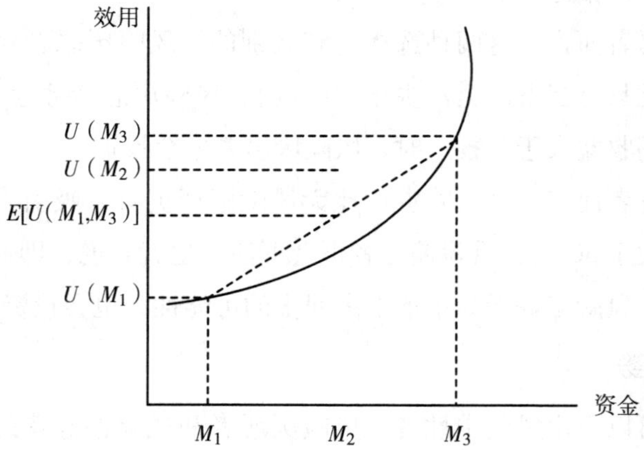

图4－6　风险偏好者的效用函数

风险偏好者的效用函数与风险厌恶者的相反，$U(M_2) < E[U(M_1,M_3)]$，说明投资者对风险（获得 M_1 或 M_3 的风险）的追求。

风险中性者的效用函数是一条直线，见图4－7。

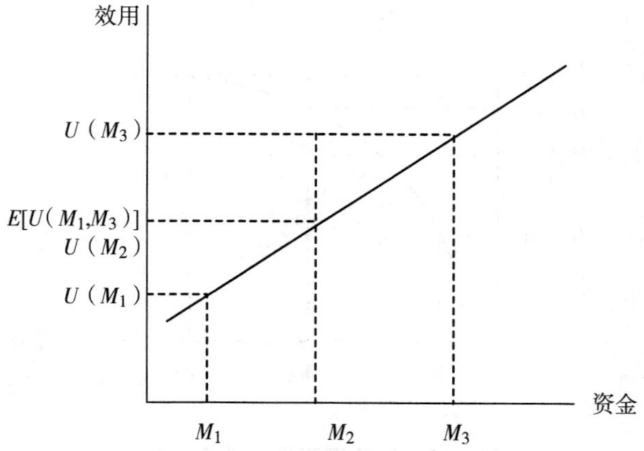

图4－7　风险中性者的效用函数

对于风险中性者而言，$U(M_2) = E[U(M_1,M_3)]$，说明其对风险的无偏好性。

在金融市场中，投资者的投入就是风险资产的价格，而风险中性的假设前提就是市场上的投资者全部都是风险中性者，因此，投资者对投入与收益进行衡量时，也就是对风险资产进行定价时，采用的是风险中性的方法，使风险资产的预期收益率等于无风险收益率。

（三）放开风险中性的假设

我们当前生活的世界并不是一个风险中性的世界，投资者所承受的风险越大，要求的回报率也就越高；反之亦然。那么，为什么我们对市场上的产品进行定价时，仍然采用无风险利率作为资产的投资回报率，或者采用无风险利率作为资产的折现率呢？

首先我们要重新定义风险资产。高风险资产之所以称为“高风险”，是指与低风险资产相比未来价值的波动率更大。如在例 4.11 的两个选择中，选择 1 的未来的价值始终为 50 元，即波动率为 0；而选择 2 未来价值可能是 100 元，也有可能是 0，波动率比选择 1 的要大。由于风险厌恶者对高风险的资产要求更高的回报，因此可以理解为风险厌恶者认为高风险资产的未来期望价值应该高于低风险资产的期望价值，而未来的期望价值就是对资产未来的定价。

但是，如果人们对相同资产期望的定价不同，那么就会出现无风险的套利机会。例如，一个有风险的资产，风险中性者对此资产的定价为 100 元，风险厌恶者对它的定价是 80 元（要求风险溢价 20 元），而风险偏好者对它的定价为 120 元，那么在同一个市场中，任何人都可以从风险厌恶者那里买入资产并卖给风险偏好者处，从而赚取 40 元的无风险利润。

因此，在一个无套利机会的市场中，资产应该有一个统一的定价。事实上，市场套利行为的存在使得风险资产未来每一个可能价格都有一个风险中性概率。在此风险中性概率下，任何类型的交易者对此资产的期望收益率都应该等于无风险资产的期望收益率。换句话而言，即使风险资产的波动率较大，但在风险中性概率的计算条件下，风险资产的期望收益率等于无风险资产的期望收益率。

【例 4.12】　现在有三种资产：资产 1 为无风险的资产，而资产 2 和资产 3 为同一标的物的资产。如果标的物价格上涨，资产 2 的价值为 120 元，资产 3 的价值为 300 元；如果标的物的价格下跌，那么资产 2 的价值为 80 元，资产 3 的价值为 50 元（见图 4－8）。

资产 1 的未来价值是确定的，因此资产 1 为无风险资产。资产 3 相对于资产 2 来讲，其波动率更高，因此风险也更大，我们把资产 2 看做是低风险资产，把资产

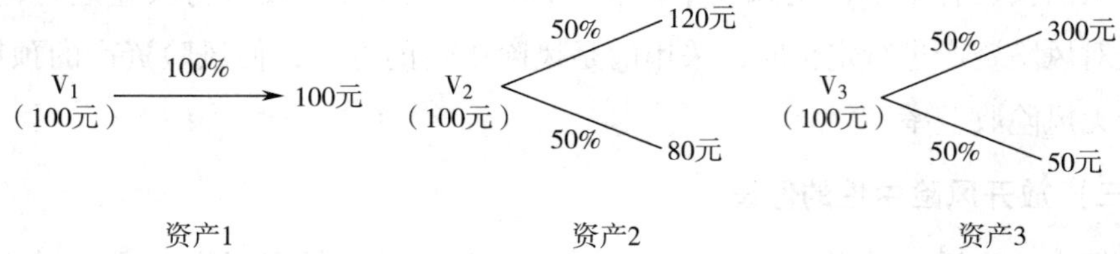

图 4－8　三种资产的未来可能价值

3 看做是高风险资产。

现在假定无风险利率为 0。因为资产 1 未来的价值是确定的，资产 1 的当前价格为 100 元，即 $V_1=100$ 元。假定资产 2 现在的资产价格为 110 元，即 $V_2=110$ 元。因为资产 2 与资产 3 的标的物是相同的，因此我们可以用资产复制的方法对资产 3 进行定价。假设我们买入 x 份资产 1、y 份资产 2，要使我们的资产组合与资产 3 的价值相等，我们必须满足在任何情况下资产组合的价值等于资产 3 的价值，即

$$\begin{cases}100x + 140y = 300 \\ 100x + 80y = 60\end{cases}$$

解方程后得到：$x=-2.6$，$y=4$，即卖出 2.6 份资产 1 和买入 4 份资产 2。此资产组合完全复制了资产 3 在未来任何情况下的价值，因此资产组合的现值应该与资产 3 的现值相等。因此：

$$V_2 = -2.6 \times 100 + 4 \times 110 = 180(\text{元})$$

如果资产 3 的价格不是 180 元，那么市场上就有套利机会。假如资产 3 的价格为 170 元，那么交易者可以买入资产 3 并卖出资产组合，在未来用资产 3 得到的价值来支付资产组合的价值，从而得到无风险利润 10 元。

除了资产组合复制的方法外，我们还可以计算当前市场价格下的风险中性概率。因为市场的价格是资产的期望价值，而期望价值是对未来价格的概率加权，先假设标的资产上涨的风险中性概率为 p，在利率为 0 的情况下，我们有以下公式：

$$E(V_2) = P \times 140 + (1-p) \times 80 = 110$$

得到：$p=50\%$

我们得出标的物上涨的风险中性概率为 50%。在此概率下，资产 2 的期望价值与市场价格相等。

因为资产 3 与资产 2 的标的物是相同的，因此风险中性概率也应该相同。那么资产 3 的市场价格 V_3 可以用此风险中性概率计算得出：

$$E(V_3) = 50\% \times 300 + (1 - 50\%) \times 60 = 180$$

这与前面的结果相等。

【例4.13】 假设当前有一个投资资产的市场价格为110元，1个月后的价格具有两种可能性，或者上涨到150元，或者下跌到90元。当前利率为0。

假设上涨的风险中性概率为p，那么：

$$150p + 90(1 - p) = 110$$

得到：$p = 33.3\%$

风险中性概率是由市场价格和未来价格的可能性决定的，而不是出自每个投资者的主观判断。

因此，在无套利机会的假设前提下，对于任何资产，市场上存在一种风险中性概率（概率测度），在此风险中性概率下可求得未来风险现金流的期望值（风险中性期望），对此期望值用无风险利率折现，即可求得该风险资产的当前市场价值。

总而言之，无套利机会的假设把资产市场定价中的风险因素排除了，并把理论中的风险中性定价和现实市场的定价联系起来了。

（四）外汇市场的无风险定价

投资资产有其内在价值，有一定的内在价值增长率（无论正负），而外汇本身并没有内在增长率。因此，外汇汇率的价格是由汇率双方的相对货币价值所决定的。当一方货币的相对价值升高了，相对应的货币就会升值，反之就会贬值。

一般而言，货币的市场价格是由利率所决定的。当市场资金偏紧时，货币的需求上升导致货币价格上升，因此利率也会上升；当市场资金偏松时，货币需求下降导致货币价格下降，利率也会因此下跌。所以我们说，利率就是货币的价格。

外汇期货的定价公式为

$$F_0 = S_0 e^{(r - r_f)T}$$

其中：r_f为外国利率；r为本国利率；S_0为即期汇率（直接标价法）。

二、套利

（一）期货套利

1. 定义

期货套利是指利用相关市场或相关合约之间的价差变化，在不同市场或不同合约之间进行交易方向相反的交易，以期价差朝有利方向变化后平仓而获利的交易行为。期货套利和期货投机交易是两种不同的交易方式，在期货市场中更有着特殊的作用。

2. 期货套利与期货投机交易的区别

期货套利和期货投机交易的区别主要体现在：

第一，期货投机交易只是利用单一期货合约绝对的价格波动赚取利润；而套利是从相关市场或相关合约之间的相对价格差异变动套取利润。期货投机者关心和研究的是单一合约的涨跌；而套利者关心和研究的则是两个或多个合约之间的相对价差变化。

第二，期货投机交易在一段时间内只做买或卖；而套利则是在同一时间买入和卖出相关期货合约，或者在同一时间在相关市场进行反向交易，同时扮演多头和空头的双重角色。

第三，期货套利交易关注的是价差变动的收益。通常情况下，因为相关市场或相关合约价格变化方向大体一致，所以价差变化的幅度小，承担的风险也较小。而普通期货投机赚取的是单一的期货合约价格有利变动的收益，与价差的变化相比，单一价格变化的幅度较大，承担的风险也较大。

第四，期货套利的交易成本一般要低于投机交易成本。一方面，套利的风险较小，因此在保证金的收取上要小于普通的期货投机，从而大大节约了资金的占用；另一方面，进行期货合约的套利交易通常会同时涉及两个合约的买卖。在国外，为了鼓励套利交易，一般规定套利交易的佣金支出比单笔交易的佣金费用要高，但比单独做两笔的佣金费用之和要低，所以套利交易的成本较低。

3. 期货价差套利的分类

一般来说，期货套利交易主要是指期货价差套利。所谓价差套利，是指利用期货市场上不同合约之间的价差进行套利的行为。根据合约选择的不同，期货价差交易可分为跨期套利、跨品种套利和跨市套利。

跨期套利，是指在同一市场（即同一交易所）同时买入或卖出相同商品不同交割月份的期货合约，以期合约间价差朝有利方向发展后平仓获利的交易行为。同时，期现套利，即在现货和期货中同时进行方向相反的交易，也可视为跨期套利中的一种特殊交易。

跨品种套利，是指利用两种或三种不同的但相互关联的商品直接的期货合约价格差异进行套利，即同时买入或卖出同交割月份相互关联的商品合约，以期合约间价差朝有利方向发展后平仓获利的交易行为。

跨市套利，是指在某个交易所买入（或卖出）某一交割月份的一种合约的同时，在另一个交易所卖出（或买入）同一交割月份的同种合约，以期合约间价差朝有利方向发展后平仓获利的交易行为。

4. 价差

期货价差是指期货市场上两个不同月份或不同品种期货合约之间的价格差。与投机交易不同，在价差交易中，交易者不关注某一个期货合约的价格往哪个方向变动，而是关注相关期货合约之间的价差是否在合理的区间范围内。如果价差不合理，交易者可以利用这种不合理的价差对相关期货合约进行方向相反的交易，等价差趋于合理时再同时将两个合约平仓来获取收益。因而，价差是价差套利交易中非常重要的概念。

在价差交易中，交易者在相关合约上进行方向相反的交易。也就是说，交易者需要同时建立一个多头头寸和空头头寸，这是套利交易中的基本原则。如果缺少了多头头寸或空头头寸，就像一个人缺少了一条腿一样无法正常行走。因此，套利交易中建立多头和空头头寸被形象地称为套利交易的“腿”。

大多数套利活动都是由买入或卖出两个相关期货合约构成的，因此套利交易通常具有两条“腿”。但也有例外的情况。例如，在跨品种套利中，如果涉及的相关品种不止两种，如在英镑/美元、日元/美元和日元/英镑三个期货合约间进行套利活动，可能包含了一个多头、两个空头或者一个空头、两个多头，在这种情况下，套利交易可能会有三条“腿”。

5. 套利交易的几个要点

（1）套利交易的建仓与平仓

计算建仓时的价差时，需要用价格高的一边减去价格低的一边。如 3 月份到期的欧元/美元的外汇期货合约价格为 1.3096，5 月份到期的欧元/美元的外汇期货合约价格为 1.3070，那么价差就是 3 月份合约的价格减去 5 月份合约的价格，即 1.3096 - 1.3070 = 0.0026。

在计算平仓时的价差时，为了保持一致性，需要用建仓时价格较高的合约减去建仓时价格较低的合约。如交易者在平仓时，3 月份到期的欧元/美元的外汇期货合约价格为 1.3040，5 月份到期的欧元/美元的外汇期货合约价格为 1.3055，那么价差 = 1.3040 - 1.3055 = -0.0015（而不是 0.0015）。只有计算方法一致时，才能比较价差的变化，从而计算套利者的损益。

（2）价差的变化

在套利交易中，交易者是利用相关合约之间的不合理价差来获利的。所谓不合理价差，是指价差超出了合理的范围，而这个范围通常是由无风险定价的理论价格、交易成本和持仓费用等一系列因素所决定的。如果不合理的价差能在最后回归正常水平，那么套利者就能获利。具体而言，如果套利者觉得两份合约间价差过大，会希望建仓后价差能够缩小；如果套利者觉得两份合约间价差过小，会希望建仓后价差能够扩大。如果在平仓时，价差比建仓的时候大，那么这个价差是扩大的；反之，这个价差就是缩小的。

【例 4.14】 某套利者在 3 月 1 日同时买入了 6 月份到期的欧元/美元合约和卖出了 9 月份到期的欧元/美元合约，价格分别为 1.3125 和 1.3055。到了 3 月 10 日，价格分别变为 1.3155 和 1.3080，那么价差的变化为：建仓时的价差 = 1.3125 - 1.3055 = 0.0070，3 月 10 日的价差 = 1.3155 - 1.3080 = 0.0075。因此，3 月 10 日的价差与建仓时候相比是扩大了。

如果到了 3 月 15 日，价格分别变为 1.3140 和 1.3075，那么当日的价差 = 1.3140 - 1.3075 = 0.0065，与建仓时候相比是缩小了。

（3）平仓盈亏的计算

计算平仓盈亏时，可以分别计算每个期货合约的盈亏，然后加总；也可以通过价差的变化来计算盈亏。

【例 4.15】 接上例，如果套利者在 3 月 10 日平仓，那么在两个合约中套利者的盈亏分别为

买入 6 月份合约：盈利 = 1.3155 - 1.3125 = 0.0030 = 30 个点位

卖出 9 月份合约：亏损 = 1.3080 - 1.3055 - 0.0025 = 25 个点位

所以套利者套利的总结果为盈利 5 个点位（30 - 25），因为 1 个点位代表 12.50 美元，因此套利者盈利 = 12.50 × 5 = 62.5（美元）。

同时，我们可以从价差的变化来计算盈亏。在建仓时，套利者是买入价格高的合约，卖出价格低的合约，因此套利者是买入价差；当价差扩大时，套利者获利；价差缩小时，套利者亏损。

如果套利者在 3 月 10 日平仓，价差扩大了 5 个点位，因此套利者是获利的，获利金额 = 12.50 × 5 = 62.5（美元）。

（二）期现套利

1. 期现套利的基本概念

期现套利，即在现货和期货中同时进行交易方向相反的交易，即通过卖出高估的期货合约或现货，同时买入被低估的期货合约或现货的方式达到获利的目的。与跨期套利不同的是，期现套利是在期货和现货间进行的套利活动。期现套利的基础是确定期货价格。期货理论价格可以由现货价格和无风险利率来确定，而期货的交

割制度会确保期货价格与现货价格不会产生较大偏离，并在到期交割日趋向一致。

但是，由于市场的交易行为，期货的实际价格不可能永远等于由公式算出来的理论价格，而是围绕着理论价格上下波动。在期货价格波动中，期货价格可能会偏离合理的价格区间，而在交割制度的保证下，期货价格最终一定会回到合理的价格区间内。因此，在价格回归这段时间，交易者就可以利用价格的不合理性进行套利。例如，当期货价格高于理论价格时，卖出期货、买入现货并持有到期，在到期日或到期日前出现有利情况下将期货和现货的头寸同时平仓了结，即正向套利；当期货价格低于理论价格时，买入期货并卖出现货，在到期日或到期日前出现有利情况下将期货和现货的头寸同时平仓了结，即反向套利。

在实际的市场环境中，由于交易成本和冲击成本因素的存在，会影响套利策略的实施。这类市场因素的存在，使得期货和现货价格出现一个无套利机会的区间，只有在超出区间范围时才会真正出现无风险套利机会。

无套利区间，是指考虑到交易成本等一系列因素后，期货无风险理论价格下移和上移相应价位所形成的区间（见图4－9）。如果期货价格超出了无套利区间，那么市场就存在套利机会，但是如果期货价格并没有超出无套利区间，那么套利者进行套利很可能会亏损。

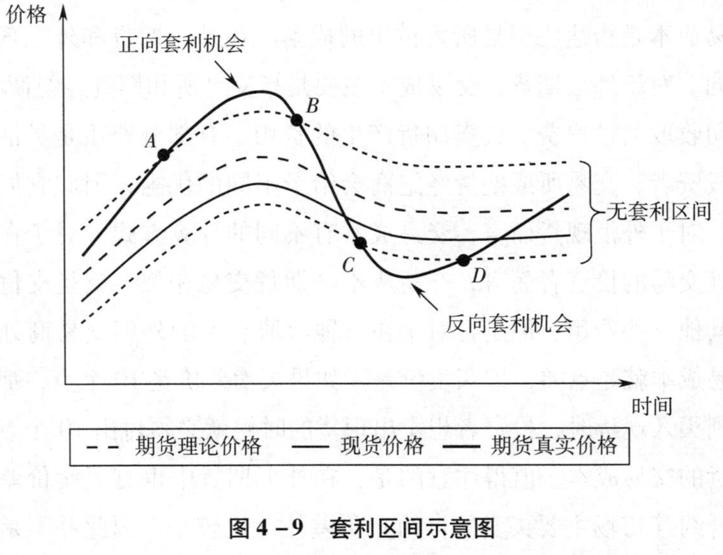

图4－9　套利区间示意图

图4－9中，虚线代表由期货理论价格和交易成本等因素决定的无套利区间。当期货真实价格在A点超出无套利区间时，套利者可以通过同时卖出期货和买入现货，等待期货真实价格在B点回到无套利区间同时价差缩小时获利；当期货真实价格在C点跌离无套利区间时，套利者可以通过同时买入期货和卖出现货，等待价格在D

点重回无套利区间同时价差缩小时获利。

【例 4.16】 3 月 1 日，交易者发现欧元/美元的现货价格为 1.3093，而 6 月份的欧元/美元的期货价格为 1.3153，期现价差为 60 个点。同时，交易者认为 6 月份的期货理论价格为 1.3123，无套利区间大概为 1.3113 ~ 1.3133。因此，交易者判断当前的期货价格超出了无套利区间，期现价差将会缩小。因此，交易者卖出 10 手 6 月份的期货，并买入相应金额的现货。4 月 1 日，现货和期货价格分别变为 1.3102 和 1.3142，价差缩小了 40 个点。交易者同时将现货和期货平仓，从而完成套利交易，交易结果见表 4 – 24。

表 4 – 24　　套利交易示例表

3 月 1 日	买入与期货价格合约价值对应的现货，价格为 1.3093	卖出 10 手 6 月份欧元/美元期货合约，价格为 1.3153	价差为 60 个点
4 月 1 日	卖出与期货价格合约价值对应的现货，价格为 1.3102	买入 10 手 6 月份欧元/美元期货合约，价格为 1. 3142	价差为 40 个点
各自盈亏情况	盈利 9 个点	盈利 11 个点	价差缩小 20 个点
最终结果	总盈利 = 12.5 × 10 × 20 = 2 500（美元）		

2. 无套利区间的计算

无套利区间的计算关键就是期货理论价格的计算及交易成本和冲击成本等因素的计算。交易成本是指达成交易所要付出的成本。在外汇期货和外汇现货中，交易成本各有不同。对于外汇期货，交易成本主要是指交易所和期货经纪商收取的佣金、中央结算公司收取的过户费等买卖期货产生的费用。有部分费用是灵活变通的，因为对不同的投资者，交易所或期货经纪商会给予不同的优惠，因此它们的交易成本也有所不同。对于外汇现货而言，交易成本有不同的计算方式。对于在收取佣金的外汇交易商处交易的投资者而言，交易成本与期货交易相似，就是支付给外汇交易商的佣金和其他一些费用。但是，对于在其他收取点差的外汇交易商处交易的投资者而言，交易成本就是点差，即买卖价差。如果买卖差价是 10 个点，那么当投资者进行正向套利买入现货时，投资者想卖出现货的时候就必须付出 10 个点的价差，这就是外汇现货的交易成本。值得注意的是，在外汇期货中也有买卖价差的存在，但是一些主力合约（市场主要买卖的合约）价差往往比较小，因此并不是交易成本的主要构成部分。

除此以外，交易成本还包括保证金成本。全球不同的市场，保证金产生的利息归属不同。有些市场保证金利息属于投资者，而有些市场保证金利息属于期货经纪商或交易所。因此，保证金带来的资金使用成本也是交易成本的一部分。

冲击成本，也称“流动性成本”，主要是指规模较大的套利资金进入市场后对市场价格的冲击，使交易未能按照预订价位成交，从而多付的成本。例如，当前欧元/美元期货卖价为 1.3000，交易者试图以 1.3000 的价位买入期货，但是在这价位的卖单数量不足，因此交易者不得不以高出 1.3000 数个点位的方式买入期货，才能完成全部买单操作。当冲击成本过高时，会影响套利的收益。在流动性不好的市场，冲击成本往往会比较大。

对于机构交易者而言，冲击成本是其很难摆脱的成本。当机构交易者进入市场时，如果急于建仓，短时间内大量买进会抬高价格，势必使建仓成本远高于预期成本。同样，在大量卖出时，也会打压价格，使卖出价格低于预期价格。而对于散户而言，由于买卖量都相对较小，因此对价格影响不大，冲击成本几乎为零。

因此，在计算无套利区间时，上限等于期货的理论价格加上期货和现货的交易成本和冲击成本，下限等于期货的理论价格减去期货和现货的交易成本和冲击成本。

3. 外汇期现套利的特点

对于不同的期货品种，期现套利有不同的特点。例如，对于商品期货的期现套利来说，关键在于对现货的买卖。如对铜期货套利而言，需要交易者有办法在现货市场买进或卖出铜，才会有期现套利的机会；而对于股指期货的套利，关键在于如何买卖现货股票以实现现货对指数的复制。

而对于外汇的期现套利，情况则相对简单。因为外汇现货市场比较活跃，而且交易者可以通过全球的外汇交易商买卖外汇现货，因此买卖现货的途径较多。同时，因为外汇期货标的物就是外汇现货汇率，没有采取如股指期货的加权或利率期货的现货选择等编制方法，因此对期现套利的技术要求也相对较低。

但是，对于外汇期现套利而言，也有本身的特点。如外汇现货与期货的交易中，因为合约大小不同，导致交易者在进行期现套利时需要进行计算，使得现货与期货涨跌同等点位时给交易者带来同等的损益，这样才能保证期现套利的顺利完成；否则，期现套利就会增加额外的风险。

例如，对于芝加哥商业交易所（CME）的欧元/美元期货而言，合约大小是 125 000欧元，最小变动价位是 0.0001 点，即每变动 0.0001 点，合约价值变动 12.50 美元。因此，如果我们持有 1 手现货合约，那么在期现套利时，我们在现货市场中需要持有与期货持仓相反的仓位，并且使得现货价格每变动 0.0001 点，我们持有的现货仓位价值变动为 12.50 美元。在现货市场中，同交易商的交易机制不尽相同。

【例 4.17】　外汇交易商福汇公司（FXCM）的外汇交易，每手合约的价值为

100 000基准货币。在欧元/美元交易中，一手合约价值 100 000 美元；在欧元/英镑交易中，一手合约价值 100 000 英镑。表 4 – 25 为福汇公司（FXCM）交易在某一天某时刻的报价。

表 4 – 25　　报价表

货币	卖出	买进	差价	卖出隔夜	买入隔夜利息（$）	每点价值（$）	维持保证金要求（$）
EUR/USD	1.29673	1.29699	2.6	0.03	−0.14	0.10	7.50
USD/JPY	95.739	95.760	2.1	−0.02	0.00	0.10	5.00
GBP/USD	1.49461	1.49481	2.0	−0.12	0.06	0.10	9.00
USD/CHF	0.95151	0.95172	2.1	−0.12	0.05	0.11	5.00
USD/CAD	1.02682	1.02706	2.4	0.12	−0.25	0.10	5.00
EUR/GBP	0.86753	0.86772	1.9	0.08	−0.25	0.15	7.50
EUR/JPY	124.158	124.190	3.2	0.01	−0.04	0.10	7.50
GBP/JPY	143.099	143.143	4.4	−0.21	0.09	0.10	9.00
EUR/NZD	1.58356	1.58391	3.5	0.64	−1.37	0.08	7.50

为了吸引交易者的参与，在外汇现货交易中，许多外汇交易所允许客户进行交易的手数为 0.01 手。如在例 4.16 中，欧元/美元（EUR/USD）交易中，如果客户买入 0.01 手合约，那么合约价值 = 1.29699 × 0.01 × 100 000 = 1 296.99 美元。在外汇现货交易中，最小变动单位是 0.00001，即 0.1 个点。表 4 – 25 显示在福汇公司的欧元/美元交易中，外汇价格每变动 0.1 个点，合约价值变动 0.1 美元（合约价值变动的货币单位与交易者账户内的存入的币种一致）；如果外汇价格变动了 1 个点，那么合约价值就会变动 1 美元。因此，在期现套利中，为了与期货的最小变动 12.5 美元相匹配，交易者每手期货仓位需要建立 0.125 手（0.01 × 1 × 12.5）的现货仓位，或者说，当交易者拥有 0.125 手现货仓位时，其可以用 1 手的期货仓位进行期现套利。

如果说交易者并不按最小价值变动来匹配期货与现货仓位的话，交易者将面临额外的风险，期现套利将很可能失败并造成亏损。

【例 4.18】　3 月 1 日，交易者发现欧元/美元的现货价格为 1.30930，而 6 月份的欧元/美元的期货价格为 1.3153，期现价差为 60 个点。同时，交易者认为 6 月份的期货理论价格为 1.3123，无套利区间大概为 1.3113 ~ 1.3133。因此，交易者判断当前的期货价格超出了无套利区间，期现价差将会缩小。因此交易者卖出 10 手 6 月份的期货，按照仓位匹配的方法，交易者应该买入 1.25 手现货，但是交易者只买入了1手现货。4月1日，现货和期货价格分别变为1.31030和1.3142，价差缩小了40个点。交易者同时将现货和期货平仓，从而完成套利交易，具体计算过程及交易结果见表4－26。

表4－26　　具体计算过程

3月1日	买入1手现货，价格为1.30930	卖出10手6月份欧元/美元期货合约，价格为1.3153	价差为60个点
4月1日	卖出1手现货，价格为1.31020	买入10手6月份欧元/美元期货合约，价格为1.3161	价差为59个点
各自盈亏情况	盈利9个点	亏损8个点	价差缩小1个点
盈亏金额	盈利＝9×100×1＝900（美元）	亏损＝12.5×10×8 ＝1000（美元）	
最终结果	总亏损＝1 000－9 000＝100（美元）		

可以看到，尽管价差如交易者所希望的缩小了，但是因为交易者的期货与现货仓位没有匹配，交易者还是最终亏损。如果交易者的期现仓位匹配，那么交易结果见表4－27。

表4－27　　期现仓位匹配的情况

3月1日	买入1.25手现货，价格为1.30930	卖出10手6月份欧元/美元期货合约，价格为1.3153	价差为60个点
4月1日	卖出1手现货，价格为1.31020	买入10手6月份欧元/美元期货合约，价格为1.3161	价差为59个点
各自盈亏情况	盈利9个点	亏损8个点	价差缩小1个点
盈亏金额	盈利＝9×100×1.25＝1125（美元）	亏损＝12.5×10×8 ＝1000（美元）	
最终结果	总盈利＝1 125－1 000＝125（美元）		

交易者在套利交易中盈利了125美元，恰好是价差变化乘以交易手数带来的价位变化。值得注意的是，现货买卖中是有利息收入或支出的。交易者如果买入欧元/美元，那么交易者将支出欧元的利息同时收入美元利息。由于两种货币利息不同，因此交易者收入或付出的利息也不同。根据两国的利率差，交易者根据买卖方向收取或者支付利息。例4.17的表4－25中，分别显示了买入和卖出收到的隔夜利息。如在第一栏欧元/美元（EUR/USD）的交易中，如果交易者进行买入0.01手操作，那么交易者将付出0.14美元的利息；如果交易者卖出0.01手，那么交易者将收入0.03美元的利息。这种利息收入可以当成是外汇现货的持仓成本。

因此，交易者在进行套利交易时，要计算利息带来的持仓成本，以调整无套利区间的计算。

（三）跨期套利

跨期套利，是指在同一市场（即同一交易所）同时买入或卖出相同商品不同交割月份的期货合约，以期货合约间价差朝有利方向发展后平仓获利的交易行为。

一般而言，我们把远月合约价格大于近期合约价格的市场称为“正向市场”；而把远月合约价格小于近月合约价格的市场称为“反向市场”。套利者进行跨期套利的原因是套利者预期未来的行情会使价差发生变化。

根据交易者对市场价差未来走势的判断，跨期套利分为牛市套利、熊市套利和蝶式套利三种。

1. 牛市套利

牛市套利是指当市场出现供给不足、需求旺盛的情形，导致较近月份的合约价格上涨幅度大于较远期的上涨幅度，或者较近月份的合约价格下降幅度小于较远期的下跌幅度。同样的情形也适合用于现货和期货的关系。无论哪种情形，买入较近月份的合约（或现货）同时卖出远期月份的合约进行套利盈利的可能性比较大，我们称这种套利为牛市套利。

【例 4.19】 1 月 15 日，交易者发现当年 3 月份的欧元/美元期货价格为 1.3012，6 月份的欧元/美元期货价格为 1.3100，两者相差 88 个点。交易者估计欧元/美元汇率将上涨，同时 3 月份和 6 月份的合约价差将会缩小，所以交易者买入 10 手 3 月份的欧元/美元期货合约，同时卖出 10 手 6 月份的欧元/美元期货合约。

1 月 30 日，3 月份的欧元/美元期货合约和 6 月份的欧元/美元期货合约价格分别上涨到 1.3055 和 1.3110，两者价差缩小为 55 个点。交易者同时将两种合约平仓，从而完成套利交易（见表 4－28）。

表 4－28　　计算过程

1 月 15 日	买入 10 手 3 月份欧元/美元期货合约，价格为 1.3012	卖出 10 手 6 月份欧元/美元期货合约，价格为 1.3100	价差为 88 个点
1 月 30 日	卖出 10 手 3 月份欧元/美元期货合约，价格为 1.3055	买入 10 手 6 月份欧元/美元期货合约，价格为 1.3110	价差为 55 个点
各自盈亏情况	盈利 43 个点	亏损 10 个点	价差缩小 33 个点
最终结果	盈利 33 个点，总盈利 = 12.50 × 10 × 33 = 4 125（美元）		

市场如交易者所预计一样上涨，而最终的交易结果也使交易者获得盈利。

如果市场走势与交易者预计不一样会是下面这种情况：

假如1月30日，3月份和6月份的合约价格不涨反跌，价格分别下跌到1.2998和1.3050，两者价差缩小到52点。交易者同时将两种合约平仓，从而完成套利交易。交易结果见表4－29。

表4－29　　牛市套利举例

1月15日	买入10手3月份欧元/美元期货合约，价格为1.3012	卖出10手6月份欧元/美元期货合约，价格为1.3100	价差为88个点
1月30日	卖出10手3月份欧元/美元期货合约，价格为1.2998	买入10手6月份欧元/美元期货合约，价格为1.3050	价差为52个点
各自盈亏情况	亏损14个点	盈利50个点	价差缩小36个点
最终结果	盈利36个点，总盈利＝12.50×10×36＝4 500（美元）		

可见，交易者预计外汇期货价格将上涨，但半个月后外汇期货价格不涨反跌。虽然外汇价格走势与交易者的判断相反，但最终交易结果仍然是交易者获得了4 500美元的盈利。因此，在牛市套利中，只要合约间的价差缩小，套利者就能获取盈利，而市场方向与套利者获利与否无关。

2. 熊市套利

熊市套利是指当市场供给过剩、需求相对不足时，较近月份的合约价格下降幅度往往要大于较远期合约价格的下降幅度，或者较近月份的合约价格上升幅度小于较远期合约价格的上升幅度。在这种情况下，卖出较近月份的合约同时买入远期月份的合约进行套利，盈利的可能性比较大，我们称这种套利为“熊市套利”。

【例4.20】　1月15日，交易者发现当年3月份的英镑/美元期货价格为1.5017，6月份的欧元/美元期货价格为1.5094，两者相差77个点。交易者估计英镑/美元汇率将上涨，同时3月份和6月份的合约价差将会扩大。所以交易者卖出50手3月份的英镑/美元期货合约，同时买入50手6月份的英镑/美元期货合约。

到了1月30日，3月份的英镑/美元期货合约和6月份的英镑/美元期货合约价格分别上涨到1.5043和1.5135，两者价差扩大为92个点。交易者同时将两种合约平仓，从而完成套利交易，交易结果见表4－30。

表4－30　　熊市套利中价格上升情况表

1月15日	卖出50手3月份英镑/美元期货合约，价格为1.5017	买入50手6月份英镑/美元期货合约，价格为1.5094	价差为77个点

续表

1月30日	买入50手3月份欧元/美元期货合约，价格为1.5043	卖出50手6月份欧元/美元期货合约，价格为1.5135	价差为92个点
各自盈亏情况	亏损26个点	盈利41个点	价差扩大15个点
最终结果	盈利15个点，总盈利 =5.25 ×50 ×15 =1687.5 美元		

与牛市套利类似，熊市套利的结果并不由交易者判断的市场方向和市场的实际走向是否一致决定，而是以价差是否扩大决定。在熊市套利中，只要两个合约间的价差扩大，套利者就能获取盈利。如在例4.20中，如果价格不升反降，套利者的获利情况见表4－31。

表4－31　　　　熊市套利中价格下降情况表

1月15日	卖出50手3月份英镑/美元期货合约，价格为1.5017	买入50手6月份英镑/美元期货合约，价格为1.5094	价差为77个点
1月30日	买入50手3月份欧元/美元期货合约，价格为1.5005	卖出50手6月份欧元/美元期货合约，价格为1.5088	价差为83个点
各自盈亏情况	盈利12个点	亏损6个点	价差扩大6个点
最终结果	盈利6个点，总盈利 =6.25 ×50 ×6 =1 875 美元		

因此，在牛市套利中，只要合约间的价差扩大，套利者就能获取盈利，而市场方向与套利者获利与否无关。

3. 蝶式套利

蝶式套利是一个共享居中交割月份、一个牛市套利和一个熊市套利的跨期套利的组合。由于近期和远期合约的期货合约分别在居中月份的两侧，形同蝴蝶的两个翅膀，因此称为“蝶式套利”。具体操作方法是：买入（或卖出）近期月份合约，同时卖出（或买入）居中月份合约，并买入（或卖出）远期月份合约。其中，居中月份合约的数量等于近期月份和远期月份数量之和。这相当于在近期和居中月份之间的牛市（或熊市）套利和在居中和远期月份之间的熊市（或牛市）套利的一种组合。

【例4.21】　1月15日，交易者发现3月、6月和9月的澳元/美元期货价格分别为1.0255、1.0185和1.0119。交易者认为3月和6月的价差会缩小而6月和9月的价差会扩大。所以交易者买入50手3月的澳元/美元期货合约、卖出100手6月合约、买入50手9月的合约。

1月30日，3个合约均出现不同程度的下跌，3月、6月和9月的澳元/美元期货价格分别为1.0255、1.0185和1.0119。交易者同时将三个合约平仓，从而完成套利交易，交易结果见表4－32。

表4－32　　蝶式套利举例

1月15日	卖出50手3月份澳元/美元期货合约，价格为1.0255	买入100手6月份澳元/美元期货合约，价格为1.0185	卖出50手9月份澳元/美元期货合约，价格为1.0119
1月30日	买入50手3月份澳元/美元期货合约，价格为1.0235	卖出100手6月份澳元/美元期货合约，价格为1.0175	买入50手9月份澳元/美元期货合约，价格为1.0105
各自盈亏情况	盈利20个点	亏损10个点	盈利14个点
最终结果	盈利14个点，总盈利＝10×50×20－10×100×10＋10×50×14＝7 000美元		

由此可见，蝶式套利是两个跨期套利的组合。与普通的跨期套利相比，蝶式套利从理论上看风险和利润都较小。

（四）跨市套利

在期货市场上，许多交易所都交易相同或相似的期货商品。如芝加哥商业交易所、纽交所伦敦国际金融期货交易所和东京金融交易所都推出了多种币种的外汇期货合约。一般来说，因为市场、合约大小和流动性等不同，这些品种在各交易所间的价格会有一个相对稳定的差额。一旦这一差额发生短期变化，交易者就可以在这两个市场间套利，购买价格相对较低的合约，卖出价格相对较高的合约，一起在期货价格趋于正常时平仓，赚取低风险利润。

【例4.22】　3月1日，芝加哥商业交易所的6月欧元/美元期货价格为1.2997，而纽交所伦敦国际金融期货交易所的6月欧元/美元期货价格为1.3095。交易者认为，当前两者价差98个点太高，两者价差将会缩小。

因此，交易者决定卖出20手纽交所伦敦国际金融期货交易所的6月欧元/美元期货合约，同时买入20手芝加哥商业交易所的6月欧元/美元期货合约。

3月30日，芝加哥商业交易所和纽交所伦敦国际金融期货交易所的6月欧元/美元期货价格分别变为1.2985和1.3065，交易者同时将两个方向的合约平仓，那么交易者获利见表4－33。

表 4-33　　跨市套利举例

3月1日	卖出20手纽交所伦敦国际金融期货交易所的6月份欧元/美元期货合约，价格为1.3095	买入20手芝加哥商业交易所6月欧元/美元期货合约，价格为1.2997	价差为98个点
3月30日	买入20手纽交所伦敦国际金融期货交易所的6月份欧元/美元期货合约，价格为1.3065	卖出20手芝加哥商业交易所6月欧元/美元期货合约，价格为1.2985	价差为80个点
各自盈亏情况	盈利30个点	亏损12个点	盈利18个点
最终结果	总盈利 = 12.5 × 20 × 18 = 4 500美元		

值得注意的是，外汇市场是一个全球市场，在期货交易中，每个交易所都会因为其所在时区的不同，导致开盘和收盘的时间对于不同时区有所不同。因此，套利者在不同交易所进行套利时，应该考虑时区带来的影响，应选择在交易时间重合的时段进行交易。

此外，交易者还需要留意不同交易所合约之间交易单位和报价体系的不同。跨市套利虽然是在同一品种间进行的，但是由于合约交易大小和报价体系不同，交易者应将不同交易所合约的价格按相同计量单位进行折算，方能进行价格比较。

（五）跨品种套利

一般来说，商品价格总是围绕内在价值上下波动，而不同的商品因为其内在的某种联系，如需求替代品、需求互补品、生产替代品或生产互补品等，使得它们的价格存在某种稳定的、合理的关系。但受市场、季节、政策等因素的影响，这些有管理的商品直接的比值关系又通常偏离合理的区间，表现出一种商品被高估、另一种被低估的情况，为套利带来了可能。

跨品种套利一般分为两种：一种是相关商品间的套利，如铜和铝都可用做生产电线的原材料，两者的可替代性使得两者的价格趋于同向发展；另一种是原料与成品间的关系，如大豆与其两种制成品——豆油和豆粕之间的套利。

外汇期货是期货市场跨品种的一个特例。因为外汇是两种币种直接的交换比率，所以当涉及两种外汇的跨品种套利时，一般能直接找到第三种外汇品种（交叉汇率）来代替这种套利交易。例如，当交易者同时买入欧元/美元期货和卖出英镑/美元期货时，其操作等于直接买入欧元/英镑期货合约。一般而言，在外汇市场流动性较强的主要是少数币种，而各币种两两之间都会存在相应的外汇产品（现货或期货）。因此，在外汇期货市场中，跨品种套利往往会变成单品种的投机交易。

（六）套利交易注意事项

1. 套利必须坚持同时进出，也就是开仓时同时买入卖出，平仓时也要同时卖出买入。在实际操作中，套利者套利开仓时会遵守同时买入和卖出的准则。但是当准备平仓时，套利者可能会有选择地先平仓价格有利的那笔交易。这样会使套利操作只剩下一边的“腿”，套利操作变成投机交易。假如市场真按交易者所愿发展，那么交易者当然能够获利；但是一旦价格对其不利，将遭受更大损失。因此，交易者在进行套利时必须坚持同进同出的原则。

2. 下单报价时明确指出价格差

国际上相关交易所规定，在套利交易中，无论是开仓还是平仓，下达交易指令时，要明确写明买入合约与卖出合约之间的价格差。套利的关键在于合约间的价格差，与价格的绝对水平没有关系。以价格差代替具体价格，交易可以更加灵活，只要价差符合，可以按任何价格成交。

3. 不能因为低风险和低额保证金而做超额套利

套利确实有降低风险的作用，而国外交易所为了鼓励套利，规定套利的保证金数额比一般投机交易低 25% ~75% 。但是，交易者不宜因此把交易数量盲目放大。如果价差并不向预期发展，交易者面临的亏损额与其合约数量是成正比的，无形中增加了风险。此外，超额套利后，佣金也随套利量的增加而增加，套利的优势也就无法正常发挥。

4. 注意套利的佣金支出

一般来说，套利就是同时做两笔交易，期货经纪商要从投资者的套利中收取双份的佣金。在如何征收套利的佣金上，各个交易所的规定不同。按照国外的管理，套利的佣金支出比一个单盘交易的佣金费用要高，但又不及一个单盘交易的两倍。当投资者不能将进行套利的两笔交易同时进场和出场时，期货经纪商和交易所都不会承认这是一笔套利交易，佣金仍要按两笔单盘交易收取。虽然佣金费用占交易额的比例较小，但交易额巨大时，这也是一笔不小的支出。

三、套汇交易

套汇交易，就是利用在不同外汇市场（或外汇交易商）直接的价格差异，在低价的市场买进，在高价的市场卖出，利用低买高卖赚取差额利润。

例如，如果一个外汇交易商对欧元/美元的卖价报价为 1. 3200，而另一个外汇交易商的买价报价为 1. 3201，那么交易者就可以从第一个交易商处买入欧元，然后在第二个交易商处卖出欧元，赚取 1 个点位的无风险利润。

与套利交易相似的是，套汇交易需要存在不合理的价差，这是套利交易和套汇交易的前提。在套利交易中，交易者需要估计价格的无套利区间，当价差偏离无套利区间时，才会存在套利盈利的可能性。在套汇交易中，只有两个外汇市场存在不合理的报价时，才存在套汇盈利的可能性。

套汇交易一般分为两种：第一种是直接套汇，即利用两个不同外汇市场上某种货币汇率直接的差异，同时在两个市场低买高卖，从而赚取汇率的差额利润。第二种是间接套汇，又称为“三角套汇”，是当三个首尾相连的汇率（如欧元—美元、美元—日元、日元—欧元）发生差异时，利用同一时间的低买高卖，从而赚取差额利润。

1. 直接套汇

在外汇现货交易中，外汇交易商，如花旗银行、巴克莱银行，为交易者提供外汇报价时是通过买卖价差来赚取利润的。一个外汇交易商提供的买价会比卖价低，而买卖价直接的价差就是买卖价差，即点差。

正是因为买卖价差的存在，外汇市场上很多外汇交易商直接的报价差异并不能给交易者带来套汇机会。这种情况不仅在直接套汇中存在，在三角套汇中也存在。

【例 4.23】 纽约某外汇交易商欧元/美元的报价是 1.1235 – 39（即 1.1235 – 1.1239），在伦敦交易商的报价是 0.8897 – 900（直接报价法）。

为了比较两者报价的差异，我们首先须统一两者报价方式。可以把伦敦的直接报价法转换为间接报价法，或者把纽约的间接报价法转换成直接报价法。我们采取前一种方法。对于伦敦交易商的报价来说，买价是 1/0.8900 = ＄ 1.1236/，而卖价则是 1/0.8897 = ＄ 1.1240/。我们对比纽约交易商的报价，可以明显地发现其与伦敦交易商报价之间存在差异，但是这种差异并不能带来套汇交易的机会。假设一个交易者在伦敦把 1 000 欧元换成美元，那么其可以在交易商中通过卖出欧元换得 1 123.6美元。交易者用同等数量的美元在纽约交易商处通过买入欧元而得到欧元，得到的数目为 1 123.6/1.1239 = 999.7 欧元。与初始的 1 000 欧元相比，交易者损失了 0.3 欧元。交易者也可以尝试其他操作，但最终得到的金额都会比初始金额少，因此这两个市场并不存在套汇交易的机会。

【例 4.24】 假设在纽约市场中，美元兑日元的报价为 96.375 – 84 日元/美元，而在日本的市场中，美元兑日元的报价为 96.380 – 88 日元/美元，那么这两个市场之间是否存在套汇机会？

假设交易者拥有 1 000 美元，那么其在纽约市场中可以把 1 000 美元换成 96 375

日元（1 000×96.375），然后把96 375日元在日本市场换成99 987美元（96 375/96 388）。与期初相比减少了0.13美元，因此这两个市场间并不存在套汇机会。

那么在什么情况下，市场才会存在套汇机会呢？市场存在套汇机会时两个市场中的买卖价必须分布两边。也就是说，一个市场的卖价必须小于另一个市场的买价。在例4.23中，若使套汇交易机会存在，在纽约市场报价不变的情况下，伦敦市场的卖价必须小于纽约市场的买价＄1.1235/；或者伦敦市场的买价必须高于纽约市场的卖价＄1.1239 €。如果伦敦市场的报价为1.1242－46或1.1207－12，那么市场上就存在套汇交易的机会。在前一个报价中，交易者可以在伦敦用1 000欧元换取1 124.2美元，然后在纽约把1 124.2美元换成1 000.27欧元（1 124.2/1.1239），赚取0.27欧元的无风险利润。在后一个报价中，交易者可以在伦敦市场用1 000美元换取891.90欧元（1 000/1.1212），然后在纽约把891.90欧元换成1 002.05美元（891.90×1.1235），赚取无风险利润2.05美元。

图4－10显示了3种两个市场买卖价的情况并说明套汇机会是否存在。

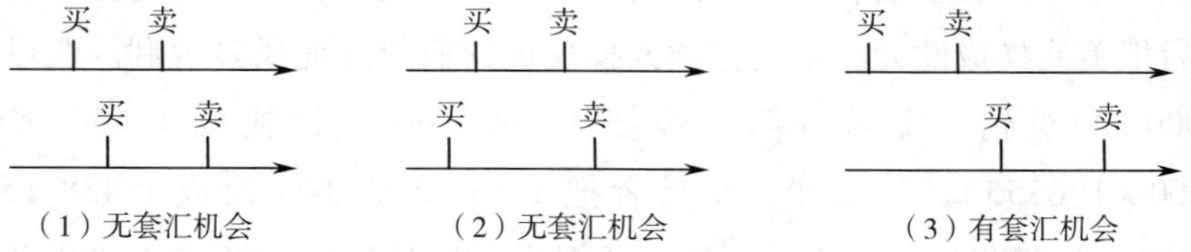

图4－10 套汇机会的判断

从图4－10我们可以总结得出，只有当一个市场的卖价低于另一个市场的买价时，市场上才存在套汇机会。在现实生活中，这种套汇机会非常罕见。即使真的存在套汇机会，盈利的空间也非常小。

【例4.25】 假设在纽约市场中，美元兑日元的报价为96.375－84日元/美元；而在日本的市场中，美元兑日元的报价为96.380－88日元/美元，那么这两个市场之间是否存在套汇机会呢？

从两个市场的报价我们可以发现，市场处于图4－10中的第（1）种情况，因此市场并没有套汇机会。而如果纽约市场的报价不变，日本市场的报价变成96.386－88，那么市场中是否存在套汇机会呢？

答案是肯定的。可以发现，如果日本市场的报价变成了96.386－88，那么两个市场报价的关系就处于图4－10中的第（3）种情况，因此市场存在套汇机会。

我们也可以发现，在任何市场中，买卖价差越大，那么套汇发生的概率就越小。

价差越小，套汇机会就越有可能发生，因此在外汇市场中，买卖价差通常都会比较大，防止市场直接套汇机会的发生。

2. 间接套汇

（1）定义

间接套汇又称为“三角套汇”，是利用三种相关币种之间的交叉汇率报价差异来实现无风险盈利的套汇交易。

在外汇市场交易中，经常会出现两个币种同时交易的情况。交叉汇率就是两种币种间的汇率，而这种汇率是用两种币种中每种与一个公共币种的汇率计算所得。

【例 4.26】 设公共币种为欧元，当前美元和英镑兑欧元的汇率分别为€0.8788/＄和€1.4373/£，那么美元兑英镑的交叉汇率则是 1.4373/0.8788 = ＄1.6355/£。如果当前美元兑英镑的直接报价为＄1.6365/£，那么就出现直接报价的汇率和交叉汇率之间存在差异的情况。

如果交易者利用这种差异，同时在三种外汇中进行买卖，那么这种差异就给交易者带来了三角套汇而获得无风险盈利的机会。交易者可以通过把英镑换成美元，然后把美元换成欧元，最后把欧元换成英镑而得到无风险盈利。假设交易者拥有1 000 000 英镑。交易者第一步把 1 000 000 英镑换成 1 636 500 美元（1000 000 × 1.6355）；第二步，交易者把 1 636 500 美元换成 1 438 156 欧元（1 636 500 × 0.8788）；第三步，交易者把 1 438 156 欧元换成 1 000 596 英镑（1 438 156/1.4373）。与之前相比，交易者能赚取无风险利润 596 英镑（见图 4 - 11）。

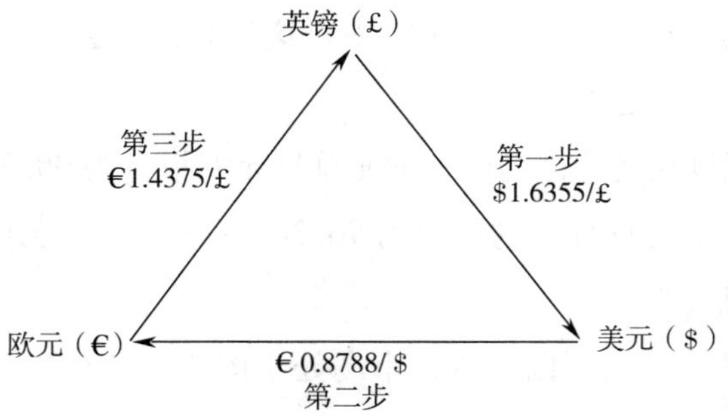

图 4 - 11 无买卖价差的三角套汇

在现实生活中，这种三角套汇的机会也是十分罕见的。首先，买卖价差的存在使外汇的买卖交易产生成本，这种成本会使三角套汇的机会消失。即使这种三角套汇机会存在，市场上的套汇行为也会使机会很快消失。在例 4.26 中，第一步交易者需要卖英镑买美元，而套汇行为会推使美元汇率上涨，因此汇率 \$ 1.6365/£ 将会下跌；第二步交易者需要卖美元买欧元，套汇行为推使欧元汇率上涨，因此汇率€0.8788/ \$ 将会下跌；第三步交易者需要卖欧元买英镑，推使英镑汇率上涨，因此汇率€1.4373/£ 将会上升。无论是哪一步的套汇行为，套汇行为的本身都会使市场发生变化，从而迅速缩减套汇的盈利空间，最终结果则是套汇机会的消失。

【例 4.27】　假设买卖价分别是例 4.26 所述价格的正负两个点位，如英镑兑美元的中间价为 \$ 1.6365/£ ，那么买卖价则为 1.6353－57（见图 7－9）。

假设交易者初期仍拥有 1 000 000 英镑。交易者第一步把 1 000 000 英镑换成 1 636 300美元（1 000 000 × 1.6353）；第二步，交易者把 1 636 300 美元换成 1 437 653欧元（1 636 500 × 0.8786）；第三步，交易者把 1 437 653 欧元换成 1 000 106英镑（1 437 653/1.4375）。与之前赚取 596 英镑的无风险利润相比，在买卖价差的存在下交易者只能赚取无风险利润 106 英镑（见图 4－12）。因此，在很多市场中，即使从中间价计算出现套汇机会，因为买卖价差的存在，实际上消除了套汇的机会。

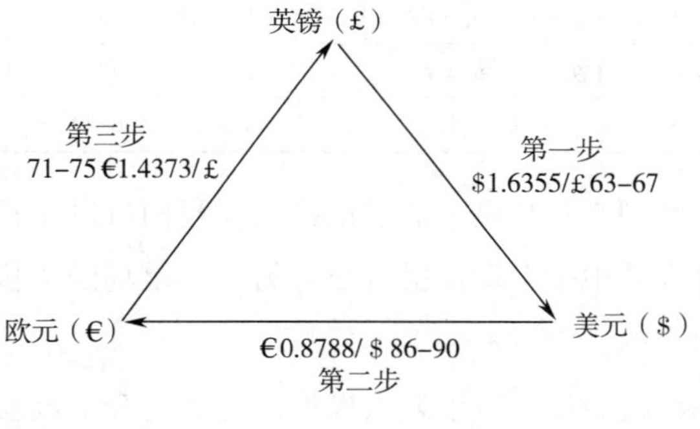

图 4－12　买卖价差的三角套汇

（2）间接套汇的判断

买卖价差越大，套汇存在的机会就越小。因此，在三角套汇中，如果三种货币之间有需要利用两个直接汇率得到交叉汇率的，套汇机会就比较少。

我们可以参考直接套汇中的方法，根据两个市场的买卖价关系来判断市场上是否有套汇的机会。但是，在比较之前必须把其中两种外汇汇率的报价转换成一种外汇汇率的报价，即把三角形的两条边转换成第三条边的报价方式，然后把其当做两个不同的市场，只有这样才能用于比较。具体操作见表 4－34。

表 4－34　　间接套汇（三角套汇机会的判断）

货币对	买价	卖价	组合方法	买价	卖价
A/B	买价 1	卖价 1	买 A/C 买 C/B	卖价 3 × 卖价 2	买价 3 × 买价 2
B/C	买价 2	卖价 2	买 B/A 买 A/C	卖价 3 × 卖价 1	买价 3 × 买价 1
C/A	买价 3	卖价 3	买 C/B 买 B/A	卖价 3 × 卖价 1	买价 2 × 买价 1

在三角套汇中，任意一种外汇都可以用另外两种外汇的组合表示。如买入外汇货币对 *A/B*，即买入 *A* 和卖出 *B*，可以用一边买入 *A*、卖出 *C*，另一边买入 *C*、卖出 *B*，即 *A/C* × *C/B* 来表示。当市场上只有 *B/C* 交易而没有 *C/B* 交易时，可以用卖出 *B/C* 来代替买入 *C/B*。在计算组合买价时，如果买入某外汇，那么我们需乘以此外汇的买价；当卖出某外汇时，我们需要除以此外汇的卖价。同理，当计算组合卖价时，如果需要买入某外汇，那么需要乘以外汇的卖价；如果需要卖出某外汇，那么需要除以此外汇的买价。

【例 4. 28】　综合举例（见表 4－35）如下：

表 4－35　　间接套汇（三角套汇）机会的判断举例

货币对	买价	卖价	组合方法	组合买价	组合卖价
€/£	1. 437	1. 4375	买€/ $ 买 $ /£	0. 8786 × 1. 6363 = 1. 4377	0. 879 × 1. 6367 = 1. 4386
€/ $	0. 8786	0. 8790	买€/£ 买 $ /£	1. 4371 ÷ 1. 6367 = 0. 8780	1. 437 ÷ 1. 6363 = 0. 8785
$ /£	1. 6363	1. 6367	买€/£ 买€/ $	1. 4371 ÷ 0. 8790 = 1. 6349	1. 437 ÷ 0. 8786 = 1. 6361

根据组合的方法和图 4－10 显示的套汇机会，我们可以从三个货币对和组合货币对发现两个市场存在其中一个卖价报价小于另一个市场的买价报价，因此市场上是存在三角套汇的机会的。

那么，在发现套汇机会后，应该怎么操作才能实现套汇收益呢？图 4－10 的套汇机会显示，当两个市场中存在一个市场的买价报价高于另一个市场的卖价报价时，交易者可以从低卖价的市场买入外汇，然后把外汇在高买价的市场卖出，实现无风险套利。

因此，我们把组合外汇看成一个市场，把原外汇报价看成另一个市场。例如，在第一个货币对欧元/英镑（€/£ ）中，组合市场的买价比原市场的卖价高，因此交易者进行套汇交易时，需要在原市场买入欧元/英镑，并在组合市场卖出欧元/英镑。因为组合方法是买入欧元/美元并卖出美元/英镑，因此在组合市场中我们需要卖出欧元/美元并卖出美元/英镑。具体而言，就是买入欧元/英镑、卖出欧元/美元并卖出美元/英镑。

在第二个货币对欧元/美元（€/ $）中，我们发现组合市场的卖价比原市场的买价要低。因此交易者进行套汇时，需要在组合市场买入欧元/美元，并在原市场卖出。具体而言，就是买入欧元/英镑，卖出美元/英镑和卖出欧元/美元。

在第三个货币对中，我们发现组合市场的卖价比原市场的买价要低。因此交易者进行套汇时，需要在组合市场买入美元/英镑，并在原市场卖出。具体而言，就是买入欧元/英镑、卖出欧元/美元的同时卖出美元/英镑。

总之，无论我们从哪个货币对出发，最后套汇的具体操作是一样的。因此，交易者只要从一种货币对中检验出存在套汇机会，就可以进行对应策略操作，而不需要完全对所有的货币对进行检验。

【例 4. 29】　假设当前市场中，欧元/美元的报价为 1. 3035 – 37 €/ $ ，英镑/美元的报价为 1. 5126 – 28£ / $，欧元/英镑的报价为 0. 8617 – 19 €/£ ，那么市场上是否存在三角套汇的机会呢？根据上文的方法，我们从货币对欧元/美元出发检验是否存在套汇机会：

表 4 – 36　无套利机会示意表

货币对	买价	卖价	组合方法	组合买价	组合卖价
€/ $	1. 3035	1. 3037	买€/£　买£ / $	0. 8617 × 1. 5126 = 1. 3034	0. 8619 × 1. 5128 = 1. 3039

可以发现，原市场报价和组合报价的关系处于图 4 – 10 的第（2）种情况，因此市场并不存在套汇机会。

如果欧元/美元变为 1. 3031 – 33/ $ 的话，那么三个货币对的关系就会变成表 4 – 37 所示的情形：

表 4 – 37　有套利机会示意表

货币对	买价	卖价	组合方法	组合买价	组合卖价
€/ $	1. 3031	1. 3033	买€/£　买£ / $	0. 8617 × 1. 5126 = 1. 3034	0. 8619 × 1. 5128 = 1. 3039

可以发现，原市场报价和组合报价的关系处于图 4 – 10 的第（3）种情况，因此市场中存在套汇机会。套汇的操作为买入欧元/美元、卖出欧元/英镑并卖出英镑/美元。

通过以上我们可以总结出，在现实市场交易中，发现套汇机会并利用套汇机会获利一般需要具备两个条件：

第一，市场报价存在汇率差异。无论是直接套汇还是间接套汇，市场存在报价的差异是套汇机会存在的前提。但是，外汇市场经过多年发展，外汇做市商都有一套成熟的报价体系，能根据市场行情作出迅速变化，因此套汇机会出现的概率比较低。

第二，套汇交易者拥有一定的专业知识和技术经验，能够在套汇机会出现时，捕捉到汇率的差异并迅速进行正确的市场操作。在套汇机会出现时，市场上的套汇力量会迅速进入市场并影响价格，使套汇机会稍纵即逝。因此，交易者需要拥有一定的专业知识和技术经验，从而能在其他交易者发现套汇机会之前进行套汇。例如，交易者可以运用先进的电脑技术，时刻监控市场报价的变动，同时配以高速的下单系统和指令传达网络，使套汇交易指令快速执行。

但是对于一般的散户交易者而言，上述要求较难实现。一是因为散户并没有先进的电脑技术时刻监控市场价格的变动。当套汇机会出现时，散户大都不能及时发现。二是因为散户并不能快速地执行交易指令。因此，即使散户交易者发现了套汇机会，在交易指令发出时，价格可能已经改变而套汇机会也因此消失。

3. 套利交易和套汇交易的区别

第一，套利交易是在两个不同合约间进行的套利。这两个合约，可以是相同的外汇品种但到期时间不同的合约（跨期套利与期现套利），也可以是相同的外汇品种但交易场所不同的合约（跨市套利）。套汇交易，是在两个相同品种的外汇中，或者三个不同品种但存在三角关系的外汇中进行的交易。套汇交易中外汇品种到期期限应该一致（同是现货或同是到期时间相同的期货合约）。

第二，套利交易是一种在价差不正常时开仓，并等待价差回归正常水平后平仓的操作。因此套利交易需要在一定时间内持有合约。在套汇交易中，买卖是瞬时且同时发生的。交易者在低价位买进同时在高价位卖出，不需要在一定时间内持有仓位。同时，因为套汇交易的机会十分难得，因此买卖之间的间隔时间越短，套汇交易的成功机会就越大。

第三，套利交易是有风险的交易。套利交易是交易者根据对价差未来变化的判断而进行的交易，只有当未来价差走势与交易者判断一致时，套利交易才能获得盈利。如果价差走势与交易者判断相反，套利交易将会产生亏损，因此套利交易是有风险的。在套汇交易中，只要两个交易商间出现套汇的机会，交易者就能通过套汇交易实现盈利，而不需要承受市场的风险。

第四，套利交易的机会比套汇交易多。套利交易是交易价差的变化，而价差是时时刻刻存在的。只要判断对了价差的发展，套利交易就能盈利。套汇交易需要交易商之间的报价差异，而这种差异会稍纵即逝，因此套汇交易的机会比套利交易少。

第五章　外汇风险及管理

本章所讲述的外汇风险管理包含两个方面的含义：一种是外汇资产风险管理，指外汇资产持有者通过风险识别、风险衡量、风险控制等方法，预防、规避、转移或消除外汇业务经营中的风险，从而减少或避免可能的经济损失，实现在风险一定条件下的收益最大化或收益一定条件下的风险最小化。另一种是在纯粹外汇买卖交易中的风险管理。前者涉及的主要是国家或从事外贸的企业、个人对外汇资产的管理；后者主要指的是我们通常所说的炒汇中的风险管理。在本章中我们会重点结合实际案例讲述企业如何运用外汇期货套期保值、外汇期权套期保值、外汇衍生品套期保值等手段实现外汇风险管理控制。

第一节　风险基础知识

一、风险类型与性质

（一）根据风险对收益的影响分类

根据风险对投资收益的影响，风险可以分为纯粹风险和投机风险。前者只能带来损失，而不会带来收益，如火灾、地震等带来的风险。后者则可能带来损失，同时又可能带来收益，如利率风险、汇率风险、通胀风险等。

（二）根据风险发生的范围分类

根据风险发生的范围可以将风险分为系统性风险和非系统性风险。影响投资收益的众多因素中，有些是宏观的、外部的、不可控制的风险，是投资者无法回避的因素，是所有投资者共同面临的风险，这些因素产生的风险称为系统性风险。经济方面的因素包括利率、现行汇率、通货膨胀、宏观经济政策与货币政策、能源危机、经济周期循环等。政治方面的因素包括政权更迭、战争冲突等。社会方面的因素包括体制变革、所有制改造等。此外，有些风险是投资者自身因素产生的风险，有个体差异，称为非系统性风险，如经营风险、内部控制风险、财务风险等。

系统性风险是单个主体无法通过分散化投资消除的，非系统性风险在理论上是可以通过投资多样化消除的。

（三）根据诱发风险的具体原因分类

根据诱发风险的具体原因可以将金融风险分为市场风险、信用风险、流动性风险、结算风险、操作风险和法律风险等。

1. 市场风险（Market Risk）

市场风险是指市场变量的变动带来的风险，是最常见的风险。市场风险可分为利率风险、汇率风险、商品价格风险等。汇率价格的影响因素很多，如利率、国际收支、一国经济发展等。

2. 信用风险（Credit Risk）

信用风险是指交易对手履约能力的变化造成的资产价值损失的风险，又被称为违约风险。这主要包括两类：一类是对手风险，是指合约交易的一方可能出现违约而给另一方造成损失的可能性；另一类是发行者风险，是指标的资产的发行者出现违约而给另一方造成损失的可能性。一般说来，这两类风险中，前者比后者更严重。

3. 结算风险（Settlement Risk）

结算风险实际上也算是一种信用风险，它是指不能按期收到交易对手支付的现金而造成损失的可能。结算风险可能由交易对手引起，也可能由市场交易制度或清算体系引起。

4. 流动性风险（Liquidity Risk）

金融产品的流动性是指该产品在正常的市场价格上变现的能力，即市场的参与者能够迅速进行大量的交易，并且不会导致价格发生显著波动。外汇交易流动性风险一般是指外汇品种的持有者不能以合理的价格迅速卖出衍生工具或将该工具转手而导致损失的可能性，包括不能对头寸进行冲抵或套期保值的风险。

5. 操作风险（Operations Risk）

操作风险是指由于错误或不完善的过程、系统和人员或外部事件造成的直接或间接的损失，主要包括执行错误、记账错误、结算错误、不良交易、欺骗、洗钱、主要人员风险、系统失灵、模型失误、逐日结算失误、管理信息失真等产生的风险。

金融市场（包括外汇）创新活动的加剧、失业的复杂化，带来更大的操作风险。近年来金融市场出现的大案要案，均与操作风险有关。

1995 年 2 月巴林银行的突然倒闭说明了操作风险管理及控制的重要性。尼克·里森是巴林银行新加坡分行的经理。从 1994 年底开始，里森认为日本股市将上扬，未经批准就开始衍生金融商品交易，期望利用不同地区交易市场上的差价获利。在已购进价值 70 亿美元的日本日经股票指数期货后，里森又在日本债券和短期利率合同期货市场上做了价值约 200 亿美元的空头交易。但日经指数不升反跌，里森越亏越多，造成巴林银行的倒闭。

里森既直接从事交易又担任交易负责人，两种职能未能完全分开。而监督巴林银行的英格兰银行却没有发现这个致命的失误，这是巴林银行倒闭的一个主要原因。

6. 法律风险（Legal Risk）

法律风险是指交易行为因不符合法律法规的有关规定，或因政策调整带来的风险。外汇因其特殊的属性，长期以来受到各国法律的不同管理，涉及国际贸易、政策保护等方面的政策，直接影响外汇市场。法律风险主要发生在场外交易中，场内交易的法律风险较小。

二、风险衡量

要准确衡量风险水平，需要考虑所有的风险相关因素。在具体的分析过程中，一般采取的是定量分析和定性分析相结合的度量方法，因为有些风险很难量化，更多的要依靠经验判断和对一些事件的研究结果。这里我们主要讲述投资过程中存在的信用风险和市场风险的量化方法。

（一）定性分析

很多风险相关因素在实际中是很难量化的，要考察这些因素对风险水平的影响，更多的要依靠风险管理者的经验判断和特定问题的一般解决办法作为决策参考。

国家风险包括经济风险和政治风险。经济风险指的是一国由于其经济状况的变化而引起其资信状况和对外支付能力变化的可能性。经济风险主要来源于国际经济环境、该国经济运行状况、财政收支、国际收支、就业水平等因素。这些风险因素可以通过一定的历史记录，利用相关量化知识加以度量。政治风险来源于该国的国际政治关系、国内的政治环境、领导人的政治态度和国际关系策略等因素。然而，这些风险很难通过技术去量化，因为这些因素都不会产生确定的影响。

（二）定量分析

定量分析就是通过量化技术计量特定风险的具体水平，从而更加准确地衡量投资活动的风险水平。我们将分别介绍信用风险、市场风险的量化方法。

1. 信用风险衡量方法

关于信用风险的量化分析也经历了一个长期的逐渐完善的过程。接下来，我们将介绍几种常用的信用风险度量方法。

（1）信用打分法

信用打分是指通过交易对手的一些财务指标来度量它们的对外支付能力，即信用风险。这种方法也被称为线性辨别分析。该模型是一种多变量线性模型，其中的变量一般是反映债务人财务状况的指标。线性辨析模型以 Altman 的 ZETA 模型最具有代表性。该类模型的基本做法是首先针对不同的信用质量制定相应的信用评分，然后利用该类对手的相关财务指标进行线性统计分析，从而确定各个财务指标对信用质量影响的权重。然后代入特定交易对手的财务指标确定其信用分，从而判断其信用质量的高低。

（2）结构模型

结构模型是指从交易对手（以企业为例）的资本结构出发，通过其权益市场价值的变动研究企业未来不能履行债务责任的可能性。这类模型属于违约模型的一种。比较有代表性的模型是 KMV 公司研发的 KMV 模型。它以一个企业股票价值的市场表现为分析基础，通过企业资产和权益价值之间的特定关系研究企业价值低于其债务水平的可能性（企业违约的概率）。

KMV 的关键分析指标是 EDF，即预期违约率。已有研究证明，EDF 取决于三个变量：企业资产价值的波动性、企业的资本结构和债务期限的函数。同时，一个非常重要的变量是违约点（Default Point），即当企业资产价值低于违约点时，企业便会违约。大量的研究表明，违约点一般定义为 $DP = STD + 0.5LTD$，即短期债务和长期债务一半的和。

该模型假设企业价值服从扩散过程，即

$$\begin{cases} dV_t = V_t\mu dt + V_t\sigma dZ \\ V_t|0 = V_0 \end{cases}$$

通过解这个方程，可以得到企业价值的表达式：

$$V_t = V_0\exp\left\{\left(\mu - \frac{1}{2}\sigma^2\right)t + \sigma\sqrt{t}Z\right\}$$

企业的违约距离度量的是企业预期资产价值距违约点的标准差的倍数，即

$$DD = \frac{E[V_H] - DPT}{\sigma}$$

有了上述准备知识，我们就可以计算出了在未来一定期限（H）内，企业的违约概率为

$$Q = Pr(V_H \leqslant DPT_H)$$

$$= Pr(\ln V_0 + (r - 0.5\sigma^2)H + \sigma\sqrt{H}Z_H \leqslant \ln DPT_H)$$

$$= Pr\left(Z_H \leqslant -\frac{\ln(V_0/DPT_H) + (r - 0.5\sigma^2)H}{\sigma\sqrt{H}}\right)$$

$$= N(-d_2)$$

至此，已经给出了企业违约概率的表达式。

（3）Credit Metrics 模型

Credit Metrics 模型是 J. P. Morgan 于 1997 年推出的用于量化信用风险的风险管理工具，其思想和 1994 年提出的 Risk Metrics 基本相同。Credit Metrics 是建立在信用评级机构历史评级数据的基础上的。该模型通过各类评级企业的未来信用级别的变动情况计算出在各种情况下资产的价值，从而在一定程度上模拟资产价值的未来分布情况。

在 Credit Metrics 的整个分析过程中，一个至关重要的概念是转移矩阵（Transition Matrix）。这个矩阵描述的是在未来一定期限内，各类信用等级的信用工具转变成其他等级的概率大小。然而，根据当前市场情况，不同信用级别的工具的风险溢价也都不同，如果所考察的信用工具在未来级别发生了变化，那么它的价值取决于在新的级别下计算出的收益率。标准普尔和穆迪的信用评级都有九级，因此一个信用工具价值在未来有九个可能值，Credit Metrics 根据这九个可能值模拟出价值分布，从而可以进一步计算该工具可能会发生的损失。

2. 市场风险度量方法

最常用的市场风险计量方法可以分成两大类，一是敏感度分析方法，一是 VAR 分析方法。所谓敏感度分析方法，是指投资组合价值相对于某个市场变量变化的敏感程度。不同性质的头寸特点不同，因此度量投资工具敏感度的方法也不一样。比如，对于债券类投资工具的利率敏感度一般用持续期（Duration）来表示，股票的市场风险一般使用 β 系数表示，衍生工具使用一系列的希腊字母表示。VAR 方法是通过模拟金融工具未来收益指标的分布，从而确定在一定置信水平下，投资工具的最大损失。

（1）针对债券类投资产品的持续期模型

不同期限和收益结构的固定收益产品对利率的风险敏感度不一样，那么能否通过一个统一的变量把这些风险综合在一起？持续期概念的提出很好地解决了这个问题。所谓持续期，就是指某一产品加权的平均回收期限，即对收益发生时点以收益现值占总现值比重为权重的加权。

$$D = \frac{\sum_{t=1}^{m} tC_t e^{-rt}}{\sum_{t=1}^{m} C_t e^{-rt}}$$

$$\frac{\Delta P}{P} = D\Delta r$$

上面表达式是对持续期的定义，仔细研究可以发现持续期其实描述了债券价值对利率的敏感程度。

需要指出的是，不同的贴现方式会导致上面方程不同的表达，但是不会影响问题的实质。有了上面两个方程就可以很快计算出利率的变动导致债券价值的变化。

持续期模型有其缺点，当利率变动幅度较大时，通过该模型计算出的债券价值和真实的价值差异较大，因为债券价值的变动和利率变动之间并不是线性关系。因此，为了更加准确地计量债券价值变化，经常需要引入凸度的概念，这里不再详细说明。

（2）针对股票的 β 系数

市场风险主要由 β 系数来衡量。所谓 β 系数，指的是一只股票或者是一个组合的预期收益相对于市场溢价的敏感程度。它衡量的是组合因为承担市场风险而应该得到的风险升水水平。从根本上讲，股票的总体风险可以分成系统性风险和非系统性风险，但是只有系统性风险才能得到市场提供的风险升水。而系统性风险就表现为股票或者组合收益和市场收益之间的相关性。因此，β 系数被定义为

$$\beta = \frac{\mathrm{cov}(r_p, r_m)}{\mathrm{var}(r_m)}$$

由此也可看出，市场组合的 β 为 1。组合的 β 系数越高，说明该组合市场风险较市场组合越高；如果 β 越低，说明组合市场风险相对较低。

（3）针对衍生工具的希腊字母

金融衍生产品的市场风险来自于几个方面，比如标的资产的价格、波动性、利率、期限等。衍生产品价格相对于各个因素的敏感程度也都由相应的指标来表示，也就是我们所说的希腊字母。接下来，以股票期权为例说明各个指标的具体含义。

Δ 表示期权价格相对股票价格的敏感性，具体表示为

$$\Delta = \frac{\delta C}{\delta S}$$

Θ 表示期权价格对合约到期时间的敏感度，它体现了期限对价格的影响。具体表示为

$$\Theta = -\frac{S_0 N'(d_1)\sigma}{2\sqrt{T}} - rKe^{-rT}N(d_2)$$

其中

$$d_1 = \frac{\ln S_0/K + (r + 0.5\sigma^2)T}{\sigma\sqrt{T}}$$

$$d_2 = d_1 - \sigma\sqrt{T}$$

V 表示期权价格相对标的资产价格波动水平的敏感性，体现的是股票价格波动程度对期权价格的潜在影响。具体表示为

$\upsilon = \frac{\delta C}{\delta \sigma}$，对于没有分红的欧式期权来说，$\upsilon = S_0\sqrt{T}N'(d_1)$

（4）VAR 方法

我们以债券类投资产品为例说明如何利用 VAR 方法度量利率变动可能给投资产品价值产生的影响。对于息票利率固定的债券而言，其价值取决于贴现率的水平。在自由市场条件下，模拟利率变动的模型很多，可以选取最合适的模型预测债券贴现率。不同的贴现率对应着不同的债券价值，因此，通过模拟未来贴现率就可以得到一系列的价值，这样就可以得出债券的价值分布，从而可以在一定的置信水平下，进一步确定最大损失水平。

VAR 方法为衡量总体市场风险提供了统一的语言，各类头寸的损失最终都归结到一定置信水平下的最大损失上，这也利于头寸损失的比较和统一管理。因此，VAR 方法解决了不同性质头寸市场风险不能比较、统一管理的难题，已经成为现代风险管理方法中的核心技术。

第二节　外汇风险及管理

通过前面的讲述我们对风险有了一个基本认识，具体到外汇风险来看，通俗地讲，是企业由于汇率的意外变动使企业财务收益与预期收益发生偏离，因而蒙受损失的可能，企业经营过程中涉及外汇的某一方面或者某个环节的问题，都有可能加大企业的财务风险，降低企业的盈利能力和偿债能力，汇率变动对企业外汇风险的影响不仅涉及货币因素，还涉及国际惯例、贸易规则以及国内外法律条款等非货币因素，最终体现于企业外汇业务成果的不确定性。外汇风险主要包括交易风险、折算风险和经济风险。

企业在国际经济活动中，一方面，经常要使用外币进行收付，因而会发生外币

与本币（或两种外币）之间的实际兑换，由于从交易的达成到账款的实际收付以及借贷本息的最后偿付均有一段期限，兑换时如果汇率在这一期限内发生不利于企业的变化，则企业将单位外币兑换成本币（或两种外币间兑换）的收入就会减少，或以本币兑换单位外币的成本就会增加，于是产生了交易风险和经济风险；另一方面，由于本币是衡量企业经济效益的共同指标，因此即使企业的外币收付不与本币或另一外币发生实际兑换，也需要在账面上将外币折算成本币，以考核企业的经营成果。而随着时间的推移，汇率发生波动，单位外币折算成本币的账面余额也会发生变化，于是产生了折算风险。由此可见，外汇风险包含三个要素：本币、外币和时间，只要企业在经营活动中以外币计价结算，且存在时间间隔，就会产生外汇风险。一般来说，未清偿的外币债权债务余额越大，间隔时间越长，外汇风险就越大。

一、外汇风险类型

（一）交易风险

交易风险（Dealing Risk）是指在运用外币计价收付的交易中，由于外币与本币之间以及外币与外币之间的汇率变动，使经济主体蒙受损失的可能性。交易风险通常在以下几种情形下出现：

1. 在商品劳务的进口交易中，如果在实际支付外币货款时外汇汇率较合同签订时上涨了，进口商就会付出更多的本币或其他外币；反之亦然。出口商的情形则刚好相反。这是经常账目下的外汇交易风险。

2. 在资本输出中，如果外汇汇率在外币债权债务清偿时，较债权债务关系形成时下跌，债权人就只得收回相对更少的本币或其他外币。资本输入的情形则刚好相反。这是资本账目下的外汇交易风险。

3. 外汇银行在中介性外汇买卖中持有外汇头寸的多头或空头，也会因汇率变动而蒙受损失，外汇银行在每日外汇买卖业务中，难免会出现某些币种的净多头或净空头，若持有多头的币种汇率出现下跌，持有空头的货币汇率出现上涨，那么在将来卖出多头买进空头时，外汇银行就要蒙受损失。

（二）会计风险

会计风险又称“折算风险”，是指经济主体对资产负债表进行会计处理的过程中，在将功能货币（在具体经济业务中使用的货币）转换成记账货币（编制会计报表时所使用的货币）时，因汇率变动而产生账面损失的可能。该类外汇风险主要体现在涉外经济主体，尤其是跨国公司的会计报表中，原本以外币度量的各种资产（包括真实资产和金融资产）和负债，需要按一定的汇率折算成母国货币，以便汇总编制综合的财务报表。如果折算汇率变动，资产负债表中某些项目的价值也会相应变动，从而出现账面损失的可能。

（三）经营风险

经营风险是指意料之外的汇率变动通过影响企业生产销售数量、价格、成本，引起企业未来在一定期间收益或现金流量减少的一种潜在损失。汇率的变动影响企业的生产成本和销售价格，从而引起产销数量的调整，并由此带来获利状况的变化，这种变化的结果可能是损失，也可能是获利，具有不确定性，导致经济风险的汇率变动仅指意料之外的汇率变动，而不包括意料到的汇率变动，经济风险比折算风险和交易风险更重要，因为它对企业的影响具有长期性。

二、汇率风险管理原则

（一）保证宏观经济原则

在处理企业、部门的微观经济利益与国家整体的宏观利益的问题上，企业部门通常是尽可能减少或避免外汇风险损失，而转嫁到银行、保险公司甚至是国家财政上去。在实际业务中，应把两者利益尽可能很好地结合起来，共同防范风险损失。

（二）分类防范原则

对于不同类型和不同传递机制的外汇汇率风险损失，应该采取不同适用方法来分类防范，以期奏效，但切忌生搬硬套。对于交易结算风险，应以选好计价结算货币为主要防范方法，辅以其他方法；对于债券投资的汇率风险，应采取各种保值为主的防范方法；对于外汇储备风险，应以储备结构多元化为主，并适时进行外汇抛补。

（三）稳妥防范原则

该原则从实际运用来看，包括三个方面：

（1）使风险消失；

（2）使风险转嫁；

（3）从风险避损中得利。

尤其最后者，是人们追求的理想目标。

三、汇率风险管理策略

（一）完全抵补策略

即采取各种措施消除外汇敞口金额，固定预期收益或固定成本，以达到避险的目的。对银行或企业来说，就是对于持有的外汇头寸，进行全部抛补。一般情况下，采用这种策略比较稳妥，尤其是对于实力单薄、涉外经验不足、市场信息不灵敏的企业或在汇率波动幅度大的情况下。

（二）部分抵补策略

即采取措施清除部分敞口金额，保留部分受险金额，试图留下部分赚钱的机会，当然也留下了部分赔钱的可能。

（三）完全不抵补策略

即任由外汇敞口金额暴露在外汇风险之中，这种情况适合于汇率波幅不大、外汇业务量小的情况。在面对低风险、高收益、外汇汇率看涨时，企业也容易选择这种策略。

四、汇率风险管理步骤

（一）识别风险

企业在对外交易中要了解究竟存在哪些外汇风险，是交易风险、会计风险、还是经济风险。或者了解面临的外汇风险中哪一种是主要的，哪一种是次要的；哪一种货币风险较大，哪一种货币风险较小。同时，要了解外汇风险持续时间的长短。

（二）度量风险

综合分析所获得的数据和汇率情况，并将风险暴露头寸和风险损益值进行计算，把握这些汇率风险将达到多大程度，会造成多少损失。

汇率风险度量方法可以用直接风险度量方法和间接风险度量方法，根据风险的特点，从各个不同的角度去度量汇率风险，这样才能为规避风险提供更准确的依据。

（三）规避风险

即在识别和衡量的基础上采取措施控制外汇风险，避免产生较大损失。汇率风险规避方案的确定需要在企业国际贸易汇率风险规避战略的指导下，选择具体的规避方法。企业应该在科学的风险识别和有效的风险度量的基础上，结合自身的性质、经营业务的规模、经营范围和发展阶段等企业的经营特色，采取全面规避战略、消极规避战略或是积极规避战略。各种规避战略只有适用条件不同，并没有优劣之分。

企业在确定其规避战略的基础上，应进一步选择其避险方法。可供企业选择的避险方法归纳起来有两大类：一类是贸易谈判结合经营策略来规避汇率风险；另一类是利用金融衍生工具来规避交易风险，主要工具有期汇、期货、期权及其他金融衍生工具。不同的方法对应着不同的操作，但目的都是使“不确定性”得到确定，从而规避风险。

五、汇率风险管理方法

（一）企业经营中的外汇风险管理

1. 选好或搭配好计价货币

（1）选择本币计价

选择本币作为计价货币，不涉及货币的兑换，进出口商则没有外汇风险。

（2）选择自由兑换货币计价

选择自由兑换货币作为计价结算货币，便于外汇资金的调拨和运用，一旦出现外汇风险可以立即兑换成另一种有利的货币。

（3）选择有利的外币计价

注意货币汇率变化趋势，选择有利的货币作为计价结算货币，这是一种根本性的防范措施。一般的基本原则是“收硬付软”。由于一种结算货币的选择，与货币汇率走势、与他国的协商程度及贸易条件等有关，因此在实际操作当中，必须全面考虑，灵活掌握，真正选好有利币种。

（4）选用“一篮子”货币

通过使用两种以上的货币计价来消除汇率变动带来的风险。比较典型的“一篮子”货币有特别提款权（SDRs）和原欧洲货币单位（ECU）。

（5）软硬货币搭配

软硬货币此降彼升，具有负相关性质。进行合理搭配，能够减少汇率风险。交易双方在选择计价货币难以达成共识时，可采用这种折中的方法。对于机械设备的进出口贸易，由于时间长、金额大，也可以采用这种方法。

2. 平衡抵消法避险

（1）平衡法亦称配对法（matching），是指交易主体在一笔交易发生时，再进行一笔与该笔交易在货币、金额、收付日期上完全一致，但资金流向相反的交易，使两笔交易面临的汇率变化影响抵消。

具体包括两种：

一种是单项平衡法。这种方法又包括两个方面：第一，严格意义上的单项平衡；第二，一般意义上的单项平衡，是指在外汇交易中做到收付币种一致，借、用、收、还币种一致，以避免或减少风险。

另一种是综合平衡法，是指在交易中使用多种货币，软硬货币结合，多种货币表示头寸并存，将所在单项多头与空头合并，由此使多空两相抵消或在一个时期内各种收付货币基本平衡。该平衡法比单项平衡法更具灵活性，效果也较显著。

（2）组对法（pairing），是指交易主体通过利用两种资金的流动来抵消或减少风险的方法。

它与平衡法相比，特殊点在于：平衡法是基于同一种货币的对冲，而组对法则是基于两种货币的对冲。组对法比较灵活，也易于运用，但若组对不当反而会产生新的风险。因此，必须注意组对货币的选择。

（3）借款法（borrowing），是指有远期外汇收入的企业通过向银行借入一笔与远期收入相同币种、相同金额和相同期限的贷款来防范外汇风险的方法。

其特点在于能够改变外汇风险的时间结构，把未来的外币收入现在就从银行借出来，以供支配，这就消除了时间风险，届时外汇收入进账，正好用于归还银行贷款。不过该法只消除了时间风险，尚存在外币对本币价值变化的风险。

（4）投资法（investing），是指当企业面对未来的一笔外汇支出时，将闲置的资金换成外汇进行投资，待支付外汇的日期来临时，用投资的本息（或利润）付汇。

一般投资的市场是短期货币市场，投资的对象为规定到期日的银行定期存款、存单、银行承兑汇票、国库券、商业票据等。这里要注意，投资者如果用本币投资，则仅能消除时间风险；只有把本币换成外币再投资，才能同时消除货币兑换的价值风险。

投资法和借款法都是通过改变外汇风险的时间结构来避险，但两者却各具特点，前者是将未来的支付移到现在，而后者则是将未来的收入移到现在，这是主要的区别。

3. 利用国际信贷

（1）外币出口信贷（Export Credit，是指在大型成套设备出口贸易中，出口国银行向本国出口商或外国进口商提供低息贷款，以解决本国出口商资金周转困难或满足外国进口商资金需要的一种融资业务）。比如，在延期付款的大型设备贸易中，出口商把经进口商承兑的、5 年以内的远期汇票无追索权地卖断给出口商所在地的金融机构，以提前取得现款。该法有四个特点：①贷款限定用途，只能用于购买出口国的出口商品；②利率较市场利率低，利差由政府补贴；③属于中长期贷款；

④出口信贷的发放与信贷保险相结合。它包括两种形式：一是卖方信贷（Supplier's Credit），即由出口商所在地银行对出口商提供的贷款；二是买方信贷（Buyer's Credit），即由出口商所在地银行对外国进口商或进口方提供的融资便利。出口商可以利用卖方信贷避免外汇风险，是出口商以商业信用方式出卖商品时，在货物装船后立即将发票、汇票、提单等有关单据卖断给承购应收账款的财务公司或专业机构，收进全部或大部分货款，从而取得资金融通的业务。

（2）福费廷。在这种交易中，出口商及时得到货款，并及时地将这笔外汇换成本币。它实际上转嫁了两笔风险：第一，把远期汇票卖给金融机构，立即得到现汇，消除了时间风险，且以现汇兑换本币，也消除了价值风险，从而，出口商把外汇风险转嫁给了金融机构；第二，福费廷是一种卖断行为，把到期进口商不付款的信用风险转嫁给了金融机构，这也是福费廷交易与一般贴现的最大区别。

（3）保付代理。出口商在对收汇无把握的情况下，往往向保理商寻求保付代理业务。该种业务结算方式很多，最常见的是贴现方式。由于出口商能够及时地收到大部分货款，与托收结算方式比较起来，不仅避免了信用风险，还减少了汇率风险。

在以上三种国际信贷中，出口信贷与福费廷属于中长期融资，而保付代理业务则是短期贸易信贷的一种，其特点是：①不能向出口商行使追索权；②保理组织提供广泛、综合的服务；③保理组织预支货款。进出口商、保理组织在该业务中起了重要的作用。

4. 运用系列保值法

（1）合同中加列保值条款

保值条款是经贸易双方协商，同意在贸易合同中加列分摊未来汇率风险的货币收付条件。在保值条款中交易金额以某种比较稳定的货币或综合货币单位保值，清算时按支付货币对保值货币的当时汇率加以调整。在长期合同中，往往采用这类做法。这种方法主要有：①黄金保值条款；②硬币保值；③“一篮子”货币保值，就是在合同中规定采用多种货币来保值，其做法与原理和硬币保值相同。

（2）调价保值

调价保值包括加价保值和压价保值等。在国际贸易中出口收硬币、进口付软币是一种理想的选择，但在实际当中有时只能是“一厢情愿”。在某些场合出口不得不收取软币，而进口被迫用硬币。此时就要考虑实行调价避险法，即出口加价和进口压价，以尽可能减少风险。

5. 开展各种外汇业务

（1）即期合同法（Spot Contract）

即期合同法是指具有近期外汇债权或债务的公司与外汇银行签订出卖或购买外汇的即期合同，以消除外汇风险的方法。即期交易防范外汇风险需要实现资金的反向流动。企业若在近期预定时间有出口收汇，就应卖出手中相应的外汇头寸；企业若在近期预定的时间有进口付汇，则应买入相应的即期外汇。

（2）远期合同法（Forward Contract）

远期合同法是指具有外汇债权或债务的公司与银行签订卖出或买进远期外汇的合同，以消除外汇风险的方法。

具体做法是：出口商在签订贸易合同后，按当时的远期汇率预先卖出合同金额和币别的远期，在收到货款时再按原订汇率进行交割。进口商则预先买进所需外汇的远期，到支付货款时按原定汇率进行交割。这种方法的优点在于：一方面将防范外汇风险的成本固定在一定的范围内；另一方面，将不确定的汇率变动因素转化为可计算的因素，以有利于成本核算。该法能在规定的时间内实现两种货币的风险冲销，能同时消除时间风险和价值风险。

（3）期货交易合同法（Future Contract）

期货交易合同法是指具有远期外汇债务或债券的公司，委托银行或经纪人购买或出售相应的外汇期货，借以消除外汇风险的方法。这种方法主要有：①多头套期保值；②空头套期保值。

（4）期权合同法（Option Contract）

期权合同法与远期外汇合同法相比，更具有保值作用。因为远期合同法届时必须按约定的汇率履约，保现在值不保将来值。但期权合同法可以根据市场汇率变动作任何选择，既可履约，也可不履约，最多损失期权费。进出口商利用期权合同法的具体做法是：①进口商应买进看涨期权；②出口商应买进看跌期权。

（5）掉期合同法（Swap Contract）

掉期合同法是指具有远期的债务或债权的公司，在与银行签订卖出或买进即期外汇的同时，再买进或卖出相应的远期外汇，以防范风险的一种方法。它与套期保值的区别在于：套期保值是在已有的一笔交易基础上所做的反方向交易，而掉期则是两笔反方向的交易同时进行。掉期交易中两笔外汇买卖的币种、金额相同，买卖方向相反，交割日不同。这种交易常用于短期投资或短期借贷业务外汇风险的防范上。

（6）利率互换（Interest Rate Swap）

利率互换包括两种形式：一种是不同期限的利率互换，另一种是不同计息方式（一般是固定利率与浮动利率）互换。通过互换可降低筹资成本，减少风险。

（7）其他规避风险措施

这主要包括：①易货贸易；②提前或延期结汇。

（二）银行在经营中的风险管理

如上所述，外汇银行是外汇市场的主要参与者，它不但可为客户买卖充当经纪人，还可自营买卖，赚取差价利润。因此，加强银行外汇风险管理十分重要。

1. 内部限额管理

这种管理主要是为了防止外汇买卖风险，包括自营外汇业务风险和代理客户买卖风险。当银行代理客户买卖中形成敞口头寸时，风险也随之降临。

首先，银行在制定限额时，必须分析影响限额规模的各种因素，包括：

（1）外汇交易的损益期望。在外汇交易中，风险与收益成正比。银行最高领导层对外汇的业务收益的期望越大，对外汇风险的容忍程度越强，其限额也就越大。

（2）亏损的承受能力

在外汇交易中，控制亏损程度要比达到盈利目标容易一些。银行亏损承受能力取决于资本规模的大小。亏损的承受能力越强，则交易额就可以定得越大。

（3）银行在外汇市场上扮演的角色

银行参与外汇市场活动，可以是一般参加者（Ordinary Participant），也可以是市场活跃者（Jobber），甚至可以是市场领导者（Market - leader）。银行在市场中扮演的角色不同，其限额大小也不同。

（4）交易的币种

交易的币种越多，交易的笔数和交易量自然也越大，容许的交易额度也应当大些。

（5）交易人员的素质

交易人员的水平越高、经验越丰富，容许的交易额也应当越大。

（6）确定交易限额的种类

交易限额的种类包括：

①即期外汇头寸限额（Spot Foreign Exchange Position Limit）

这种限额一般根据交易货币的稳定性、交易的难易程度、相关业务的交易量等因素确定。

②同业拆放头寸限额（Money Market Position Limit）

这种限额的制定要考虑交易的难易程度、拆放期限长短、拆放货币利率的稳定性等。

③掉期外汇交易限额（Swap Position Limit）

该限额的制定，必须考虑期限长短和利率的稳定性。同时，还应制定不对称远期外汇买卖限额（Gapping Limit）。

④敞口头寸（Open Position Limit）

敞口头寸是指由于没有及时抵补（Covered）而形成的某种货币买入过多（Long Position）或某种货币卖出过多（Short Position）的情况。敞口头寸限额一般需规定敞口头寸的金额和允许的时间。

⑤止蚀点限额（Cut - loss Limit）

止蚀点，在国际金融学的外汇交易中，是指亏损限额。

2. 外部限额管理

这种管理办法主要是为规避交易中存在的清算风险、信用风险和国家风险。

具体措施有：

（1）建立清算限额

这是指银行为了防范清算风险和信用风险，根据同业银行、客户的资本实力、经营作风、财务状况等因素，制定能够给予的限额，并根据情况变化对该限额进行周期性调整。

（2）建立拆放限额

这是指银行根据同业银行的资产和负债、经营状况和财务状况，确定拆放额度。对于不同的同业银行，拆放的额度是不一样的。拆放额度应根据情况的变化进行调整，交易员必须根据规定的额度进行拆放，超额拆放则视为越权。

（3）建立贷款限额

这是指银行一般根据不同的地区、国家的银行同业设立限额，使信贷资金有一个合理的分布比例。除了对贷款总额控制外，还应调整贷款费用来进行风险补偿，即区分不同的对象分别采用不同的贷款利率和费用。

（三）外汇储备风险管理

外汇储备风险管理，是一国金融宏观管理的重要组成部分。储备货币汇率变动同样对其价值影响巨大，如果储备货币发生货币危机，则会给以这种货币作为储备资产的国家带来极大的损失。因此，对外汇储备进行管理，意义非常重大，尤其是对于发展中国家更是如此。

外汇储备风险管理的方法，可归纳为四种：一是质量管理，重点在于选择最佳储备货币；二是数量管理，核心是测量出一定时期内一国应持有的最佳或最适储备量；三是结构管理，关键在于对储备货币进行有效的组合，使外汇储备资产保值；四是投资管理，主要设立专门化的经营与投资机构，依法对外汇储备资产进行投资，使其尽可能在保值的基础上增值。

在外汇资产风险管理中除了以上常用的方法外，通常还会运用以下综合方法：

（1）远期合同法

远期合同法是借助于远期合同，创造与外币流入相对应的外币流出，以消除外汇风险的方法。

【例 5.1】　一家英国公司向美国出口一笔价款为 1 000 万美元的商品，3 个月后收款。为了防止美元贬值，该公司同银行做了一笔远期外汇交易，卖出远期美元。银行报出的英镑兑美元的汇率如下：

美元：即期汇率 1.5234/41，3 个月远期价差 120/124。

由于 3 个月远期价差是前小后大，故采取加法，即三个月远期汇率为 1.5354/65。这笔交易对银行来说，就是用英镑买入美元，银行本着低价买进高价卖出的原则，所以使用的 3 个月远期汇率应是 1 英镑买进 1.5365 美元，而不是 1 英镑买进 1.5354 美元。

3 个月后出口商用收回的 1 000 万美元可换回 1 000 万美元 ÷ 1.5365 美元/英镑 = 6 508 298 英镑，有效防止了美元可能出现的贬值而导致英镑收入下降的风险。

（2）BSI 法

BSI 法，即借款—即期合同—投资法（Borrow - spot - invest），指有关经济主体通过借款、即期外汇交易和投资的程序，去消除外汇风险的风险管理办法。

其操作步骤为：拥有应收账款的出口商，为了防止汇率变动，先借入与应收外汇等值的外币（以此消除时间风险）；同时，通过即期交易把外币兑换成本币（以此消除价值风险）。然后，将本币存入银行或进行投资，以投资收益来贴补借款利息和其他费用。届时应收款到期，就用外汇归还银行贷款。可见，利用 BSI 法，从理论上讲，可完全消除外汇风险。

【例 5.2】　某中国出口企业在 3 个月后有一笔 100 000 美元的应收款。为防止将来收汇时美元贬值（人民币升值）带来损失，该公司向银行借入 3 个月期限的 100 000 美元借款。

设外汇市场的即期人民币汇率为 1 美元 = 6.4837 元人民币，该公司借款后将 100 000 美元兑换为 648 370 元人民币，随即将所得人民币进行 3 个月的投资。3 个月后，该企业以收回的 100 000 美元应收款归还银行贷款。

可见，该企业在签订贸易合同时，通过借款、即期外汇交易和投资三种方法的综合运用，在合同签订时即锁定汇率，将外汇风险完全消除。但若该企业的银行借款投资收益低于借款的利息成本，则该企业将损失一定的收益。

(3) LSI 法

LSI 法就是“提早收付—即期合同—投资法”（Lead - spot - invest），是指具有应收外汇账款的公司，征得债务方的同意，请其提前支付货款，并给予一定折扣。

其操作步骤为：具有应收外汇账款的公司，在征得债务方同意后，以一定折扣为条件提前收回货款（以此消除时间风险），并通过即期外汇市场将外汇兑换成本币（以此消除价值风险）。然后，将换回的本币进行投资，所获的收益用以抵补因提前收汇的折扣损失。

【例 5.3】 某中国出口企业在 3 个月后有一笔 100 000 美元的应收款。为防止将来收汇时美元贬值（人民币升值）带来损失，该公司征得美国进口商的同意，在给其一定付现折扣的情况下，要求其立即付清款项。

设外汇市场的即期人民币汇率为 1 美元 = 6. 5339 元人民币，该公司拿到货款后将 100 000 美元兑换为 653 390 元人民币，随即将所得人民币进行 3 个月的投资。

可见，通过提前收付，消除了时间风险，通过即期外汇交易，把美元变成等价值本币，又消除了价值风险。以本币进行投资，将来不再有真正的外汇流动，仅有一笔本币的回收。

(4) 价格调整法

价格调整法是指承担外汇风险的进出口企业通过在贸易谈判中调整商品价格，以减少使用外币结算给自己带来的损失的外汇风险管理办法。价格调整法，主要有加价保值法和压价保值法两种。加价保值法主要用于出口交易中，它是出口企业接受软货币计价成交时，将汇价损失摊入出口商品的价格中，以转移外汇风险。压价保值法用于商品进口交易中，进口商在进行硬货币计价的国际贸易中，通过压低进口商品的价格来减少硬货币升值可能带来的损失。

(5) 易货贸易法

易货贸易是指在换货的基础上，把进口和出口直接联系起来，把等值的出口货物和进口货物直接结合起来从而消除外汇风险的办法。

但是易货贸易法有需求双重巧合的条件，即一方打算卖出的商品必须在质量、数量、时间上都符合对方需要，而且对方打算卖出的商品在各方面都正好符合本方需要。这种双重巧合在现实生活中是很难遇到的。

第六章　外汇相关法律法规

我国的外汇相关法律法规中最重要的是1996年1月29日国务院发布并于2008年修订的《中华人民共和国外汇管理条例》。此外，还有国家外汇管理局、中国人民银行等相关单位发布的法规办法，构成了具有中国特色的外汇法律体系。随着人民币国际化战略的实施，外汇领域法律法规必将更加健全、完善。

第一节　我国外汇管理法规和惯例

一、《中华人民共和国外汇管理条例》简介

《中华人民共和国外汇管理条例》于1996年1月29日发布，于2008年8月修订。其主要内容如下：

（一）总则

1. 明确外汇定义。这里讲的外汇是指下列以外币表示的可以用作国际清偿的支付手段和资产：

①外币现钞，包括纸币、铸币；

②外币支付凭证或者支付工具，包括票据、银行存款凭证、银行卡等；

③外币有价证券，包括债券、股票等；

④特别提款权；

⑤其他外汇资产。

2. 国家对经常性国际支付和转移不予限制。国家实行国际收支统计申报制度。

3. 经营外汇业务的金融机构应当按照国务院外汇管理部门的规定为客户开立外汇账户，并通过外汇账户办理外汇业务。经营外汇业务的金融机构应当依法向外汇管理机关报送客户的外汇收支及账户变动情况。

4. 中华人民共和国境内禁止外币流通，并不得以外币计价结算，但国家另有规定的除外。

5. 国际收支出现或者可能出现严重失衡，以及国民经济出现或者可能出现严重危机时，国家可以对国际收支采取必要的保障、控制等措施。

（二）经常项目外汇管理

经常项目外汇支出应当按照国务院外汇管理部门关于付汇与购汇的管理规定，凭有效单证以自有外汇支付或者向经营结汇、售汇业务的金融机构购汇支付。收入可以按照国家有关规定保留或者卖给经营结汇、售汇业务的金融机构。

（三）资本项目外汇管理

1. 境外机构、境外个人在境内直接投资，需要审批登记备案。

2. 境外机构、境外个人在境内从事有价证券或者衍生产品发行、交易，应当遵守国家关于市场准入的规定，同时需要按规定办理登记。

3. 境内机构、境内个人向境外直接投资或者从事境外有价证券、衍生产品发行、交易，应当按照国务院外汇管理部门的规定办理登记。国家规定需要事先经有关主管部门批准或者备案的，应当在外汇登记前办理批准或者备案手续。

4. 国家对外债实行规模管理。

5. 提供对外担保，应当向外汇管理机关提出申请。批准后申请人签订对外担保合同后，应当到外汇管理机关办理对外担保登记。

6. 银行业金融机构在经批准的经营范围内可以直接向境外提供商业贷款。其他境内机构向境外提供商业贷款，应当向外汇管理机关提出申请。向境外提供商业贷款，应当按照国务院外汇管理部门的规定办理登记。

（四）金融机构外汇业务管理

1. 金融机构经营或者终止经营结汇、售汇业务，其他外汇业务应当经外汇管理机关或者金融业监督管理机构批准。

2. 外汇管理机关对金融机构外汇业务实行综合头寸管理，具体办法由国务院外汇管理部门制定。

（五）人民币汇率和外汇市场管理

1. 人民币汇率实行以市场供求为基础的、有管理的浮动汇率制度。经营结汇、售汇业务的金融机构和符合国务院外汇管理部门规定条件的其他机构，可以按照国务院外汇管理部门的规定在银行间外汇市场进行外汇交易。

2. 外汇市场交易的币种和形式由国务院外汇管理部门规定。

3. 国务院外汇管理部门可以根据外汇市场的变化和货币政策的要求，依法对外汇市场进行调节。

（六）监督管理和法律责任

法规对外汇管理机关监督管理的权限范围和措施作出了详细规定。

二、《个人外汇管理办法》简介

《个人外汇管理办法》，自 2007 年 2 月 1 日起施行，主要内容如下：

1. 个人应当按照本办法规定办理有关外汇业务。银行应当按照本办法规定为个人办理外汇收付、结售汇及开立外汇账户等业务，汇款机构及外币兑换机构（含代兑点）按照本办法规定为个人办理个人外汇业务。

2. 银行和个人在办理个人外汇业务时，应当遵守本办法的相关规定，不得以分拆等方式逃避限额监管，也不得使用虚假商业单据或者凭证逃避真实性管理。

3. 个人跨境收支，应当按照国际收支统计申报的有关规定办理国际收支统计申报手续。

4. 对个人结汇和境内个人购汇实行年度总额管理。年度总额内的，凭本人有效身份证件在银行办理；超过年度总额的，经常项目项下凭本人有效身份证件和有效交易额的相关证明等材料在银行办理，资本项目项下按照第三章有关规定办理。

（一）经常项目下个人外汇管理

1. 个人进行工商登记或者办理其他执业手续后，可以凭有关单证办理委托具有对外贸易经营权的企业代理进出口项下及旅游购物、边境小额贸易等项下外汇资金收付、划转及结汇。

2. 境内个人外汇汇出境外用于经常项目支出，单笔或当日累计汇出在规定金额以下的，凭本人有效身份证件在银行办理；单笔或当日累计汇出在规定金额以上的，凭本人有效身份证件和有交易额的相关证明等材料在银行办理。

3. 境外个人在境内取得的经常项目项下合法人民币收入，可以在银行办理购汇及汇出。

4. 境外个人未使用的境外汇入外汇，可以凭本人有效身份证件在银行办理原路汇回。

（二）资本项目个人外汇管理

1. 境内个人规定

①对外直接投资购汇或以自有外汇汇出，应当办理境外投资外汇登记。境内个人在境外获得的合法资本项目收入结汇需要申请批准。

②购买 B 股，进行境外权益类、固定收益类以及国家批准的其他金融投资，应当按相关规定通过具有相应业务资格的境内金融机构办理。

③向境内保险经营机构支付外汇人寿保险项下保险费，可以购汇或以自有外汇支付。

④向境外提供贷款、借用外债、提供对外担保和直接参与境外商品期货和金融衍生产品交易，应当符合有关规定并到外汇局办理相应登记手续。

2. 境外个人规定

①不得购买境内权益类和固定收益类等金融产品。购买 B 股，应当按照国家有关规定办理。

②境外个人在境内的外汇存款应纳入存款金融机构短期外债余额管理。

③境外个人对境内机构提供贷款或担保，应当符合外债管理的有关规定。

④境外个人在境内的合法财产对外转移，应当按照个人财产对外转移的有关外汇管理规定办理。

（三）个人外汇账户及外币现钞管理

1. 个人外汇账户按主体类别区分为境内个人外汇账户和境外个人外汇账户；按账户性质区分为外汇结算账户、资本项目账户及外汇储蓄账户。

2. 银行按照个人开户时提供的身份证件等证明材料确定账户主体类别，所开立的外汇账户应使用与本人有效身份证件记载一致的姓名。境内个人和境外个人外汇账户境内划转按跨境交易进行管理。

3. 个人进行工商登记或者办理其他执业手续后可以开立外汇结算账户。

4. 境内个人从事外汇买卖等交易，应当通过依法取得相应业务资格的境内金融机构办理。

5. 境外个人在境内直接投资，经外汇局核准，可以开立外国投资者专用外汇账户。账户内资金经外汇局核准可以结汇。直接投资项目获得国家主管部门批准后，境外个人可以将外国投资者专用外汇账户内的外汇资金划入外商投资企业资本金账户。

6. 个人可以凭本人有效身份证件在银行开立外汇储蓄账户。外汇储蓄账户的收支范围为非经营性外汇收付、本人或与其直系亲属之间同一主体类别的外汇储蓄账户间的资金划转。境内个人和境外个人开立的外汇储蓄联名账户按境内个人外汇储蓄账户进行管理。

7. 个人携带外币现钞出入境、个人购汇提钞或从外汇储蓄账户中提钞，单笔或当日累计在有关规定允许携带外币现钞出境金额之下的，可以在银行直接办理；单笔或当日累计提钞超过上述金额的，凭本人有效身份证件、提钞用途证明等材料向当地外汇局事前报备。

8. 个人外币现钞存入外汇储蓄账户，单笔或当日累计在有关规定允许携带外币现钞入境免申报金额之下的，可以在银行直接办理；单笔或当日累计存钞超过上述金额的，凭本人有效身份证件、携带外币现钞入境申报单或本人原存款金融机构外币现钞提取单据在银行办理。

2007 年 1 月 5 日，《个人外汇管理办法实施细则》发布。

三、《跨国公司外汇资金集中运营管理规定》简介

2015 年 8 月 5 日，国家外汇管理局印发《跨国公司外汇资金集中运营管理规定》，对原先试行的管理规定进行了修订，主要内容包括：

1. 试点外债比例自律管理。跨国公司成员企业借用外债实行比例自律，主办企业可全部或部分集中成员企业外债额度；外债结汇资金可依法用于偿还人民币贷款、股权投资等；企业办理外债登记后可根据商业原则自主选择偿债币种。

2. 优化国际主账户功能。境内银行通过国际外汇资金主账户吸收的存款，可在不超过前六个月日均存款余额的50%（含）额度内境内运用；在纳入银行结售汇头寸管理前提下，允许账户内资金一定比例内结售汇。

3. 简化账户开立要求。允许跨国公司资金集中运营，A 类成员企业经常项目外汇收入无须进入出口收入待核查账户；符合条件的跨国公司主办企业可异地开立国内、国际外汇资金主账户。

4. 简化外汇收支手续。允许银行按照“了解客户”“了解业务”“尽职审查”等原则，审核相关电子单证真实性后办理经常项目外汇收支；允许经常项目和资本项目对外支付购汇与付汇在不同银行办理。

5. 完善涉外收付款申报手续。简化集中收付汇和轧差结算收支申报程序，建立与资金池自动扫款模式相适应的涉外收付款申报方式，允许银企一揽子签订涉外收付款扫款协议。

6. 加强事中事后管理。一是银行、企业等应按照规定及时、准确报送试点业务等数据。二是各级外汇局应当加强跨国公司外汇资金集中运营管理业务跨境资金流动监测，对异常或可疑情况进行风险提示，依法开展现场核查。三是各分局、外汇管理部（以下简称分局）既可要求主办企业一次性更新之前备案材料，重新制定操作规程备案；也可仅就外债比例自律管理等新增业务单独备案。分局参照前述规定

办理向总局的备案，新开展业务的分局须向总局整体备案业务操作规程。四是分局在审核企业备案操作规程过程中，须严格审核外债和对外放款额度，确保准确；做好系统维护，加强部门协调和对银行、企业的监管。

第二节　我国适用于外汇交易的相关法律法规

一、《中华人民共和国合同法》简介

《中华人民共和国合同法》于1999年10月1日起施行。《中华人民共和国合同法》（以下简称《合同法》）分为总则、分则和附则3部分，共23章428条。《合同法》对合同的订立、效力、履行、变更和转让、权利义务终止、违约责任、买卖合同、供用电、水、气、热力合同、赠与合同、借款合同、租赁合同、融资租赁合同、承揽合同、建设工程合同、运输合同、技术合同、保管合同、仓储合同、委托合同、行纪合同、居间合同等均作了具体规定。

（1）《合同法》对于口头形式和其他形式的合同的效力加以认可。由于《合同法》引入了要约、承诺这一被普遍认可的订立合同的方式，使得合同的订立更加规范和严谨。而作为平等主体的自然人、法人、其他组织之间设立、变更、终止民事权利义务关系协议所订合同，不应拘泥于特定的形式，而应服从于当事人双方的意愿（但法律、行政法规另有规定的除外），《合同法》明确规定当事人订立合同可以采用书面形式、口头形式和其他形式。这体现了《合同法》对诚实信用原则的保护和尊重，是我国合同立法的一个进步。

（2）《合同法》对格式合同条款进行了必要的限制，体现了对合同当事人中相对弱者的保护，《合同法》明确规定，采用格式条款订立合同的，提供格式条款的一方应当遵循公平原则确定当事人之间的权利和义务。并采取合理的方式提请对方注意免除或者限制其责任的条款，按照对方的要求，对该条款予以说明。如果提供格式条款的一方利用格式条款违反公平原则免除己方主要义务的格式条款应认定为无效。对于显失公平的格式条款可申请撤销。

二、《中华人民共和国证券法》简介

《中华人民共和国证券法》（以下简称《证券法》于1998年12月29日由第九届全国人民代表大会常务委员会第六次会议通过，并于2004年、2005年、2013年进行了三次修订。

最新修订的《证券法》主要分总则、证券发行、证券交易（包括一般规定、证券上市、持续信息公开、禁止的交易行为）、上市公司的收购、证券交易所、证券公司、证券登记结算机构、证券服务机构、证券业协会、证券监督管理机构、法律责任、附则等十二章内容。

三、《期货交易管理条例》简介

《期货交易管理条例》是为规范期货交易行为，加强对期货交易的监督管理，维护期货市场秩序，防范风险，保护期货交易各方的合法权益和社会公共利益，促进期货市场积极稳妥发展而制定的，于2007年3月6日由国务院发布实施，后又分别在2012年10月24日进行了第一次修订，2013年7月18日进行了第二次修订，2016年2月6日进行了第三次修订。这里讲述新修订后的主要变化。

第一大变化，首次明确了“期货交易”的定义，删去了“变相”期货交易的规定。

第二大变化，考虑到推出原油期货需要有实力较强的境外投资者直接进入交易所交易，以扩大交易规模，提高我国原油期货交易的国际化程度，修改后的条例规定：符合规定条件的境外机构，可以在期货交易所从事特定品种的期货交易，具体办法由国务院期货监督管理机构制定。

第三大变化，为适应推出国债期货交易的需要，使成为期货交易所非期货公司结算会员的商业银行也能够依法参与国债期货交易，修改后的条例删去了禁止非期货公司结算会员参与期货交易，对违反者追究法律责任的规定。

第四大变化，为适应行政审批制度改革的要求，修改后的条例删去了期货交易所结算会员的结算业务资格、期货公司变更公司形式、期货公司变更境内分支机构营业场所和负责人、为期货公司提供中间介绍业务的资格，以及银行业金融机构从事期货保证金存管、期货结算业务的资格须经国务院期货交易监管机构批准的规定。

第五大变化，对于查处取缔非法期货交易场所，参照《证券法》关于对非法设立的证券交易场所由县级以上人民政府查处取缔的规定，修改后的条例规定：非法设立期货交易场所或者以其他形式组织期货交易活动的，由所在地县级以上地方人民政府予以取缔，没收违法所得，并处罚款。

第六大变化，为了进一步明确期货交易所作为中央对手方为期货交易提供集中履约担保的职责，修改后的条例将期货交易所“保证合约的履行”的职责修改为“为期货交易提供集中履约担保”。

第七章　外汇资产管理师职业道德

第一节　职业道德概述

一直以来，“德才兼备”都是一个企业对员工的最高评价。但是，当“德”与才”不能兼备，一定要对两者之间作出选择的时候，多数企业都会更看重“德”。

所谓“德”就是人品，对于一个企业来说，它不仅代表着忠诚、敬业、勤奋，更是职业精神的核心。所以，人品就犹如一张名片，在某些时候，它就是你的全部身价。

无论你从事哪种职业，无论你在哪个岗位，突出的业绩都是我们工作的要义。但这并不是说，能力代表一切，优秀的人才还要有优秀的人品。人品，其实就像火车的路轨，而才能则更像发动机；如果路轨偏了，方向错了，发动机的性能再好，功率再大，也无法达到最终的目的地。闻名世界的实业家马歇尔·菲尔德曾经说过一句话：“对于一个初出茅庐的年轻人而言，做人的首要品质是诚实、勤奋、节俭和正直。这些品质比什么都重要，是任何时代都不能缺少的。一个人如果没有这些品质，就算再聪明，也必定一事无成。”世界著名企业索尼的创始人盛田昭夫也说：“如果你有某种权力，那算不了什么；但如果你拥有道德良知，你就会获得许多权力无法获得的东西，这就是每一位优秀雇员都应具备的素质!”

现代法国小说之父奥诺雷·德·巴尔扎克曾经对职业道德有过精彩的描述：“行业尽管不同，天才的品德并无分别。”

外汇资产管理师是一个新兴且高风险的特殊行业，为了促进行业的规范发展，必须加快从业人员的道德建设，不断提高外汇资产管理从业人员的道德修养。

一、职业道德的内涵

道德是通过行为规范和伦理教化来调整个人之间、个人与社会之间关系的意识形态，是以善恶评价的方式调整人与社会相互关系的准则、标准和规范的总和。

职业道德是指人们在职业生活中应遵循的基本道德，即一般社会道德在职业生活中的具体体现。是职业品德、职业纪律、专业胜任能力及职业责任等的总称。职业道德是道德科学体系的一个组成部分，是随着社会分工的出现而产生的。它是人们在从事职业的过程中形成的一种内在的、非强制性的约束机制。随着现代社会分工的发展和专业化程度的增强，市场竞争日趋激烈，整个社会对从业人员的职业观念、职业态度、职业技能、职业纪律和职业作风的要求越来越高。因此，我们要大力倡导以爱岗敬业、诚实守信、办事公道、服务群众、奉献社会为主要内容的职业道德，鼓励人民在工作中做一个有职业道德的建设者。

二、外汇资产管理师职业道德的特点

外汇资产管理师职业道德是职业道德的一个分支，因此，它既体现了职业道德共性的特点，又有它自身鲜明的特点。

（一）具有特殊的规范性

外汇资产管理师职业道德是与企业员工的职业内容和职业实践相联系的。企业员工在企业领域内所从事的职业活动，就是企业职业道德形成和发展的基础。企业职业道德作为企业职业范围内道德调整的特殊方式，它的原则、规范、准则不是反映社会、阶级的一般利益的要求，而是由企业职业的职业利益、职业义务和职业内容决定的，是在企业职业实践中形成的。正由于这一点，企业职业道德只能约束企业工作人员，只能在企业系统范围内起作用，它不可能也不应该约束其他行业的工作人员，也不可能在其他职业内发挥作用。

规范性是外汇资产管理师职业道德的一个重要特点，它表现在企业职业现象的各个方面。它以自己特殊的规范性与其他意识形态区别开来。在外汇资产管理师行业职业道德意识中，不论是企业职业道德观念、情感、信念，都不单纯是人们这样或那样的意向和情绪表现，本身都要求企业员工按企业职业道德规范去行动。在企业职业道德行为中要处处讲职业规范，在企业职业道德教育、评价、修养过程中也要处处讲规范。企业职业道德的这种特殊规范性，使它成为企业员工职业行为不可替代的指南。

（二）具有独特的多层次性

企业职业道德具有独特的多层次性的原因：首先，这是由企业员工的社会关系、思想关系的多层次性所决定。企业员工的社会、家庭、经济、教育文化程度各不相同，思想觉悟高低不一，这种不同的关系反映到企业员工的道德要求上，必然会有主次之分、多层次的区别。其次，企业职业道德既是崇高的道德理想，又是一般的道德规范。一般来说，无论哪个行业的职业道德规范体系，总有一些高于现实生活的成分和理想的成分，这也是企业职业道德规范多层次性的一个表现。最后，企业职业道德独特的多层次性，是由企业职业道德独特的多层次结构决定的。在历史上，不论哪一个行业，在企业职业道德规范体系中，总有一个最基本的企业职业道德基本原则作为核心，有一系列其他规范围绕着这个核心，还有一系列企业职业道德范畴、具体准则等共同组成了企业职业道德规范体系结构。在企业职业道德规范体系中，它们也有主次之分，表现出了多层次性的特点。

企业职业道德的多层次性从根本上来说，有利于企业职业道德价值目标的实现。在企业职业道德的实践中，有些企业员工由于思想政治素质较高，能遵守较高的企业职业道德规范，而有些职员只能遵守较低的企业职业道德要求，还有极少数企业员工却连最起码的企业职业道德准则也难以遵守，更有甚者走上违法犯罪的道路。不同层次的企业职业道德要求的内在联系，引导员工从各自不同的起点出发，遵守企业职业道德规范和准则。

（三）具有稳定性和连续性

外汇资产管理师职业是商品经济、货币经济的产物，是在长期的社会实践中形成和发展的，也是员工职业道德智慧的科学总结。因此，外汇资产管理师职业活动，虽然会因时代、民族、国家、社会制度的不同发生某些变化，但由于长期以来，从事外汇资产管理师职业的人们，有特定的活动现象和共同的业务，长期形成了特殊工作方式，接受着共同的职业培养和锻炼，从而形成了某种相对稳定的特殊的外汇资产管理师职业心理、职业习惯、职业传统，即外汇资产管理师职业生活方式。这种职业稳定的传统、习惯和职业意识经过世代传播，延续成外汇资产管理师职业意识的重要组成部分。这种外汇资产管理师职业稳定的心理和习惯就会铸成员工稳定的品质，由此形成的职业道德也必然具有较大的稳定性。

一般来说，外汇交易不可能是时有时无、时断时续的。因此，外汇交易职业生活自然地也带有连续性的特点。

（四）具有广泛的社会性

从时间上看，外汇资产管理师职业道德广泛的社会性表现在汇率变化与人类生活密切相关。从空间上看，外汇资产管理师职业道德广泛的社会性，表现在外汇资产管理相关职业生活的各个层面。无论是企业市场部还是客服部；无论是总经理，还是普通工作人员；无论是客户，还是企业员工个人精神生活领域，外汇资产管理师职业道德无孔不入地干预着从业人员的精神生活，发挥着或大或小的调节员工的工作生活的作用。另外，外汇资产管理师职业道德广泛的社会性还表现在它渗透于从业人员的各种社会关系中。有些时候，员工的父母、丈夫或妻子、子女甚至亲属、邻居和朋友都不同程度上受着外汇资产管理师职业道德规范的熏陶。外汇资产管理师职业道德的广泛的社会性，并不是说外汇资产管理师职业道德的作用是无边无际的，也不是说它可以调节任何部门或单位的人们，而是说，在外汇投资交易领域内，相对于政治、法律、企业文化来讲，它的内涵和外延都是其他意识形态所不可比拟的。

三、职业道德的基本规范

（一）文明礼貌

文明礼貌是对从业人员的基本要求。文明礼貌的具体要求是：仪表端庄、语言规范、举止得体、待人热情。

（二）爱岗就业

爱岗敬业，就是把自己的岗位同自己的理想、追求、幸福联系在一起，把单位的兴衰与个人的荣辱联系在一起，自觉维护单位的利益、形象和信誉。爱岗敬业的基本要求是：树立职业理想、强化职业责任、提高职业技能。

（三）诚实守信

对外汇资产管理师职业诚信的具体要求是：忠诚所属单位，维护单位信誉，保守单位机密，遵章守制，秉公办事。

（四）办事公道

在工作中，外汇资产管理师除了要遵章守制，还要认真执行各种政策、法规，克己奉公、不谋私利，办事公道。不能凭感情或意气用事，更不能出于私心、从个人利益角度考虑问题、处理事情。

办事公道是正确处理各种关系的准则，具体要求是：坚持真理，公私分明，公平公正，光明磊落。

（五）遵纪守法

遵纪守法的具体要求是：学法、知法、守法、用法，遵守所在机构的纪律和规范。

（六）团结互助

团结就是力量，这是老少皆知的道理。团结互助可以营造和谐的人际氛围，增强凝聚力，促进事业发展。其基本要求是：平等尊重，顾全大局，互相学习，加强协作。

（七）开拓创新

创新是指人们为了发展需要，运用已知的信息和条件，突破常规，发现或产生某种新颖、独特的有价值的新事物、新思想的活动。创新的本质是突破，开拓创新是时代的需要。外汇资产管理师要及时研发新技术，开发新产品，更好地满足投资者的各种需求。

四、职业道德的基本要求

（一）遵纪守法，廉洁自律

外汇资产管理师应热爱中华人民共和国，遵守国家法律、法规及其他各项规章制度。

廉洁自律就是要清正廉洁，不以权谋私，自觉、主动约束自己。廉洁自律这一行为操守要求外汇资产管理从业人员正确处理好三个方面的关系：

一是公与私的关系。要求在任何时候都应该把国家利益、集体利益放在首位，在个人利益和国家或集体利益不能兼顾的情况下，应自觉地放弃个人利益而服从国家和集体利益。同时要摆正公与私的位置，倡导“先公后私”“先天下之忧而忧，后天下之乐而乐”的中华民族传统美德。

二是苦与乐的关系。要求从业人员发扬艰苦奋斗的优良传统和作风，树立乐观主义的生活态度，乐于在默默无闻中从日常工作和生活的点滴做起，有所前进，有所作为。

三是荣与辱的关系。要求从业人员要树立集体主义的荣辱观，正确认识荣誉与耻辱的界限，克服虚荣心，在自己的工作岗位上积极努力，在自觉履行对集体和社会的义务中争得自己的荣誉。

（二）谨慎客观，做到公平、公正、公开

外汇资产管理师应当依据充分周密的分析研究和完整翔实的、公开披露的信息资料，恪尽应有的职业谨慎，客观地提出投资分析、预测和建议，不得断章取义或窜改有关信息资料，以及因主观好恶，影响投资分析、预测和建议。外汇资产管理师必须对其所提出的建议结论及推理过程的公正公平性负责，不得在同一时间点上就同一问题向不同投资人或委托单位提供存在相反与矛盾意见的投资分析、预测和建议。

"公开"更多的是指对人的行为方面的要求，而"公平"与"公正"则更多的是指对人的观念的要求。

（三）诚信尽职，具有团队精神

诚信既是我国传统道德文化的核心理念，又是现代经济生活中被视为宪章的信条，更是相关投资行业的根本要求。

从投资学角度，可以把信用定义为：以协议或契约为保障的不同时间间隔下的经济交易行为。信用作为特定的经济交易行为，要有行为的主客体，即当事人双方转移资产的一方为授信者，而接受资产转移的另一方为受信者。授予方取得一种权利，接受方承担一种义务，没有权利和义务的关系无所谓信用，所以具有一定的权利和义务是信用得以存在的要素之一。投资业的信用概念，尽管偏重于交易的性质，但也不能摒弃道德上的含义。可以说，投资界的信用是建立在诚信基础上的债权债务（授信受信）关系。在这一关系中，双方除了对对方资金财力上的信任外，还包括对对方道德品质的信任。作为外汇资产管理师应自觉做好以下两点：

（1）外汇资产管理师应当正直诚实，在执业过程中保持中立身份，独立作出判断和评价，不得利用自己的身份、地位和执业过程中所掌握的内幕信息为自己或他人谋取私利，不得对投资人或委托单位提供存在重大遗漏、虚假信息和误导性陈述的投资分析、预测或建议。

（2）外汇资产管理师应当本着对公众投资者和客户高度负责的精神，对于投资分析、预测及咨询服务相关的一切问题进行尽可能全面详尽深入的调查研究，切实履行应尽的职业责任，维护外汇资产管理师的职业声誉，不得出现重大遗漏与失误，从而向投资人和委托单位提供具有高度专业见解的意见。

（四）讲究效率，善于创新

外汇资产管理师有其很强的专业性特点和较高的技术操作要求，同时又处在不断地开拓创新、推出新品种、发展新业务的过程中。这就要求从业人员要有较扎实的专业知识功底和较宽的知识面，要不断地学习、钻研业务，提高自己的专业素养和知识水平，以适应市场对从业人员的要求，在更好地为客户服务的同时，提高自己的竞争力。在外汇投资业务中客户的要求多种多样，各种投资工具纷繁复杂，外汇市场时时刻刻都在发生变化，这对外汇资产管理师提出了很高的职业技能要求，外汇资产管理师必须审时度势，不断开拓创新，为客户提供优质服务。

（五）为服务对象保守商业机密

要严格遵守操作规程，准确、及时地执行客户指令，为客户保守秘密。严格遵守操作规程是对每一位外汇从业人员的要求，从业人员都应该做到。客户是外汇投资界的服务对象，客户的指令代表着客户的投资决策，关系到客户的投资利益，从业人员应准确及时完整地执行客户的指令；除非涉及违法行为及有关法律特别规定外，从业人员应对客户的投资资金、持有投资工具的情况严格保密，不得随意泄露给他人。

（六）树立服务意识，尊重用户

现代化生产方式的特点是高度社会化，各行各业相互依存、相互服务。服务水平的高低、服务质量的好坏，直接关系到企业的生存与发展。服务有两层含义：一是为客户服务；二是为企业内部各环节服务。搞好服务要求每个职工要树立正确的职业观，文明礼貌，爱岗敬业。文明服务是外汇资产管理行业的基本要求，也是树立自身良好形象的最有效的手段。这一行为操守要求外汇资产管理从业人员要做到：

一是树立服务意识。树立“投资者至上”的服务意识，真正把投资者当成上帝，当成衣食父母，让投资者花费最少的精力和时间，得到最满意的服务。

二是规范服务礼仪。要讲文明礼貌，遵守仪态仪表规范。

三是提升服务质量。外汇资产管理从业机构要不断地提升服务质量，就要提高服务的技术含量。这是因为外汇资产管理业务未来的竞争是科技和服务的竞争，谁能在提高服务的技术含量、提升服务档次方面领先一步，谁就能在竞争中获胜。

五、执业纪律规范

外汇资产管理师应当珍视自己的职业，任何人不得做有损于职业形象的行为。其具体要求为以下六个方面：

1. 外汇资产管理师应当对投资人和委托单位一视同仁，遵守公正、公平原则，但允许外汇资产管理师依据投资人或委托单位的财务状况、投资经验和投资目的的不同，提出适合不同投资人和委托单位特点的特定投资组合建议。

2. 外汇资产管理师应当在投资分析、预测和建议的表述中，将客观事实与主观判断严格区分，并对重要事实予以明示。

3. 外汇资产管理师应当将投资分析、预测和建议中所使用的原始信息资料进行适当保存，以备查证，保存期应自投资分析、预测和建议作出之日起不少于两年。

4. 外汇资产管理师应当对执业过程中所获得的未公开的重要信息履行保密义务，不得泄露、传递、暗示他人或据此建议投资人或委托单位做外汇交易。

5. 外汇资产管理师不得在进行投资预测等含有不确定因素时，向投资人和委托单位作出保证。

6. 外汇资产管理师应当相互尊重、团结协作，共同维护和增进本行业的职业道德和职业信誉。外汇资产管理业务的运行有很多环节，需要从业人员团结一致，相互协作。一旦遇到问题和矛盾，应以心平气和的理智态度去解决。只有这样才能适应外汇市场快速变化的要求，提高工作效率，更好地为客户服务。

外汇资产管理师要时刻牢记自己的崇高使命，树立社会责任感和从业荣誉感，自觉维护外汇资产管理业务的声誉。

六、外汇资产管理师职业道德的基本功能与作用

外汇资产管理师职业道德对企业经营管理具有一定的能动作用，它是通过职业道德所具有的特殊功能来实现的。

（一）职业道德的基本功能

职业道德的基本功能是认识功能、调节功能和教育功能。

1. 认识功能

职业道德的认识功能是反映企业现实生活的功能。它是通过一定的外汇资产管理师职业道德判断、职业道德标准、职业道德理想等特有的形式，使企业员工认识到个人同他人、个人同社会的利益关系，并且在职业道德实践活动中作出选择。当然，外汇资产管理师职业道德的认识职能同科学的认识有明显的差别，其目的不在于认识客体本身，而在于通过客体来找出其与社会、与他人的相互关系和价值方向。外汇资产管理师职业道德认识功能包含两层含义：一是指主体对客体的认识，就是通过对一定社会、一定阶段或一定个人职业道德面貌、职业道德行为的考察，使企业员工获得关于该社会职员之间相互关系的实际知识，并在此基础上实现对其职业道德的善恶取舍。二是指主体与客体相互关系的认识，就是通过社会舆论、传统习惯以及各种职业道德行为、评价，使企业员工获得个人与现实世界的价值关系认识，帮助企业员工了解人生的价值、职业道德理想等，正确处理各种关系，从善避恶，趋向理想人格。

2. 调节功能

职业道德的调节功能是最主要的职能。职业道德的调节功能是指通过外汇资产管理师职业道德评价、教育、指导、示范等一系列职业道德活动来指导和调整企业员工的行为和实践活动，以协调企业员工之间的关系，从而使企业员工抑恶扬善，唤起企业员工的责任感。

职业道德的调节主要以两种方式进行：一种是社会调节，即以外汇资产管理师职业道德基本原则、基本规范为尺度来评价人们的道德行为，协调企业员工的职业道德关系。另一种是职业道德的自我调节，即以企业员工个人的职业道德思想为尺度来评价整个职业道德体系中与他人、与社会的职业道德关系。外汇资产管理师职业道德调节的两种形式是相互联系和相互影响的。

当然，职业道德调节功能不是万能的，它要和法律调节、经济调节相配合，共同发生作用。

3. 教育功能

职业道德的教育功能是指通过职业道德教育评价、批评、激励等教育方式，造成强大的社会舆论，形成良好的社会风尚，树立榜样来培养企业员工的职业道德观念、职业道德境界和职业道德行为。

在职业道德教育功能中，表扬、鼓励是职业教育最重要、最为有效的手段之一。职业道德的基本职能就在于对一种理想人格的向往和追求。一般来说，企业员工在自己的职业道德实践中，不仅要满足调整企业员工之间和客户、社会之间的相互关系的需要，而且要满足企业员工自我发展、自我实现其人生价值的需要，从而产生对外汇资产管理职业的认同感、成就感、尊严感和荣誉感。

职业道德的认识功能、调节功能和教育功能是相互联系、相互作用、有机统一的，不能把它们割裂开来。缺少任何一种职能手段，职业道德的其他职能便不能顺利地发挥作用。

（二）职业道德的社会作用

职业道德的社会作用是职业道德功能的外在表现和结果。职业道德的社会作用主要有以下几个方面。

1. 加强道德建设有利于提高企业层次

随着消费水平和消费观念的变化，人们对企业的要求越来越高，不仅仅要求企业提供优良的产品和服务，而且希望企业能承担一定的社会责任，如环境保护，对员工、竞争对手、所在社区负责等。这些都要求企业要加强道德建设，提高自身层次，只有这样才能适应环境变化，把握市场竞争的主动权。在世界500强企业中，除了先进的技术、严格的管理、旺盛的创新意识、崭新的人才观念外，无一例外都拥有企业自身的道德行为规范，而且都对企业道德建设和实施非常重视。如索尼公司提出："以提高索尼集团的企业价值为经营的根本，把自觉性和自律性的道德标准作为企业的重要组成部分。"这些成功的企业都向我们展示了道德建设是企业发展的重要组成部分。加强道德建设不仅是企业环境变化的要求，也是现代企业制度的内在要求。

2. 加强道德建设有利于提高企业控制的有效性

企业作为市场主体和社会经济实体，必须以生产经营为中心任务，即要追求经济和利润的最大化。为了实现企业目标，需要对员工在生产经营活动中的行为进行约束。企业制度以其强制性、严格性对人的心理产生震慑作用，影响员工的行为。但如果仅以制度进行约束，势必造成生产经营和资源配置的扭曲、僵化，使企业走上畸形的发展道路。而企业道德具有柔性，能在企业制度触及不到的地方发挥作用，调节不同成员在企业活动中的非正式关系，影响员工的行为。所以，道德建设能弥补制度控制的不足，提高控制的有效性。事实上，道德建设也是一种事前控制的手段。由于环境的变化，企业的层级之间、工作团队之间的关系要发生相应的变化，企业已不可能对每个工作单元每一时刻进行全面控制。在这种情况下，员工的行为在一定程度上取决于个人道德素质的高低，加强道德建设有利于提高员工的个人道德素质，可以起到事前控制的作用。

3. 加强道德建设有利于提高企业的竞争力

对于企业竞争力，我们经常提到的是企业核心技术、内部管理、营销能力、企业文化等，这些都是企业外在竞争力。支撑这些外在竞争力的是企业的道德。企业规模越发展，道德对外在竞争力的影响越大。一个没有道德的企业，它的外在竞争力也不会持久。这是因为，一方面，企业竞争最终是对消费者的竞争，消费者不仅对产品质量很注重，而且会更愿意购买那些诚实经营、有社会责任感的企业生产的产品和服务，加强道德建设可以为企业赢得更多的消费者。另一方面，企业员工在充满信任、责任感和抱负的环境中能够取得最富创造性的成果，而这样的环境只有在诚实、信赖、公平、尊重价值观的基础上才能建成，加强道德建设有利于开发企业的潜能，增强企业对社会的供给能力。所以，从某种程度上说，企业的竞争就是道德的竞争。

（三）如何发挥职业道德的社会作用

职业道德对企业的发展有巨大的促进作用。但是，如何才能更好地发挥它的作用呢？职业道德要起积极的促进作用，必须具备以下几个条件。

第一，职业道德本身必须适应企业的发展，必须反映企业发展的社会趋势，必须尊重企业发展的规律，必须能反映大部分企业员工的道德要求。

第二，职业道德必须被广大企业员工所掌握，成为企业员工的行为规范、准则、内心信念和评价标准，从而调动企业员工的积极性。否则，企业有再好的设备和设施都是不起作用的。外汇资产管理师职业活动的主体是企业员工，职业道德如果不和广大企业员工的实际工作相结合，不为广大企业员工所认识和掌握，就无法起到它应有的作用。

第三，职业道德的标准、规范，不能制定得过高或过低。过高，大部分员工可望而不可即，使职业道德成为超凡脱世的“圣学”就起不到应有的作用。过低，大部分员工不需经过艰苦的努力就能唾手可得，使职业道德发挥不出典型示范作用。因此，职业道德的标准一定要制定得科学合理，能被大多数企业员工接受，并且易于外汇资产管理师职业实践。

第二节　外汇资产管理师的服务特点和职责

外汇资产管理师向客户提供外汇资产保值增值、风险控制等的分析、规划与投资建议等专业化服务。在顾问服务中，客户根据外汇资产管理师提供的投资顾问服务，管理和运用资金，并享有由此产生的收益，承担相应的风险。

一、外汇资产管理师职业培训项目介绍

1. 相关政策法规

《中华人民共和国职业教育法》规定，“在我国实行学历证书、职业培训证书和职业资格证书制度。国家实行劳动者在就业前或者上岗前接受必要的职业教育的制度。”国务院《关于大力推进职业教育改革与发展的决定》指出：用人单位招收录用职工，属于国家规定实行就业准入控制的职业，必须从取得相应学历证书或职业培训合格证书并获得相应职业资格证书的人员中录用；属于一般职业（工种），必须从取得相应的职业学校学历证书、职业培训合格证书的人员中优先录用。

2. 项目背景

外汇市场是目前世界上最大的金融市场。全球每天仅外汇交易量就已触及 4 万亿美元。亚洲外汇市场更是发展迅猛，交易量急剧飙升。根据调查数据，2013 年 4 月东京的日均交易量为 3 123 亿美元，这就使得亚洲最大交易中心仅仅排在全球的金融巨头伦敦和纽约之后。

目前，我国外汇储备已稳居世界第一。中国对外经济迅速发展要求外汇市场加快发展。我国外贸依存度已达 60%，外商直接投资位居全球前列，中国市场更加开放，越来越多的企业涉足国际业务，客观上需要中国的金融机构为客户提供包括套

期保值、风险控制、外汇理财等在内的一系列金融服务。

随着外汇投资市场的发展，投资者数量的不断增加，广大投资者对外汇投资信息、投资建议等的需求越来越大，外汇投资日益成为主要的金融投资形式之一，发展外汇投资市场也被公认为是应对国际金融风险和增强人民币全球货币地位的重要举措。

截至 2013 年末，国内银行系统共有 29 786 家机构具有结售汇资格，其他社会外汇投资理财机构达 10 万多家，地域上以经济发达地区和出口贸易地区为主。据相关部门统计，全国从事与外汇投资相关的从业人员达 1 200 万人。这些从业人员大部分没有取得外汇投资从业资质。而现今外汇投资市场需要大量高素质的专业投资人才，对于这一新兴投资产品，从业人员极其匮乏，从而更需要培养专业人才。

为深入贯彻国务院《关于大力发展职业教育改革与发展的决定》、劳动和社会保障部《关于进一步做好职业培训工作的意见》文件精神，加强我国外汇投资交易领域专业职业人才培养，规范落实外汇投资交易领域专业人员的从业准入制度及职业标准，同时帮助广大企业建立外汇投资交易管理体系，提高从业人员的专业素质和专业技能，提升我国外汇投资交易管理的整体水平，根据中国人民银行、商务部、国务院国资委、国家外汇管理局等部门关于加强对广大涉汇企业、外汇投资者教育和提高外汇专业人才技能的要求，针对目前我国缺少专业外汇投资交易人才的状况，中国生产力促进中心协会普惠金融工作委员会提出“外汇资产管理师（初级/中级/高级/师资）”四个级别的职业设置，填补了国家职业分类大典在外汇资产管理领域的空白，是人力资源和社会保障部中国职工教育和职业培训协会国家新职业技能人才示范性培训项目。

二、外汇资产管理师的服务特点

外汇资产管理师具有以下五个方面的特点：

1. 顾问性

在外汇资产管理师服务中，外汇资产委托单位和外汇资产管理师不涉及客户资金的具体操作，只提供建议，最终决策权在客户。如果客户接受建议并实施，产生的所有收益或风险均由客户自己拥有或承担，但如果涉及代客操作，一定要合乎有关规定，按照规定的流程获取必要的客户委托授权书和其他代理客户投资所必要的法律文件。

2. 专业性

外汇资产管理师服务是一项专业性很强的服务，要求从业人员具有扎实的外汇基础知识，对外汇市场及其交易机制有清晰的认识，对外汇交易的风险性和收益性能较为准确地进行测算和分析。

3. 综合性

外汇资产管理师涉及的内容非常广泛，要求能够兼顾客户多方面的要求，因此，服务内容具有综合性的特征。

4. 制度性

外汇资产管理师提供投资顾问服务应具有标准的服务流程、健全的管理体系和明确的管理部门，相应的管理规章制度以及明确的相关部门和人员的责任。

5. 长期性

外汇资产管理师提供投资顾问服务的目的是与客户建立长期的关系，因此不能只追求短期的收益。

三、外汇资产管理师的职责

外汇资产管理师在提供交易顾问和投资顾问服务的过程中，应当履行以下职责：

1. 投资者教育

投资顾问帮助客户理解外汇交易知识和投资常识，了解外汇资产管理业务，帮助客户理解外汇市场投资机会和一般的投资误区，引导客户理解和评价外汇投资中的风险。

2. 全面的需求分析

全面了解客户的财务状况和需求，帮助客户确定理财目标，量身定制投资方案，基于全面的客户需求报告，为客户制订外汇投资方案，并向客户详细阐述制订投资方案的根据，与客户充分沟通达成一致。

3. 解读投资管理报告

针对每个客户特定的外汇资产投资组合，外汇资产管理师都将在规定的期限出一份投资组合报告，这份报告不仅包括该投资组合在过去的时间段内的业绩表现，也包括对投资业绩的评价与理解解释，对未来投资环境的判断，投资交易顾问将借助这份报告，帮助客户评价外汇资产投资组合运作是否符合客户的目标，是否在客户的整体投资组合中起到应有的作用。

4. 调整投资方案

外汇资产管理师将帮助客户对上一阶段的投资决策做一个回顾，确定是否要维持目前的资产配置或根据客户的财务目标或投资期限的改变作出调整。

由于外汇资产管理师的专业性，在整个投资和交易的过程中将起到重要的引领作用，推动各项服务的进展，是客户与投资服务团队之间沟通的桥梁。

第八章　外汇风险经典案例

第一节　巴林银行倒闭事件

1763年，弗朗西斯·巴林爵士在伦敦创建了巴林银行，它是世界首家“商业银行”，既为客户提供资金和有关建议，自己也做买卖。当然，它也得像其他商人一样承担买卖股票、土地或咖啡的风险。由于经营灵活变通、富于创新，巴林银行很快就在国际金融领域获得了巨大的成功。其业务范围也相当广泛，无论客户是到刚果提炼铜矿，从澳大利亚贩卖羊毛，还是开掘巴拿马运河，巴林银行都可以为其提供贷款。但是，巴林银行有别于普通的商业银行，它不开发普通客户存款业务，故其资金来源比较有限，只能靠自身的力量来谋求生存和发展。

1803年，刚刚诞生不久的美国从法国手中购买南部的路易斯安纳州时，所有资金就出自巴林银行。尽管当时巴林银行有一个强劲的竞争对手——一家犹太人开办的罗斯切尔特银行，但巴林银行还是各国政府、各大公司和许多客户的首选银行。1886年，巴林银行发行“吉尼士”证券，购买者手持申请表如潮水一样涌进银行，后来不得不动用警力来维持，很多人排上几个小时后，买下少量股票，然后伺机抛出。等到第二天抛出时，股票价格已涨了一倍。

20世纪初，巴林银行荣幸地获得了一个特殊客户——英国皇室。由于巴林银行的卓越贡献，巴林家族先后获得了5个世袭的爵位。这可算得上一个世界纪录，从而奠定了巴林银行的显赫地位。

尼克·里森于1989年7月10日正式到巴林银行工作。在这之前，他是摩根士丹利银行清算部的一名职员。进入巴林银行后，他很快争取了到印度尼西亚分部工作的机会。由于他富有耐心和毅力，善于逻辑推理，能很快地解决以前未能解决的许多问题，工作有了起色。因此，他被视为期货与期权结算方面的专家，伦敦总部对里森在印度尼西亚的工作相当满意，并允许可以在海外给他安排一个合适的职务。1992年，巴林总部决定派他到新加坡分行成立期货与期权交易部门，并出任总经理。

无论做什么交易，错误都在所难免，但关键是看你怎样处理这些错误。在期货交易中更是如此。例如，有人会将“买进”手势误以为“卖出”手势，有人会在错误的价位购进合同，有人可能不够谨慎，有人可能本该购买6月份期货却买进了3月份期货，等等。一旦失误，就会给银行造成损失。在出现这些错误之后，银行必须迅速妥善处理，如果错误无法挽回，唯一可行的办法，就是将该项错误转入计算机中一个被称为“错误账户”的账户中，然后向银行总部报告。

里森于1992年在新加坡任期货交易员时，巴林银行原本有一个账号为“99905”的“错误账户”，专门处理交易过程中因疏忽所造成的错误。这原是一个金融体系运作过程中正常的“错误账户”。1992年夏天，伦敦总部全面负责清算工作的哥顿·鲍塞给里森打了一个电话，要求里森另外设立一个“错误账户”，记录较小的错误，并自行在新加坡处理，以免麻烦伦敦的工作。于是，里森马上找来了负责办公室清算的利塞尔，向她咨询是否可以另立一个档案。很快，利塞尔就在计算机里键入了一些命令，问他需要什么账号。在中国文化里，“8”是一个非常吉利的数字，里森以此作为他的吉祥数字，由于账号必须是五位数，这样，一个账号为“88888”的“错误账户”便诞生了。

几周之后，伦敦总部又打来电话，总部配置了新的电脑，要求新加坡分行按老规矩行事，所有的错误记录仍由“99905”账户直接向伦敦报告。“88888”错误账户刚刚建立，就被搁置不用了，但它却成为一个真正的“错误账户”存于计算机之中。而且，总部这时已经注意到新加坡分行出现的错误很多，但里森都巧妙地搪塞过去。“88888”这个被人忽略的账户，为里森日后制造假账提供了机会，如果当时取消这一账户，则巴林银行的历史可能会重写了。

1992年7月17日，里森手下一名加入巴林银行仅1个星期的交易员金·王犯了一个错误：当客户（富士银行）要求买进20份日经指数期货合约时，此交易员误为卖出20份，这个错误在里森当天晚上进行清算工作时被发现。欲纠正此项错误，须买回40份合约，表示至当日的收盘价计算，其损失为2万英镑，并应报告伦敦总公司。但在种种考虑下，里森决定利用错误账户“88888”，承接了40份日经指数期货空头合约，以掩盖这个失误。然而，如此一来，里森所进行的交易便成了“业主交易”，使巴林银行在这个账户下暴露于风险之下。数天之后，由于日经指数上升200点，此空头合约的损失便由2万英镑增为6万英镑了（注：里森当时年薪还不到5万英镑）。此时，里森更不敢将此失误向上呈报了。

另一个与此同出一辙的错误是里森的好友及委托执行人乔治犯的。乔治与妻子离婚了，整日沉浸在痛苦之中，并开始自暴自弃，里森比较看重他，因为乔治是他最好的朋友，也是最棒的交易员之一。但很快乔治开始出错了，里森示意他卖出的100份9月的期货全被他买进，价值高达800万英镑，而且好几份交易的凭证根本就没有填写。

如果乔治的错误泄露出去，里森就不得不告别他已很如意的生活。将乔治出现的几次错误记入“88888”账号对里森来说是举手之劳，但至少有三个问题困扰着他：一是如何弥补这些错误；二是将错误记入“88888”账号后如何躲过伦敦总部月底的内部审计；三是SIMEX每天都要他们追加保证金，他们会计算出新加坡分行每天赔多少，“88888”账户也可以被显示在SIMEX大屏幕上。为了弥补手下员工的失误，里森将自己赚的佣金转入账户，但其前提当然是这些失误不能太大，所引起的损失金额也不是太大，但乔治造成的错误确实太大了。

为了赚回足够的钱来补偿所有损失，里森承担了越来越大的风险。他当时从事大量跨式期权[①]交易，因为当时日经指数稳定，里森从此交易中赚取期权权利金。如果运气不好，日经指数变动剧烈，此交易将使巴林银行遭受极大损失。里森在一段时日内做得还很顺手，到1993年7月，他已将“88888”号账户亏损的600万英镑转为略有盈余，当时他的年薪为5万英镑，年终奖金则将近10万英镑。如果里森就此打住，那么，巴林银行的历史也会改变。

除了为交易员遮掩错误外，里森另一个严重的失误是为了争取日经市场上最大的客户波尼弗伊。1993年下旬，接连几天，每天市场价格破纪录地飞涨1 000多点，用于清算记录的计算机屏幕故障频繁，无数笔交易的入账工作都被积压起来。因为系统无法正常工作，交易记录都靠人力，等到发现各种错误时，里森在一天之内的损失已高达将近170万美元。在无路可走的情况下，里森决定继续隐藏这些失误。

1994年，里森对损失的金额已经麻木了。1994年7月，“88888”账户的损失已达5 000万英镑。事实上，里森当时所做的许多交易是在被市场走势牵着鼻子走，并非出于他对市场的预期。他当时所想的，是哪一种方向的市场变动会使他反败为胜，能补足“88888”账户的亏损，就试着影响市场往那个方向变动。

里森在自传中描述：“我为自己变成这样一个骗子感到羞愧——开始是比较小的错误，但现已整个包围着我，像是癌症一样，我的母亲绝对不是要把我抚养成这个样子的。”

从制度上看，巴林银行最根本的问题在于交易与清算角色的混淆。里森在1992

① 跨式期权（Straddle）又被称为“同价对敲”，是一种非常普遍的组合期权投资策略，是指投资人以相同的执行价格同时购买或卖出到期日相同的标的资产的看涨期权和看跌期权。

年去新加坡后，任巴林银行新加坡期货交易部兼清算部经理。作为一名交易员，里森本来的工作是代巴林银行客户买卖衍生产品，并替巴林银行从事套利这两种工作，基本上没有太大的风险。因为代客操作，风险由客户自己承担，交易员只是赚取佣金，而套利行为也只赚取市场间的差价。例如，里森利用新加坡及其他市场极短时间内的不同价格，替巴林银行赚取利润，一般银行允许其交易员持有一定额度的风险部位。但为了防止交易员在其所属银行暴露在过多的风险中，这种许可额度通常定得相当有限。而通过清算部门每天的结算工作，银行对其交易员和风险部位的情况也可予以有效了解并掌握。但不幸的是，里森却一人身兼交易与清算二职。

事实上，在里森抵达新加坡前的一个星期，巴林银行曾有一个内部通信对此问题可能引起的大灾难提出关切。但此关切却被忽略，以至于里森到职后，同时兼任交易与清算部门的工作。如果里森只负责清算部门，那么他便没有必要，也没有机会为其他交易员的失误行为瞒天过海，也就不会造成最后不可收拾的局面。

在损失达到 5 000 万英镑时，巴林银行曾派人调查里森的账目。事实上，每天都有一张资产负债表，每天都有明显的记录，可以看出里森的问题，即使是月底，里森为掩盖问题所制造的假账也极易被发现——如果巴林银行真的有严格的审查制度的话。里森假造花旗银行有 5 000 万英镑存款，但这 5 000 万英镑已被挪用来补偿“88888”账户中的损失了。巴林银行查了一个月的账，却没有人去查花旗银行的账目，以至于没有人发现花旗银行账户中并没有 5 000 万英镑的存款。

关于资产负债表，巴林银行董事长彼得·巴林还曾经在 1994 年 3 月有过一段评论，认为资产负债表没有什么用，因为它的组成在短时间内就可能发生重大的变化。因此，彼得·巴林说：“若以为揭露更多资产负债表的数据，就能增加对一个集团的了解，那真是幼稚无知。”对资产负债表不重视的巴林银行董事长付出的代价之高，也实在没有人想象得到吧！

另外，1995 年 1 月 11 日，新加坡期货交易所的审计与税务部发函给巴林银行，提出对其维持“88888”账户所需资金问题的一些疑虑。而且，此时里森已需每天要求伦敦汇入 1 000 万英镑，以支付其追加的保证金。事实上，从 1993 年到 1994 年，巴林银行在 SIMEX 及日本市场投入的资金已超过 11 000 万英镑，超出了英格兰银行规定英国银行的海外总资金不应超过 25% 的限制。为此，巴林银行曾与英格兰银行进行多次会谈。1994 年 5 月，巴林银行得到了英格兰银行主管商业银行监察的高级官员的“默许”，但此默许并未留下任何证明文件，因为没有请示英格兰银行有关部门的最高负责人，违反了英格兰银行的内部规定。

最令人难以置信的，便是巴林银行在 1994 年底发现资产负债表上显示 5000 万英镑的差额后，仍然没有警惕到其内部控制的松散及疏忽。在发现问题至后来巴林银行倒闭的2个月时间里，有很多巴林银行的高级及资深人员曾对此问题加以关切，更有巴林银行总部的审计部门正式加以调查。但是，这些调查都被里森以极简单的方式蒙骗过去了。里森对这段时期的描述为："对于没有人来制止我的这件事，我觉得不可思议。伦敦的人应该知道我的数字都是假造的，这些人都应该知道我每天向伦敦总部要求的现金是不对的，但他们仍旧支付这些钱。"

从金融伦理角度而言，如果对以上所有参与"巴林事件"的金融从业人员评分，都应给不及格的分数。尤其是巴林银行的许多高层管理者，完全不去深究可能的问题，而一味相信里森，并期待他为巴林银行套利赚钱。尤其具有讽刺意味的是，在巴林银行破产的2个月前，即1994年12月在纽约举行的一个巴林银行金融成果会议上，250名在世界各地的巴林银行工作者还将里森当成巴林银行的英雄，对其报以长时间热烈的掌声。

1995年1月18日，日本神户大地震，其后数日，东京日经指数大幅度下跌，里森一方面遭受了更大的损失，另一方面购买更庞大数量的日经指数期货合约，希望日经指数会上涨到理想的价格范围内。1月30日，里森以每天1 000万英镑的速度从伦敦获得资金，已买进了3万份日经指数期货，并卖空日本政府债券。2月10日，里森以新加坡期货交易所交易史上创纪录的数量，已握有55 000份日经指数期货及2万份日本政府债券合约。交易数量越大，其损失也就越大。

所有这些交易，均进入"88888"账户。账户上的交易，因为里森自己兼负清查职权而可以隐瞒，但追加的保证金却是无法隐藏的。里森以各种借口继续转账。2月中旬，巴林银行全部的股份资金只有47 000万英镑。

1995年2月23日，里森所进行的影响市场走向的努力彻底失败。日经股价收盘降到17 885点，而里森的日经期货多头风险部位已达6万余份合约；其日本政府债券在价格一路上扬之际，其空头风险部位也已达26 000份合约。里森为巴林银行所带来的损失，在巴林银行的高级主管仍做着次日分红的美梦时，终于达到了86 000万英镑的高点，造成了世界上最老牌的巴林银行终结的命运。

新加坡在1995年10月17日公布的有关巴林银行破产的报告及里森自传中的一个感慨，也许最能表达我们对巴林事件的遗憾。报告结论中的一段是："巴林集团如果在1995年2月之前能够及时采取行动，那么巴林银行还有可能避免崩溃。截至1995年1月底，即使已发生重大损失，这些损失毕竟也只是最终损失的1/4。如果说巴林银行的管理阶层直到破产之前仍然对"88888"账户的事一无所知，我们只能说他们一直在逃避事实。"

里森说："有一群人本来可以揭穿并阻止我的把戏，但他们没有这么做。我不知道他们的疏忽与罪犯级的疏忽之间界限何在，也不清楚他们是否对我负有什么责任。但如果是在任何其他一家银行，我是不会有机会开始这项犯罪的。"

1995 年 2 月 26 日，巴林银行因新加坡公司期货经理尼克·里森投资日经225 股指期货失利，遭受巨额损失 14 亿美元，最终无力继续经营而宣布破产。从此，这个有着 233 年经营史和良好业绩的老牌商业银行在伦敦城乃至全球金融界消失。目前该行已由荷兰国际银行保险集团接管。

巴林银行曾经是英国伦敦城内历史最久、名声显赫的商业银行，素以发展稳健、信誉良好而驰名，其客户也多为显贵阶层，英国女王伊丽莎白二世也曾经是它的顾客。巴林银行的业务专长是企业融资和投资管理，业务网点主要在亚洲及拉美新兴国家和地区。1994 年巴林银行的税前利润仍然高达 1. 5 亿美元，巴林银行曾经一度希望在中国拓展业务。然而，次年的一次金融投机彻底粉碎了该行的所有发展计划。

巴林银行破产的直接原因是里森错误地判断了日本股市的走向。1995 年 1 月，日本经济呈现复苏势头，里森看好日本股市，分别在东京和大阪等地买进大量期货合约，希望在日经指数上升时赚取大额利润。天有不测风云，1995 年 1 月 17 日，突发的日本阪神地震打击了日本股市的回升势头，股价持续下跌。巴林银行因此损失金额高达 14 亿美元，这几乎是巴林银行当时所有的资产，这座曾经辉煌的金融大厦就此倒塌。巴林银行破产的消息震动了国际金融市场，各地股市受到不同程度的冲击，英镑汇率急剧下跌，对马克的汇率跌至历史最低水平。巴林银行事件对于欧美金融业的隐性影响不可估量。

事情表面上看起来很简单，里森的判断失误是整个事件的导火线。然而，正是这次事件引起了全世界密切关注，金融衍生工具的高风险被广泛认识。从里森个人的判断失误到整个巴林银行的倒闭，伴随着金融衍生工具成倍放大的投资回报率的是同样成倍放大的投资风险。这是金融衍生工具本身的"杠杆"特性所决定的。

第二节　索罗斯狙击英镑

英镑 200 多年来一直是世界的主要货币，原来采取金本位制，与黄金挂钩时，英镑在世界金融市场占据了极为重要的地位。只是第一次世界大战以及 1929 年的股市大崩溃，才迫使英国政府放弃了金本位制而采取浮动制，英镑在世界市场中的地位不断下降。

英格兰银行作为保障市场稳定的重要机构，是英国金融体制的强大支柱，具有极为丰富的市场经验和强大的实力。从未有人胆敢对抗这一国家的金融体制，甚至想都未敢想过。索罗斯却决定做一件前人所未做过的事，撼动一下大不列颠这棵号称坚挺的大树，试一试它到底有多么强大。

随着 1989 年 11 月柏林墙的轰然倒下，许多人认为一个新的统一的德国将会迅速崛起和繁荣。但索罗斯经过冷静地分析，却认为新统一的德国由于要对原东德地区进行重建，必将经历一段经济拮据时期。德国将会更加关注自己的经济问题，而无暇帮助其他欧洲国家渡过经济难关，这将对其他欧洲国家的经济带来深远的影响。

1990 年，英国决定加入由西欧国家创立的新货币体系——欧洲汇率体系（简称 ERM)。索罗斯认为英国犯了一个决定性的错误。因为欧洲汇率体系将使西欧各国的货币不再钉住黄金或美元，而是相互钉住；每一种货币只允许在一定的汇率范围内浮动，一旦超出了规定的汇率浮动范围，各成员国的中央银行就有责任通过买卖本国货币进行市场干预，使该国货币汇率稳定到规定的范围之内；在规定的汇率浮动范围内，成员国的货币可以相对于其他成员国的货币进行浮动。早在英国加入欧洲汇率体系之前，英镑与德国马克的汇率已稳定在 1 英镑兑换 2. 95 马克的水平。但英国当时经济衰退，以维持如此高的汇率作为条件加入欧洲汇率体系，对英国来说，代价是极其昂贵的。一方面，这将导致英国对德国的依赖，不能为解决自己的经济问题而大胆行事；另一方面，英国中央银行是否有足够的能力维持其高汇率也值得怀疑。

特别是在 1992 年 2 月 7 日，欧盟 12 个成员国签订了《马斯特里赫特条约》。这一条约使一些欧洲货币如英镑、意大利里拉等显然被高估了，这些国家的中央银行将面临巨大的降息或贬值压力，它们能和经济实力雄厚的德国在有关经济政策方面保持协调一致吗？一旦这些国家市场发生动荡，它们无力抵御时，作为核心国的德国会牺牲自己的国家利益来帮助这些国家吗？

索罗斯早在《马斯特里赫特条约》签订之时就已预见到欧洲汇率体系将会由于各国的经济实力以及各自的国家利益而很难保持协调一致。一旦构成欧洲汇率体系的一些“链条”出现松动，像他这样的投机者便会乘虚而入，对这些松动的“链条”发起进攻，而其他的潮流追随者也会闻风而动，使汇率更加摇摆不定，直到整个体制被摧毁。

果然，在《马斯特里赫特条约》签订不到一年的时间里，一些欧洲国家便很难协调各自的经济政策。在英国经济长期不景气，正陷于重重困难的情况下，英国不可能维持高利率的政策，要想刺激本国经济发展，唯一可行的方法就是降低利率。但假如德国的利率不下调，英国单方面下调利率，将会削弱英镑，迫使英国退出欧洲汇率体系。

此时此刻，索罗斯及其他一些投机者在过去的几个月里却在不断扩大头寸规模，为狙击英镑作准备。

随着时间的推移，英国政府维持高利率的经济政策受到越来越大的压力，它请求德国联邦银行降低利率，但德国联邦银行却担心降息会导致国内的通货膨胀并有可能引发经济崩溃，拒绝了英国降息的请求。

英国经济日益衰退，英国政府需要英镑贬值以刺激出口，但英国政府却受到欧洲汇率体系的限制，必须勉力维持英镑对马克的汇价。英国政府的高利率政策受到许多金融专家的质疑，国内的商界领袖也强烈要求降低利率。1992 年夏季，英国首相梅杰和财政大臣虽然在各种公开场合一再重申坚持现有政策不变，英国有能力将英镑留在欧洲汇率体系内，但索罗斯却深信英国不能保住它在欧洲汇率体系中的地位，英国政府只是虚张声势罢了。

英镑对马克的比价在不断地下跌，从 2. 95 跌至 2. 85，又从 2. 85 跌至 2. 7964。英国政府为了防止投机者使英镑对马克的比价低于欧洲汇率体系中所规定的下限 2. 7780，已下令英格兰银行购入 33 亿英镑来干预市场。但政府的干预并未产生好的预期，这使得索罗斯更加坚信自己以前的判断，他决定在危机凸显时出击。

1992 年 9 月，投机者开始进攻欧洲汇率体系中那些疲软的货币，其中包括英镑、意大利里拉等。索罗斯及一些长期进行套汇经营的共同基金和跨国公司在市场上抛售疲软的欧洲货币，使得这些国家的中央银行不得不斥巨资来支持各自的货币价值。

英国政府计划从国际银行组织借入资金用来阻止英镑继续贬值，但这犹如杯水车薪。仅索罗斯一人在这场与英国政府的较量中就动用了 100 亿美元。索罗斯在这场豪赌中抛售了 70 亿美元的英镑，购入 60 亿美元坚挺的货币——马克，同时，索罗斯考虑到一个国家货币的贬值（升值）通常会导致该国股市的上涨（下跌），又购入价值 5 亿美元的英国股票，并卖出德国股票。如果只是索罗斯一个人与英国较量，英国政府也许还有一丝希望，但世界上许多投机者的参与使这较量的双方力量悬殊，注定了英国政府的失败。

索罗斯是这场“赌局”中最大的赌徒。下完赌注，索罗斯便开始等待。1992 年 9 月中旬，危机终于爆发。市场上到处流传着意大利里拉即将贬值的谣言，里拉的抛盘大量涌出。1992 年 9 月 13 日，意大利里拉贬值 7%，虽然仍在欧洲汇率体系限定的浮动范围内，但情况看起来却很悲观。这使索罗斯有充足的理由相信欧洲汇率体系的一些成员国最终将不会允许欧洲汇率体系来决定本国货币的价值，这些国家将退出欧洲汇率体系。

1992 年 9 月 15 日，索罗斯决定大量放空英镑。英镑对马克的比价一路下跌至 2.80，虽有消息说英格兰银行购入 30 亿英镑，但仍未能挡住英镑的跌势。到傍晚收市时，英镑对马克的比价差不多已跌至欧洲汇率体系规定的下限。英镑已处于退出欧洲汇率体系的边缘。

英国财政大臣采取了各种措施来应付这场危机。首先，他再一次请求德国降低利率，但被德国再一次拒绝了；无奈，他请求首相将本国利率上调 2% ~12%，希望通过高利率来吸引货币的回流。一天之中，英格兰银行两次提高利率，利率已高达 15%，但仍收效甚微，英镑的汇率还是未能站在 2.778 的最低限上。在这场捍卫英镑的行动中，英国政府动用了价值 269 亿美元的外汇储备，但最终还是遭受惨败，被迫退出欧洲汇率体系。英国人把 1992 年 9 月 15 日——退出欧洲汇率体系的日子称作黑色星期三。

索罗斯却是这场袭击英镑行动中最大的赢家，曾被杂志称为打垮了英格兰银行的人。索罗斯从英镑空头交易中获利接近 10 亿美元，在英国、法国和德国的利率期货上的多头和意大利里拉上的空头交易使他的总利润高达 20 亿美元，其中索罗斯个人收入比例为 1/3。在这一年，索罗斯的基金规模增长了 67.5%。

第三节　1998 年香港金融保卫战

一、兵临城下，将至壕边

港元实行联系汇率制，联系汇率制有自动调节机制，不易被攻破。但是，港元利率容易急升，而利率急升将导致股市大幅下跌。这样，只要事先在股市及期市沽空，然后再大量向银行借贷港元，使港元利率急升，促使恒生指数暴跌，便可像在其他市场中一样获得投机暴利。

对冲基金在对香港金融市场进行冲击时，往往受制于香港金融监管部门的传统做法——提高短期贷款利率。而事实已经证明，在前三次冲击（1997 年 10 月、1998 年 1 月、1998 年 6 月）中，香港金融管理局的措施便是提高短期贷款利率，金融管理局主席任志刚也因此被戏称为“任一招”。

利率的上升会提高投机的成本。在这次炒家冲击香港金融市场时，与以往最大的不同点就是，炒家没有进行即期拆借活动，而是预先屯集了大量的港元。这些港元来自多方面，但一个很重要的来源是一些国际金融机构于 1998 年上半年在香港发行的一年至两年期的港元债券，总金额约为300亿美元，年利息为11%。这些国际金融机构将这些港元掉期为美元，而借入港元的主要是一些对冲基金。这些港元成为对冲基金攻击香港金融市场的低成本筹码，使投机者具备了在汇市进行套利的有利条件。而对冲基金又在外汇市场上买入大量的远期美元以平衡风险。据说索罗斯旗下的基金就持有总金额约400亿美元的买入合约，到期日为1999年2月。

二、声东击西，兴风作浪

自1997年10月以来，国际炒家4次在香港股票、外汇、期货三个市场中上下手，前三次均获暴利。1998年7月底至8月初，国际炒家再次通过对冲基金接连不断地狙击港元，以期推高拆息和利率。很明显，他们对港元进行的只是表面的进攻，股市和期市才是真正的主攻目标。声东击西是索罗斯等国际投机者投机活动的一贯手段，并多次成功。

1998年6~7月，当恒生指数攀升至8 000点高位的时候，对冲基金大举沽空恒指，建立了大量的恒指空仓头寸。对冲基金之所以建立恒指空仓，是因为它们预计港股在受到冲击后恒生指数必然会大幅下跌。而恒指期货合约的价格是每点50港元，也就是说，若建的是空仓，恒生指数每下跌一个点，就可以给做空者带来50港元的利润。

众所周知，1997年7月1日，香港回归中国。这是中华民族历史上的一件大事，开启了香港的新时代。但是，对国际炒家而言，这正好为他们兴风作浪提供了机会。香港的未来何去何从，香港的经济、社会会发生什么变化等一系列问题，不仅令局外人生疑，香港人也是心中没谱。而恒生指数代表香港金融市场，乃至整个香港经济、政治前景，就是香港经济的“晴雨表”。只要能动摇恒生指数，就能打击人们对香港经济的信心。在这种情况下，恒生指数大幅下挫，很可能引起广大投资者盲目恐慌，从而达到坐收渔翁之利的目的。

三、妖言惑众，浑水摸鱼

国际投机者在证券市场上大手笔沽空股票和期指，大幅打压恒生指数，使恒生指数从1万点大幅度跌至8 000点，并直指6 000点。在山雨欲来的时候，证券市场利空消息满天飞。1998年8月初，投机者大肆宣扬人民币将贬值10%，其中，上海、广州等地的人民币在黑市交易中曾跌到了1美元兑换9.5元人民币左右。投机者散播人民币将贬值的谣言，是想借此来影响人们对港元的信心。除此之外，投机者还大肆宣扬内地银行不稳定等谣言，其目的仍是为狙击港元创造心理条件，其手段真可谓无所不用其极。

有一家海外基金甚至开出了 1998 年 8 月 12 日香港联系汇率脱钩的期权。炒家们趁机大肆造谣，扬言“港元即将与美元脱钩，贬值 40%”，“恒指将跌至 4 000 点”云云。其目的无非是扰乱人心，制造混乱状态，然后趁机浑水摸鱼。8 月 13 日，恒生指数一度下跌 300 点，跌穿 6 600 点关口。

在压低恒生指数的同时，国际炒家在恒指期货市场积累大量淡仓。恒生指数每跌 1 点，每张淡仓合约即可赚 50 港元。而在 8 月 14 日的前 19 个交易日，恒生指数就下跌 2 000 多点，每张合约可赚 10 多万港元，收益之高令人震惊!

这些国际炒家曾在泰国、马来西亚胡作非为，给这些国家的经济造成了毁灭性打击，此次可谓来者不善。所以，在分析、研究亚洲其他市场形势后，为了维持香港金融市场的稳定，香港政府决定调巨资迎战这些疯狂的国际炒家。

这是一场以金钱、智慧和魄力为武器的你死我活的金融大战。无论是挑战者，还是应战者，都深知其成败所蕴含的利益与风险。

四、出其不意，首战告捷

1998 年 8 月 5 日，炒家们一天之内抛售 200 多亿港元。香港金融管理局一反过去被动做法，运用香港财政储备如数吸纳，将汇市稳定在 1 美元兑换 7.75 港元的水平上，银行同业市场拆借利息也仅略有上升。

8 月 6 日，炒家又抛售了 200 多亿港元，香港金融管理局再出新招——不仅照单全收，而且将所吸纳的港元存入香港银行体系——从而起到了稳定银行同业拆借利息的作用，防止了因为拆息率提高而导致股市下跌。

8 月 7 日，因已公布中期业绩的一些蓝筹股业绩不佳，导致股市大幅下跌，令恒生指数全日下跌 212 点，跌幅为 3%。在此后的 7 日至 13 日这几个交易日中，香港政府继续采用吸纳港元的办法，以稳定同业拆息并进而达到稳定股市的目的。但由于炒家在股票市场上大肆做空，恒生指数最终还是跌到了 6 600 点附近的低位。

8 月 13 日，恒生指数被打压到了 6 660 点后，香港政府组织港资、内地资金入市，与对手展开针对 8 月股指期货合约的争夺战。投机炒家要打压指数以配合做空期指，香港政府则要守住指数，迫使投机者事先高位沽空的合约无法于 8 月底之前如数套现。香港政府入市后大量买入国际炒家抛空的 8 月股指期货合约，将期指由入市前的 6 610 点推高到 24 日的 7 820 点，高于投资炒家 7 500 点的平均建仓价位，取得初步胜利。当日收市后，香港政府宣布已动用外汇基金干预股市与期市。

8 月 14 日，香港政府正式参与股市和期市交易。香港政府为了维护港元，携巨额外汇基金进入股票市场和期货市场，与炒家进行直接对抗。香港政府向香港的中银、获多利、和升等多家证券行指示，大手吸纳恒生指数蓝筹股，表示不惜成本，务求将8月期指抬高600点。香港政府一反以往“积极不干预”政策，给投机者造成了始料不及的沉重打击。

代行中央银行职权的金融管理局，直接入市干预期货、股票市场，这在全球开放型资本市场上尚属首次。香港政府宣布已动用外汇基金干预股市与期市，令市场为之一惊。

接着，投机炒家鼓动如簧之舌，在全球范围内展开了一场攻击香港政府的舆论大战。与此同时，炒家们并不愿意俯首称臣，他们又一次玩起了“声东击西”的鬼把戏——于8月16日迫使俄罗斯宣布放弃保卫卢布的行动，造成8月17日美欧股市全面大跌，以期“围魏救赵”冲击恒生指数。然而，使他们大失所望的是，8月18日恒生指数有惊无险，在收市时只微跌13点。

五、攻城略地，乘胜追击

初战得手，并不意味对手会弃城投降，因为离期指合约的交割还有时日，香港政府明白恶战还在后头。果然，从8月25日开始直至28日，双方展开了转仓战，香港政府的目的是迫使国际炒家为投机付出高额代价。

8月27日和28日，投机炒家在股票现货市场倾巢出动，企图将指数打下去。香港政府在股市死守的同时，经过几天惊心动魄的大战，在期货市场上将8月合约价格推高到7 990点，结算价为7 851点，比入市前高1 200点。8月27日、28日，香港政府将所有卖单照单全收，结果27日交易金额达200亿港元，28日交易金额达790亿港元，创下香港市场最高交易纪录。

但投机炒家并不善罢甘休，他们认为香港政府已经投入了约1 000亿港元巨资，资金压力与舆论压力使其不可能长期支撑下去，因而决定将卖空的股指期货合约由8月转仓至9月，想与香港政府打持久战。从8月25日开始，投机炒家在8月合约平仓的同时，大量卖空9月合约。与此同时，香港政府在8月合约平仓获利的基础上乘胜追击，使9月合约的价格比8月合约的结算价高出650点。

这样，投机炒家每转仓一张合约要付出3万多港元的代价。投机炒家在8月合约的争夺中，完全败走麦城。

六、生死决战“8·28”

1998年8月28日，是香港恒生指数期货8月合约的结算日，也是香港政府打击以对冲基金为主体的国际游资操控香港金融市场的第 10 个交易日。

双方经过前几个交易日的激烈搏杀后，迎来了首次决战。

上午 10 点整开市后仅 5 分钟，股市的成交额就超过了 39 亿港元。半小时后，成交金额就突破了 100 亿港元，到上午收市时，成交额已经达到 400 亿港元之巨，接近 1997 年 8 月 29 日创下的 460 亿港元日成交量历史最高纪录。

下午开市后，抛售有增无减，成交量一路攀升，但恒指和期指始终维持在 7 800 点以上。随着下午 4 点整的钟声响起，显示屏上不断跳动的恒指、期指、成交金额最终分别锁定在 7 829 点、7 851 点、790 亿元上。

1998 年 8 月 28 日，对于众多国际炒家来说，是一个心痛的日子。这是香港政府自 1998 年 8 月 14 日入市干预以来的最高潮，也是香港政府针对炒家们惯用的汇市、股市、期市的主体性投机策略，“以其人之道，还治其人之身”所取得的重大胜利。香港政府将恒生指数从 8 月 13 日收盘的 6 660 点推高到 28 日的 7 829 点报收，并迫使炒家们在高价位结算交割 8 月股指期货。在此之前，炒家们下注了大量 8 月期指空仓。这样一来，即使炒家们转仓，成本也很高，一旦平仓，则巨额亏损不可避免。

“8 · 28”之战，香港政府取得了决定性胜利。但是，对国际炒家们来说，期指转仓是可行性选择，更可能成为“救命稻草”。因此，对香港特区政府来说，“8 · 28”之战也只能算是阶段性胜利。香港政府决定，在 9 月份继续推高股指期货价格，迫使投机资本亏损离场。

9 月 7 日，香港金融管理局颁布了外汇、证券交易和结算的新规定，使炒家的投机大受限制。当日恒生指数飙升 588 点，以 8 076 点报收。加上日元升值、东南亚金融市场趋稳等一系列因素，使投机炒家的资金、换汇成本大幅上升，不得不败退离场。9 月 8 日，9 月合约价格升到 8 220 点。8 月底转仓的期指合约要平仓退场，每张合约又要亏损 4 万港元。至此，国际炒家见大势已去，纷纷丢盔弃甲，落荒而逃。

自入市以来，香港政府动用了 100 多亿美元，消耗了外汇基金约 13%，金额大大超过了 1993 年“英镑保卫战”中英国政府动用 77 亿美元与国际投机者对垒的规模，堪称一场看不见硝烟的“战争”。

第四节　中信泰富外汇期权合约巨亏事件

暴跌的澳元，犹如面目狰狞的魔鬼，一步一步把中信泰富（00267. HK）逼向万劫不复的地狱。

2008 年 12 月 2 日，中信泰富公开披露的股东通函显示，过去两年中，中信泰富分别与花旗银行香港分行、渣打银行、瑞信国际、美国银行、巴克莱银行、法国巴黎银行香港分行、摩根士丹利资本服务、汇丰银行、德意志银行等 13 家银行共签下 24 款外汇累计期权合约。

2008 年 10 月 20 日，中信泰富公告称，因澳元贬值跌破锁定汇价，导致中信泰富亏损 147 亿港元。

中投证券金融衍生产品部总经理张晓东向记者表示，“这些国际银行利用他们的定价优势，恶意欺诈。在合同签订之际，中信泰富就已经完全输了”。张晓东和他的团队在首席金融衍生品顾问、美国康乃尔大学金融教授黄明的帮助下，对中信泰富复杂的外汇衍生产品交易进行了深入分析和计算，发现了令人震惊的现实。

一、合约定价陷阱

2008 年 10 月 20 日，中信泰富公告称，其与银行签订的澳元累计目标可赎回远期合约（AUD target redemption forward contracts），因澳元贬值而跌破锁定汇价，按公允价值计，损失约 147 亿港元。

“中信泰富外汇衍生品合约头寸主要有四类：澳元累计目标可赎回远期合约、澳元日累计合约（AUD daily accrual）、双货币累计目标可赎回远期合约（Dual currency target redemption forward）和人民币累计目标可赎回远期合约（RMB target redemption forward）。其中澳元累计目标可赎回远期合约是亏损最严重的，也是我们重点研究的合约。”张晓东向记者表示。

上述重点研究合约规定，中信泰富须以固定汇率（加权汇率 0.87 美元/澳元），每月买入一定数额的澳元，到期日为 2010 年 10 月，累计最大买入数额为 90.5 亿澳元；其中每一份合约都有最大收益终止（Knock Out）条款。

公开披露信息显示，中信泰富在 2008 年 7 月密集签署了 16 份每月累计外汇远期合约。合约杠杆倍数绝大多数为 2.5 倍。当价格对中信泰富有利时，每月的购买量为 3 000 万澳元到 416 万澳元不等。

黄明和张晓东的团队通过统计方法，将上述 16 份合约标准化为 15 个同样的合约：交易标的为澳元兑美元汇率；签署时间为 2008 年 7 月 16 日；合约开始结算时间为 2008 年 10 月 15 日；到期时间为 2010 年 9 月（24 个月）。价格有利时买进 1 000万澳元，价格不利时买入 2 500 万澳元，加权行权价为 0.89 元，按月支付。

中信泰富的这个外汇合约可以分解成两种障碍期权组合：一种是向上敲出的看

涨期权（Up－and－Out Call）；另一种是向上敲出的看跌期权（Up－and－Out Put）。从障碍期权结构看，看涨期权和看跌期权的条款是一样的。通常这种合约在签订之时，双方没有现金支付，相当于在未来两年内的每一个月，中信泰富获得1个向上敲出的看涨期权，同时送给银行2.5个向上敲出的看跌期权作为对价。

据蒙特卡罗（Monte Carlo）方法定价测算，按汇率历史波动率（约15%）模拟，高达十几万次的运算结果表明，中信泰富在签订这单笔外汇合约当时就亏损了667万美元。

其原因就是中信泰富得到的1个看涨敲出期权的价值远远小于其送给交易对手的2.5个看跌敲出期权的价值。正常情况下，如果一个合约是“公平的”，签订时合约双方没有现金支付，那么在合约签署时，其价值应为零，即合约双方都没有占对方便宜。但这笔合约，中信泰富的交易对手方却占了非常大的便宜。

按历史波动率测算，既然中信泰富一份合约的损失为667万美元，那么15份外汇合约在签订时就损失约1亿美元。倘若波动率变大，如30%，亏损更将高达4.5亿美元。

中信泰富签订的这些外汇远期合约实质上就是Accumulator（累计期权），按谐音，香港称之为“I will kill you later”。这种合约具有很大的欺骗性，尤其是在牛市中。很多投资者认为只要价格不会大幅下跌，就可包赚不赔。在牛市末期，投资者通常比较亢奋，风险意识较低，容易上当。而这种合约时间跨度较长，为市场反转预留了足够空间，这就是为什么这种产品被称做“I will kill you later”。而中信泰富与国际银行签订的合约已经不是“我以后杀死你”，而是“我现在就杀死你”（I will not kill you later，Instead，I am killing you right now）。

二、合约四大毒丸

导致中信泰富亏损的主要衍生产品是“含敲出障碍（Knock Out）期权及看跌期权的澳元/美元累计远期合约”，以及更复杂的“含敲出障碍期权及看跌期权的欧元—澳元/美元双外汇累计远期合约”。中信泰富从这些合约中得到的，除了向上利润有限、向下亏损要加倍无限以外，更可怕的是，一旦每月利润超过一定额度，则交易对手可选择取消合同，导致仅有的利润也化为乌有。

在同十几家银行签订的十多笔外汇交易中，正是中信泰富当初没有识别出合约隐含的下述四大毒丸才酿成巨额损失。

一是目标错位。作为未来外汇需求的套期保值，其目标是锁定购买澳元的成本，也就是最小化澳元波动的风险。但是其签订的这些Accumulator合约的目标函数却是最大化利润，对风险没有任何约束。换言之，中信泰富的风险是完全敞开的。

二是量价错配。据报道，中信泰富在7月的前三周内，签订十多份合约。当澳元兑美元的价格走势对其有利时，最多需买36亿澳元，而当价格大幅下跌时，则需要购入最多90亿澳元。而中信泰富的真实澳元需求只有30亿澳元，这是量上的错配。在价格上，中信泰富的选择更是糟糕。7月，美国次贷危机发展成金融危机，并逐渐转化为经济危机。石油、有色金属等大宗商品价格开始下跌。澳大利亚作为主要的铁矿石、铝矿石和铜矿石等资源出口国，其经济必将受到经济衰退的沉重打击。即使在当时看，澳元走软的可能性也很大。而新西兰的货币在5月就已经开始贬值了。

三是工具错选。Accumulator不是用来套期保值的，而是一个投机产品。虽然企业需求各异，通常需要定制产品来满足其特定需求，但是在定制产品过程中，企业自身应发挥主导作用，而不应是被动的角色。另外，在很多情况下，通过对远期、期货、互换、期权等进行组合，企业也可以达成满足特定的套期保值需求，而不必通过Accumulator的形式。

四是对手欺诈。这些国际银行利用其定价优势，恶意欺诈。在最理想的情况下，中信泰富最大盈利为5 150万美元，但是因为定价能力不对等，签订合同时，中信泰富就已经亏了1亿美元。

中信泰富签订的这类合约，在金融学上被称为奇异衍生品，含有复杂的“敲出障碍期权”“双外汇选低期权”与“看跌期权”。这些产品，无论从定价到对冲机制都很复杂，一般投资者根本不知道产品应如何估值，不知道如何计算与控制风险，因此很容易在高价买进，同时低估其潜在风险。而作为交易对手的投资银行或商业银行，拥有大量专业人才，对于衍生品的数学模型有多年研究，充分掌握估值与风险对冲技术。因此，交易双方存在严重的知识与信息不对称。单从定价角度考虑，与国际银行做复杂衍生产品交易，就好像普通人与乔丹一对一进行篮球比赛。

三、中信泰富之殇

“应该说，中信泰富的确有对冲外汇价格波动的真实需求。一些媒体指责其参与外汇交易有失公道，尽管其方法和工具不是很妥当。”

中国作为制造业出口大国，同时又是资源相对贫乏的国家，对大宗商品的需求也绝非小数目。面对价格的剧烈波动，国内企业存在巨大的套期保值需求。

但现实问题是，一方面，国内企业巨大的套保需求得不到满足，另一方面，国内券商的业务开展被牢牢束缚，衍生工具又经常被误解为洪水猛兽，基本金融衍生工具迟迟推不出来，场外衍生品几乎没有。由于避险需求在国内无法得到满足，迫使企业只能选择与狼共舞：不少民营企业及境外注册企业通过国际投行参与衍生品交易，一些境内国有企业被迫避开监管涉足场外衍生品交易。

“中信泰富等中国公司参与境外金融衍生品交易接连失利，彰显中资企业在对冲风险、寻求金融支持过程中的无奈与尴尬。”

第五节　“广场协议”导致日元升值

广场协议（Plaza Accord）签订的背景是，20 世纪 80 年代初期，美国财政赤字剧增，对外贸易逆差大幅增长。美国希望通过美元贬值来增加产品的出口竞争力，以改善美国国际收支不平衡状况。

广场协议的签订得到日本大藏省（2000 年前日本主管金融财政的部门）的强力推动。当时日本经济发展过热，日元升值可以帮助日本拓展海外市场，成立独资或合资企业。广场协议签订后，日元大幅升值，国内泡沫急剧扩大，最终由于房地产泡沫的破灭造成了日本经济的长期停滞。

一、“广场协议”的内容

1985 年 9 月 22 日，美国、日本、联邦德国、法国以及英国的财政部长和中央银行行长（简称 G5）在纽约广场饭店举行会议，达成五国政府联合干预外汇市场，诱导美元对主要货币的汇率有秩序地贬值，以解决美国巨额贸易赤字问题的协议。因协议在广场饭店签署，故该协议又被称为“广场协议”。

“广场协议”签订后，上述五国开始联合干预外汇市场，在国际外汇市场大量抛售美元，继而形成市场投资者的抛售狂潮，导致美元持续大幅度贬值。1985 年 9 月，美元兑日元在 1 美元兑 250 日元上下波动，协议签订后不到 3 个月的时间里，美元迅速下跌到 1 美元兑 200 日元左右，跌幅达 20%。在这之后，以美国财政部长贝克为代表的美国当局以及以弗日德·伯格斯藤（当时的美国国际经济研究所所长）为代表的金融专家们不断地对美元进行口头干预，最低曾跌到 1 美元兑 120 日元。在不到三年的时间里，美元对日元贬值了 50%，也就是说，日元对美元升值了一倍。

二、签订背景

从 1980 年起，美国国内经济出现两种变化，一是对外贸易赤字逐年扩大，到

1984 年高达 1 600 亿美元，占当年 GNP 的 3.6%。二是政府预算赤字的出现。在双赤字的阴影下，美国政府便以提高国内基本利率引进国际资本来发展经济，外来资本的大量流入使得美元不断升值，美国出口竞争力下降，于是扩大到外贸赤字的危机。在这种经济危机的压力下，美国寄希望于美元贬值来加强美国产品的对外竞争力，以降低贸易赤字。

1977 年，美国卡特政府的财政部长布鲁梅萨以日本和前联邦德国的贸易顺差为理由，对外汇市场进行口头干预，希望通过美元贬值的措施来刺激美国的出口，减少美国的贸易逆差。他的讲话导致了投资者疯狂抛售美元，美元对主要工业国家的货币急剧贬值。1977 年初，美元兑日元的汇率为 1 美元兑 290 日元，1978 年秋季最低跌到 170 日元，跌幅达到 41.38%。美国政府震惊了，在 1978 年秋季，卡特总统发起了一个“拯救美元一揽子计划”，用以支撑美元价格。

1979—1980 年，世界第二次石油危机爆发。第二次石油危机导致美国能源价格大幅上升，美国消费物价指数随之高攀，美国出现严重的通货膨胀，通货膨胀率超过两位数。例如，在 1980 年初把钱存到银行里去，到年末的实际收益率是 -12.4%。

1979 年夏天，保罗·沃尔克就任美国联邦储备委员会主席。为治理严重的通货膨胀，他连续三次提高官方利率，实施紧缩的货币政策。这一政策的结果是美国出现高达两位数的官方利率和市场利率，短期实际利率（扣除通货膨胀后的实际收益率）从 1954—1978 年平均接近于零的水平，上升到 1980—1984 年的 3%～5%。

高利率吸引了大量的海外资金流入美国，导致美元飙升，从 1979 年底到 1984 年底，美元汇率上涨了近 60%，美元对主要工业国家的汇率超过了布雷顿森林体系瓦解前所达到的水平。

美元大幅度升值导致美国的贸易逆差快速扩大，到 1984 年，美国的经常项目赤字达到创历史纪录的 1 000 亿美元。

三、签订实施

1985 年，日本取代美国成为世界上最大的债权国，日本制造的产品充斥全球。日本资本疯狂扩张的脚步，令美国人惊呼“日本将和平占领美国!”

美国许多制造业大企业、国会议员开始坐不住了，纷纷游说美国政府，强烈要求当时的里根政府干预外汇市场，让美元贬值，以挽救日益萧条的美国制造业。更有许多经济学家也加入了游说政府改变强势美元立场的队伍。

1985年9月，美国财政部长詹姆斯·贝克、日本财长竹下登、联邦德国财长杰哈特·斯托登伯、法国财长皮埃尔·贝格伯、英国财长尼格尔·劳森五个发达工业国家财政部长及五国中央银行行长在纽约广场饭店举行会议，达成五国政府联合干预外汇市场，使美元对主要货币有秩序地下调，以解决美国巨额的贸易赤字。因协议在广场饭店签署，故该协议又被称为“广场协议”。该协议规定日元与马克应大幅升值以挽回被过分高估的美元价格。“广场协议”签订后，五国联合干预外汇市场，各国开始抛售美元，继而形成市场投资者的抛售狂潮，导致美元持续大幅度贬值。

据说在广场会议上，当时的日本财长竹下登表示日本愿意协助美国采取入市干预的手段压低美元汇价。

在这之后，以美国财政部长贝克为首的美国政府当局和以弗日德·伯格斯藤为代表的专家们不断地对美元进行口头干预，表示当时的美元汇率水平仍然偏高，还有下跌空间。在美国政府强硬态度的暗示下，美元对日元继续大幅度下跌。“广场协议”揭开了日元急速升值的序幕。1985年9月，日元汇率在1美元兑250日元上下波动，在“广场协议”生效后不到3个月的时间里，快速升值到1美元兑200日元附近，升幅达20%。1986年底，1美元兑152日元，1987年最高达到1美元兑120日元。从日元对美元名义汇率看，1985年2月至1988年11月，升值111%；1990年4月至1995年4月，升值89%；1998年8月至1999年12月，升值41%。从日元实际有效汇率看，1985年第一季度至1988年第一季度，升值54%；1990年第二季度至1995年第二季度，升值51%；1998年第三季度至1999年第四季度，升值28%。

四、重要启示

自20世纪80年代中后期开始，随着泡沫经济的破灭，日本陷入了长达十年的经济停滞，即“失落十年”(The Lost Decade)。从高速增长到长期停滞，日本的发展经历为那些雄心勃勃致力于经济起飞的新兴国家提供了一个不可多得的活教材。

纵观日本经济近三十年来的发展，1985年的广场协议是一个转折点。有分析指出，广场协议后，受日元升值影响，日本出口竞争力备受打击，经济低迷了十几年。甚至在经济学界，有相当一部分人认为，广场协议是美国为整垮日本而布下的一个惊天大阴谋。

五、间接影响

20 世纪 80 年代中后期，日本经济陷入停滞。但是，将日本“失落十年”完全归咎于“广场协议”则很牵强。

汇率变动带来的最大影响并非是产品的输出、输入，而是资本的流动和与之相应的财富效应。日本经济从“广场协议”中受到最大的影响，也来自于后者。

在今天的国际货币市场上，应该没有人真的相信政府具有干预国际货币市场的能力，因为政府的资源非常有限，在市场价格方面是有心无力的——这是以美国为首的世界各大主要工业国在东南亚经济危机后，为自己的不作为辩解的主要原因之一。

即使是在 20 世纪 80 年代，相对于国际货币市场上的巨大交易额来说，参与“广场协议”的五国政府所能调用来执行公开操作的资金也是极其有限的，几乎“一眨眼就会被市场吞掉”。用经济学泰斗萨缪尔森的经典比喻来说，正如“人类最伟大的王，也无力改变大海中的洋流”一样，政府也不能随心所欲地干预国际货币市场。

更何况，与会五国在“广场协议”上所承诺的种种政策，特别是与国内金融、财政政策挂钩的那些措施，其实也没有得到实质性的贯彻和实施。

实际上，在“广场协议”之后相当长一段时间内，日本对美国的贸易顺差不但没有减少，反而大幅增加了。日元升值并没有为美国商品打开广阔的日本市场，因为日本产品与美国本土产品有很强的结构性差异，形不成价格竞争。即使在泡沫经济崩溃后，日本经济最悲惨的时代，也没有任何证据证明日本产品，无论是电器、汽车，还是中间机械产品，失去了国际竞争力。因此，就减少美国对日本的贸易赤字这一目标来说，“广场协议”是彻底失败的。

六、直接影响

日本经济停滞显然不是“广场协议”的错。但一个不争的事实是：“广场协议”之后，美元对日元和马克贬值均达 40% 以上，这一改变不仅巨大，而且持续到今天。这又作何解释？

对这个问题唯一有说服力的解释是所谓的“打耳光理论”（Slash the Face Theory）。其核心内容是：市场上某种商品特别是金融商品的价格，可能因为某种原因，偏离其“真实价格”许多，却依然有人追捧。但泡沫终究要破灭。而破灭的过程可能非常迅速。形象地说：市场有时就像是“范进中举”，需要胡屠户的大巴掌扇一下才会清醒过来。泡沫破灭以后，市场参与者往往因为恐惧心理会作出不理性的行为，从而导致资产价格的暴跌和雪崩，比如股市泡沫的破灭。

不知道究竟是谁想到了“打耳光”这个说法。据了解，最早的表述来自于美国经济学家克鲁格曼，克鲁格曼应该不太可能从范进那里得到灵感。

根据这一理论，美元其实早就该贬值了，“广场协议”仅仅是扮演了一个导火索的“打耳光”角色。否则，如果美元下跌是违背市场意愿的，那么，政府的干预即使能起作用，也是一时的，不可能维持太久。理由很简单，政府不可能长期重复同样的市场操作，一旦政府停止干预，市场终究会回归到其合理的价格范围内。

“广场协议”后，美元急速下跌。大量市场参与者因为恐惧而非理性地抛售美元，这也正是卢浮宫会议上各国首脑不得不朝另一边脸也打上一耳光的原因。

“广场协议”的“阴谋说”基本上不值得一驳。

但是，广场协议以及1987年旨在稳定美元的“卢浮宫协议”（Louvre Accord），通过使美元走弱提振了美国经济，从而使白宫有了更大的削减赤字的余地。

1985年“广场协议”签订后的10年间，日元币值平均每年上升5%以上，无异于给了国际资本投资日本的股票和房地产市场一个稳赚不赔的保险。“广场协议”后近5年时间里，股价每年以30%、地价每年以15%的幅度增长，而同期日本名义GDP的年增幅只有5%左右。泡沫经济离实体经济越来越远，虽然当时日本人均GNP超过美国，但国内高昂的房价使得拥有自己的住房变成普通日本国民遥不可及的事情。1989年，日本政府开始施行紧缩的货币政策，虽然戳破了泡沫经济，但股价和地价短期内下跌50%左右，银行形成大量坏账，日本经济进入十几年的衰退期。

1987年，G5国家再度在法国罗浮宫聚会，检讨“广场协议”以来美元不正常贬值对国际经济环境的影响，以及以汇率调整来降低美国贸易赤字的优劣性，结果是此期间美国出口贸易并没有增长，而美国经济问题的症结在于国内巨大的财政赤字。于是卢浮宫协议要美国不再强迫日元与马克升值，改以降低政府预算等国内经济政策来挽救美国经济。也就是说，广场协议并没有找到当时美国经济疲软的症结，而日元与马克升值对其经济疲软的状况根本于事无补。

相反的是，“广场协议”对日本经济则产生了难以估量的影响。因为广场协议之后，日元大幅度地升值，对日本以出口为主导的产业产生相当大的影响。为了要达到经济增长的目的，日本政府便以调降利率等宽松的货币政策来维持国内经济的景气。从1986年起，日本的基准利率大幅下降，这使得国内剩余资金大量投入股市及房地产等非生产工具上，从而形成了20世纪90年代著名的日本泡沫经济。这个经济泡沫在1991年破灭之后，日本经济便陷入第二次世界大战后最大的不景气状态，一直持续了十几年，日本经济仍然没有复苏的迹象。

第六节　汇率波动风险防范意识淡漠导致巨额损失

我国某外贸公司代理国内某客户从比利时进口设备一台，计价货币为比利时法郎。在合同执行过程中，对方提出延期交货，我方用户表示默认，未做书面合同修改文件。后因比利时法郎升值，我进出口公司不得不比订约时多支出了31万美元。

1993年10月，我国某进出口公司代理客户进口比利时纺织机械设备一台，合同约定：总价为99 248 540.00比利时法郎；价格条件为FOB安特卫普；支付方式为100%信用证；最迟装运期为1994年4月25日。

1994年元月，我方开出100%合同金额的不可撤销信用证，信用证有效期为1994年5月5日（开证日汇率美元对比利时法郎为1:36）。

1994年3月初，卖方提出延期交货请求，我方用户口头同意卖方请求，延期31天交货。我进出口公司对此默认，但未作书面合同修改文件。

3月底，我进出口公司根据用户要求对信用证作了相应修改：最迟装运期改为5月26日，信用证有效期展至1994年6月21日。

时至4月下旬，比利时法郎汇率发生波动，4月25日为1:35（USD/BFR），随后一路上扬。

5月21日货物装运，5月26日卖方交单议付，同日汇率涨为1:32（USD/BFR）。在此期间，我进出口公司多次建议用户做套期保值，并与银行联系做好了相应准备。但用户却一直抱侥幸心理，期望比利时法郎能够下跌。故未接受进出口公司的建议。

卖方交单后，经我方审核无误，单证严格相符，无拒付理由，于是我进出口公司于6月3日通知银行承付并告知用户准备接货，用户却通知银行止付。因该笔货款是开证行贷款，开证时作为押金划入用户的外汇押金账户。故我进出口公司承付不能兑现。

后议付行及卖方不断向我方催付。7月中旬，卖方派员与我方洽谈。经反复协商我方不得不同意承付了信用证金额，支出310余万美元。同时我进出口公司根据合同向卖方提出延迟交货罚金要求1 984 970.00比利时法郎（按每7天罚金0.5%合同额计），约合62 000.00美元（汇率为1:32）。最终卖方仅同意提供价值3万美元的零配件作为补偿。此合同我方直接经济损失约31万美元，我银行及进出口公司的信誉也受到严重损害。

本案是汇率波动的风险造成货物买卖损失的典型案例，但在风险出现时，本来有可能避免或减少的损失又由于代理关系及资金来源的特殊性使得我方延误了时机。综观项目运作全过程，我方有如下失误：

第一，计价支付货币选用不当。在国际货物买卖中，计价及支付货币选择是非常重要的。计价货币通常与支付货币为同一种货币，这些货币可以是出口国货币或进口国货币，也可以是第三国的货币，由买卖双方协商确定。在当前国际金融市场普遍实行浮动汇率制的情况下，买卖双方都将承担一定的汇率变化风险。因此，作为交易的双方当事人，在选择使用何种货币时，就不得不考虑货币汇价的风险。首先，应考虑所选用的货币是不是可自由兑换的货币。其次，对可自由兑换的货币要考虑其稳定性。特别是在远期交货的大宗货物买卖中，选用汇率稳定的货币作为支付货币，是国际货物买卖合同洽商的基本原则，也是买卖双方都易于接受的条件。除非我们能够预测某种货币在交货期会发生贬值，为获取汇率变化的利益而选用某种货币。这就是通常所说的“进口选软币，出口选硬币”，但这只是单方面的期望，而且应建立在对所选货币汇率变化趋势的充分研究之上。但实际上交易的对方也会作出相应考虑。因此我们说，当以货物买卖为目的的合同金额较大时，选用汇率稳定的货币支付是比较现实的。在本案中，合同金额近 300 万美元，交货期为签约后 6 个月。我方在未对汇率做任何研究的情况下，接受以比利时法郎为支付货币的交易条件，这就给合同留下了汇率风险损失的隐患。因为比利时法郎在国际金融市场上不属于币值稳定的货币。

第二，轻率接受延期交货条件，使风险成为现实。当交货前卖方提出延迟交货请求时，我方仍未意识到合同的潜在风险，无条件地接受了卖方的要求，虽未做书面的合同修改但却按卖方提出的条件修改了信用证。这时若意识到汇率风险，则完全应以汇率风险由卖方承担作为接受延迟交货的条件，实际情况证明：正是这无条件地接受延期交货使得我方的汇率风险变成现实。

第三，对风险没有采取相应的保值措施，造成重大损失。在国际货物买卖中，为防止汇率变动而带来的损失，可以采用远期外汇买卖等外汇保值措施。在本案中，4 月下旬比利时法郎上涨时我方进出口公司为避免或减少损失，建议用户采取套期保值的做法是十分正确的，但用户却心存侥幸，拒绝采取防范措施。结果损失发生且无法挽救时又无理拒付，造成我方经济、信誉双重损失。由此可见，对远期交货的进出口业务增强汇率波动风险意识，慎重选择支付货币，采用金融上的操作手法防范和减少损失是至关重要的。

附录

我国四大国有控股商业银行外汇业务简介

• 工商银行外汇业务介绍

“汇市通”外汇买卖

产品简介

“汇市通”是中国工商银行面向个人客户推出的外汇买卖业务，是指客户在规定的交易时间内，通过工商银行个人外汇买卖交易系统（包括柜台、电话银行、网上银行、手机银行、自助终端等），进行不同币种之间的即期外汇交易。

通过“汇市通”进行交易，客户可以实现以下基本目的：

1. 外汇币种转换：将手中持有的外币直接换成另一种所需的外币。

2. 赚取汇率收益：根据外汇市场上的每日汇率变动进行买卖操作，从而赚取汇差收益。

3. 资产保值增值：将一种利率较低的外汇转换成另外一种利率较高的外汇，从而可以获得利差收益。

产品特色

1. 交易方式多样：客户既可进行即时交易，也可进行获利、止损以及双向委托交易，事先锁定收益或损失，适合不同客户的不同投资策略。

2. 委托时限宽泛：最长时限 120 小时，且有 24 小时、48 小时、72 小时、96 小时以及 120 小时五种时间范围可供选择，便于客户短期脱离市场、长期关注市场。

3. 优惠幅度分档：实行多档分级优惠，交易金额只要满足相应档次起点，即可享有对应档次优惠报价，为单笔大额交易客户提供更大获利空间（具体优惠方式以当地工商银行公布为准）。

4. 交易时间和币种："汇市通"业务可提供从周一早上7点至周六凌晨4点每日24小时外汇交易服务，报价与国际外汇市场即时汇率同步。交易币种包括美元、日元、港元、英镑、欧元、加拿大元、瑞士法郎、澳大利亚元、新加坡元9个币种，共36个货币对。因各分行情况差异，"汇市通"交易的具体时间、币种以及交易方式以当地工商银行公布为准。

5. 交易起点金额低：通常只需100美元便可在工商银行进行"汇市通"个人外汇买卖交易。

6. T+0交易，每日交易次数不限，投资更为灵活。

服务渠道

1. 营业网点。客户可凭外币存款凭证或现钞，通过银行柜面办理"汇市通"个人外汇买卖即时交易或委托交易。

2. 电话银行。客户申请开通电话银行交易后，可凭在工商银行开立的账户及密码，直接拨通95588，按照语音提示进行"汇市通"个人外汇买卖即时交易或委托交易。

3. 网上银行。客户申请开通网上银行交易后，可凭账户和密码，登录工商银行网站或当地工商银行的网站进行"汇市通"个人外汇买卖即时交易或委托交易。

4. 自助终端。客户可使用活期一本通存折，通过工商银行提供的自助终端机进行交易及有关查询。

操作指南

1. 营业网点。客户只需持本人有效身份证件（身份证、军官证、士兵证）到工商银行营业柜台开立活期一本通或工银灵通卡、理财金账户，即可在工商银行指定网点办理"汇市通"业务。客户办理一次性外汇买卖交易，不必开户只需持外币现钞（或外币存单、存折、信用卡等）到工商银行直接办理。

2. 网上银行。

3. 客户还可以通过工商银行手机银行、电话银行等电子银行渠道办理"汇市通"业务。

温馨提示

1. 客户首先要指定外汇交易专户，才能在网上银行进行外汇买卖交易，可指定为外汇买卖交易的账户必须是多币种的活期账户，包括理财金账户卡、工银灵通卡的多币种基本账户，以及卡内下挂的多币种活期账户。信用卡、贷记卡、国际卡等账户，不能指定为交易专户。

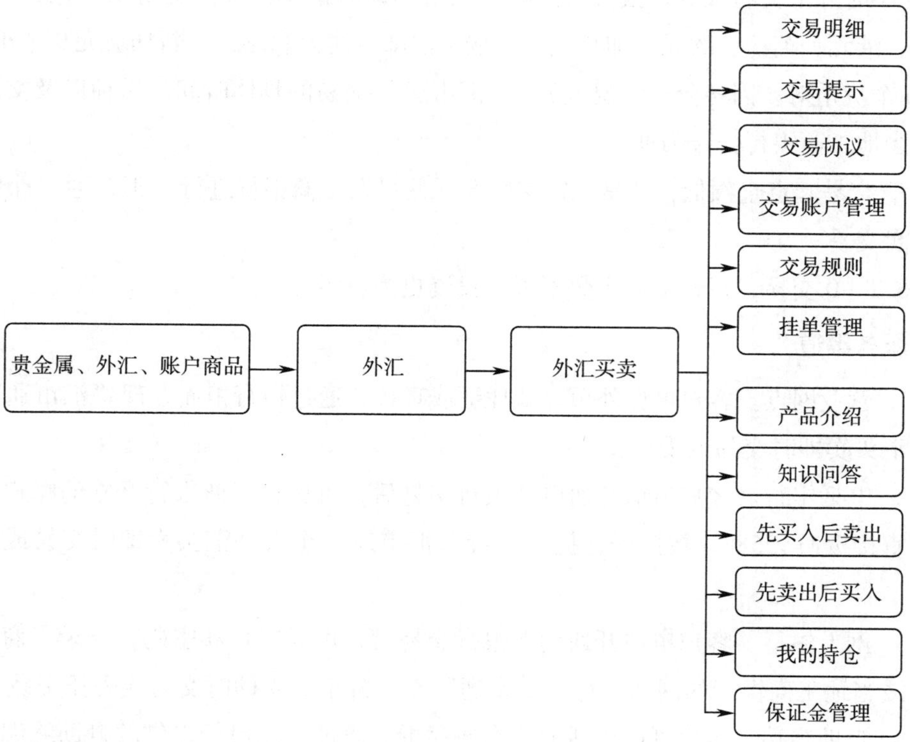

2. 行情信息为客户提供当地工商银行各个交易档次的优惠价格。客户在选择好显示牌价的方式（如基本盘、交叉盘、所有盘、自定义盘）后，可以通过下拉菜单选择优惠档次，从而直接在买入价、卖出价的位置显示该优惠档次对应的价格。每个优惠档次所对应的具体交易金额区间，将在客户选中具体优惠档次后在页面展示。

3. 由于追加委托是在原委托基础上、以原委托成交为前提条件的委托功能。因此，当客户提交追加委托时，委托卖出货币必须与原委托买入货币一致，卖出金额必须小于等于原委托买入的金额。目前，暂不支持针对双向委托提交追加委托。

4. 可以直接撤销追加委托；也可以先撤销追加委托，再撤销主委托；不可以直接撤销主委托。

5. 请在确认提交所需交易信息后的 10 秒钟内完成提交的交易。客户输入的交易金额须不小于起始交易金额。

6. 若使用电话银行进行外汇交易操作，客户输入金额时请注意小数点后只能输入两位小数，港元精确到一位，日元没有小数位。

7. 使用电话银行进行外汇交易时，交易金额最低为 50 美元或等值外币。

● 建设银行外汇业务介绍

中国建设银行账户外汇交易产品须知

中国建设银行账户外汇交易允许客户在保证金账户下进行外汇交易操作，主要包括保证金转入转出、行情展示、交易、保证金比例及损益计算、查询等功能。行情展示可以让客户了解可交易货币对的汇价实时变化情况。客户可以进行实时开仓、实时平仓、委托开仓、委托平仓等交易。系统可以自动计算客户开仓后形成的汇差损益和持仓损益，以及平仓后实现的相应损益。另外，通过查询功能，客户可以了解当前的持仓情况、挂单情况，以及过往的交易记录。

客户可以通过手机银行和 PC 客户端这两个渠道进行账户外汇交易。交易模块分为实盘和模拟盘两部分，模拟盘给客户提供了模拟交易练习的平台。通过手机银行—投资理财—外汇投资—账户外汇可以进入交易界面。

请客户在交易之前仔细阅读以下详细内容，这将有助于增进对产品的了解，同时明确双方的权利和义务。

第一条　适用群体

进行账户外汇交易的客户须持有中国建设银行发行的龙卡通或者理财卡，且年满 16 周岁。

第二条　风险提示

1. 账户外汇交易属于交易投资类产品，客户应充分认识到下列风险：

（1）外汇市场受各种政治、经济因素以及突发事件的影响，可能会出现剧烈的汇率波动，给客户带来机遇的同时，也带来了风险。

（2）如果客户不及时平仓或者止损，可能面临损失保证金账户内部分资金甚至全部资金的风险。

（3）即使客户进行止损委托交易，但市场的剧烈波动可能使委托不能按指定价格执行，从而无法将损失控制在客户拟定的范围之内。

（4）客户应通过 PC 客户端、手机银行等渠道查明自己的保证金账户余额，并有义务关注自己的保证金比例。

2. 客户应了解账户外汇交易存在持仓损益（也称为隔夜息差损益）。当客户持有未平仓头寸至下一个交易日时，银行将计算客户持有和卖出的隔夜头寸的利息差额，并在客户平仓时计入保证金账户。持仓损益需要每日累积加总。

3. 账户外汇交易并不是在交易所内进行的，银行是客户的交易对手，也就是说，客户在卖出的时候，银行是在买入，反之则相反。因此，银行与客户的利益可能会发生冲突。另外，由于银行是客户的交易对手，客户需要仔细评估任何来自银行的交易建议。

第三条　产品相关定义

1. 账户外汇交易：账户外汇交易业务是指客户采用人民币或外币作为保证金，进行外币对买卖和人民币外汇买卖的即期交易，通过汇率波动赚取收益的业务。客户通过账户外汇交易买卖的货币并非客户所有，不能支取、转账，仅作为标的物为客户提供投资途径。此外，客户涉及保证金转入转出等相关转账操作应符合国家关于个人外汇管理的相关政策要求。

2. 交易货币对：账户外汇交易货币对由银行进行设定和调整。当前建设银行提供了 13 个外币对，包括 AUD/USD、USD/CAD、USD/CHF、EUR/USD、GBP/USD、USD/JPY、NZD/USD、EUR/JPY、AUD/JPY、USD/HKD、EUR/GBP、EUR/AUD、EUR/CHF。今后建设银行有权根据市场需求、流动性和监管规定增加或减少货币对。

3. 交易单位：账户外汇交易以“手”为交易单位，每手为 10 单位被报价货币。目前，单笔开仓起步为 10 手，最大不得超过 30 万手。

4. 保证金：保证金的作用是保证客户有能力承担账户外汇交易可能发生的亏损。客户可以选择 EUR、GBP、HKD、JPY、AUD、CAD、CHF、USD、NZD 或 CNY（具体可选择范围取决于客户绑定卡的开户行是否有办理该币种业务的权限）作为保证金币种，钞户和汇户皆可。客户可以开立或者日后增开多个保证金账户，每个保证金币种对应一个保证金账户。不同账户里面的保证金和外汇交易彼此独立，互不影响和串用。客户涉及保证金转入转出等相关转账操作应符合国家关于个人外汇管理的相关政策要求。

5. 成交模式：账户外汇交易有实时交易成交和委托挂单成交两种成交模式。

实时交易成交是指客户向建设银行询价并按照建设银行提供的实时有效价格直接达成交易。客户可以通过设定价格偏差容忍度控制价格波动风险，实际成交价格有可能与客户提交时看到的参考报价不同。价格偏差容忍度只适用于实时开仓交易。

委托挂单成交指客户指定交易价格，当银行报价达到客户委托条件时成交。客户委托按照委托类型分为获利、止损和追加委托。

获利委托是指客户指定的交易价格优于银行当前价格的委托交易。

止损委托是指客户指定的交易价格劣于银行当前价格的委托交易。

追加委托是指客户在获利挂单或止损挂单上追加的反向交易挂单，追加的委托挂单在原获利挂单或止损挂单成交后自动生效。追加委托与原委托交易数量相同，方向相反。

按照交易性质区分，委托可分为开仓交易委托和平仓交易委托。

委托挂单的有效期最短为截至北京时间当天晚上 12 点，最长为截至周六凌晨 4 点，不可以跨周委托挂单。

6. 价格偏差容忍度：客户可通过设定自己可以容忍的价格偏差幅度控制实时成交模式下的价格偏差风险。当银行收到客户交易申请时的参考报价与客户提交交易时的参考报价相比对客户有利时，允许该笔交易成交；如果对客户不利，但差值不大于客户所设置价格偏差容忍度，交易成交，否则不成交。价格偏差容忍度只适用于实时开仓交易。

7. 开仓交易：客户可以对所有货币对开多仓或空仓，对同一个货币对可以同时开多仓和空仓。

8. 开仓占用比例：开仓时需对开仓头寸分配冻结的保证金比例，是杠杆倍数的倒数。该比例可参数化设置。目前开仓占用比例设定为100%，即无杠杆。以后，建设银行有权根据行内管理制度、监管规定调整开仓占用比例。

9. 未平仓头寸（持仓头寸）：未平仓头寸是指客户开仓后，在交易平仓前所持有的外汇买卖敞口头寸。

10. 平仓交易：平仓交易是指客户将未平仓头寸进行全部或部分反向交易。特别地，建设银行增加了一键平仓的功能，即对某货币对下所持有的所有未平仓头寸全部平仓。如果客户不指定原开仓交易而进行反向交易操作，将视为客户进行一笔新的开仓交易。如果客户平仓后有盈利，银行会将盈利划入客户保证金账户；如亏损，银行在保证金账户中扣除亏损金额。

11. 浮动盈亏：浮动盈亏来自两部分，即汇差损益和持仓损益。客户平仓后，实现的浮动损益会计入保证金余额。

12. 汇差损益：汇差损益是指客户持有头寸的实时价格与开仓成本之间的损益（折保证金币种的金额），折算汇率为对客汇率中间价。

13. 持仓损益：持仓损益是指客户做多的货币与做空货币之间由于利息不同产生的隔夜息差（折保证金币种的金额），折算汇率为对客汇率中间价。持仓损益需要每日累积加总。

14. 保证金余额：保证金余额是指保证金账户内未计算未平仓头寸浮动盈亏的金额。

15. 保证金净值：保证金净值 = 保证金余额 + 浮动盈亏。

16. 未平仓头寸占用保证金：客户持有的未平仓头寸会占用保证金，将做空币种金额根据开仓占用比例折算成保证金币种来冻结相应的保证金。

17. 可用保证金：可用保证金是指保证金净值扣除未平仓头寸占用保证金之后的金额与 0 的孰大者。

可用保证金 = max（保证金净值 - 未平仓头寸占用保证金，0）

18. 保证金比例：保证金比例是指客户保证金净值与未平仓头寸占用保证金的比例。

保证金比例 = 保证金净值/未平仓头寸占用保证金 × 100%

19. 预留保证金比例：预留保证金比例是指客户在触发追加保证金预警后，需补充保证金至最低要求保证金比例，可参数化设置。目前建设银行设定的预留保证金比例为 100%。建设银行有权对设定的预留保证金比例进行修改。如有修改，建设银行会在交易系统中告知客户。

20. 追加保证金比例：当客户交易产生亏损，并导致保证金比例低于建设银行设定的参数时，需要追加保证金至预留保证金比例水平，该比例称为追加保证金比例。低于追加保证金比例时，不可新开仓位。目前建设银行设定的追加保证金比例为 50%。建设银行有权对设定的追加保证金比例进行修改。如有修改，建设银行会在交易系统中告知客户。

21. 强制平仓保证金比例：在客户交易持续亏损，使保证金比例低于建设银行设定的参数时，系统将自动对客户全部未平仓头寸进行强制平仓处理，该比例为强制平仓保证金比例，可参数化设置。强制平仓后，客户保证金账户余额将用于冲抵其交易亏损，其浮动亏损全部实现并计入保证金余额账户。目前，建设银行设定的强制平仓保证金比例为 20%。建设银行有权对设定的强制平仓保证金比例进行修改。如有修改，建设银行会在交易系统中告知客户。

第四条　客户的签约、修改和解约

1. 签约：客户需要阅读《中国建设银行账户外汇交易客户须知》，进行风险评估问卷和产品适合度问卷的作答，绑定资金账户、手机号码，完成签约。

2. 修改：客户可以通过 PC 客户端或者手机银行修改绑定的资金账户和手机号码。

3. 解约：客户点击解约，主机判断客户是否还有持仓头寸、挂单，如果有，提示客户“您还有未平仓头寸，请先平仓”“您还有挂单，请先撤销挂单”。在确认客户没有持仓头寸和挂单后，将客户的保证金内所有金额转出至相应外币账户，保证金账户自动注销，资金卡脱离绑定。

第五条　交易系统

账户外汇交易通过银行提供的交易系统进行，交易渠道包括手机银行（IOS 和 Android）和 PC 客户端。

第六条　交易时间

交易时间为北京时间每周一 7：00 至周六凌晨 4：00。节假日或主要金融市场休市期间，交易时间会进行调整，届时以银行公告为准。

第七条　交易报价

1. 银行在外汇市场行情的基础上依据设定规则进行报价，但并不承诺与其他任何有可能被认为是外汇市场的报价相一致。

2. 银行根据自身及市场情况决定对客户报价点差。当市场发生重大变化并导致某一币种价格出现大幅波动或市场流动性不足时，银行可以扩大报价点差；在市场出现极端情况时，银行可以暂时停止账户外汇交易。

第八条　短信通知服务

1. 客户提供的手机号码必须符合银行规定的手机号码类别。

2. 账户外汇交易涉及的短信发送情况包括保证金比例低于追加保证金比例、保证金比例低于强制平仓保证金比例这两类情况。当发生上述任何一种情况时，系统会发送短信提醒客户及时追加保证金。这两种情况都会影响到客户能否继续进行交易，因此会强制发送短信通知客户。

3. 账户外汇交易产生的短信服务费用由客户绑定卡的开户行承担，无须客户支付。后续建设银行有权调整前述费用承担规则。如有调整，建设银行会在交易系统中告知客户。

第九条　纠纷处理

1. 若客户对交易结果有疑义，应在成交之日起 5 个工作日内与银行联系，与银行协商处理相关交易和账务事宜。

2. 本客户须知适用中华人民共和国法律。若双方发生争议且无法协商达成一致，应向客户绑定卡的开户行所在地人民法院提起诉讼进行解决。争议期间，各方应继续履行未涉争议的条款。

3. 银行在外汇市场行情的基础上进行报价，报价不会大幅偏离市场价格。由于市场行情传输均依赖于计算机系统、以互联网为基础的电子通信技术，互联网间的信号、接收线路、设备配置或其连接系统之可靠度皆非银行所能控制，银行可能短时间暂停报价或发生错误报价。如果发生客户基于银行错误报价而成交交易，银行将有权撤销该错误交易。任何源于上述报价错误的争议将按照错误发生时的市场公允价格解决，银行有权对相关保证金账户直接作出必要更正或调整。

4. 客户保证金账户资金不足时，银行有权向客户追索。逾期未获清偿的资金将计收逾期利息，逾期利息按天收取，逾期利率按照日利率万分之五计算。

5. 客户签约资金账户或保证金账户被执法机关或其他有权部门冻结、扣划时，银行有权按实时价格对客户开仓合约全部强制平仓，并撤销所有委托，而无须事先告知客户。客户承担因强制平仓造成的损失。

第十条　免责条款

1. 若因战争、政治风险、自然灾害或其他不可抗力导致交易发生中断，银行不承担任何责任。

2. 当银行的交易系统出现突发性故障等情况，以至于影响或可能影响交易的正常进行时，银行有权临时关闭部分或全部交易系统。银行对此不承担赔偿责任，但应尽可能在最短的时间内恢复系统的正常运行。

3. 对于网络通信不畅等原因可能引起的客户交易中断或迟滞，银行不承担责任及由此产生的任何损失。

中国建设银行个人外汇买卖交易产品须知

个人外汇买卖业务是指建设银行接受个人客户委托，为其办理两种可自由兑换货币之间的买卖，以规避汇率风险，达到个人外汇资产保值增值目的的一种业务。

在建设银行开立有外汇存款账户的居民个人，向建设银行申请并经审核同意，即可根据建设银行公布的外汇牌价，通过建设银行营业前台、电话银行、网上银行、手机银行、STM 进行两种外汇之间的实盘买卖。柜台交易时间为周一至周五9：00～18：00，电话银行、网上银行、手机银行的交易时间为周一早7：00至周六凌晨4：00（国内外法定节假日及特殊交易时间见建设银行交易网点发布的公告或收听95533电话银行语音提示）。

建设银行的个人外汇买卖业务包括15个外汇币种：美元、日元、港元、英镑、欧元、瑞士法郎、加拿大元、澳大利亚元、新西兰元、新加坡元、瑞典克朗、丹麦克朗、挪威克朗、澳门元、泰铢。任意两个币种均可组合进行外汇买卖即时交易，但电子渠道（手机银行、网上银行、STM 和电话银行）正在逐渐改进当中，如果存在无法交易的货币，请至柜台进行办理。

客户可选择实时交易或委托交易两种形式。

实时交易是指客户按建设银行公布的个人外汇买卖牌价成交。由于外汇价格波动较快，客户可以通过设定自己容忍的价格偏差幅度控制成交时的价格偏差风险，当客户提交交易时，若银行最新价格在客户设定的价格偏差容忍范围之内，该笔交易以银行最新价格进行成交，否则不成交。（注：由于手机银行版本的不同，如客户手机银行版本未显示容忍点差栏位，默认容忍点差为2）

委托交易是指客户可选择委托牌价进行挂单，如某一时刻建设银行牌价符合挂单成交条件，则挂单成交，否则该笔挂单在客户指定的挂单有效时间内或周末交易结束时自动失效。客户在委托交易未成交时，可进行撤单，取消该笔委托。止盈挂单按客户价格成交，止损挂单按银行牌价进行成交。建设银行委托交易不进行资金冻结，当资金不足时，若客户选择按最大可成交金额成交，则按照客户账户中卖出币种的实际余额进行成交，否则不成交。挂单当周有效，若失效时间落在周一至周五，则失效时间为挂单失效日的24：00，若落在周六，挂单失效时间为凌晨04：00。（注：由于手机银行版本的不同，如客户手机银行版本未显示“资金不足时”的选择栏位，默认按最大可成交金额成交）

注：1. 银行在外汇市场行情的基础上依据设定规则进行报价，但并不承诺与其他任何有可能被认为是外汇市场的报价保持一致。

2. 银行根据自身及市场情况决定对客户报价点差。当市场发生重大变化并导致某一币种价格出现大幅波动或市场流动性不足时，银行可以扩大报价点差；在市场出现极端情况时，银行可以暂停个人外汇买卖交易。

建行个人外汇期权

一、业务定义

个人外汇期权业务是指在建设银行开立外汇存款账户的个人客户自愿与建设银行协商签订期权合同，约定期权买方支付给卖方一定的期权费，获得按照期权合同约定的币种、名义金额、执行汇率和日期向期权卖方买入或卖出某种外汇的权利，期权卖方有责任按照期权合同的内容履行其义务的业务。

期权业务中买卖的期权分为看涨期权和看跌期权。看涨期权是指期权买方到期买入被报价货币并卖出报价货币的期权，看跌期权是指期权买方到期卖出被报价货币买入报价货币的期权。

期权按执行汇率和即期汇率的关系分为平价期权、价外期权、价内期权。平价期权指执行汇率与即期汇率相同的期权。价外期权指执行汇率高于即期汇率的看涨期权，或执行汇率低于即期汇率的看跌期权。价内期权指执行汇率低于即期汇率的看涨期权，或执行汇率高于即期汇率的看跌期权。目前，建设银行办理的个人外汇期权均为平价期权。

期权业务的相关交易包括期权交易和期权到期执行交易。期权交易指期权的买入或卖出。期权到期执行交易指期权买方在期权到期日当日，按照期权合同约定的名义金额、执行价格向期权卖方买入或卖出特定标的交易。

二、个人外汇期权的货币对、起始金额、期权期限和期权类型

建设银行个人外汇期权货币对包括欧元兑美元、美元兑日元、英镑兑美元、澳大利亚元兑美元、美元兑加拿大元、美元兑瑞士法郎。各货币对中，前者为被报价货币，后者为报价货币。

建设银行个人外汇期权业务起始交易的名义金额为等值 1 万美元，按个人外汇买卖即期汇率中间价计算。

建设银行个人外汇期权业务的期限为两周、一个月、二个月、三个月。到期日如遇国内或国外节假日，则根据有关市场惯例顺延调整到期日。

建设银行个人外汇期权业务的期权类型为欧式期权。欧式期权是指期权买方只有在期权到期日当日的截止时间之前才有执行期权合同约定的权利，截止时间为北京时间 14：00。

三、期权交易的参数选取

即期汇率：采用建设银行个人外汇买卖即期汇率的中间价。

执行汇率的选取规则如下：平价看涨期权和平价看跌期权的执行汇率采用建设银行个人外汇买卖即期汇率的中间价；价外看涨期权的执行汇率采用建设银行个人外汇买卖即期汇率的中间价加上一定的基本点，价外看跌期权的执行汇率采用建设银行个人外汇买卖即期汇率的中间价减去一定的基本点；价内看涨期权的执行汇率采用建设银行个人外汇买卖即期汇率的中间价减去一定的基本点，价内看跌期权的执行汇率采用建设银行个人外汇买卖即期汇率的中间价加上一定的基本点。

名义金额：客户与建设银行确定期权交易货币对中某一币种的名义金额后，根据双方商定的执行汇率折算出另一币种的名义金额。

期权费：建设银行对客户的期权费率采取在期权费率基准价基础上加减点的方式确定。期权费率基准价由建设银行总行金融市场部根据国际金融市场行情确定，加减点水平由建设银行总行资产负债管理部确定。建设银行以美元期权费率的形式发布各货币对的期权费率。建设银行与客户进行期权买卖时，以美元收付期权费。

起息日：期权起息日是达成期权交易的当日，期权起息日是期权费收付的日期。

到期日：期权到期日是期权执行和交割的日期。

四、客户与建设银行叙做个人外汇期权的基本流程

客户在叙做期权交易之前必须在建设银行开立外汇存款账户，作为期权交易资金结算账户。

客户在叙做期权交易之前必须与建设银行签订《个人外汇期权交易客户承诺书》。客户如委托有权代理人签字代理交易，有权代理人须出具经公证的委托授权书。

1. 客户买入期权

客户买入期权时无须缴纳保证金。

客户买入期权时须逐笔填写《个人买入外汇期权交易申请书》，同时须授权建设银行在期权到期有收益时代为执行期权。客户的外汇存款账户在期权到期日当日必须保留全额期权买方到期卖出货币以备交割。如果客户的外汇存款账户资金不足，将视为客户自动放弃执行的权力。

建设银行根据客户申请交易的期权产品、名义金额及期权费率计算出客户应付的期权费。客户在交易达成时向建设银行支付期权费。建设银行向客户出具《个人买入外汇期权交易证实书》。

建设银行在到期日比较客户买入期权的市场参考汇率和执行汇率，如客户到期有收益，建设银行将代客户执行到期期权。如客户到期期权没有收益，将不执行。建设银行向客户发出《个人买入外汇期权到期交割通知书》，通知期权的执行情况。

2. 客户卖出期权（建设银行当前只允许客户买入期权，未开办客户卖出期权业务，以下流程供参考）

客户卖出期权时须以期权买方到期买入货币全额缴纳保证金。

客户卖出期权时须逐笔填写《个人卖出外汇期权交易申请书》，同时须授权建设银行在期权成交日与期权到期日之间冻结其保证金账户。

建设银行根据客户申请交易的期权产品、名义金额及期权费率计算出客户应收的期权费。交易达成后，建设银行从客户的存款账户中扣划全额的期权买方到期买入货币的保证金，存入开立的保证金账户，同时冻结该保证金账户。建设银行向客户出具《个人卖出外汇期权交易证实书》。建设银行在交易达成当日将期权费存入客户指定的结算账户。

建设银行在到期日如决定执行客户卖出的期权，将释放客户的保证金账户并销户，并按照期权合同的约定与客户进行交割。如建设银行决定不执行客户卖出的期权，将直接释放客户的保证金账户并销户。建设银行向客户发出《个人卖出外汇期权到期交割通知书》，通知期权的执行情况。

3. 客户反向平盘

客户进行期权反向平盘时，须携带原期权交易的《个人买入外汇期权交易证实书》（或《个人卖出外汇期权交易证实书》），并逐笔填写《个人买入外汇期权平盘申请书》（或《个人卖出外汇期权平盘申请书》）。

客户买入（或卖出）的期权反向平盘后，原买入（或卖出）的期权以及反向平盘卖出（或买入）的同一期权到期时均无须交割。反向平盘后，建设银行在客户原期权交易的《个人买入外汇期权交易证实书》（或《个人卖出外汇期权交易证实书》）上加盖“已平盘”的字样，并向客户出具《个人买入外汇期权平盘证实书》（或《个人卖出外汇期权平盘证实书》。

客户期权反向平盘时的保证金处理：客户反向平盘卖出原买入的期权，无须就该笔反向平盘交易在建设银行存入保证金；客户反向平盘买入原卖出的期权，建设银行于客户反向平盘当日释放客户原卖出期权时的保证金账户。

五、开办个人外汇期权业务的分行，业务办理方式，业务办理时间

截至2011年11月，建设银行北京分行、上海分行已开办个人外汇期权业务，其他分行也将陆续开办此业务。有此业务需求的客户，可同建设银行当地分行联系。

目前，建设银行个人外汇期权业务办理方式只支持包括网点柜台和电话银行两种渠道办理。

个人外汇期权业务网点柜台办理时间为工作日建设银行网点营业时间。电话银行渠道办理时间为每个工作日10：00～19：00。每逢公众假期调整休息日时，建设银行将通过各交易渠道发布节假日期间个人外汇期权开办时间的通知，请客户提前关注。

• 农业银行外汇业务介绍

外汇宝

产品介绍

“外汇宝”是指个人客户以其在农业银行所持有的借记卡储蓄存款余额，在农业银行规定的交易时间内，通过农业银行指定的营业机构柜面或农业银行提供的其他交易途径，按农业银行对外公布的外汇宝交易报价，把一种外币买卖成另一种外币的业务。

服务特色

交易币种齐全：目前农业银行“外汇宝”交易币种有美元、港元、欧元、日元、英镑、瑞士法郎、加拿大元和澳大利亚元8个币种，任意两个可交易外币之间存在报价。

交易渠道丰富：可通过柜台、自助终端、电话银行、网上银行等多个渠道进行“外汇宝”交易。

交易功能多样：交易方式分为市价交易和委托交易两种，委托交易又分别有获利委托、止损委托、双向委托、多重委托、连环委托等多种委托交易功能。

办理指引

与农业银行签订《中国农业银行外汇宝交易协议》，在农业银行开立借记卡（理财卡）外币储蓄账户后，可利用账户内的活期外汇存款进行“外汇宝”交易。

个人结售汇

产品简介

1. 个人购汇是指将个人持有的人民币按交易时农业银行公布的实时汇率兑换为外汇的业务。

2. 个人结汇是指将个人持有的外汇按交易时农业银行公布的实时汇率兑换为人民币的业务。

特色优势

1. 农业银行机构网点遍布全国，信用卓越，服务优质高效，为客户提供迅速、便捷的服务。

2. 外汇币种齐全，提供美元、欧元、英镑、港元、日元、澳大利亚元、加拿大元、新加坡元、澳门元、瑞士法郎、丹麦克朗等多个外汇币种的个人结售汇服务。

温馨提示

1. 按照我国外汇管理政策的规定，对个人结汇和境内个人购汇实行每人每年等值5万美元的额度管理，个人在年度额度内的结汇和购汇，农业银行凭客户本人有效身份证件办理，如果超过年度额度，依照现行外汇管理政策需提供相关证明材料。

2. 农业银行目前外汇牌价实行一日多价，请客户及时关注汇率。

• 中国银行外汇业务介绍

外汇宝（个人实盘外汇买卖）

产品说明

外汇宝是中国银行个人实盘外汇买卖业务的简称，是指在中国银行开立本外币活期一本通存折且持有外币现钞（汇）的客户，可以按照中国银行报出的买入/卖出价格，将某种外币（汇）的存款换成另一种外币（汇）的存款。支持即时买卖和挂单委托。

客户可以利用国际外汇市场上外汇汇率的频繁波动性，在不同的存款货币间转换并赚取一定的汇差，以达到保值、营利的目的。

交易币种：美元、欧元、英镑、澳元、港元、瑞士法郎、日元、加拿大元、新加坡元，可作直接盘交易与交叉盘交易。

交易方式：柜台、电话、自助终端和网上银行等多种交易方式。

产品优势

提高收益：使投资者有机会在获取外币存款利息的同时，通过外汇交易进行保值甚至赚得额外的汇差收益。

交易方法多样：目前可以通过柜面服务人员、电话交易设备等方式进行。交易方式灵活，既可进行市价交易，又可进行委托交易。一日可进行多次交易，提供更多投资机遇。

适用对象

凡持有个人有效身份证件，拥有完全民事行为能力的境内、外个人，并持有中国银行外汇宝支持交易的货币，均可进行个人实盘外汇交易。

办理流程

凭本人有效身份证件在中国银行开立活期一本通或定期一本通存折并存入一定数量的外币现汇或现钞，以及持有外币现钞的客户均可在中国银行开办外汇宝业务的网点进行交易。

凭本人有效身份证件和长城电子借记卡到柜台即可开通电话银行服务。

提交证件

本人有效身份证件。

风险提示

交易时间为星期一早7点至星期六凌晨5点（除周六、周日、休市和其他非交易日外）。

因受国际上各种政治、经济因素，以及各种突发事件的影响，汇价经常处于剧烈的波动之中，因此，进行个人实盘外汇买卖，风险与机遇并存。基于任何投资产品都具有风险特性，在决定买卖前，投资者应先了解交易的风险，并考虑个人对风险的承受力、期望回报等。

期权宝（买入外汇及贵金属期权）

产品介绍

期权宝是中国银行个人外汇（或贵金属）期权产品之一，是指客户根据自己对外汇汇率未来变动方向的判断，向银行支付一定金额的期权费后买入相应面值、期限和协定汇率的期权（看涨期权或看跌期权），期权到期时如果汇率变动对客户有利，则客户通过执行期权可获得收益；如果汇率变动对客户不利，则不执行期权。

交易时间：柜台交易时间为每个营业日北京时间9：00至17：00，国际金融市场休市期间停办。网银及客户端交易时间为每个营业日北京时间9：00～22：00（以银行最新公告为准）。

交易币种：美元、欧元、日元、英镑、澳大利亚元、瑞士法郎、加拿大元、黄金、白银，现钞或现汇均可。

期权面值起点金额暂定为100美元或0.1盎司黄金。

期权交易的标的汇价为欧元兑美元、美元兑日元、澳大利亚元兑美元、英镑兑美元、美元兑瑞士法郎、美元兑加拿大元、黄金兑美元、白银兑美元。

大额客户还可以选择非美货币（不含贵金属）之间的交叉汇价作为标的汇价（需要通过柜台办理）。

交易期限：最长期限为三个月，最短为一天，具体期限由中国银行当日公布的期权报价中的到期日决定。

产品优势

起点金额低；各期限结构丰富；多档执行价可选；支持委托挂单及提前平盘；

提供主要交叉盘报价。

若客户有下面情况之一，可考虑办理此项业务：

1. 需要为手中的某种外币资金保值；

2. 拥有外汇存款，并对某种货币的走势有一定的预期，渴望提高收益率。

适用对象

凡在中国银行开立外币账户、具有完全民事行为能力的自然人均可申请与中国银行叙做个人外汇（或贵金属）期权业务。请亲至中国银行分行办理。

办理流程

开立中国银行外币账户；亲自至中国银行理财中心与银行签订相关协议和申请书，完成风险测评；银行扣划客户期权费用；到期日银行视期权是否执行交割资金。

客户可根据自己对外汇汇率未来变动方向的判断，选择：

1. 交易币种；

2. 期权面值，即在期权到期日行权而产生外汇买卖的金额；

3. 期权到期日，即协议书中指明的期权根据市场水平决定是否执行期权的日期。

银行会与客户约定协定汇率（即双方在相关协议中约定期权买方在期权到期日行权而产生外汇买卖所采用的汇率），同时客户向银行支付一定金额的期权费。

期权到期时如果汇率变动对客户有利，银行将代客户执行期权；如果汇率变动对客户不利，则不执行期权，损失仅为期权费。到期日如为非银行工作日或相关国际市场假期，则根据有关国际市场惯例调整到期日。

风险提示

到期时，汇率对客户有利则执行期权，获取的期权执行收益可能无法完全抵扣期初的期权费。汇率对客户不利则不执行期权，客户损失全部期权费。

以上内容仅供参考，具体开办的业务种类及办理手续以中国银行当地分行有关规定为准。最终解释权归中国银行。

参 考 文 献

[1] 陈文虎、庆明：《外汇投资入门与技巧》，北京，中国经济出版社，2008。

[2] 中国期货业协会编：《外汇期货》，北京，中国财政经济出版社，2013。

[3] 巴曙松：《中国外汇市场运行研究》，北京，经济科学出版社，2000。

[4] 国家外汇管理局：《中华人民共和国外汇管理法规汇编》，北京，中国民主法制出版社，2013。

[5] 韩复龄等：《证券投资学》，北京，首都经济贸易大学出版社，2015。

[6] 布兰恩·科伊尔：《货币风险管理》，北京，中信出版社，2002。

[7] 张祖国：《证券投资分析》，上海，上海财经大学出版社，2014。

[8] 佘永红：《外汇风险管理》，北京，中国人民大学出版社，2004。

[9] 国际货币基金组织：《国际收支手册》，2009。

[10] 巴里·艾肯格林著，彭兴韵译：《资本全球化：国际货币体系史》，上海，上海人民出版社，2013。